KB205660

복음에 나타난 하나님의 의
-로마서 강해-

조 광 호

비블리카 아카데미아

2008

머리말

성경 66권 가운데 로마서만큼 교회사에 큰 영향을 끼친 책은 없다. 교부 아우구스티누스, 종교개혁자 루터, 신정통주의 신학자 칼 바르트 등 위대한 신앙의 선배들이 로마서에서 영감을 받았고 그 주석을 통해 교회의 기초를 다지거나 신학과 역사의 흐름을 바꾸었다.

로마서 주석 작업은 그런 점에서 성서학자에게 영광이요, 무엇과도 바꿀 수 없는 귀한 사역이다. 선포수가 호랑이 굴에 뛰어 들듯, 집필을 시작했고 이제 그 결실로 책 한 권이 세상에 나왔다.

펜을 든 처음부터 마지막까지 마음에 '아쉬움'만 가득했다. 쉽게 쓰려고 혼신의 노력을 다했지만, 뜻대로 되지 않아 속상한 적이 한두 번이 아니었다. "신앙적으로나 학문적으로 더 성숙해지고 이해의 지평이 넓어진 후에 시작했어야 하는데..."라는 후회도 끊임없이 밀려왔다. 부실한 내용, 심지어 잘못 설명된 부분도 있을 것이다. 모든 책임은 필자에게 있다. 우공이산愚公移山의 심정으로 성서를 해설하고 주해하는 데 더욱 애쓰려 한다. 독자 여러분의 따뜻한 질책을 구한다.

2년 전부터 글 쓸 준비를 했다. 그러나 연구학기(2008년 1학기)가 주어지지 않았다면, 이 책이 언제 출간될 지 기약이 없었을 것이다. 저술에 전념할 수 있도록 허락·배려해 주신 서울장신대학교 문성모 총장님과 동료 교수님들께 감사드린다. 애써 원고를 읽고 교정해 준 신분연 전도사님(M.Div.), 꼼꼼하게 색인 작업을 도와준 안혜진 전도사님께(Th.M.)

감사의 마음을 전한다. 또한 흔쾌히 출판을 허락해 주신 비블리카 아카데미아 이영근 목사님께도 감사를 드린다.

　부족한 주석서가 사람들로 하여금 사도 바울의 생각을 이해하고 그의 뜻을 깨닫도록 하는데 조금이라도 도움이 된다면 필자는 더할 나위 없이 기쁠 것이다. 수업 시간에 함께 바울 서신을 읽으며 본문의 의미와 위대한 사도의 사상이 무엇인지 알고자 애썼던 모든 이들에게 이 책을 헌정한다. 그들은 저술기간 내내 많은 성원을 보내 주었으며, 인내로 책 출간을 기다려 주었다.

2008. 10.8
너른 고을(廣州) 경안동 연구실에서
조광호

차 례

일러두기

1. 국내 책 서명은『 』, 잡지명은「 」, 책·잡지에 실린 논문은 " "으로 구분한다.
2. 외국 책인 경우 제목을 이탤릭체로 표시하였다.
3. 책이나 논문은 보통, 제목의 처음 나오는 명사만을 사용하여 인용했다.
4. 주석 책 인용 시, 저자의 성(姓)과 시리즈명만을 사용하였다(예: Käsemann, HNT 8a, 크랜필드,『ICC 1』, 차정식,『100주년 기념 주석 37/I』).
5. 성경 본문은 한글 개역개정판을 사용했다.
6. 겹 따옴표(" ")는 성경 본문(단어)를 직접 인용하거나 다른 사람의 진술을 전언傳言할 때, 홀 따옴표(' ')는 문장이나 특정 개념 또는 낱말을 강조하거나 하나로 묶어 돋보이게 할 목적으로 사용되었다.
7. 헬라어나 히브리어는 영어로 음역하여 이탤릭체로 표기했다(단 ח = ḥ, ט = ṭ, צ = ṣ, שׂ = ś, שׁ = š).

약어표

1. 약어는 RGG와[1] ThWNT[2] 그리고 TRE의[3] 약어집 (Abkürzungs-verzeichnis für TRE, [2]1994)을[4] 따랐다.

2. 그 외에 또는 흔히 사용된 약어는 다음과 같다

// = 병행구(parallel)

↔ = 내용이나 뜻이 다르거나 반대, 대립 됨

Art. = Article 기사, 논설

Aufl. = Auflage, 판版

Bd. = Band(e), 권卷

Bl-D. = F. Blass/ A. Debrunner/F. Rehkopf: *Grammatik des neutestamentlichen Griechisch*, Göttingen: Vandenhoeck & Ruprecht, [17]1990

col.(s) = column(s), 단段

etc. = et cetera, 기타 (등등), ... 외(and the rest, and so on)

et al. = 그리고 다른 곳[들](사람[들])

EWNT[2] = *Exegetisches Wörterbuch zum Neuen Testament* I-III, 2.Aufl., H. Balz/G. Schneider(ed.), Stuttgart/Berlin/Köln: Verlag W. Kohlmanner,

---

1) *Die Religion in Geschichte und Gegenwart*, 3. Aufl., Tübingen: J.C.B. Mohr, 1957-1965

2) *Theologisches Wörterbuch zum Neuen Testament*, Stuttgart/Berlin/ Köln: Verlag W. Kohlhammer, 1990 (= 1933-1979)

3) *Theologische Realenzyklopädie*, Berlin/ New York: Walter de Gruyter, 1976-2004

4) = S.M. Schwertner, *Internationales Abkürzungsverzeichnis für Theologie und Grenzgebiete*, Berlin/ New York: Walter de Gruyter, [2]1992

1992

f., ff. = (and) following

FS = Festschrift, 기념 출간물

idem = 같은 저자

Jos. = 요세푸스

   Ant. = 유대 고대사

   Ap.   = 아피온에 대한 반박

   Bell. = 유대 전쟁사

   Vita = 생애

KJV = King James Version

LXX = 70인 역 성경

MT = 맛소라 텍스트

N-A^{27} = Nestle-Aland가 편집한 헬라어 성서(27판), 1993

NEB = New English Bible

NET = New English Translation

NJB = New Jerusalem Bible

NKJ = New King James Version

NRS = New Revised Standard Version

orig. = original

par. = parallel, 병행구

Philo(필로)

   Cher.   = 그룹들에 대하여

   Contempl. = 명상적인 삶에 대하여

   Gig.   = 거인들에 대하여

   Immut. = 하나님의 불변성에 대하여

Legat.　　　= 가이우스에 가는 사절에 대하여

Leg. Alleg.　= 알레고리적 설명

Opif.　　　 = 세계 창조에 대하여

Praem.　　 = 상과 벌에 대하여

Som.　　　 = 꿈들에 대하여

Spec.　　　 = 개개의 율법에 대하여

V.Mos.　　 = 모세의 생애에 대하여

Qumran(쿰란문서)

1 QS　　 = 공동체 규칙(Die Gemeinderegel)

1 QH　　 = 송가頌歌(Die Loblieder)

1 QM　　 = 전쟁 두루마리(Die Kriegsrolle)

REB = Revised English Bible

RSV = Revised Standard Bible

Sp.　= Spalte, 단段

Str-B. =　H.L. Strack/ P. Billerbeck, *Kommentar zum Neuen Testament aus Talmud und Midrasch*, I-VI München: C.H.Beck'sche Verlagsbuchhandlung, 1924-1979

s. v. = sub voce, 아래 표현

ThWNT = *Theologisches Wörterbuch zum Neuen Testament* I-X,2, G. Kittel(ed.), Stuttgart/Berlin/Köln: Verlag W. Kohlmanner, 1990 (= 1933-1979)

vs. = versus, 대對

Wb = W. Bauer, *Griechisch-deutsches Wörterbuch zu den Schriften des Neuen Testaments und der frühchristlichen Literatur*, Berlin/ New York: Walter de Gruyter, [6]1988

서 론

I. 로마 교회

로마에 유대인이 존재한다는 언급은 주전 139년의 문헌에[5] 처음 등장한다. 3차에 걸친 포에니 전쟁을(주전 264-146년) 통해 지중해 패권을 장악한 로마는 동방으로 세력을 확장했고, 이에 따라 본격적으로 유대인들이 로마로 유입되기 시작했다. 알렉산더 얀내우스의(주전 103-76년) 두 아들 히르카누스 II세와 아리스토불루스 II세가 서로 다투는 사이, 폼페이우스 장군이(주전 106-48년) 팔레스타인에서 많은 포로를 데려 옴으로써, 로마의 유대인 수가 급증하였다. 그들은 주로 테베 강 왼편에 살았다. 주후 1세기, 로마 시 전체 인구는 백만 명 정도였는데, 그 중에서 유대인의 수는 약 오만 명에 달했다.

'누가' 그리고 '언제' 로마에 복음을 전파했는지 아직 알려져 있지 않다. 디아스포라 유대인들은 본국과 긴밀한 관계를 유지하며 살아갔다. 무역, 성전세 납부 또는 순례 등 여러 이유 때문에 각 지역의 유대인들은 예루살렘으로 빈번한 왕래의 발걸음을 옮기곤 했다. 기독교가 발생한 지 얼마 안 되어 유대교 회당이[6] 있었던 로마에 복음이 전해졌을 것이라고 쉽게 추정할 수 있다. 예루살렘에서 발생한 박해로 흩어진 사람들(행 8:1; 참고 행 11:19), 절기 때 예루살렘을 방문했던 순례자 또는 다른 지역에 갔다가 복음을 접하여 로마로 돌아간 미지의 인물이

---

5) 발레리우스 막시무스, *Factorum et dictorum memorabilium* I, 3,3
6) 필로, Legat. 155f

(상인, 수공업자) 매개 역할을 감당했으리라. 로마에서 복음은 유대인 회당을 중심으로 퍼져나갔다(참고 행 13:14, 43 등). 기독교인의 수가 늘어나자, 예수를 그리스도로 고백하는 유대인들과 그렇지 않은 유대인 사이에 갈등과 논쟁이 생겨났다. 회당 내에서 시작된 불화는 점차 확산되어 공공질서와 도시의 안녕을 해칠 징후까지 보였다. 이에 황제 클라우디우스는(주후 41-54년) 예방 조치로, 로마에 있는 모든 유대인을 추방하였다(수에톤, 『연감』, '클라우디우스 황제 편', 25,4). 이 칙령에 의해 브리스가와 아굴라는 이탈리아에서 쫓겨나 고린도로 왔다(행 18:2). 추방령은 유대인에게만 적용되었다. 즉, 이방 기독교인들은 로마에 남아 있었다. 그들은 이제 회당이 아닌 가정에서(롬 16:5) 신앙생활을 했다. 로마 기독교인들은 그 결과, 유대적인 영향에서 벗어나 자신만의 고유 신앙 형태를 갖게 되었다. 클라우디우스 황제 사후 네로가(주후 54-68년) 즉위하자, 추방된 유대인들이 제국의 수도로 돌아오기 시작했다. 바울이 로마서를 쓸 무렵 고린도와 에베소에 있던 브리스가와 아굴라도 로마에 다시 와 있었다(16:3f). 귀환한 유대 기독교도들로 인해 로마 교회는 새로운 과제를 떠안게 되었다. '귀향한 자들이 갖고 있는 유대적 성향의 신앙과 로마 교회 내에 정착되어 있는 탈유대적 신앙을 어떻게 통합하느냐'의 문제가 바로 그것이다.

　　신앙이 '강한 자'와 '약한 자' 간의 긴장과 불화는 바로 이 두 그룹 간 신앙 차이와 밀접하게 관련되어 있다(14장, 참고 고전 8장; 9:22). 로마 교회는 자칫 분열되어 갈등구조가 고착화될 위기에 직면해 있었다. '강한 자'들은 고기를 포함하여 모든 것을 먹었고, '약한 자'들은 채식만 했다(14:2). 강한 자는 유대력에 얽매이지 않고 생활 한 데에 반해, 약한 자들은 절기를 지켰다(14:5). 자신을 '강한 자'로 설정한(15:1) 바울은 교인들에게 약한 자를 포용하라고 권하고 있다(14:1). '강한 자'는 로마 교회 내에서 다수를 차지하는 이방인(과 몇몇 유대인)으로 추정된다. 반면 '약한 자'들은 유대주의적인 성향의 소수 유대인들(과 약간의 이방인들)이라고 볼 수 있다. 강한 자와 약한 자, 둘로 나뉘어 있는 교회의 상황 가운데 바울은 서로 용납할 것을 권면하면서, 그렇게 해야 하는 몇 가지 이유를 설명한다(14장). (1) 모든 먹거리는 정결하다(14, 20절). 그러므로 하나님께서는 고기를 먹느냐 안 먹느냐와 상관없이, 누구든지 다 받아주신다(3f절). (2) 우리는 우리 자신을 위해서가 아니라, 주님과(6-8절) 하나님 나라를(17절) 위해 산다. 우리는 모두 주께 속한 같은 믿음의 식구이다(8절). (3) 그리스도의 희생으로 귀하게 얻은 형제를 먹는 문제로 실족케 해서는 안 된다(15절). (4) 형제를 비판하는 자는, 비판을 받게 된다(10-12절).

바울과 로마 교인과의 유대는 각별했다. 우리의 사도는 직접 만난 적이 없는 로마인들을 위해 끊임없이 기도했다(1:9). 로마 교인들의 신앙은 모든 교회에 귀감이 될 만했다(1:8; 15:14; 16:19). 물론 두 그룹 간의 긴장 관계 외에 다른 문제가 전혀 없었던 것은 아니다. 내부에는 분란을 조장하고, 교인들을 실족케 하는 자들이 있었다(16:17, 20). 그들은 그리스도가 아닌, 자신의 이익을 추구했다. 교언영색의 언변과 화술로 사람들을 잘못된 길로 이끌고 있었다(16:18). 그들은 율법이 계속 유효하다는 사고, 즉 유대주의적인 성향을 가진 자들이다. '율법의 행위'가 아니라 '오직 믿음으로'라는 바울의 주장은 참된 신앙이 아니라고 로마 교인을 미혹했다(3:31; 6:1; 7:7ff). '하나님의 은혜로 구원 받는다'는 바울의 가르침에 대해, 그는 '값싼 은혜'를 전파하는 자라고 폄하했다. 바울은 이들을 '사단'이라고(3:8; 16:17f, 20; 참고 고후 11:15 "사단의 일군") 질책한다. 이들과 관련한 바울의 신학적인 논지는 다음과 같다. '하나님께서 그리스도를 통해 죄인들을 의롭다 하셨다. 이제는 아무 조건이나 제한 없이, 즉 율법의 행위가 아니라, 믿음에 근거해서 더 이상 그들의 죄를 묻지 아니하신다("간과하시고" 3:25). 그렇기에 이 은혜야 말로 참으로 귀중한 은혜이다'.

II. 저술 연대 및 저술 동기[7]

행 18:2에 황제 클라우디우스의 추방령으로 로마를 떠나 고린도에 온 부부 브리스가와 아굴라의 이야기가 나온다. 황제가 로마의 유대인을 추방한 사건은 2세기 초의 역사가 수에톤의 기록에 잘 나와 있다. 하지만 유감스럽게도 수에톤은 이 사건이 몇 년에 일어났는지 기록하지 않았다. 디오 카시우스(160-233년)의 글 『로마 역사』에는 41년에 황제가 유대인들에게 집회 금지령을[8] 내렸다는 기술이 등장한다. 따라서 사도행전 18장의 이야기는 주후 41년 때의 사건과 관계가 있다고 볼 수도 있다. 그러나 5세기의 로마 역사가 오로시우스의 언급이나(VII 6,15) 주후 49년 로마의 국내 정치 정세를 참고할 때, 49년에 유대인 추방이 일어났다고 보는 것이 설득력이 있다.[9] 이 추방령에 따라 부부 브리스가와 아굴라는 로마를 떠나 고린도로 왔다. 이때 바울도 아테네에서 고린도에 도착했다가, 온 지 얼마 안 되는 두 사람을 만났던 것이다(행 18:2). 고린도에서 바울은 유대인의 고소로 갈리오 총독 앞에서 재판을 받게 된다. 그는 로마의 유명한 철학자 세네카의 친형이다. 갈리오의 재임 연대는, 고린도 총독 재임 중에 클라디우스 황제가 그에게 보낸 칙령을 통해 알 수 있다. 이 칙령은 갈리오가 문의한 사안에

---

7) 졸고, "로마서의 저술 목적", 79-106 참고.
8) 추방은 아님
9) 졸저, 『자신과 세상을 바꾼 사람, 바울』, 169ff 참고.

대한 답변의 형식으로 반포되었다. 이때는 황제가 즉위하자마자(41년 1월 25일) 넘겨받는 재판권을 소유한 지 12년 째 되는 해였다(즉, 52년 1월 25일~ 53년 1월 24일 사이). 그리고 26번째 연호acclamation를[10) 받았다. 24번째 연호는 51년이고, 27번째 연호는 52년 8월이다. 이 둘을 고려할 때, 칙령은 52년 1월에서 52년 8월 사이에 반포되었다고 추정된다. 원로원이 통치하는 속주의 경우, 총독 임기는 7월 1일에 시작한다(1년간). 따라서 갈리오는 27번 째 연호(52년 8월) 전에, 즉 51년 7월~52년 6월, 혹은 52년 7월~53년 6월 중의 어느 때에 고린도를 다스렸다. 후자의 연도는, 갈리오가 즉위하자마자 보고서를 보냈고, 황제도 회신을 초고속으로 전달할 때 가능하므로, 현실성이 없다. 따라서 갈리오의 재임 기간은 51년 7월에서 52년 6월로 보는 것이 가장 설득력 있다. 갈리오 통치 초기에(행 18:12) 바울은 총독 앞에 서서 심문을 받았다. 이 때 바울은 이미 고린도에 1년 반 가량 머물러 있었다(행 18:11). 따라서 바울의 고린도 도착은, 심문 받기(51년 여름~가을) 18개월 전인 50년 봄이 된다. 이로써 우리는 바울의 절대 연대 하나를 확보했다. 여기에 근거하여 이후 바울 행적을 추정해 보자.

심문 이후 고린도를 떠난 바울은 에베소로 선교의 거점을 옮긴다. 그곳을 중심으로 두세 해 동안(행 19:10; 20:31) 아시아 전역에 복음을 전파하였다(51년 가을~54년 봄). 그리고는 다시 마게도냐와 아가야 지방으로 갔다가(행 20:1-3; 롬 15:26f) 거기서 겨울을 지낸 후(고전 16:6) 모금 전달을 위해 예루살렘으로 올라갔다(55년). 그리고 체포당했다. 2년 동안(행 24:27) 항구 가이사랴에 억류된 뒤(대략 55~57년), 로마로 호송되는 과정에 지중해의 섬, 멜리데(말타)에서 겨울을(행 27:12; 28:11) 보냈다(57/58년).

---

10) 연호란 전쟁에서 승리하거나 외교적으로 큰 성과를 거두고 돌아온 황제의 개선을 축하하는 행사를 뜻한다.

로마에 온 바울은, 비록 피고의 신분이었지만 형이 확정되기까지는 어느 정도 행동의 자유를 허락하는 로마의 법 운용체계를 십분 활용하여, 이방 세계의 심장부인 수도에서 2년 동안 복음의 씨를 뿌렸다(행 28:30f).

　로마서의 끝 부분에서(15:25ff) 바울은 마게도냐와 아가야 사람들이 모금한 것을 예루살렘 교회에 전달한 후에 로마로 가겠다고 피력한다. 로마서는 바울이 예루살렘으로 가기 직전, 지금까지의 사역을 회고하고(15:18-20) 앞으로 할 일들을 조망하면서(15:23) 쓰여진 서신이다. 앞에서 검토한 연대기 중에서 이러한 정황에 부합하는 시기와 장소는 어딜까? 다시 바울의 행적을 되돌아보자. 고린도의 갈리오 총독으로부터 심문을 받은 바울은(행 18:12ff) 에베소로 거처를 옮겨, 그곳에서 비교적 오래 동안 아시아 선교에 전념한다(행 19장). 이후 우리의 사도는 마게도냐를 거쳐 헬라에11) 가서 3개월 동안 있었다(행 20:1ff). 이때 바울은 2차 여행 당시 신세를 진(고전 1:14), 가이오 집에 머물렀다(16:23). 그의 집에 얼마 동안 있었는지는 알 수 없다(3개월 내내, 또는 일부). 헬라에서의 사역을 성공적으로 마친 후, 바울은 해로를 이용해서 수리아까지 가려 했으나, 유대인의 박해 위험 때문에 이 계획을 취소한다. 대신 육로를 택하여 마게도냐를 거쳐 빌립보에 당도, 거기서 배를 타고 소아시아로 건너가 여러 항구를 경유한 끝에(드로아, 앗소, 미둘레네, 기오, 사모, 밀레도, 고스, 로도) 바다라에 이르러, 베니게 행 배에 승선하여 두로까지 항해하였다. 두로에 이르러 돌레마이, 가이사랴를 거쳐 예루살렘으로 올라갔다(행 21장). 사도행전에 기록된 이번 여행의 목적은 모금 전달에 있다(행 24:17). 그렇다면 이 마지막 여행은 로마서에서(15:25ff) '마

---

11) 그리스, 그중에서도 특별히 고린도를 뜻함. Pesch, EKK V/2, 185; T.W. Manson, St. Paul's Letter to the Romans - and others, 3

게도냐와 아가야 사람들이 예루살렘 성도를 위하여 모금을 했고, 이를
전해 주기 위해서 간다'는 내용과 일치한다. 그러므로 로마서는 이 여
행 직전에 쓰여졌다고 봐야 한다. 따라서 집필을 위한 정황에 부합하
는 시기와 장소는 54년 가을 ~ 55년 초, 고린도이다. 에베소로부터 마
게도냐를 거쳐 고린도에 와, 3개월 머무는 동안(행 20:1ff) 바울은 로마
서를 기록하였다.

　이제 50년 초 바울이 고린도에 오기 전의 연대기를 검토해 보자. 예
수의 십자가 처형은, 요한복음의 진술대로(19:14) 유월절 전날인 닛산
월 14일 금요일인 주후 30년 4월 7일로 추정된다.12) 예수의 십자가 사
건 이후 얼마 지나지 않아 바울은 다메섹에서 그리스도를 만나는 체험
을 했다(약 32/33년). 이후 사도는 아라비아와 다메섹에서 대략 2년 반
정도 활동한 뒤(갈 1:17f; 고후 11:32f), 믿은 이후 처음으로 예루살렘을 방
문하고(34/35년 중반), 길리기아-다소 지역에서 사역했다(안디옥 교회 포함,
약 13년-13년 반 동안). 이어서 두 번째 예루살렘 방문(일명 사도회의[갈
2:1-10; 행 15], 48/49년), 안디옥(에서 베드로를 꾸짖는) 사건(갈 2:11-14, 48/49
년), 2차 전도여행 후 고린도에 도착(50년 봄) 등의 사건이 발생했다. 이
상을 도표로 만들면, 다음과 같다.

사　　　건	연　　대
예수의 십자가 처형 (닛산월 14일)	30년 4월 7일
다메섹 체험	약 32/33년
아라비아/ 다메섹	대략 2년 반
회심 후 첫 예루살렘 방문	34/35년 중반
길리기아-다소 지역에서 활동(안디옥 교회)	약 13년~13년 반

12) 참고 졸저, 『자신과 세상을 바꾼 사람, 바울』, 191ff

두 번째 예루살렘 방문(사도회의)	48/49년
안디옥 사건	48/49년
2차 전도여행 후 고린도에 도착	50년 봄
갈리오에게서 심문 받음	51년 여름/가을
에베소를 거점으로 활동(2·3차 전도여행)	51년 가을~54년 봄
마게도냐와 아가야 방문, 겨울을 지냄	54년 여름~55년 초
예루살렘으로	대략 55년
가이사랴에 체포, 구금	대략 55년~57년
로마로 압송, 재판	대략 57/58년~?
처형	60년대 중반

바울이 로마를 방문하려 했던 이유는 복합적이다. 로마서를 쓸 시점에, 예루살렘에서 일루리곤까지 즉 당시 로마 제국의 동쪽 지역에 이미 복음이 전파되었다(15:19). 바울의 선교 원칙은 남의 터 위에 건물을 세우지 않는 것이다(15:20; 참고 고후 10:15f). 바울은 지경을 넓혀 새로운 곳에서 말씀 증거 하기를 원했다. 바울이 가고자 했던 곳은 당시, 땅 끝인 스페인(서바나)이다. 바울은 그곳으로 가는 길에 로마에 들러, 교인들과 교제를 나누고, 여행을 위한 도움 받기를 원했다(15:23f, 28). 그러나 로마 방문이 단순히 선교지에 가기 전에 들르는, 경유의 성격만 띤 것은 아니었다. 바울은 로마인들에게 신령한 은사를 나누어 줌으로써 교인들을 견고케 하고, 자신과 그들 간에 서로 위로를 받기를 원했다(1:11f). 바울은 로마로 갈 때, 그리스도께서 주시는 충만한 축복을 가지고 갈 것을 약속하고 있다(15:29). 로마서 14장에서 보듯이 바울은 로마 교회 내의 사정에 정통해 있었고, 신앙이 '강한 자'와 '약한 자' 사이에 존재하는 갈등 문제를 잘 봉합하고 수습하도록 권면하고 있다(14장).

바울은 선교사 뿐 만 아니라 목회자의 입장에서도 로마서를 기술하였던 것이다.

종교개혁자 멜랑히톤이 로마서를 '기독교 교리의 강요'Kompendium christlicher Lehre라고 정의한 이래로, 일부 학자들은 로마서를 기독교 교리의 요약으로 보려 한다.13) 하지만 15:22ff에 나타나는 구체적인 저술 동기, 그리고 14장의 두 부류 신앙인 간의 갈등의 문제는 구체적인 공동체의 상황을 전제할 때 이해가 가능하다.14) 다른 서신과 달리 로마서는 미지의 교인들에게 바울 자신을 소개하기 위해 기록 되었다. 여타의 편지들은 자신이 직접 세운 교회에 보낸 것이다. 교회 공동체를 설립한 후, 바울은 말씀과 기초적인 신앙고백들을 가르쳤다. 그러므로 편지에서는 필요한 사안에 대해서만 언급한다. 반면에 로마서는 일종의 상견례로써, 바울은 처음 만나는 교인들에게 자신의 복음을 상세히 소개해야 했다. 포괄적이고도 체계적으로 편지를 기술할 필요가 있었다.

로마서의 실제 수신자는 로마 교회가 아니라 예루살렘 교회라는 주장도 있다. 예루살렘에 있는 유대주의자들에게 할 이야기를 로마 교회에 함으로써 로마 교인들의 지지를 얻어, '바울은 율법을 폐하였다'는 유대주의자들의 비난과 모함을 불식시키기 위해 로마서를 썼다는 주장이다.15) 하지만 분명히 로마서의 독자는 로마에 있는 교인들이다 (1:7). 예루살렘 방문 직전에 로마서 집필을 완료하고 로마로 편지를 보냈다는 점에서도, 로마서가 로마 보다 예루살렘에 알려질 것을 의식하고 쓰여졌다는 생각은 설득력이 떨어진다. 바울은 예루살렘 방문을 앞

---

13) Nygren, *Der Römerbrief*, 10ff; U. Luz, Aufbau, 162 등
14) 이하 내용 졸고, "로마서의 저술 목적", 77-106 참고
15) J. Jervell, Brief, 65f; E. Fuchs, *Hermeneutik*, 19

두고 로마 교인들에게 자신을 위해 기도해 줄 것을 요청한다(15:31). 이는 바울의 관심이 예루살렘 교인들에게 있는 것이 아니라 로마 교회 교인들에게 있음을 시사한다. 앞으로 방문하게 될 교인들에게 예루살렘에서 무사히 하나님의 과업을 수행할 수 있도록 기도를 부탁함으로써, 바울 자신에 대한 로마인들의 주의와 관심을 유도하고 있다.

바울은 여러 차례 로마에 가고자 했다(1:10, 13; 15:22). 이제 그 소망을 이룰 때가 되었다. 하지만 앞서 해야 할 일이 있었다. 그리스 지역에서 걷은 모금을 예루살렘에 전하는 숙원사업, 바로 그것이다(15:25, 28). 바울이 로마서를 고린도에서 기록할 당시에, 예루살렘 교회의 가난한 자들을 위해 이방 교회들이 십시일반으로 모금한 사역이 어느 정도 종결되고 있었다(15:26). 예루살렘 교회 내의 가난한 자들을 돕겠다는 약속은 사도회의 때 이루어 졌다(갈 2:10). 예루살렘 교회는 박해를 받는 상황에 있었고, 구성원 중에 외지(특히 갈릴리) 출신의 사람들이 상당수를 차지했다(고전 15:5-7[16]; 참고 눅 24:49; 행 1:4; 6:1-7). 교회에는 경제적으로 궁핍한 자들이 많았다. 모금은 가난한 이들을 돕는 일종의 구호 행위였다. 바울은 이방의 어느 지역을 가도 모금을 위해 부단히 노력했다(고전 16:1-4; 고후 8-9장). 모금을 전하고, 받음으로써 바울과 예루살렘 교회는 하나님 안에서 복음을 위해 일하는 같은 동역자라는 사실을 재확인하게 된다. 모금은 사랑으로 두 교회가 서로 연대되어 있음을 나타내는 구체적인 징표이다. 모금과 관련해서 우려가 없는 것은 아니었다. 문제는 모금 자체가 아니라, 모금 전달에 있었다. 50년 대

---

16) 예수께서 돌아가신 후, 제자들은 갈릴리로 돌아갔다. 따라서 게바와 열두 제자와 오백여 형제들은(5-6절) 아마도 갈릴리에서 부활하신 주님을 만났을 것이다. 후에 이들 중 상당수가 예루살렘 교회의 구성원이 되었으리라(행 1:11).

이후 유대 땅에는 편협한 국수주의적인 기운이 점차 팽배해지기 시작했다. 예루살렘 교회도 이런 분위기로부터 자유로울 수 없었다. 예루살렘 교회는 신앙 성향이 다양한 구성원들로 이루어져 있었다(참고 행 15:5f;7,13,22; 갈 2:2[17]). 초기에 바울의 도움을 받기로 동의했던 교회의 대다수 사람들이, 외세에 대한 반감을 노골적으로 드러내는 사회 분위기에 발맞추어 배타적인 태도로 돌아섰다. 예루살렘 교회는 종국에, 율법으로부터 자유로운 복음을 믿는 이방인들로부터 어떤 도움도 받아서는 안 된다는 입장을 취하기에 이르렀다. 바울도 이러한 변화를 감지하고 있었다. 유대에는 심지어, 그가 올라오기만 벼르는 열혈 유대인들도 있었다. 그들은 바울을 죽이기 전까지는 식음도 전폐하겠다는 결사대였다(행 23:21). 이런 상황에서 바울은 모금이 거부되는 일이 발생하지 않도록 그리고 적대적인 유대인의 위협으로부터 벗어날 수 있도록 기도해 달라고 로마 교인들에게 요청하고 있다(15:31). 바울은 한편으로 곧 로마 교인들을 만날 설레임과 흥분에 사로잡혀 있었다(15:32). 그러나 다른 한편으로는 예루살렘에서 불상사가 발생할 수도 있다는 우려를 떨쳐 버릴 수 없었다. 로마서는 기대 반, 걱정 반으로 쓰여진 편지이다.

III. 로마서의 의의[18)

미지의 교회에 자신의 복음을 소개하기 위해 바울은 로마서를 기술했다. 로마서는 현존하는 바울 서신 중에서 맨 마지막 것이다. 이 편지

---

17) 이 구절은 두 차례의 회합이("저희", "유명한 자들") 이루어 졌음을 뜻한다.
18) Stuhlmacher(NTD 6, 15)는 전체 성경 중에서, 복음이 무엇인지에 대해 로마서보다 더 명료하고 풍부하게 설명한 책은 없다고 단언한다.

에서 우리는 종합적이며 균형 잡힌 사고의 원숙미를 마음껏 발산하는
바울을 만날 수 있다. 초대교회 교인들은 바울 서신의 내용을 쉽게 이
해하지 못했다(벧후 3:16). 그의 의인론은 처음에 별다른 주목을 받지 못
했다. 예외적으로 이단 마르시온은(대략 140년 경) 바울의 저작을, 유대
적인 사상에 물들지 않는 참된 복음으로 높이 평가했다. 오리겐(주후
185-약 254년) 이래, 그리스적인 사고로 이해할 수 있도록 바울 저작을
주석하는 대역사大役事가 진행되었다. 펠라기우스와 논쟁하는 가운데
아우구스티누스는(주후 354-430년) 바울 의인론의 의미를 재발견하고는,
이것을 '은총론'이라는 이름으로 설명했다. 로마서는 종교개혁 시대
개혁자들에 의해 관심의 대상으로 급부상한다. 로마 카톨릭과의 논쟁
의 중심에 로마서가 자리 잡고 있다. 루터는 로마서를(13:11ff) 통해 하
나님을 만났다. '율법의 행위가 아니라 믿음'이라는 종교개혁의 모토
는 1:16f에서 발견한 것이다. 루터는 로마서 주석 서문에서,[19]

  "로마서는 신약에서 가장 중요한 문헌으로서 복음을 가장 순수하
  게 표현하고 있는 책이다. 이 서신은 그리스도인이 시간을 들여서
  한 단어 한 단어를 마음 속에 새겨둘 가치가 있을 뿐만 아니라 날
  마다 묵상할 가치도 있다. 이 서신은 영혼의 일용할 양식이며 아무
  리 자주 읽거나 많이 연구한다고 해도 결코 지나칠 수 없다"

라고 극찬할 정도로 이 서신을 소중하게 여겼다. 또한 13:1ff에 기초한
루터의 두 왕국론은 시민 사회 형성에 큰 영향을 끼쳤다. 칼빈은 개신
교 직업윤리의 사상적인 근거로 바울의 예정론을 사용하였다. 오늘날
까지 개신교는 바울 서신, 특히 로마서에 근거하여, 교황을 바울의 반

---

19) 루터,『루터의 로마서 주석』, 15

대자인 유대 대적자로 본다. 반면에 로마 카톨릭은 의인론을, 바울이
3:8과 6장에서 거부한 바 있는 반율법주의로 본다. 19세기 이후 슈바
이처(신비주의, 종말론), 바르트(위기), 케제만(묵시) 등 학자들은 로마서를
여러 관점으로 해석함으로써, 바울 복음의 이해에 다양한 틀을 제공하
고 있다.[20)]

　마지막으로 최근 영미계 학자들에 의해 주도되고 있는 로마서 이해
에 대한 '새로운 시각'New Perspective을 소개하면서 서론을 마치고자
한다. 루터 이래로 로마서는 인간 개인에 초점을 맞추고 있는 것으로
이해되어 왔다. 루터가 씨름한 문제는 '죄인을 벌하시는 하나님의 의
앞에 어떻게 하면 의로워질 수 있을까' 였다. "죽는 날까지 하늘을 우
러러 한 점 부끄럼이 없기를, 잎새에 이는 바람에도 나는 괴로워했다"
는 윤동주의 서시序詩처럼, 루터는 양심에 비추어 일말의 부끄러움 없
는 수도사로 하나님 앞에 설 수 있기를 원했다. 그는 의인이 되고자 무
던히 노력했다. 금욕과 고행을 거듭했고, 기도와 고해 그리고 선행을
통해 속죄하려 했지만, 그러면 그럴수록 아직 자신 안에 남아있는 죄
를 발견하고 절망한다. 낙심과 좌절을 거듭하던 가운데 롬 1:16f을 주
석하면서 루터는, 하나님께서 은혜로 의롭다 여겨주심으로써('의인' 義
認 Justification) 인간이 의롭게 된다는 사실을 깨달았다. 양심을 통해 하
나님께 다가가려는 루터의 영적인 순례 여행에서 로마서는 든든한 동
반자 역할을 한 것이다. 이로써 로마서는 자신을 성찰하는 개인, 양심
의 소리에 따라 살려고 노력하는 신앙인을 위한 필수 불가결의 성경으
로 평가받아 왔다. 루터의 유산을 물려받기 원하는 사람들은, 다음과
같이 바울의 사상을 이해한다. (1) 내적인 성찰과 양심의 소리에 진지

---

20) 로마서 해석사 및 연구사에 대해서는 크랜필드, 『ICC 1』, 81-97; 차정
식, 『100주년 기념주석 37/I』, 27-51을 참고하라.

하게 귀를 기울인 결과로 깨달은 진리가 바로 '이신칭의'이며, (2) 바울은 율법주의에 반대했기 때문에 그리고 인간은 율법의 행위를 다 이룰 수 없는 존재임을 알고 있었기에, '율법의 행위'로가 아니라 '그리스도를 믿는 믿음'으로 의로워진다고 주장했다.

위와 같은 루터주의 전통에서 벗어나 바울을 새롭게 이해할 수 있는 단초를 제공한 학자는 스웨덴의 스탕달이다.21) 그는 자신의 논문에서 루터가 개인적으로 추구했던 것은 바로 양심을 위한 안식인데, 이 '양심'의 문제는 근대에서 와서 비로소 관심의 대상이 된 것이라고 지적한다. 바울 시대에는 이런 내성적內省的 양심introspective conscience이라는 개념 자체가 없었다는 것이다(p. 202). 그의 말대로라면, 로마서를 '개인의 양심'이라는 관점으로 읽으려는 시도는 마치 존재하지도 않는 틀을 가지고 바울을 이해하려는 일종의 넌센스인 셈이다. 스탕달은 바울을 율법주의적인 유대교와 대결한 인물로 보는 전통적인 시각에 반기를 든다. 바울은 '율법주의'legalism에 반대한 것이 아니었다. 그는 '메시아가 오시면 율법은 어떻게 되는지에 관심을 가졌다. 그가 씨름한 문제는 종말의 때에 이방인과 유대인의 관계는 어떻게 되는가'에 있었다는 것이다(p. 206). 스탕달의 새 지평을 여는 논문과 1970년 대 이래 유대교에 대한 폭넓은 연구의 축적에 힘입어 샌더스는 1977년에 『바울과 팔레스타인 유대교』라는 저작을 세상에 내놓았다. 여기서 그는 유대교를 행위를 통해 의를 추구하는 종교라는 전통적인 인식을 거부한다. 즉, 1세기 유대교는 율법을 지켜야 구원받는다고 생각한 '율법주의'legalism가 아니라, '언약적 신율주의'covenantal nomism로 정의할 수 있다는 것이다.22) 유대인들은 하나님의 은혜의 선택과 계약의 결

21) K. Stendahl, The Apostle Paul and the Introspective Conscience of the West, 199-215

과, 하나님의 백성이 되었다는 사실을 분명히 인지하고 있었다. 계약의 근간이 되는 것은 율법인데, 율법은 계약을 위한 또는 구원을 얻기 위한 조건이나 수단이 아니라 구원의 상태에 머물기 위한 방편이라는 것이다. 이것이 바로 '언약적 신율주의'이다. 즉, 구원을 위해 율법을 지키는 것이 아니라, 은혜의 선물인 언약의 상태에 머물기 위해, 다시 말하면 계약을 통해 선택된 백성으로써 하나님과 바른 관계를 계속 유지하기 위한 수단으로 유대인들은 율법을 지켰다는 것이다. 이에 따르면 유대교와 바울 간의 극단적인 불화는 더 이상 존재하지 않는다. 1983년 저작에서 샌더스는,[23] 유대교를 '계약'이라는 측면에서 고찰함으로써 바울과 유대교 사이에 긴밀한 관련이 있다고 주장했다.[24] 던은, 유대교가 은혜를 전제로 하고 있다는 샌더스의 입장에서 한 걸음 더 나간다.[25] 바울과 유대인 사이에 핵심 쟁점은 율법 준수 여부가 아니라, 이방인의 구원 문제였다고 그는 지적한다. 유대인들은 율법과 언약을 편협한 민족주의적인 관점으로 이해한 결과, 자신들만 구원받는다고 생각했다. 그들은 율법을 이스라엘만을 위한 특권의 상징으로, 그리고 정체성과 관련된 것으로 여겼다. 반면, 바울은 그리스도의 구속 사건으로 구원은 누구에게나 열려있다고 주장했다. 바울이 율법에 대해 부정적인 태도를 취한 이유는, 위에서 언급한 율법과 관련한 유대인들의 배타적인 입장과 자세 때문이었다. 율법에 대한 바울의 비판적인 발언은 율법 자체에 대한 문제 제기가 아니다. 율법의 행위가 더

---

22) E.P. Sanders, *Paul and Palestinian Judaism*, 422

23) E.P. 샌더스, 『바울, 율법, 유대인』, 59ff

24) 참고 졸고, "바울의 율법이해 -롬 3:20a을 중심으로", 202

25) J.D.G. Dunn, The New Perspective on Paul, 183-214; J. 던, 『바울 신학』, 250, 491ff;

이상 필요치 않다고 여겼기 때문에 나온 것도 아니었다. 바울에게 '율법의 행위'는 '믿음의 순종'과 등가의 개념이다.26) 바울이 '율법의 행위로는 아니다'라고 반대한 이유는, 행위로는 의를 이루지 못하기 때문이 아니라 유대인들이 자신들의 특권적인 지위와 배타적인 특권을 옹호하는 수단으로 율법을 잘못 사용했기 때문이었다.27)

이상의 '새로운 시각'은 우리로 하여금 당시 유대교에 대한 그릇된 선입관에서 -피상적인 문자주의에 매몰된 채 맹목적인 율법 준수를 강요- 벗어날 수 있도록 도와준다. 하나님의 은혜에 감사하는 차원에서, 언약을 위해서가 아니라 언약에 머물기 위해서 율법을 행했다는 관점은 '왜 성경 내에 계속 율법의 행위에 대한 긍정적인 평가들이 -예수("내가 율법이나 ... 폐하러 온 줄로 생각하지 말라 ... 율법의 일점 일획도 결코 없어지지 아니하고 다 이루리라" 마 5:17ff), 야고보서("행함이 없는 믿음은 그 자체가 죽은 것이라" 약 2:17), 바울("우리가 믿음으로 ... 율법을 파기하느냐 ... 도리어 율법을 굳게 세우느니라" 롬 3:31)- 등장하는 지'에 대해 설명할 수 있는 근거를 제공한다. 이 새로운 시도는 개인의 내성적인 양심 문제에 초점을 맞추어 바울을 읽어 온, 독일권 중심의 루터주의에 대한 일종의 반명제로써, 바울 평가에 큰 반향을 일으켰다. 결과적으로 바울 연구를 더욱 활성화 시켜, 보다 폭 넓고 심도 있게 바울을 이해할 수 있도록 기여하고 있다.

---

26) J.D.G. 던, 『바울 신학』, 492
27) J.D.G. 던, 『바울 신학』, 492, 498f, 500f; 동저자, 『WBC 38상』, 51, 82ff

IV. 로마서의 구조

I. 서두序頭 (1:1-17)

  1. 문안 (1:1-7)

  2. 기도와 감사, 로마 방문의 열망 (1:8-15)

  3. 주제 (1:16-17)

II. 믿음에 의한 하나님의 의 (1:18-4:25)

  1. '하나님의 의'의 계시의 필연성 (1:18-3:20)

    a) 이방인의 죄 (1:18-32)

    b) 유대인에 대한 하나님의 심판 (2:1-3:8)

      1) 종말론적 심판의 기준 (2:1-11)

      2) 율법의 소유는 특권이 아니다 (2:12-16)

      3) 율법을 위반하는 유대인 (2:17-24)

      4) 할례는 유대인을 의롭게 하지 않는다 (2:25-29)

      5) 유대인의 예상되는 항의 (3:1-8)

    c) 전 인류의 죄악 (3:9-20)

  2. 믿음의 의로서의 '하나님의 의' (3:21-4:25)

    a) 하나님의 의 -속량, 화목제물 (3:21-26)

    b) 오직 믿음으로 (3:27-31)

    c) 믿음의 의에 대한 구약성서의 증거 -아브라함 (4:1-25)

      1) 믿음으로 의롭다함을 얻음 (4:1-8)

      2) 할례 이전에 의롭다함을 얻음 (4:9-12)

      3) '언약'과 '믿음의 의' 사이의 연관성 (4:13-16)

      4) 아브라함의 믿음은 약속의 성취에 대한 신뢰이다 (4:17-25)

　3. 이스라엘에 대한 약속의 성취 (11:1-36)

　　a) 남은 자 (11:1-10)

　　b) 이스라엘의 넘어짐과 이방인의 의 (11:11-24)

　　c) 약속의 종말적 성취 (11:25-36)

V. 삶 사운데서 구현되는 하나님의 의 (12:1-15:13)

　1. 헌신과 사랑 (12:1-21)

　　a) 헌신 (12:1-2)

　　b) 공동체와 섬김 (12:3-8)

　　c) 사랑의 교제와 승리의 생활 (12:9-21)

　2. 이교 세계에 있어서의 신자 (13:1-13)

　　a) 정치권력에 대하여 (13:1-7)

　　b) 사랑, 곧 율법의 완성 (13:8-10)

　　c) 임박한 종말 인식과 성화의 책임 (13:11-13)

　3. 강한 자와 약한 자 (14:1-15:13)

　　a) 동일한 주 (14:1-12)

　　b) 형제를 넘어지게 말라, 사랑 안에서 행하라 (14:13-23)

　　c) 그리스도를 본받아 (15:1-13)

VI. 서신을 맺으며 (15:14-16:27)

　1. 소원과 계획 (15:14-33)

　2. 소개와 문안과 송영 (16:1-27)

　　a) 뵈뵈를 추천 (16:1-2)

　　b) 문안 인사 (16:3-16)

　　c) 거짓 교사에 대한 경고 (16:17-20)

　　d) 마침 인사 (16:21-23)

　　e) 송영 (16:25-27)

본문 주석

I. 서두序頭 (1:1-17)

1. 문안 (1:1-7)

1 예수 그리스도의 종 바울은 사도로 부르심을 받아 하나님의 복음을 위하여 택정함을 입었으니 2 이 복음은 하나님이 선지자들을 통하여 그의 아들에 관하여 성경에 미리 약속하신 것이라 3 그의 아들에 관하여 말하면 육신으로는 다윗의 혈통에서 나셨고 4 성결의 영으로는 죽은 자들 가운데서 부활하사 능력으로 하나님의 아들로 선포되셨으니 곧 우리 주 예수 그리스도시니라 5 그로 말미암아 우리가 은혜와 사도의 직분을 받아 그의 이름을 위하여 모든 이방인 중에서 믿어 순종하게 하나니 6 너희도 그들 중에서 예수 그리스도의 것으로 부르심을 받은 자니라 7 로마에서 하나님의 사랑하심을 받고 성도로 부르심을 받은 모든 자에게 하나님 우리 아버지와 주 예수 그리스도로부터 은혜와 평강이 있기를 원하노라

로마서는 서두(1:1-17), 본문(1:18-15:13) 그리고 마지막 인사(15:14-16:27) 세 부분으로 구성되어 있다. 서두는 다시 셋으로 나눌 수 있는데, 1:1-7은 그 첫 부분인 '문안'에 해당한다. 문안은 발신인("예수 그리스도의 종 바울은", 1절), 수신인("로마에서 하나님의 사랑하심을 받고 성도로 부르심을 받은 모든 자에게", 7a절), 인사말("하나님 우리 아버지와 주 예수 그리스도로부터 은혜와 평강이 있기를 원하노라", 7b절)로 이루어져 있다. 1절(발신인)과 7절(수신인, 인사말) 사이에서 바울은 자신이 복음을 위해 하나님에 의해

선택된 사도라는 사실, 복음에 대해서, 예수 그리스도가 누구인지, 그로 인해 사명을 받게 되었다는 점 등을 열거한다.

[1] "바울"*paulos*은 헬라어다. 그의 히브리식 이름은 '사울'*šaʾul*이다 (행 13:9). 바울은 두 개의 이름을 가지고 있었다. '바울'은 헬라 지역에서, '사울'은 유대권에서 사용되었다. 로마 시민권자로서 '바울'이 공식적인 이름이었다. 본격적으로 이방인들에게 복음을 전할 때 우리 사도는 주로 '바울'이라는 이름을 사용한다.

바울은 자신을 그리스도의 종이라고(둘로스 *doulos*) 규정한다. 헬라어 '둘로스'는 가내노예를 뜻하는28) 부정적인 어감을 지닌 단어이다. 자유인과 둘로스의 신분 차이는 극복하기 어려운 사회적인 장벽으로, 바울도 이를 분명히 인식하고 있었다(고전 7:21-23; 참고 갈 3:28). 구약의 여호와 하나님은 유일하고 전지전능하신 존재였던 반면, 헬라인들이 믿는 신들은 그렇게 여겨지지 않았다. 인간의 자유를 중시했던 헬라인들은 신앙생활에서 둘로스라는 말을 사용하지 않았다. 이와 달리 구약에서는 '하나님께 전적인 충성을 다한다'는 의미로 둘로스의 동사형 둘류에인(*douleuein* '섬기다')이 자주 사용되었다(삿LXX 10:16[B]; 시 2:11). 모세, 여호수아, 다윗과 같은 위대한 인물들은 '여호와의 종' 또는 '주의 종'으로 일컬어졌다(신 34:5; 삿 2:8; 시 89:3). 바울의 둘로스라는 표현도 같은 맥락이다. 그는 스스로를 종이라고 고백함으로써 한편으로는 자신의 정체성과 위상을 공고히 한다. 즉, 바울은 신적인 권위를 소유한 자이다. 다른 한편으로 둘로스라는 호칭을 통해, 바울은 주님이신 예수 그리스도를 절대적으로 섬기는 존재로 자신을 이해했다. 세례를 통

---

28) A. Weiser, Art. *douleuō*, *EWNT²* I, 846. 좀 더 엄격히 말하면, 온전히 집에서만 일하는 종은 *oiketēs*로 불리웠다(롬 14:4; 행 10:7).

해 그리스도를 영접한 자는 죄와 율법과 죽음과 세상의 권세로부터 해방된다("무엇으로부터의 자유" freedom from). 그러나 새로운 피조물로서의 삶에 더 이상 구속이나 속박이 없는 것이 아니다. 거듭난 자는 하나님을(6:22; 7:25), 그리스도를(12:11; 14:18; 16:18), 의義에 대해(6:17-19) 그리고 이웃을 섬기는(갈 5:13) 종으로 산다("무엇을 위한 자유" freedom for 참고 고전 9:19). 루터에 따르면 "인간은 무엇인가를 섬기는 존재이다". "예수 그리스도의 종"이란 정욕과 세상의 썩어질 것을 추구하고 섬기던 과거의 삶에서, 주님을 위해 사는 삶으로 섬기는 대상을 바꾼다는 의미이다(수 24:15; 눅 16:13a).

　"예수"는 고유명사이고 "그리스도"는 칭호title이다. 보통은 '예수'와 '그리스도'가 이중의 이름으로 함께 사용된다.29) '예수'는 구약의 유명한 인물들, '여호수아', '이사야' 등과 어근이 같다.30) 예수를 심문하던 총독이 '바라바라 하는 예수, 그리스도라 하는 예수 중 누구를 놓아줄까' 묻는 장면이 나온다(마 27:17). "예수"는 이처럼 유대에서 흔한 이름이었다.31) 마태에게(1:21) "예수"는 자기 백성을 죄에서 구원할 자였다.32) 메시아*mašiaḥ*는 히브리 동사 '기름붓다'*mašaḥ*에서 파생된 단어이다. 이것의 헬라어에 해당되는 말이 '그리스도'*christos*이다(뜻: '기름부음을 받은 자', *chriō* 기름붓다). 기름부음은 구약에서 왕(삼상 9:16)이

---

29) 원문에 바울(고유명사)-종(호칭)-그리스도(호칭)-예수(고유명서)의 순으로 나열되어 있다. "그리스도 예수"라고 한 것은 바로 앞에 나오는 바울의 타이틀 "종"과 대구를 이루기 위해서이다. A-A'-B'-B

30) 예수(יֵשׁוּעַ), 여호수아(יְהוֹשֻׁעַ), 이사야(יְשַׁעְיָהוּ) 등의 이름들은 모두가 똑같은 어근(י ע שׁ)으로 구성되어 있다.

31) 마태복음의(27:17) 일부 사본에서(Θ 700* Or^lat)

32) Luz, EKK I/1, 104f

나 제사장(대상 29:22) 또는 예언자를(왕상 19:16) 임명할 때 행해졌다. 기름부음 받은 자로서 구원을 가져다줄 메시아에 대한 기대는 포로 귀환 이후에 점차 강해졌다(슥 3-4장). 이 소망은 포로기 이후 유대의 역사가 강대국의 지배로 점철되는 과정 가운데 종말론화 되면서 더욱 증대되고 간절해 졌다.

왕의 특별 임무를 띠고 파견된 자를 '사도'apostolos라 일컫는다. 바울은 그리스도와 하나님의 부르심으로 말미암아 복음을 증거하는 사도라고 고백한다. 자신의 정체성을 분명하게 확립하는 것이 무엇보다 중요하다. 내가 누구인지 분명히 깨달으면, 이 자의식에 걸맞는 행동을 하게 된다. 그 행동이 습관이 되고 습관이 인생이 되기 때문이다. 하나님에 의해 사도로 부르심召命 calling을 받았다는 사실을 바울은 늘 가슴에 새기고 있었다. 소명 의식은 곧 사명 의식이다(갈 1:15f). 바울의 사명은 사도로서 이방인들에게 복음을 증거하는 것이다. 이 사명은 앞에서 고백한 둘로스가 해야 할 임무와도 관계된다. 사 49: 6에서 '종'은 이스라엘 뿐 아니라 이방의 빛으로 땅 끝까지 구원을 베풀 임무를 부여 받고 있다.33) 바울은 종이자 사도로써 무엇보다도 복음을 위해서 부르심을 받았다. 이 소명을 "택정함을 입었으니"aphorizō로 표현한다. 아포리조는 특별한 목적을 위해 선택되었다는 뜻이다. 갈 1:15에서("내 어머니의 태로부터") 바울은 예언자의 소명 모델을 자신에게 적용한다(사 49:1; 렘 1:5). 바울에게 소명 의식은, 이방인의 사도로 복음을 전해야 한다는 사명 의식과 밀접한 관련이 있다(갈 1:16).

'내가 누구인가'라는 정체성은 그 사람의 삶에 절대적인 영향을 끼친다. 이 정체성은 자신의 이름과 밀접한 관련이 있다. "종"이요 "사

---

33) 던, 『WBC 38상』, 103

도"라는 정체성을 가지고 복음을 위해 남을 섬기는 종으로, 이방인의
사도로, 타오르는 불꽃과 같은 삶을 바울은 살았다. 알렉산더 대왕(주
전 336-322) 휘하에 왕과 같은 이름을 가진 병사가 있었다. 용감한 대왕
과 달리 그는 겁쟁이였다. 이 사실을 안 대왕이 그를 불러 다음과 같이
말했다. "알렉산더여, 너는 이름을 바꾸던가, 용감한 병사가 되던가 둘
중의 하나를 선택하라". '나는 누구다'라는 각성과 자기 인식에 따라,
각자는 인생을 설계하고 살아간다. 한 개인의 정체성이 얼마나 분명하
고 확고한 것인가, 그리고 그것이 얼마나 하나님의 뜻에 부합되는 것
인가에 따라 그 사람의 인생이 결정된다.

[2] 복음*euaggelion*은[34] 문자 그대로 '좋은 소식'good news이다. 복음
이 굿 뉴스인 까닭은 구원의 소식(사 40:9; 52:7; 61:1; 참고 눅 4:18), 즉 종말
론적인 하나님 통치(하나님 나라)의 도래에 대한 소식이기 때문이다(마
11:5). 예수는 이 복음의 현실을 이루신 분이다(눅 4:18). 바울은 초대교
회의 신앙전통에 따라, 예수 그리스도의 사역 및 대속적인 죽음과 부
활을 통해 이룩된 구원의 메시지를 '복음'이라고 정의했다. 복음은 예
수를 통해 구체적으로 실현되었다. 그렇기에 복음은 하나님의 아들인
예수 그리스도에 관한 것이다. 아들에 대해서는 이미 성경에 예언자들
을 통하여 미리 증거 되고, 오시리라 약속되어 있었다(사 7:14 처녀가 아
이를 낳으리니; 미 5:2 베들레헴 ... 너는 유다 족속 중에 작을 지라도; 슥 9:9 시온의 딸

---

34) '복음'은 두 가지 의미로 사용된다. (1) '선포 행위'(고전 9:14[두 번째
것]; 고후 2:12; 빌 4:3), (2) '기쁜 소식의 내용'(고전 15:1; 갈 1:11). 1절의 복
음은, 이를 위해 사도로 부르심을 받고 택정함을 받았다는 의미에서, 전자의
의미이다. 하지만 2절에서 1절에 나오는 '복음'을 관계대명사로 받아 설명하
고 있다는 점에서, 후자의 의미로도 사용되었다. 즉, 여기서 복음은, 선포하는
행동이자 동시에 선포의 내용 둘 다를 의미한다. 참고 Michel, KEK IV, 68.

아 … 기뻐할찌어다 … 왕이 나귀를 타나니).

프랑스 알사스 로렌지방에 콜마colmar라는 작은 도시가 있다. 이곳
운터린덴 박물관에는 마티스 그뤼네발트(1480-1538경)가, 원래 독일 이
젠하임의 성 안토니오회 수도원의 주 제단을 위해 그린 패널화가 전시
되어 있다. 중앙패널에는 머리에 굵은 가시관을 쓰고, 손과 발은 못으
로 찢겨져 있으며 온 몸에 상처와 멍으로 뒤덮인 채 십자가에 달리신
그리스도의 모습이 그려져 있다. 그 오른쪽 아래 어린 양과 함께 세례
요한이 서 있는데, 오른손을 들어 검지로 예수님을 가리키고 있다. 이
그림은 유럽 르네상스 시기의 가장 극적인 걸작품 중 하나로 인정받고
있으며, 20세기 표현주의의 모델이 되기도 했다. 스위스 출신의 유명한
신학자 칼 바르트는(1886-1968) 이 그림을 매우 좋아해서, 자신의 서재
에 걸어놓았다. 교부 아우구스티누스와 음악가 모차르트의 초상화와
함께. 잘 알려져 있듯이 그의 신학은 예수 그리스도 중심적이었는데,
그림 속의 세례 요한이 이를 잘 대변하고 있다는 이유에서다. 예수 그
리스도를 가리키는 세례 요한처럼 모든 신학은 그리스도를 지향해야
한다는 것이다. 마치 복음이 아들에 대한 것이듯.

[3-4] 바울은 아들에 대해 설명한다. 우선 육적인 측면에서 보면 그
는 다윗의 자손이다. 구약은 다윗의 후손에서 메시아가 나신다고 예언
하고 있다(사 11:1-5). 복음서도 예수가 다윗의 자손이라는 사실을 강조
한다(마 1장; 9:27; 눅 1:27; 행 2:29f). "육신으로"는 뒤에 나오는 "성결의
영으로"와 대구를 이룬다. 바울은 '육'과 '영'의 이분법을 즐겨 사용한
다(8:4ff, 13; 갈 5:16f). 일반적으로 "육·육체"sarks라는 표현에는 부정적
인 어감이 내포되어 있다. 하지만 롬 9:5을 참고할 때("육신으로 하면 그리
스도가 저희에게서 나셨으니") "육신으로"는 예수 그리스도의 하나님 아들

되심에 관한 지상적인 영역과 역사적인 측면의 묘사를 위해 사용된 표현이라고 봐야 한다.35) 바울은 아들에 대해 육과 영의 관점으로 각각 설명하고 있다. 여기서 '육체'는 중립적인 의미이다(갈 2:20). 공동번역(1977년)은 "육신으로"를 "인성으로 말하면"으로, 공용 번역본(2005년)은 다시 "육으로는"으로 번역했다.

한편 '성결의 영'이라는 관점에서, 예수는 죽은 자들 가운데서 부활하신 분이다. 성령이 아니라 "성결hagiōsynē의 영"이라는 표현이 등장하는데, 이는 성령과 같은 의미이다. 이 단어를 사용할 수 있었던 까닭은, 아마도 기독교 발전 초기단계였기 때문에 아직 용어와 개념이 통일되거나 정교하게 다듬어지지 않았기 때문이리라. '성결의 영'은 히브리어 '거룩한 영' ruaḥ qodeš을 직역한 것으로(시 51:11; 사 63:10f), 바울 서신 중 이곳에서 유일하게 사용되었다.36) 부활 사건 이래,37) 예수가 하나님의 아들이라는 사실이 더욱 명백해 졌다. "능력으로"는 종말의 때에 나타나는 하나님의 권능과 관련된 용어이다(막 9:1). 3절의 문장 구조를 참고할 때, "능력으로"는 분사 "선포되셨으니"가 아니라 "하나님의 아들"과 연결된다고 보는 것이 좋다. "우리 주님은 권능 있는 하나님 아들로 선포되셨다". 바울은 여기서 후대에 발달한 기독론 일종인 양자설養子設을38) 말하려는 것이 아니다. 다만, 부활 사건을 계

---

35) 참고 Michel, KEK IV, 70, 73

36) 또한 바울은 그리스도를 다윗의 자손이라고 말하지 않는다(예외 딤후 2:8). 그렇기 때문에 3-4절에 기존 전승이 내포되어있다고 보는 학자들도 있다. 참고 크랜필드, 『ICC 1』, 114

37) *eks anastaseōs nekrōn*에서 전치사 *eks*를 "~이래로"라고 해석한다.

38) 예수 그리스도가 신성으로는 하나님의 친자親子이지만 인성으로는 양자養子라고 주장하는 이론. 이 이론은 3세기 중엽 삼위三位가 아닌 일위一位 만을 주장하는(역동적 군주론, monarchianism -인간 예수에게 성령이 임해서

기로 예수 그리스도의 아들되심이 좀 더 분명하게 드러나게 되었다는 사실을 힘주어 설명하고 있을 뿐이다. "선포되셨으니"*horisthentos*는 "지명되다, 임명되다, 선언되다" 등의 뜻을 가지고 있다. "인정 되셨으니"(개역) 보다는 "선포되셨으니"가 원문의 뜻을 더 잘 반영한다. "주님"*kyrios*은 바울이 가장 즐겨 사용한 예수님에 대한 칭호이다. 주님은 둘로스와 대비되는 개념으로, 주권자 되시는 예수 그리스도의 절대적인 권위와 위상을 나타낸다.

[5-6] 예수 그리스도로 말미암은 유익과 그로부터 받은 사명이 무엇인지, 그리고 로마 교회 사람들은 믿은 후 어떻게 변했는지 설명한다. 먼저 신자들은 "은혜"를 받는다. '은혜'는 바울의 소명과 관련해서 종종 함께 사용된다(롬 1:5; 갈 1:15; 고전 15:10).39) '은혜'는 바울을 사도로 만든 일종의 신적인 능력이라고 볼 수 있다(갈 2:9). 따라서 이어 나오는 '사도의 직분'과 '은혜'는 불가분의 관계이다. "은혜와 사도의 직분"은 일종의 중언법重言法으로40) '분에 넘치는 하나님의 호의 또는 은혜로운 선물로서의 사도의 직분'으로 이해할 수 있다. 은혜는 인간을 선택하시고 하나님 자신이 누구신지를 알게 하는 신적인 권능이다 (롬 11:5). 구원이란 바로 이 은혜의 현실에 사로잡혀 있는 상태를 뜻한다(롬 5:2). 이 외에도 '은혜'는 개인들 각각의 은사의 원천이기도 하다

그리스도가 되었다는 설) 사모사타의 바울로 기원이 올라간다. 직접적으로는 그러나 8세기에 거론되면서, 스페인과 프랑크 제국의 교회 내부에서 논쟁의 핵심이 되었다.

39) 이하 K. Berger, Art. *charis, EWNT² III*, 1095-1102 참조

40) 重言法(hendiadys) -'형용사'+'명사'를 두 개의 명사를 연결해서 표현하는 법. 예를 들면 buttered bread를 bread and butter, nicely warm을 nice and warm으로 하는 따위.

(롬 12:6). 또한 '은혜'는 종말론적인 윤리실천의 원동력이 되기도 한다. 은혜에 힘입어 신자는 마땅히 해야 할 바를 행하게 된다(고후 6:1-10; 모금 -고후 8:6f, 9). 마지막으로 바울은 '은혜'를 감사의 의미로 사용하기도 했다(고후 2:14; 8:16; 9:15; 롬 6:17; 7:25; 고전 10:30; 15:57).

　'은혜'와 연관하여 바울은 "사도의 직분"을 받았다. 복음을 전함으로써, 이방인들에게 믿음을 증거하는 사역을 감당하게 된 것이다. 바울은 이 모든 일이 "그의 이름"을 위한 것이라고 말한다. 동양과 마찬가지로 중근동 사람들도 이름에 대해 남다른 관심을 나타냈고 특별한 의미 부여를 했다. 사물이나 사람에게 주어진 이름은, 그가 어떤 존재인지 나타내며 미래의 삶을 규정하기까지 한다. 이름에는 그 사람이 앞으로 감당할 역할과 사명이 내포되어 있다(창 5:29). 하나님과 만남을 통해 자기 정체성을 재정립한 인물들은 새로운 이름을 갖게 된다(아브람 → 아브라함 창 17:5). 호렙산에서 여호와 하나님은 모세에게 자신의 이름을 알려줌으로써 스스로를 계시하신다(창 3:6,14). 하나님은 전지전능하시고 무소부재無所不在 하셔서, 어느 특정 장소에 얽매어 계시는 분이 아니시다(사 66:1; 행 7:49). 그러나 법궤가 성전에 안치되고, 예루살렘이 하나님의 전으로 이해되면서 어떤 형식으로던가 거기에 하나님께서 임재하셔야 했다. 이 딜레마는, 성전에 쉐키나šekinah(하나님의 현존) 또는 '하나님의 이름'이 거한다고 이해함으로써 해결되었다. 이름을 중히 여기는 관점에서 볼 때, 이름은 이름을 가진 대상, 그 자체였다. '하나님의 이름이 거한다'는 '하나님이 계신다'와 같은 뜻이다. 본문에서 "예수의 이름"이란 그분의 현존과 동격의 의미이다(고전 6:11). 은혜와 사도의 직분을 받은 바울은 "그의 이름을 위하여", 즉 예수 그리스도를 위하여, 그분께서 우리를 위해 행하신 구원의 행위에 감사하는 마음으로 복음을 증거한다.

바울은 모든 이방인들 마음가운데 '믿음의 순종'이라는 귀한 열매
를 얻고자 노력했다. '순종'은 하나님을 믿는 신앙인의 태도와 관련된
표현이다. 복음을 참된 진리로 수용하고 복음에 의탁하는 자세가 바로
순종이다(10:16; 15:18). '믿음'은 순종이 어떤 순종인지에 대한 부연 설
명이다. 바울은 믿음과 순종을 종종 같은 의미로 사용한다(1:5과 15:18;
1:8과 16:19; 10:16a와 16b절).[41] 하나님께 순종하겠다는 다짐 없이는 믿을
수 없기 때문이다. 은혜로 말미암은 사도의 직분을 수행한 결과, 로마
에 있는 이방인들 즉, 로마서 수신인들에게까지 복음이 전파되었다
("너희도 그들 중에 있어"). 바울이 사도로 부르심을 받은 것처럼, 로마 교
인들도 부르심을 받아 그리스도의 소유가 되었다(6절). 믿는 자를 일컬
어 '그리스도에 속했다'고 하는 표현을 성경은 종종 사용한다(롬 1:6; 고
전 3:23, 참고 "육신에 속하여" 롬 7:14).

[7] 수신인에 대해 5f절에서는 간접적으로("모든 이방인", "그들 중의 너
희"), 7절에서는 구체적으로 언급한다("로마에 있어 ... 부르심을 입은 모든 자
에게"). 로마의 교인들은 하나님의 사랑을 받은 자들이요, 성화聖化된
자들로서, 거룩하다고 일컬음을 받은 자들聖徒이다.

마지막으로 바울은 은혜와 평강의 인사를 전한다. 이 두 단어를 바
울은 인사말로 즐겨 사용한다. "은혜"는 우리가 용서받을 일을 하지
못했고, 의롭다 여겨질 자격이 없음에도 불구하고 그리스도의 십자가
고난을 통해, 대가없이 죄를 사해주시고 무조건 자녀로 삼아주신 하나
님의 사랑과 자비하심, 그분의 놀라운 구원의 섭리를 표현하는 낱말이
다(5절 참고). "평강"은 다름 아닌 평화이다. 죄의 세력에 사로잡혀 하나

---

41) 크랜필드, 『ICC 1』, 127f

님과 적대적인 관계에 있던 우리 인간이 하나님의 일방적이고 주권적인 사랑의 사건으로(그리스도 = "화목제물" 롬 3:25), 사죄의 은총을 통해 하나님과 화목되었고(고후 5:18; 롬 5:10) 하나님과 화평을(= 평화) 누리게 되었다(5:1). '평강'은 따라서 이제 더 이상 하나님과 소외됨 없이, 내가 주님을 통해 하나님의 자녀로, 영적인 존재로 인정을 받은 상태를 의미한다. 이 평강을 구하는 인사는, 아들이 아버지와 하나인 것처럼(요 10:30), 우리도 아버지 그리고 그리스도와 하나가 됨으로써 서로 사랑으로 연결된 상태(요 14:20; 15:5), 더 이상 눈물과 한숨이 없는 상태를 바라는(계 21:4) 간구이다. 더 나아가 피조물이 지은 죄로 인해 하나님과 자연 사이의 평화로운 관계가 깨어져(시 107:33f; 참고 하나님은 만물의 주님 시 24:1f; 시 104) 전 피조 세계가 고통 중에 탄식하고 있는데(롬 8:22), 이 잘못된 상태가 올바로 회복되기를 바라는 염원이 평강을 구하는 인사에 담겨있다.[42]

---

42) 참고 5:1

2. 기도와 감사, 로마 방문의 열망 (1:8-15)

8 먼저 내가 예수 그리스도로 말미암아 너희 모든 사람에 관하여 내 하나님께 감사함은 너희 믿음이 온 세상에 전파됨이로다 9 내가 그의 아들의 복음 안에서 내 심령으로 섬기는 하나님이 나의 증인이 되시거니와 항상 내 기도에 쉬지 않고 너희를 말하며 10 어떻게 하든지 이제 하나님의 뜻 안에서 너희에게로 나아갈 좋은 길 얻기를 구하노라 11 내가 너희 보기를 간절히 원하는 것은 어떤 신령한 은사를 너희에게 나누어 주어 너희를 견고하게 하려 함이니 12 이는 곧 내가 너희 가운데서 너희와 나의 믿음으로 말미암아 피차 안위함을 얻으려 함이라 13 형제들아 내가 여러 번 너희에게 가고자 한 것을 너희가 모르기를 원하지 아니하노니 이는 너희 중에서도 다른 이방인 중에서와 같이 열매를 맺게 하려 함이로되 지금까지 길이 막혔도다 14 헬라인이나 야만인이나 지혜 있는 자나 어리석은 자에게 다 내가 빚진 자라 15 그러므로 나는 할 수 있는 대로 로마에 있는 너희에게도 복음 전하기를 원하노라

[8-9] 서두의 첫 부분 '문안'에서 발신인과 수신인을 언급하며 인사말을 한 후에, 8절에서 바울은 감사의 메시지를 전한다. 감사 이유는 다름 아닌, 로마인들이 신실하게 하나님을 믿어 그 소문이 온 세상에 알려진 때문이다. "그리스도로 말미암아"*dia Iēsou Christou*(7:25) 하나님께 감사를 드린다. 감사의 대상이 하나님이신 것은("내 하나님께 감사함은"), 그리스도는 구원의 주체가 아니라 중보자이시기 때문이다(8:34). 비록 바울이 구원사에서 그리스도의 역할을 강조하고 있지만, 구원의 주도권 또는 궁극적인 권한은 하나님께 있다는 사실을 간과하지 않는다(고전 3:23; 15:24, 28). "내 하나님"에서 우리는 하나님에 대한 바울의 믿음이 얼마나 돈독한지 알 수 있다. 이 표현은 시편에 많이 나온다

(3:7; 5:2; 7:1 등).

바울은 늘 로마 교인들을 염두에 두고 있었다(9절). 이에 대한 증인으로 하나님을 내세운다(갈 1:20; 참고 삼상 12:5). 이어 그는 하나님을 어떻게 모시는지 부연 설명한다. "그의 아들의 복음 안에서 내 심령으로". 복음은 아들에 관한 것이기에(2절) "아들의 복음"이라는 표현이 가능하다. "아들의 복음"은 1절의 "하나님의 복음"과 대구를 이룬다. 바울은 복음 선포를 통해 하나님을 "섬긴다"(제의적인 용어, 참고 15:16). 인간은 심령pneuma을 통해 하나님과 소통하며 그분께 예배드리는 존재이다(고전 14:14, 32; 고후 4:13). 즉, "심령으로" 하나님을 섬긴다. 유대인들은 하루에 세 번 기도한다(단 6:10; 참고 행 3:1; 10:3). 이런 전통을 따라, 바울도 끊임없이(살전 5:17) 기도했다. 그는 간구 가운데 로마 교인들을 위한 기도를 빼놓지 않았다.

[10-11] 바울의 쉼 없는 기도 제목 중 하나는 로마에 가는 것이다(10절). 이 소망이 "하나님 뜻 안에서" 이루어지기를 바라고 있다. 그는 이미 여러 차례 로마에 가려고 했다(15:22). "어떻게 하든지 이제"는 이전부터 가졌던 로마 방문에 대한 간절한 마음에도 불구하고, 성사되지 못할 가능성 때문에(15:30-32) 조심스럽게 기술하는 과정에서 나온 표현이다.

로마 방문 이유는 그곳 교인들에게 신령한 은사를 나누어 주어, 마치 반석 위에 세운 집 같이 그들은 견고케 하기 위해서였다(살전 3:2, 13). 롬 15:23f에서 바울은 그러나 다른 방문 이유를 제시한다. (1) 소아시아, 그리스 지역에서 선교사역 임무 완수, (2) 스페인 선교를 위한 중간 경유지로 방문. '은사'charisma란43) '은혜'charis에서 파생된 단어로서 '우리에게 은혜로 부여된 영적인 선물'이라는 뜻이다(참고 6:23).

"신령한 은사"란 '신자가 소유한 영적인 능력'을 의미한다. 영적인 은사를 나눌 때 공동체에 유익이 된다고(고전 12:7) 바울은 확신했다.44) 이 정신에 따라 바울은 로마에 가서 그곳 교인들에게 자신이 받은 은사를 나눠주려 했다.

[12] 앞 절에서는 방문의 목적과 관련하여 로마 교인들에게 영적인 것을 베풀기 위함이, 여기서는 상부상조와 공생의 자세가 부각된다. 바울은 말을 바꾸어("이는 곧") 일방통행적인 시혜성 방문일 뿐 아니라, 다른 한편으로 양방향의 부조扶助이기도 하다고 설명한다. 서로 격려하고 돕고 도움을 받는 과정 가운데 양 측의 믿음이 자라며, 이로 말미암아 함께 위로를 받게 된다는 것이다.

[13] 호소력과 친근감을 높이기 위해 "형제들아"로 시작한다(7:1, 4; 8:12; 10:1; 11:25; 12:1; 15:14, 30; 16:17). "너희가 모르기를 원하지 아니하노니"는 주의를 환기시키기 위한 표현이다(11:5; 고전 10:1;12:1; 고후 1:8; 살전 4:13). 바울은 로마에 여러 차례 가려고 했다는 사실을 주지시키면서 그 이유를 다른 말로 설명한다. '여타 이방인들처럼 로마인들에게서도 열매를 얻기 위해서'(참고 15:22). 이방인의 사도로서 바울은 로마인들까지도 복음 전도의 대상으로 삼았던 것이다. '열매'는 선포와 사역의 결실을 뜻한다. 로마 방문의 염원은 그러나 지금까지 이루어지지 않았다("길이 막혔도다" ekōlythēn). 로마나 여타 도시의 방문이 이루어 지

---

43) 막스 베버는 "카리스마"를 사회학적인 용어로 사용한 최초의 학자이다. 뜻은 '한 개인 또는 지도자가 지닌 신성불가침한 권위나 위엄'이다. 베버는 카리스마적인 인물의 전형으로 모세를 꼽았다.
44) 던, 『WBC 38상』, 135

지 못했을 때, 다른 곳에선(롬 15:22; 살전 2:18) "길이 막혔도다" 대신 '방해하다·방해받다'는 의미의 동사를(*egkoptō*) 사용한다.

[14-15] 바울은 모든 자들에게 빚졌다고 고백한다. 야만인에게까지 빚진 자라고 선언하는 것은 놀랍다. 바울은 로마 사회에서 기득권층에 속했는데(로마 시민권, 교육 수준, 중산층 출신), 그럼에도 그의 시야는 로마 제국을 넘어 여타의 민족들에게까지 미치고 있다(보편성).

　"헬라인이나 야만인이나"는 인종이 아닌 문명을 기준으로 한 구분법이다. "야만인"*barbaroi*은 헬라인들이 알지 못하는 언어를 말하는 사람이란 의미의 의성어이다(고전 14:11; 시LXX 113:1). 헬라인들이 듣기에 그들의 말은 마치 새들이 지저귀는 소리("바"*bar*)처럼 들렸기 때문이다. 헬라인이란 헬레니즘의 영향권 아래 살면서 헬라 말로 의사소통이 가능하며, 교양이나 문화적인 면에서도 어느 정도의 지적인 능력을 갖춘 자들을 일컫는다. 이 구분법은 헬라 문명권에 속한 이들이 비헬라 지역에 사는, 그래서 선진 문명의 혜택을 맛보지 못한 자들(= 미개인들)을 자신과 구별함으로써 생겨났다.

　"지혜 있는 자나 어리석은 자"는 앞의 표현과("헬라인이나 야만인이나") 다른 어감을 가지고 있다. 헬라인을 지혜 있는 자로, 야만인을 어리석은 자로 볼 수도 있으나, 헬라인 중에서도 어리석은 자가 있을 수 있다는 점에서 '지혜 자' 대對 '어리석은 자'는 교육의 정도(지성)와 판단력, 분별력 차이(이성)라는 차원에서 전 인류를 둘로 대별한 표현이다. "어리석은 자"*anoētos*는 헬라적인 배경에서 나왔다(참고 *nous* 마음). 성서는 다른 단어를 선호한다(*aphrōn* "어리석은" 2:20).[45] 지혜와 어리석음의 대

---

45) 던, 『WBC 38상』, 140

비는 고전 1:18-31에 잘 서술되어 있다. 바울은 "빚진 자"라고 스스로를 규정한다(롬 8:12). 바울은 팔삭둥이요, 게다가 교회를 박해했기 때문에 사도로서 자격 미달이었다. 그럼에도 불구하고, 하나님의 은혜로 사도가 되었다(고전 15:8-10). 그렇기에 빚진 자의 심정으로(참고 롬 15:27) 열심을 다해 모든 사람들에게 복음을 전했다(고전 9:16-22). 이것이 바로 우리 사도가 로마에 가기를 간절히 원했던 이유이다.

3. 주제 (1:16-17)

16 내가 복음을 부끄러워하지 아니하노니 이 복음은 모든 믿는 자
에게 구원을 주시는 하나님의 능력이 됨이라 먼저는 유대인에게
요 그리고 헬라인에게로다 17 복음에는 하나님의 의가 나타나서
믿음으로 믿음에 이르게 하나니 기록된 바 오직 의인은 믿음으로
말미암아 살리라 함과 같으니라

[16] 다메섹 도상에서 주님을 만난 바울은, 새로운 구원의 길을 발
견했다. 예수 그리스도를 믿는 믿음이 바로 그것이다. 이 새로운 방식
은 인종, 성별, 신분 고하를 막론하고 누구에게나 열려져 있다(무차별
적). 또한 '행위'라는 업적이나 실적을 요구하지 않는다(무조건적). 따라
서 이 '새로운 길'에 대한 선포는 인류에게 진실로 '복된 소식'이다. 유
대인은, 십자가에 달려 죽은 예수를 그리스도로 고백하고 전파하는 것
을 주저할 수밖에 없다("거리끼는 것" 고전 1:23). 신 21:23에 의하면 나무
에 달린 자는 저주를 받았다고 생각했기 때문이다. 저주 받았다고 여
겨지는 자를 그리스도라고 전하려면 비범한 용기가 필요하다. 헬라인
의 입장에서도, 변방 유대 땅에 살다가 정치 형을 언도받고 십자가에
서 죽은 자를 구세주라고 고백한다는 것은, 어리석어 보였다("미련한
것" 고전 1:23). 하지만 바울은 부끄러워하지 않고(참고 막 8:38// 눅 9:26) 복
음을 담대하게 외쳤다. 복음은 사람을 변화시키는 능력이 될 뿐 아니
라(고전 2:4f), 새로운 피조물로서 하나님의 뜻에 합당하게 살 수 있도록
하기 때문이다(고전 1:18; 고후 4:7). 전능하신 하나님은 신적인 "능
력"*dynamis*, 즉 다이나마이트*dynamaite*의 폭발력과 같은 권능을 가지신
분이다. 그 능력은 특별히 복음에서 나타난다. 하나님께서 복음을 통
해 역사하심으로, 사람들은 구원을 얻게 된다. "구원"*sōteria*은 '위험,

재난으로부터 벗어난 상태'를 의미한다. 바울은 궁극적이고 종말론적인 의미로 이 단어를 사용한다. '총체적인 하나님의 진노의 심판으로부터 벗어나는 것'(5:9), '우리 비천한 몸이 그리스도의 영광의 몸으로 변화되는 것'(빌 3:20f; 참고 8:30), '궁극적인 의미에서 하나님의 자녀가 되는 것'(8:23; 참고 갈 4:5ff) 등이 구원이다. 율법을 통한 구원의 길은 유대인들에게만 허락되었다. 반면에 복음에서 나타난, 하나님의 능력으로서의 구원은 믿는 모든 사람들에게 제공된다("믿음"에 대해서는 아래 17절의 설명 참고). 믿으면 누구에게나 구원이 주어지지만, 선후는 있다. 먼저는 "유대인", 그 다음 "헬라인"에게 이다. 형식상 또는 순서상의 유대 우선주의는 계속 바울의 사고 속에 남아있다(2:9f; 9:3; 11:16ff).

[17] 예수 그리스도께서 이 땅에 오셔서 가르치시고 기적을 베푸시고 귀신을 내쫓고 병든 자들을 고침으로써, 하나님께서 왕으로 통치하시는 현실이(하나님 나라) 곧 임할 것이고, 또 임하고 있다는 사실을 사람들로 하여금 경험토록 하셨다. 그의 죽음과 부활을 통해 사람들은 예수가 하나님의 아들임을 분명히 인식하게 되었고, 그의 대속적인 죽음으로 인해 하나님과 인간 사이에 단절되었던 관계가 다시 회복되었음을('화해') 깨달았다. 그리스도로 말미암아 아무런 조건이나 자격 없이, 오직 믿음만으로 하나님께 나아 갈 수 있는 길이 열렸다는 선언은 인류가 진정으로 고대하며 기다리던 구원의 소식이었다. 이를 바울은, 복음에는 '하나님의 의'*dikaiosynē theou*가 나타났다고 표현한다. '의'는 바울이 선호하는 단어이다(신약 전체 91회 중, 바울이 57회 사용).

헬라세계에서 의'는 정직이나 준법정신 등과 같이 시민 생활의 윤리 규범으로서 개별적인 덕, 또는 모든 덕을 포괄한 의미로 사용되었다. '의'는 지혜, 온유, 용기와 함께 4대 미덕 중 하나였다. 또한 '의'는 재판 때 추구해야할 사법적인 정의라는 의미로도 사용되었다. '의롭다'는 단어는 헬라 문명권에서 친숙한 표현이였다. 올림푸스의 신들에게 존경을 받는 제우스에게는 딸이 있었는데, 이름이 디케*Dikē*이다 (헤시오드의『노동과 나날들』, 256f). 주전 6세기 아테네의 개혁자 솔론은 디케를 삼라만상의 삶과 시민의 삶에서 기준이 되는 신적인 법으로 보았다. 아리스토텔레스는 『니코마커스 윤리학』에서(1129a, 34) "의로운 것"*to dikaion*을 '합법적이고 공정한'이라고 설명한 바 있다.

어근 디크*dik*는 히브리어 *ṣdq*와 상응한다. *ṣdq*는 의무나 특별한 관계로 인해 발생하는 요구를 완수한다는 뜻을 가지고 있다. 즉, 형용사 차디크*ṣaddiq*는 행실이 의롭다는 의미도 있지만, 그 보다는 이스라엘과 하나님 간의 관계성에 초점을 맞추어 사용된다(시 32:11 [1, 2, 5절과 연관]; 사 60:21). 각자에게 부과된 의무를 성실히 이행할 때 '의롭다'고 한다. 단지 시기심 때문에 다윗을 죽이려 했던 사울은(왕으로서 어긋난 행실), 비록 좇기는 입장이지만 기름 부음을 받은 왕을 죽여선 안 된다는 원칙에 따라 신하로서 본분을 지킨 다윗에 대해 "너는 나보다 의롭다"고 선언한다(삼상 24:17). 인간들에게 은혜를 베푸시며, 그들의 필요한 것들을 채워주실 때, 하나님은, 창조주-피조물이라는 관계에서 의로우신 분이시다. 용어 "하나님의 의"는, 이스라엘의 하나님께서 자신의 백성을 구하시고, 대적자들을 멸하심으로 의무와 책임을 다하는 장면에서 곧잘 등장한다(삼상 12:7; 미 6:5). 즉, '의'는 하나님의 성품이나 속성을 표현하는 단어가 아니라, 하나님과 인간의 관계성과 관련하여 주로 사용되었다. 이스라엘인들에게 있어 가장 중요한 관계는 하나님이 인간에게 주신 언약 또는 둘 간의 계약이다. 따라서 언약에 충실한 하나님께 대해서 성경은 "의로우신 하나님"이라 고백했다(느 9:8; 참고 사 42:6).

조상들과 언약을 맺은 하나님은 예수 그리스도를 통해 계속 자신이 신실하다는 사실을 입증하셨다. 독생자를 이 땅에 보내심으로 인간 역사에 개입해 오셨는데, 하나님의 개입은 부모가 자녀를 감싸주는 사랑과 용서의 행위와 다름이 아니다. 예수 그리스도의 사건은(= '복음') '하나님의 신실하심'에 대한 구체적인 증거다. 그것이 바로 복음 안에 계시된 '하나님의 의'다. 이번 개입은 그런데, 유대인만이 아니라 모든 인류를 위한 것이다. 하나님의 의는 인간에게 구원을 가져다준다. '의롭다 하심'은 사람을 윤리적으로 의롭게 만드는 것이 아니라, 판사가 법정에서 무죄를 선고함으로써 피고인이 방면되듯이, 사법상 의롭다 인정함을 뜻한다(법정적法定的 의미). "의롭다"하시는 하나님의 권위 있는 선언으로 인간들은 죄 사함을 받게 된다. 물론 세상에서 육신을 입고 살기 때문에 이후에도 다시 죄를 지을 수 있지만, 누구도 우리를 죄인이라고 정죄할 수 없다(8:1). 의롭다 인정받은(義認, justification) 인간은 더 이상 죄인은 아니지만, 아직 죄로 부터 완전히 자유롭지 못하다(루터 '죄인이자 동시에 의인' simul peccator et iustus). 따라서 신앙인은 훈련과(고전 9:27 "내 몸을 쳐 복종하게") 성화聖化, sanctification의 과정을 통해 궁극적인 구원에 도달하기 위해 순례의 길을 떠난 구도자인 셈이다(빌 3:20f).

루터는 롬 1:16-17에서 종교개혁의 근간이 되는 위대한 통찰을 발견했다. 그의 소리를 들어보자(1545년 '수동적인 의'를 발견하던 당시를 회상하며 쓴 글). "나는 당시 로마서의 바울을 이해하려는 비장한 결심에 사로잡혀 있었다. ... 그때 내게 문제되었던 것은 1장 17절에 있는 '하나님의 의가 그 안에 나타났다'는 구절이었다. 나는 '하나님의 의'라는 표현을 혐오했다. 왜냐하면 나는 그것을 여러 가르침의 용례에 따라 철학적으로 이해하도록 배웠기 때문이다. 즉, 소위 말하는 형식적이고 능동적인 의로 그것에 의거해서 하나님은 의로우시며, 죄인과 의롭지 못한 자를 벌하신다고 배웠다. 나는 비록 흠 없는 수도승으로 살았지만 하나님 앞에서 죄인이라는 불안한 마음이었고, 나의 선행을 통해 하나님께로부터 용서 받을 수 있다는 생각을 가질 수 없었기에, 죄인을 벌하시는 의로운 하나님을 사랑할 수 없었다. 아니! 오히려 미워했고 … 지독한 불평을 하나님께 하였다. … 나는 참으로 간절히 바울이 무엇을 말하려 했는지 알아내려고 그의 구절에 타는 듯한 뜨거운 목마름으로 집요하게 매달렸다. 즉, 내가 하나님의 자비 덕택으로 전체 문장의 맥락 가운데 … '복음에 하나님의 의가 나타났다, 기록된바 의인은 믿음으로 살리라'에 주의를 기울일 때까지. 거기서 나는 하나님의 의를 하나님의 선물로서, 그것을 통해 의인이 사는, 즉 믿음으로 사는 것이라고 이해하기 시작했다. 다시 말하면 이는 복음을 통해 수동적인 하나님의 의가 나타났으며 '의인은 믿음으로 말미암아 살리라'고 기록된 것처럼, 이 수동적인 의를 통해 자비로우신 하나님이 우리를 믿음을 통해 의롭게 하셨음을 깨닫게 되었다. 거기서 나는 즉시 새롭게 태어났고 열린 문을 통해 천국으로 들어가는 듯한 기분을 느꼈다".

처음에 루터는 '하나님의 의'를 능동적인 것으로 이해했다('능동적인 의'). 인간의 수고와 노력으로 그것을 쟁취함으로서 의롭게 되어야 한다고 생각했다. 그는 흠 없는 존재가 되려고 혼신의 힘을 다했다. 그러나 죄를 짓지 않으려 노력하면 할수록, 오히려 죄인인 자신의 모습을 발견하게 되어, 절망에 빠진다. 능동적인 하나님의 의는 루터를 고발하고 그가 죄인임을 폭로할 뿐이었다. 이 의는 그를 절망과 죽음으로 몰아간다. 좌절감, 번민, 마치 출구 없는 미로에 갇힌 듯 한 초조감, 애끓는 긴긴 고통의 터널을 통과하면서 그가 새롭게 깨달은 것은, 하나님의 의가 능동적이 아니라 수동적이란 점이다. 인간을 의롭다 하는

하나님의 의는 우리가 자격을 갖추었기 때문이 아니라, 하나님께서 값
없이 선물로 내려주신 것이라는 사실을 발견했다. 인간의 업적 때문이
아니라 자비로우신 하나님의 은혜로 인해 무조건적으로 우리는 의롭
다 칭하여 진 것이다(칭의 稱義). 따라서 하나님의 의는 우릴 용서하시
고 구원코자 하시는 그분의 사랑과 다름이 아니다. 이 사실을 깨닫게
되자마자, 루터는 마치 자신의 앞에 천국의 문이 활짝 열리는 듯한 느
낌을 받은 것이다.

　"하나님의 의Righteousness of God가 나타났다"는 의미는, 의롭게 하
시는 하나님의(of God) 행동이 나타난 것일 수도 있고(주어적 속격), 그 행
위의 결과, 인간의 의로운 상태가 드러난 것일 수도 있다(목적어적 속격).
앞의 해석은 구원의 사역에서 하나님의 주도권을 잘 부각시킨다. 뒤의
것은 로마서 전체 문맥에 잘 부합된다. 이어서(1:18-4:25) 의로워진 인
간에 대한 내용이 나오며, 그 다음엔 그 의로워진 인간들이 살리라는
(5:1-8:39)는 내용이 나온다는 점에서.[46] 어느 것이 옳은가 택일하기 보
다는, 두 가지 의미가 동시에 들어 있다고 보는 것이 낫다. 즉, '하나님
의 의'는 인류를 구원하려는 하나님 아버지 의지의 발현인 동시에 그
결과로 이룩된 인간의 의로운 상태를 뜻한다.

　"나타나서"에는 묵시문학적인 어감이 들어 있다. 종말의 때에 전능
한 하나님의 구원 섭리가 온 천하에 결정적으로 분명하게 드러났다는
의미이다. 백성과 맺은 언약에 근거한 하나님의 신실하심은, 마지막
때에 믿음을 통해 모든 사람들에게 매개된다. 이것이 가능한 까닭은

---

46) 크랜필드, 『ICC 1』, 172f. 롬 10:3의 용례도('자기의 의' 對 '하나님께
서 주신 의로운 상태로서의 하나님의 의') 후자를 지지한다. 그러나 롬 3:5,
25f 두 곳의 속격은(theou "하나님의") 분명 주격적 속격이다 -"인간의 불의"
對 "하나님의 의", "자기[하나님]의 의로우심을 세우심".

믿음이 갖고 있는 보편적인 성격 때문이다. 구원은 혈통이나 업적과 상관없이 하나님을 주님으로 인정하는 모든 믿는 자들에게 선물로 주어진다(갈 3:6-9). '믿음'이란 마치 어린아이가 부모를 신뢰하듯, 하나님께 전적으로 의지하는 마음 자세이다. 하나님을 세상의 창조주, 역사의 주관자로 고백하고 오직 그분께 모든 것을 의탁하고 뜻에 순종하는 태도를 일컫는다.47) 믿음이란 전인격적으로 예수 그리스도를 통해 구원을 베푸신 하나님의 은총과 사랑에 감사하며, 그분의 주관하심과 섭리에 모든 것을 맡기며 살아가는 삶의 자세이다. 이 외에도 믿음은 여러 의미로 사용된다. '기독교 신앙의 핵심으로 여겨지는 믿는 내용'(12:6; 갈 1:23; 엡 4:5), '믿게 되다'(13:11), '믿는 상태'(고전 2:5) 등.

믿음은 양적인 개념이 아니다. "철수의 믿음이 좋다"고 할 때, 철수는 다른 일반적인 사람에 비해 상대적으로 많은 믿음의 분량을 가졌다는 뜻이 아니다. "이스라엘 중 ... 이만한 믿음을 만나 보지 못하였노라"(마 8:10// 눅 7:9)는 예수의 감탄 중에, "이만한"*tosautē*은 질적인 의미이다.48) 하나님을 전적으로 신뢰하는 참으로 귀한 믿음이라는 뜻이다. 하나님의 은총과 호의에 대해 어떻게 반응할 지, 개개인이 매 순간 내리는 결단이 바로 믿음이다. 그런 점에서 믿음은 역동적이다. 신앙인이라 할지라도 어느 순간에는 하나님이 안 계신 것처럼 행동할 수 있다.

종교개혁 운동이 난관에 부딪쳐 루터가 낙심하여 의기소침해 있었다. 그때 그의 아내가 상복을 입고 나타났다. 깜짝 놀란 개혁자는 누가

---

47) '그리스도를 믿는 믿음'은 하나님께서 그리스도를 통해 이룩하신 구원의 역사役事를 인정하여, 이제는 십자가에 달려 우리 죄를 대속하여 죽으신 그리스도를 통해 구원이 우리에게 값없이 선사되었음을 믿는 태도이다.

48) W. Bauer, *Wb*, s.v.

죽었냐고 물었다. 이때 그녀는, 당신이 그렇게 슬퍼하고 기운 없는 것을 보니 당신이 믿는 하나님이 죽은 것 같아 이렇게 상복을 입었다고 말했다. 그제서야 루터는 하나님이 살아 계시다는 사실을 잊고 낙심했던 자신의 모습을 반성하고, 다시 열정적으로 개혁의 사명을 다했다. 위대한 루터도 어느 순간에는 신앙의 침체에 빠져 마치 믿음이 없는 것처럼 행동하기도 한다. 이런 현상을 일컬어 루터는 '신앙의 시련' (Anfechtung)이라고 설명했다.

의사를 신뢰하지 않으면, 환자의 병은 나을 수 없다. 예수의 어린 시절을 알고 있었던 갈릴리 사람들은, 그 기억이 걸림돌이 되어 예수를 그리스도로 믿고 따르지 않았다. 그 결과, 고향에서 예수는 구세주로서의 능력을 발휘할 수 없었다(마 13:58). 믿을 때에, 기적이 따른다.49) 믿으려는 마음 없이, 표적이나 이적을 기대하는 사람들의 욕구에 예수께서는 부응하지 않으셨다(마 12:38ff; 막 8:11f; 막 15:32). 믿음은 하나님의 구원 능력이 발휘될 수 있는 터전이다. 믿음은 '하나님의 의'를 촉발시키는50) 근거이다("믿음으로"). 하지만 다른 한편으로는 '의'가 지향하는 목표이기도 하다("믿음에"). 믿는다는 것은 투신投身의 자세를 필요로 한다(귀속歸屬의 정신, appropriation). 일정 거리를 두고 그것이 진리인지 관찰하고 검토하는 태도는 신앙의 정신과 거리가 멀다. 그것은 과학에서 요구되는 자세이다(근사近似의 정신, approximation). 신앙과 관련한 진리는 주관적인 것이다. 일단 진리라고 인정하고, 결단하여 전 삶을 걸고 그 안에 뛰어들어 정말로 참임을 하나씩 확인해가는 작업이 바로 믿음이다. '이해를 추구하는 믿음'(credo ut intelligam '알기 위해서 믿는다')이란 원리처럼, 믿음은 자라고 성장해 가야 한다. 막 9:24의 귀신

---

49) G. Barth, Art. *pistis*, *EWNT² III*, 224

50) 참고 Schlatter, *Gerechtigkeit*, 39

들린 아들을 둔 아버지는, 믿는다고 선언한 뒤(진리에 투신 -"내가 믿나이다") 자신의 믿음 없음無知을 고백하며("나의 믿음 없는 것을 도와 주소서") 주님께 도와달라고 간청한다. 즉, 일단 믿는다고 했지만, 그 믿음은 체험과 인식을 통해 하나님을 진정으로 신뢰하는 수준(이해된 믿음)에 아직 도달하지 못했다. 그렇기에 믿음 없음을 도와 달라고 간구한다. '진정한 앎으로 뒷받침된 믿음'의 상태가 바로 우리가 추구해야할 목표이다. 아버지의 고백은(막 9:24) 우리 본문 17절 상반절 뒷부분의 내용과("믿음으로 믿음에") 일맥상통한다. 믿음은 구원이 실현되기 위한 발판의 역할을 할 뿐 아니라("믿음으로"), 구원이 추구하는 목표이기도 하다("믿음에").51)

바울은 여기서 구약(합 2:4)을 인용한다. 바울이 사용한 성경은 70인 역이다. 이집트의 지배자 프톨레마이우스 2세는(주전 285-247년) 자신의 도서관에 소장하기 위해 히브리어 성경을 그리스어로 번역할 것을 명했다. 작업은 유대에서 온 72인의 장로들에 의해 72일 동안 진행되었다. 각 방에서 따로 번역을 했는데, 나중에 비교해 보니 모두 같았다고 한다. 여기서 70인 역이라는 이름이 탄생했다. 이상의 내용은 아리스테아스의 편지에(주전 100년 경) 소개되어 있다. 번역 작업은, 세계 7대 불가사의 중의 하나인 등대가 서있던 알렉산드리아의 파라오 섬에서 진행되었다고 알려져 있다. 이는 이집트 알렉산드리아에 디아스포라 유대인들이 많이 살았다는 사실을 반증하는 것이다.

70인 역은(합 2:4) "의인은 나의 믿음으로 말미암아 살리라"로 읽고 있다(17b절). 뜻은 나(하나님)의 신실함 때문에,52) 혹은 나에 대한 그(의인)의 믿음 때문에 살게 된다는 뜻이다. 히브리어로 쓰인 맛소라 텍스

51) 참고 Lightfoot, *Notes on the Epistles of St. Paul*, 250
52) Käsemann, HNT 8a, 28

트("의인은 그의[= 그 의인의] 믿음으로 살리라")는 의인이 지닌 하나님께 대한 신실한 태도에53) 초점을 맞추고 있다. 하박국 선지자가 말하는 "의인"은 원래 잔혹하고 하나님을 믿지 않는 이방 지배자에 대비되는 유대백성들을 지칭한다. 그들은 신실하고 충성된 마음을 가졌기에 살게 될 것이라고 예언자는 선포했던 것이다.54) 하지만 후대로 오면서 점차 의인이 한 개인으로 이해되면서, '의인' 즉 언약에 충실한 사람은 이 같은 그의 신실한 태도 때문에 살리라고 해석되었다. 바울은 70인역의 "믿음"*pistis* 뒤에 나오는 속격을("나의") 생략함으로써, '믿음'을 그리스도에 대한 믿음으로 설정하고 있다.

17절 상반절에 '하나님의 의'(a), '믿음으로 믿음에'(b), '나타났다'(c)의 세 요소가 나온다. c는 종말론적인 하나님의 개입이라는 점에서 구원론적인 의미를 가지고 있다. 이와 대응되는 세 개념을 모두 포함하고 있는 것이 하반절에 인용된 하박국서(2:4)이다. '의인'(a'), '믿음으로 말미암아'(b'), '살리라'(c'). 바울은 상반절에서 믿음으로 말미암은 하나님 의의 계시를 천명하였고, 이를 증명하는 구절로 하박국 선지자의 말씀을 하반절에 인용한 것이다. 크랜필드가 지적했듯이55) 로마서의 구조로 볼 때(1:18-4:25 믿음으로 말미암아 의롭게 된 사람에 대해, 5:1 이후 그 사람은 살리라에 대해 집중 설명), 그리고 바울이 '믿음'과 '의'를 잘 연결해서 쓰고 있다는 점에서(4:11; 5:1; 9:30; 10:6) "믿음으로"는 "살리라"보다는 "의인은"에 연결된다고 보는 것이 낫다. 앞서 설명했듯이, 믿음이라는 토양이 있어야 하나님의 의가 발아할 수 있다는 관점에서도 "믿음으로"는 "의인은"에 연결된다고 봐야 한다. 즉, 17절

---

53) Wilckens, EKK VI/1, 89; 차정식, 『100주년 기념주석 37/I』, 212
54) 크랜필드, 『ICC 1』, 176
55) 크랜필드, 『ICC 1』, 177ff

은 다음과 같이 이해하는 것이 좋다. "믿음으로 의롭다 여겨진 자는 살리라". 영어성경 REV("Whoever is justified through faith shall gain life")와 RSV("He who through faith is righteous shall live")도 이런 관점을 반영했다. 한편, 공동 번역(1977 "믿음을 통해서 하느님과 올바른 관계를 가지게 된 사람은 살 것이다")은 의역이 지나치다. 롬 1:17b("오직 의인은 믿음으로 살리라")는 '언약에 충실한 사람들이(= 의인) 구원을 받게 되는 근거는 그들 자신의 율법에 대한 헌신과 충성 그리고 신실한 태도 때문이다' 정도로 이해되어야 한다. 그렇지 않고 본문 자체 만 보면 오해의 소지가 생길 수 있다. 예를 들면, '의인이면 당연히 영생을 얻게 되는데, 의인이 믿음으로 말미암아 산다는 것은 뭘까? 의인임에도 불구하고 믿음이 있어야 한다는 뜻일까? 17절의 "의인"을 문자적인 의미의 의인으로 보면 3:9f과("의인은 하나도 없다") 모순이 된다. 의인이 하나도 없는데 어떻게, 의인이 어떻게 믿음으로 말미암아 살 수 있겠는가? 등.

II. 믿음에 의한 하나님의 의 (1:18-4:25)

1. '하나님 의義'의 계시의 필연성 (1:18-3:20)

이 단락은 크게 '하나님의 의'가 계시되어야 할 필연성과(1:18-3:20) 믿음의 의로서의 '하나님의 의'(3:21-4:25) 두 부분으로 나누어진다. 앞 부분에서(1:18-3:20), 바울은 먼저 이방인의 죄를 폭로한 후(1:18-32), 유 대인들도 하나님의 심판을 피할 수 없다고(2:1-3:8) 지적한다. 그리고 결론으로 전 인류의 죄를 고발하고 있다(3:9-20).

a) 이방인의 죄 (1:18-32)

18 하나님의 진노가 불의로 진리를 막는 사람들의 모든 경건하지 않음과 불의에 대하여 하늘로부터 나타나나니 19 이는 하나님을 알 만한 것이 그들 속에 보임이라 하나님께서 이를 그들에게 보이 셨느니라 20 창세로부터 그의 보이지 아니하는 것들 곧 그의 영원 하신 능력과 신성이 그가 만드신 만물에 분명히 보여 알려졌나니 그러므로 그들이 핑계하지 못할지니라 21 하나님을 알되 하나님 을 영화롭게도 아니하며 감사하지도 아니하고 오히려 그 생각이 허망하여지며 미련한 마음이 어두워졌나니 22 스스로 지혜 있다 하나 어리석게 되어 23 썩어지지 아니하는 하나님의 영광을 썩어 질 사람과 새와 짐승과 기어다니는 동물 모양의 우상으로 바꾸었 느니라 24 그러므로 하나님께서 그들을 마음의 정욕대로 더러움 에 내버려 두사 그들의 몸을 서로 욕되게 하셨으니 25 이는 그들이 하나님의 진리를 거짓 것으로 바꾸어 피조물을 조물주보다 더 경 배하고 섬김이라 주는 곧 영원히 찬송할 이시로다 아멘 26 이 때문

에 하나님께서 그들을 부끄러운 욕심에 내버려 두셨으니 곧 그들의 여자들도 순리대로 쓸 것을 바꾸어 역리로 쓰며 27 그와 같이 남자들도 순리대로 여자 쓰기를 버리고 서로 향하여 음욕이 불 일듯 하매 남자가 남자와 더불어 부끄러운 일을 행하여 그들의 그릇됨에 상당한 보응을 그들 자신이 받았느니라 28 또한 그들이 마음에 하나님 두기를 싫어하매 하나님께서 그들을 그 상실한 마음대로 내버려 두사 합당하지 못한 일을 하게 하셨으니 29 곧 모든 불의, 추악, 탐욕, 악의가 가득한 자요 시기, 살인, 분쟁, 사기, 악독이 가득한 자요 수군수군하는 자요 30 비방하는 자요 하나님께서 미워하시는 자요 능욕하는 자요 교만한 자요 자랑하는 자요 악을 도모하는 자요 부모를 거역하는 자요 31 우매한 자요 배약하는 자요 무정한 자요 무자비한 자라 32 그들이 이같은 일을 행하는 자는 사형에 해당한다고 하나님께서 정하심을 알고도 자기들만 행할 뿐 아니라 또한 그런 일을 행하는 자들을 옳다 하느니라

이곳의 논리전개는 분명하다. 우선 18절에 전체(1:18-3:20) 표제어가 제시된다. 그리고 이를 증거하는 내용이 19-21절에 나온다. 22f절에서 인간들이 하나님을 거부한 결과가 어떤 것인지에 대해, 24절에서는 이에 대한 하나님의 대응이 제시된다. 이상의 구조(인간들이 하나님을 거부함 - 하나님의 내버려두심[방기放棄])가 25-27절에 그리고 28-31절에서 각각 반복된다.

18절: 표제어 -하나님의 진노가 불의하고 믿지 않는 인간들 위에 임함
19-21절: 하나님을 알고 있음에도 불구하고 사람들은 그를 거부함
22f절: 하나님을 거부한 결과(우준, 우상숭배)
24절: 이에 대한 하나님의 대응('내어 버려둠')
25-27절: 하나님을 거부 → 우상숭배, 하나님의 대응('내어 버려둠')

28-31절: 하나님을 거부 → '내어 버려둠' → 여러 가지 악의 목록

[18] 명료한 영적 통찰력을 가진 바울은 당시 현실을 다음과 같이 보았다. '전 인류가 죄를 지었기 때문에 하나님의 진노의 심판으로부터 한 사람도 벗어날 수 없다'(2:5, 8; 3:5, 19; 5:9; 살전 1:10; 5:9). 고대인들은 예기치 못한 개인의 죽음이나, 공동체가 당하는 재난을 신의 진노 탓으로 여겼다. 하지만 바울이 말하는 '진노의 심판'이란 이와 다르다. 원인 모를 징벌이나 돌발적인 재앙이 아니라, 죄인들에게 하나님께서 총체적인 형태로("하늘로부터") 그리고 종말론적인 차원에서 내리는 응보의 처벌이다(참고 계 8:6ff 일곱 천사의 나팔; 16장 일곱 천사의 일곱 대접). 하나님은 자신의 의를 드러내심으로써 구원의 역사役事를 이루어 간다. 그러나 이 은혜와 사랑을 거부하고 끝까지 죄에 사로잡혀 살고자 하는 자들에게 진노를 발하신다. 의와 진노는[56) 동전의 양면과 같다. 그렇기에 같은 동사 "나타나다"가 사용되었다. 하나님의 진노가 촉발되게 된, 원인은 인간들의 불경건과 불의 때문이다. 먼저 불의에 대해 알아보자. 요한복음 서문에(1:1-18) 빛으로 오신 하나님의 아들과 어둠의 세상이 대비되듯, 여기서는 '하나님의 의'와(17절) '인간들의 불의'가 대구를 이룬다. '의'는 관계의 용어이다. 하나님께서는 의로우시기에, 창조주로써 자신의 백성과 맺은 언약을 잊지 않으시고 해야 할 도리를 다 하신다. 불의란 이 관계성을 인정하지 않는 것이다. 지음 받은 존재인 인간이 자신을 만들어주신 조물주를 하나님이라고 인정하지 않는 것, 하나님과 맺은 언약을 무시하고 멋대로 사는 것이 바로 불의다. 이 불의로 인해 사람들은 진리를 속박하거나 억압한다. 여기서 '진리'란

---

56) 진노에 대해선 2:5을 참고하라.

창조 질서를 뜻한다. 하나님께서 정하신 세상과 사물의 법칙을 깨뜨리고 피조물인 인간의 본분을 망각하는 것이 진리를 막는 행동이다.[57] 그 결과 사람들은 경건치 않게 되고 불의하게 된다. 이 두 단어는 70인역에서 종종 함께 사용된다(시 72[MT 73]:6; 잠 11:5). "모든"이 두 단어에 동시에 영향을 끼치고 있다. 따라서 "불경건과 불의"는 특정 죄를 지칭한다기보다는, 하나님의 뜻을 거역하는 인간의 죄성을 나타내기 위해 포괄적인 의미로 사용되었다고 봐야 한다. 불의와 달리, "경건하지 않음"*asebeia*은 바울 서신에서 드물게 등장한다(11:26). '불경건'이란 하나님을 하나님으로 인정하지 않는 태도로, 죄 또는 불의와 관련이 깊다(딤전 1:9; 벧전 4:18; 유 15). 사람들의 "불경건과 불의"로 인해 하나님의 진노가 유발된다.

[19] 하나님을 몰랐음에도 불구하고 이방인들이 심판을 피할 수 없는 까닭은 그들 가운데 하나님을 알 만한 것이 명백히 드러났기 때문이다. 하나님께서는 자신을 드러내어, 사람들로 하여금 자신의 존재에 대해 알 수 있도록 하셨다(하반절). 하나님께서 스스로를 계시하신 한에서 인간은 그 분에 대해 알 수 있다. 인간 자체에는 하나님을 인식할 수 있는 능력이 없다. 이 사상은 구약에서 매우 분명하다(출 33:20; 사 6:5). 그렇기에 바울은, 인간이 하나님을 안다고 하지 않고, 하나님을 알 수 있는 것이 저들 안에 있다고 말한다(상반절). 그 근거로 하나님의 자기계시를 들고 있다(하반절). "하나님을 알 수 있는 것"이 무엇인지에 대해, 다음 절에서 자세히 다룬다.

[20] 인간은 하나님을 볼 수 없다(신 4:12; 삿 6:22; 딤전 1:17; 히 11:27).

57) Michel, KEK IV, 99

하나님은 인간과 완전히 다른 분이시다("질적인 차이", "전적 타자" 칼 바르트). 우린 그분의 뜻이나 생각을 헤아릴 수 없다(사 55:8f). 스스로를 드러내시는 범위 내에서, 인간은 하나님을 알 수 있다. 하나님의 자기 계시의 절정은 예수 그리스도이다(요 1:18). 따라서 우린 그리스도를 통해 하나님을 알 수 있다(요 14:9). 하지만 바울은, 예수를 몰랐던 이방인들조차도 하나님 앞에 죄인임을 설명하기 위해, 누구나 자연을 통해 하나님을 알 수 있다고 말한다. 말하자면 자연 계시natural revelation의 입장을 약간 드러내는 셈이다. 자연계시란 성서, 예언자, 역사적인 사건을 통해서 뿐만 아니라(특별 계시), 천지만물을 통해서도 하나님께서 자신을 계시하신다는 사상이다. 본문에서 사용된 단어들은("영원한"*aidios*, "신성"*theiotēs*, "만드신 만물"*poiēma*, "알려졌나니"*kathoraō*) 성서가 아닌, 스토아 철학에서 흔히 나온다. 따라서 바울이 여기서 "자연 계시"를 옹호한다고 보다는, 스토아 철학 용어를 빌어 이방인도 하나님을 믿지 않은 책임을 면할 수 없다는 논리를 전개하고 있다고 봐야 한다. 헬라 유대교도 피조 세계를 통해 하나님을 인식할 수 있다고 보았다(솔로몬의 지혜서 13:1-9; 바룩의 묵시 54:17ff). 이런 사상은 구약에서도 발견된다(욥 12:7-9; 시 19:1-4). 특히 욥기에서(38:4ff; 39:1ff) 하나님은 자신을 알지 못하는(신 인식 부재) 인간을 심하게 질책하신다.

세상이 창조된 이래, "보이지 아니하는 것들"이 만물에 깃들어 있었고, 사람들은 이를 알 수 있었다는 것이다. 하나님께서는 자신의 존재를 태초부터 계속 피조 세계를 통해 알려왔다. 천지를 창조하신 하나님은 만유의 주로서 모든 피조물의 구원을 바라시고, 그들 통해 영광과 경배받기를 원하신다(사 2:1ff; 66:18ff; 롬 8:18ff; 고전 15:28). 이것이 하나님 자기 계시의 이유이다. "창세로부터는"라는 표현으로 바울은 하나님의 창조주 되심을 강조한다. 하나님은 세상의 제 1원인도(아리스토텔레스) 아니며, 인간이 육에서 해방되어 영적인 존재로 살기를 원하시는(플라톤) 이원론적인 사고체계 내의 최고의 영적 존재도 아니다. 하나님은 우주 만물을 만드신 창조주이시다. 이를 강조함으로써 바울은 자신의 사상적인 뿌리가 구약에 있음을 분명히 한다. 유대인들은 여호와 하나님의 살아계심을 믿고 있었다. 그래서 유대교에는 신 존재증명이 없다. 바울도 마찬가지이다. 그는 하나님의 존재 그 자체에 대해서가 아니라, 그리스도 안에서 구원이 역사적으로 구현되었다는 사실에 관심을 갖는다.[58]

인간의 인식 능력 밖에 계시는 하나님의 특성을 바울은 '영원하신 능력'과 '신성'으로 묘사한다. 인간은 유한하지만, 하나님은 영원한 분이시다(솔로몬의 지혜서 2:23; 7:26). 그는 전능한, 능력의 하나님이시다 (막 14:62). "신성"은(theiotēs, 솔로몬의 지혜서 18:9; 참고 골 2:9에서는 신격이란 뜻) 하나님의 본성과 속성을 의미한다. 보이지 아니하는 하나님의 능력과 신성이 인간들에게 보여지고 알려진 것은 -그것도 창조 때부터 바울 당시까지 계속- 하나님의 인류를 향하신 특별한 사랑 덕분이다. 따라서 저희들은 '핑계를 댈 거리가 없다'. 이 표현은 2:1에도 나온다. 이방인들도 신 인식이 가능하도록 하나님께서 자신을 계시하셨다. 그러므로 종말의 때, 진노의 심판대 위에 세워져 불신앙의 책임을 추궁 당할 때, 그 누구도 변명할 수 없는 것이다(참고 솔로몬의 지혜서 13:8f; 모세 승천기 1:13).

[21] 앞서 밝힌 것처럼 이방인들에게 신을 인식할 기회가 충분히 주어졌다. 하나님의 살아계심은 누구에게나 명약관화하다. 그러나 이방

---

58) H. Conzelmann, Art. *charis* etc., *ThWNT IX*, 384

인들은 애써 이 사실을 외면했다. 그들은 하나님을 알고 있었다. 하지만 하나님을 하나님으로 인정하지 않고, 영화롭게도 감사하지도 않았다. 인간이 하나님께 해야 할 일을 '영화'榮華, '감사'라는 두 단어로 요약한다. 하나님의 영광doksa 앞에[59] 인간은 경외의 마음으로 엎드려 경배하고, 창조주이심을 고백한다. 이것이 그분을 영화롭게 하는 것이다(동사 doksazō). 하나님은 인간이 드리는 영광을 받기를 원하신다(시 29:1; 96:7). 사죄의 선언을 통해 의롭다 칭해주신 하나님, 우리 삶의 이유와 목적 그리고 근거되신 하나님, 매 순간 우리를 섭리로 인도하시며 필요한 것들로 채워주시는 하나님께 사람들은 감사를 드린다.

반면에, 하나님의 존재에 대해 눈감아버린 이방인들은 미몽에서 깨어나지 못한다. 참이신 하나님을 택하지 않을 때, 인간은 머리가 텅 빈 것처럼 올바르게 사고할 수 없다. 또한 어리석은 마음마저 더욱 무지몽매해 진다(문자적으로는 '어둡게 된다'). 하나님을 하나님으로 인정하지 않을 때, 사람이 아무리 심사숙고해서 무엇을 생각하고 결정한다고 하더라고 옳바른 판단이 될 수 없다. 올바른 신 지식에 기반하지 않은 생각은 망상에 불과하기 때문이다.

[22-23] 이방인들은 스스로에 대해 지혜가 있다고 생각하지만, 이는 엄청난 허위의식에 불과하다. 실제로 그들은 어리석은 자일뿐이다(참고 고전 1:20, 25). 참 지혜는 오직 하나님으로부터 나온다(잠 1:7). 이방인들은 하나님 대신 다른 것에 의지한다. 하나님의 영광 앞에 엎드려 경배하고 그분을 영화롭게 하는 것이 아니라, 우상을 숭배하는 잘못을 범한다(시 106:19f). 여기서 바울은 출애굽 당시 금송아지를 섬겼던 이

---

59) "영광"에 대해선 1:23 참고.

스라엘의 역사를 염두에 두고 있다(출 32장). 단어 "영광"은 하나님의 외적인 위엄을 나타내며(출 40:35; 시 97:6; 사 6:3) 하나님의 현현과 관계가 깊다. 그래서 영광은 종종 하나님과 동격으로 사용되기도 한다.

'썩어지느냐'의 여부가 하나님과 우상을 구별하는 기준이라는 점이 흥미롭다. 이방인들은 하나님의 영광이 아니라 사람, 새, 짐승, 파충류의 형상을 가진 우상을 숭배하였다.

[24] 하나님을 거부함으로써 올바른 사리판단 능력을 잃게 된 사람은 미욱하고 우둔해진다. 이런 자들에 대해 하나님은 그들 마음의 정욕대로 살도록 내버려 두신다. 하나님께서는 인간들을 언약을 통해서 당신의 백성으로, 예수 그리스도로 말미암아 당신의 자녀로 삼기를 원하신다. 한없는 사랑과 용서로 돌아오라고 간절히 부르짖으며, 문을 열라고 두드리고(계 3:20) 계신다. 이 러브 콜을 거절하면, 하나님도 어쩔 수 없다. 인간에게는 스스로의 운명을 결정할 자유가 있다(자유 의지). 사람들이 정욕에(참고 시 78:29; 106:14f) 따라 살기로 마음먹을 때에는, 하나님도 내버려 둘 수밖에 없다. 마음의 정욕epithymia이란 마음에서 나오는 욕정欲情, 육욕肉慾을 일컫는 말이다. 마치 모태와 태아의 관계처럼, 인간은 하나님과 연결되어 있을 때 참된 생명을 영위하며, 올바른 존재 의미와 목적을 갖게 된다. 하나님이 인간을 내버려 두신다는 것은 탯줄이 끊어지는 것이나 매한가지이다. 하나님과 분리된 인간은 죄의 힘에 사로잡혀 살 수밖에 없다. "더러움"은 성性적으로 저지르는 죄와 관련이 깊다(갈 5:19; 고후 12:21; 골 3:5; 엡 5:3).[60] 더러움에 맡겨진 인간의 몸은 욕되게 된다. 여기서 '몸'sōma은 죄가 활동하는 구

60) 크랜필드, 『ICC 1』, 205f; Michel, KEK IV, 104

체적인 영역이다(12:1; 고전 6:19).

[25] 바울은 인간 군상群像의 잘못된 행위들을 고발한다. 내용은 23 절과 비슷하다. 여기서는 진리와 거짓이라는 대립되는 두 개념이 등장 한다. 영광의 실재로서, 썩어질 것이 아닌 하나님은 다름 아닌 진리시 다. 반면에 사람의 손으로 만든(사 37:19 ;렘 10:1-11; 행 19:26) 썩어질 우상 은 거짓이다. 사람들은 조물주와 피조물을 혼동하는 오류를 범한다. 창조주에 대한 언급이 나오자, 바울은 곧바로 찬양을 드린다. 이런 예 는 갈라디아서에서도 발견된다. 예수 그리스도에 대한 언급과 설명 (1:3f) 그리고 찬양(5절). 일반적으로 찬양은 "아멘"으로 종결된다(롬 9:5; 11:36; 16:27; 갈 1:5; 엡 3:21; 빌 4:20; 딤전 1:17; 딤후 4:18; 히 13:21; 벧전 4:11; 유 25 등). 앞서 말한 내용에 대해 그것이 확실하다고 인정할 때 "아멘"이 라고 말한다. '아멘'이라고 응답한 사람은 그 내용을 지켜야할 의무가 있다. '아멘'은 또한 회당에서 하나님을 찬양한 후에, 또는 하나님을 찬양한다는 고백의 뜻으로 사용되었다. 축복 선언 뒤에 회중들은 보통 응답의 의미로 '아멘'이라고 화답했다. 하지만 '아멘'에는 그 축복이 실제 이루어지고 유지된다는 확언의 의미도 내포되어 있었다. 이런 맥 락에서 기도는 점차 '아멘'으로 끝을 맺게 되었다.61)

[26-27] 자기에게 경배하지 않고, 다른 것(우상)을 섬긴 인류에 대해 하나님께서는 또 다시(두 번째) "내버려" 두신다. 이번에는 마음의 정욕 이 아닌 "부끄러운 욕심"*pathē atimias*에. '부끄러운 욕심'은 성적인 욕 망을 뜻하는 표현으로, 앞서 언급한 '마음의 정욕'보다 한층 격렬한 육 적인 욕구이다. 고삐 풀린 망아지처럼 하나님의 품안에서 벗어난 사람

---

61) H. Schlier, Art. *amēn*, *ThWNT I*, 339f

들은 성적인 방종에 탐닉하게 된다. 결과적으로 그들은 성적 도착倒錯 perversion에 빠지게 된다. 여성의 동성애가 먼저 언급된다. 여성들의 악행이 당시 더 광범위하게 만연되어 있었고 이것의 죄질이 더 나쁘다는 뜻이라기보다는, 점증적인 강조의 의미에서 여성의 경우를 먼저 거론한 것이다. 표현 "순리대로", "역리로" 배후에 스토아 철학의 주요 개념 퓌시스(physis, nature)가 있다. 퓌시스는 창조 세계 안에 있는 질서로서의 이치라는 뜻이다(고전 11:14). "순리대로", "역리로"의 의미는 '창조주의 뜻에 합당하게', '그의 뜻을 거슬러'이다. 특히 "역리로"para physin는 필로(Spec. III.39), 요세푸스(Ap. II,273)의 저술에서 동성애를 가리킨다. "음욕이 불 일듯 하매"는 강렬하고 집요한 인간의 성적인 욕구를 나타낸다. 성적 도착에 빠진 인간들은 그들의 죄에 상응하는 대가를 치르게 된다. 죄를 지은 자들을 죄의 권세에 사로잡혀 살도록 내버려 두는 것이 하나님의 응보 방식이다(24절). 순리에서 벗어난 성적 행위자에 대해서도 하나님은 그대로 내버려 둠으로써 그들을 벌하신다. 욕정의 노예로서 창조질서에 어긋나는 비인격적인 남녀 관계성 가운데 사는 것 자체가 하나님의 징벌이다(참고 솔로몬의 지혜서 12:24). 하나님께서는 엄정하셔서, 합당한 상과 벌을 내리신다(2:2f, 6; 14:10; 고후 5:10). 동성애는 헬라 세계에서 흔한 현상이었다. 플라톤(Symposium), 플루타크(Lycurgus 18), 루시안(Dialogue of the Courtesans) 등에 언급되어 있다. 특히 주후 2세기 작가인 루시안은 레스보스 섬 여인들의 동성애에 대해 증언한다. 구약은 동성애를 이방 풍습으로 치부하고, 극도의 혐오감을 드러낸다(창 19; 신 23:17f; 왕상 14:24; 왕하 23:7).

[28] 이방인들은 하나님 아는 지식(신 인식, 신 지식) 소유하는 것을 마땅치 않게 여겼다(ouk edokimasan "싫어하매"). 어둠은 빛을 싫어한다. 거

짓은 진리를, 악은 선을, 죄와 우상 숭배에 탐닉해 있는 자는 하나님을 거부한다. 따라서 하나님은 세 번째로, 그들을 상실한 마음의 상태로 내버려 두신다. "상실한" 아도키몬 adokimon이란 형용사는 앞에 사용한 동사 "마땅히 여기다" 에도키마산edokimasan와 같은 어근의 단어이다. 유사 음가를 사용한 일종의 언어유희word-play이다. "상실한"은 부적당한, 가치 없는, 비열한의 의미를 가지고 있다. 적합지 않은 마음의 상태에서 사람들은 합당치kathēkonta 않은 행동들을 하게 된다. "합당한"은 스토아 철학에서 잘 쓰이는 용어로서(필로, Leg. Alleg. I,56; II,32; Cher. 14), '본성과 조화되는'이라는 뜻을 가지고 있다. 온당치 않은 마음의 상태로 내버려진 인간은 본성과 조화되지 않는 행동을 취하는데, 그에 대한 목록이('악덕 목록') 29절 이하에 나온다.

[29-31] 네 개의 악행(불의, 추악, 탐욕, 악의)이 형용사 "모든"과 문법적으로 연결되면서, 하나로 묶여있다. "불의"는 하나님의 의에 반하는 근원적인 죄이다. 이에 대한 보다 자세한 설명은 18절을 보라. "추악"은 하나 뒤에 나오는 "악의"와 관련이 깊다(고전 5:8). 추악은 악의 정도가 매우 심함을, "탐욕"은 끝없는 욕심을, "악의"는 구체적인 사악함을 가리킨다.

다음은 형용사 "가득"mestos에 걸리는 다섯 가지 죄목이(시기, 살인, 분쟁, 사기, 악독) 등장한다. "시기"는 다른 악덕목록에서도 나온다(갈 5:21; 딤전 6:4; 벧전 2:1). 샘을 내고 미워하는 태도인 "시기" 프토노스phthonos와 이어 나오는 "살인" 포노스phonos은 발음이 유사하다. "분쟁"eris은 다툼이란 뜻으로, 바울은 이를 경계함으로써 공동체 내에 화목을 강조한다(13:13; 고전 3:3; 고후 12:20; 갈 5:20). 신의를 배반하고 남을 속이는 "사기"dolos에 이어 나오는 "악독"kakoētheia은 남을 해치려는 악한 마음의 충동을 뜻한다. 마지막으로 열두 종류의 악행자들의 목록이 나온다. 맨 처음 것은("수근수근...") 29절 마지막에 언급된다. "수근수근하는 자"란 은밀하게 험담을 늘어놓는 이들을 일컫는다.

"비방하는 자"란(30절) 앞의 "수군수군 하는 자" 보다는 좀더 공공연하게 남을 깎아 내리는 자들이다. 두 번째 단어 테오스튀게스(*theostyges*, "하나님께서 미워하시는 자" 개역개정, "하나님을 미워하는 자" 표준새번역, "하나님을 미워하는 자" 새번역 2004 [= 표준새번역 개정판 2001], "하나님의 미워하시는 자" 개역, "하나님의 미움을 사고" 공동번역, "하나님을 미워하는 자" 공용번역)는 헬라 종교에선 항상 '신들로부터 미움을 받은 자'란 뜻으로 사용된다. 여기선 그러나 '하나님을 미워하는 자들'로 보는 것이 낫다. 이유는 다음과 같다. 죄를 범한 인간들은 죄의 세력에 사로잡혀 헤어나지 못한다. 하나님은 죄 지은 인간을 미워하는 것이 아니라, 그냥 내버려 둔다. 이것이 하나님의 징벌 방법이다. 오히려 죄인인 인간 편에서 하나님을 미워한다. 마치 예수가 아니라, 세상이 예수를 미워했듯(요 7:7; 15:8). "능욕하는 자"는 무례히 남을 경멸하고 능멸하는 자이다. 이 단어는 딤전 1:13에서 한 번 더 등장한다. "교만한 자"는 안하무인의 거만한 자를, "자랑하는 자"는 허풍으로 떠벌이는 자를 일컫는다. 딤후 3:2에서도 "교만한 자"와 "자랑하는 자"가 연이어 나온다. 인간은 악을 행할 뿐 아니라("악을 행하기에는 지각이 있으나 선을 행하기에는 무지하도다" 렘 4:22), 새로운 악의 종류를 고안해내기까지 한다("악을 도모하는 자"). 부모 순종은 ("부모를 거역하는 자") 구약에서 매우 강조되는 덕목이다(신 21:18; 참고 출 20:12). 말세에 사람들은 부모를 거역할 것이라고 신약은(딤후 3:2) 경고한다.

"아"a-로 시작하는 단어들이 등장한다(31절). "우매한 자"아쉰네투스 *asynetous*, "배약하는 자"아쉰테투스*asynthetous*, "무정한 자"아스토르구스

astorgous, "무자비한 자" 안엘에에모에나스*aneleēmonas*. "우매한"은 이미
21절에서 '미련한'으로 번역된 바 있다. 이해력이나 지적인 센스가 없
음을 나타낸다. "배약하다"는 약속이나 언약을 지키지 않다는 뜻이다
(시LXX 77:57[MT 78:57]; 렘 3:7-11). 앞에 나온 "시기" 프토노스*phthonos*와
"살인" 포노스*phonos*이 그랬던 것 처럼, "우매한 자" 아쉬네투스*asynetous*와
"배약하는 자" 아쉰테투스*asynthetous*는 서로 발음이 유사하다. "무정함"
이란 가족애가 없다는 뜻이다. "보는 바 그 형제를 사랑하지 아니하
는 자는 보지 못하는 바 하나님을 사랑할 수 없느니라"(요일 4:20)
는 말씀처럼, 가족을 사랑하지 못하는 사람은 타인을 사랑할 수 없다.
"무정한 자"는 딤후 3:3에, "무자비한 자"는 딛 1:9(다른 읽기)에 각각
한번 더 등장한다. "무자비한 자"의 뜻은 따로 설명이 필요 없다.

　[32] 이방인들은, 이스라엘처럼 하나님의 백성은 아니었지만 하나
님에 대한 지식을(21절, "하나님의 진리" 25절) 소유하고 있었다. 29ff절에
열거된 죄악 중, 사형에 해당하는 범죄 행위는 없다. 따라서 "사형에
해당한다"는 표현은, 이방인이라 할지라도 하나님을 알고 있기에 그
의 뜻대로 행하지 않고 죄에 사로잡혀 살면, 종국에 죽을 수밖에 없다
는 포괄적인 의미로 이해되어야 한다. 비록 율법은 몰랐지만, 그들은
하나님의 뜻을(*dikaiōma* 神意, 하나님의 요구; 참고 2:26; 8:4) 알고 있었다는
내용은 창 2-3장을 떠올리게 한다. 하나님이 첫 인류에게 선악과를 가
리켜 "먹는 날에는 정녕 죽으리라"(창 2:17) 경고했음에도 불구하고 아
담과 이브는 말씀을 어기고 따먹었다. 이와 유사하게 이방인들도 악행
을 저지르면 죽어 마땅한 줄 알면서도 행악하고 말았다.
　더 나아가 그들은 그런 일을 행한 사람들을 옹호하기까지 한다. 직
접 죄를 짓지 않았더라도, 죄 짓는 자에게 잘했다 칭찬하고 옳다고 인

정하면, 이는 심각한 범죄 행위가 된다. 죄는 확산된다. 죄의 세력에 사로잡힌 자는, 혼자 죄 짓는 것에 만족하지 않는다. 타인의 죄를 정당화함으로써 더욱 죄를 짓도록 유도한다. 소경이 소경을 인도할 때 둘 다 구덩이에 빠지듯, 죄인은 주위 사람으로 하여금 죄 짓도록 성원하고 부추긴다. 지은 죄에 대해 "괜찮다" 눈감아 주며 오히려 격려하여 그 사람의 양심을 마비시킨다. 죄인들끼리 공감대를 형성한다. 이들이 동류의식을 가지고 서로 의지하면서 죄 가운데 거할 때, 죄는 증폭되고 상승 작용을 일으켜 급속도로 확산된다.

b) 유대인에 대한 하나님의 심판 (2:1-3:8)

이방인의 죄를 폭로한 후에(1:18-32), 바울은 유대인도 하나님의 심판을 피할 수 없다고(2:1-3:8) 설파한다. 그리고 결론적으로 전 인류는 예외 없이 죄인이라고 고발의 수위를 높인다(3:9-20). 2:1-3:8은 크게 다섯 부분으로 나뉘는데, 먼저 유대인을 심판하는 하나님의 기준은 무엇인지에 대해 다룬다(2:1-11).

(1) 종말론적 심판의 기준 (2:1-11)

1 그러므로 남을 판단하는 사람아, 누구를 막론하고 네가 핑계하지 못할 것은 남을 판단하는 것으로 네가 너를 정죄함이니 판단하는 네가 같은 일을 행함이니라 2 이런 일을 행하는 자에게 하나님의 심판이 진리대로 되는 줄 우리가 아노라 3 이런 일을 행하는 자를 판단하고도 같은 일을 행하는 사람아, 네가 하나님의 심판을 피할 줄로 생각하느냐 4 혹 네가 하나님의 인자하심이 너를 인도하여 회개하게 하심을 알지 못하여 그의 인자하심과 용납하심과 길이 참으심이 풍성함을 멸시하느냐 5 다만 네 고집과 회개하지 아

니한 마음을 따라 진노의 날 곧 하나님의 의로우신 심판이 나타나
는 그 날에 임할 진노를 네게 쌓는도다 6 하나님께서 각 사람에게
그 행한 대로 보응하시되 7 참고 선을 행하여 영광과 존귀와 썩지
아니함을 구하는 자에게는 영생으로 하시고 8 오직 당을 지어 진
리를 따르지 아니하고 불의를 따르는 자에게는 진노와 분노로 하
시리라 9 악을 행하는 각 사람의 영에는 환난과 곤고가 있으리니
먼저는 유대인에게요 그리고 헬라인에게며 10 선을 행하는 사람
에게는 영광과 존귀와 평강이 있으리니 먼저는 유대인에게요 그
리고 헬라인에게라 11 이는 하나님께서 외모로 사람을 취하지 아
니하심이라

[1] 바울은 "남을 판단하는 사람"을 대화상대로 설정한다. 이들이
누구인지는 아래 17절에 나온다("유대인이라 불리는 네가"). "핑계"거리가
없을anapologētos 것이라고 하는데, 이 용어는 이미 1:20에 등장했다.
이 점에서 첫 시작 "그러므로"는 앞의 20절과 연결된다고 볼 수 있다.
신神 지식을 가진 이방인에게 변명의 여지가 없듯이, 정죄 받을 짓을
한 유대인도 마찬가지다. 그들은 진노의 심판으로부터 벗어날 수 있는
(2:3; 살전 5:3) 어떤 합당한 이유나 면책거리도 소유하고 있지 않다. 유
대인은 스스로를 죄인이 아니라고 여겼다(갈 2:15). 그들은 기본적으로
남을 판단하려는 경향을 지녔다. 예수님의 말씀처럼, 그들은 자신 눈
속의 들보는 보지 못하면서도, 형제의 눈에 있는 티는 지적해냈다(마
7:1ff). 남을 판단하고 비판하면, 그것이 부메랑이 되어 종국에는 비판
한 사람 자신도 심판의 대상이 된다. 그러므로 바울은 고전 4:5은 "주
께서 오시기까지 아무 것도 판단(= 비판)하지 말라"고 권면한다. 하나
님 뜻에 어긋났다고 남을 판단하면서도, 스스로 똑같은 잘못을 저지르
는 우를 유대인은 범했다. 남에게 한 손가락질이 결국 자신을 향하게

되었다("네가 너를 정죄함이니"). "사람아"는 논증을 위한 수사학 기법 중
의 하나인 디아트리베 형식의 일종이다. 자세한 내용은 3절을 보라.

[2] 그 같은 자가당착에 빠진 자들을 하나님께서는 "진리대로"(= 공
정하게, RSV rightly) 심판하신다. 하나님의 심판은 올바르고 정당하다(참
고 2:5, 11; "여호와의 날" 욜 2:1f; 습 1:14ff; 말 4:1). 6절 이하에서도 같은 주제
가 나온다.

[3] 죄 짓는 남을 비판하는 사람이 동일한 범죄를 저지를 때, 그는
하나님의 심판에서 벗어날 수 없다(참고 마 3:7). 여기서 바울은 대화와
질문-대답의 형식을 이용한다("남을 판단하는 사람아" 1절, "네가 심판을 피할
줄로 생각하느냐?" 2절). 소크라테스 이래, 견유학파 또는 스토아학파에서
는 이런 형식의 문답식 문체를 사용하여 이야기나 강론을 진행했다.
즉, 주제를 제시하고 이에 대한 반론을 들어 논란하는 중에 잇달아 질
문과 대답을 거듭하여 청중들의 주의를 끌면서 설득력 있게 자신의 주
장을 이끌어 나갔는데, 이런 연설법을 디아트리베Diatribe라고 한다.

[4] 바울은 유대인에게 "하나님의 인자하심(선하심)과 용납하심 그리
고 길이 참으심의 풍성함을 멸시하느냐?"(상반절) 묻고, 곧 바로 "하나
님의 선하심은 다름 아닌 너희를 회개케 하려는 것임을 모르냐?"고(하
반절) 다시 반문한다. "인자하심"이 상·하반절에 동시에 들어가 있다(상
반절은 명사 chrēstotēs, 하반절은 형용사 chrēston). 하나님의 특성 중에서 바울
은 "인자하심"을 특별히 강조한다. "인자"chrēstotēs는 자비eleos와 함께
흔히 잘 사용된다(시LXX 24:7; LXX68:17; LXX99:5; 108:21; LXX135:1; 솔로
몬의 지혜서 15:1). 성서는 언약에 충실하여 자비를 베푸는 하나님을 일

컬어 "인자하시다" 표현한다. "용납하심"*anochē*에는 '진노를 미룬다'
는 의미가 내포되어 있다(바룩의 묵시 59:6). 이 단어는 이곳과 3:26에서
만 나온다. "길이 참으심"*makrothumia*은 회개를 위해 기다리시는 하나
님의 태도와 관련이 있다(시락서 5:4-7). '인자하심'과 '길이 참으심'은
솔로몬의 지혜서(15:1 "그러나 우리 하나님 당신은 인자하시고*chrēstos* 진실하시
며 길이 참으시고*makrothumos*, 만물을 자비하심으로 다스리신다")에 함께 나온
다. 하나님께서는 마치 돌아온 탕자의 비유에 나오는 아버지처럼(눅 15
장), 아들이 돌아오기를(*metanoia* 회개 悔改) 기다리시는 분이시다. 따라서
계속 죄를 지으며 사는 것은, 길이 참으시는 하나님의 인자하심과 선
하심 그리고 그의 사랑을 저버리는 행위이다. 헬라어 메타노이아는
('회개', *metanoia* = *meta*[돌이킴] + *nous*[마음]) 마음을 돌이킨다는 뜻으로,
히브리어 슈브(*šub* "돌아오다")와 동의어이다.

[5] 완고함이란*sklērotēs* 이스라엘 백성의 완악(신 9:27 *sklērotēta*; 참고 바
로 왕-롬 9:18 *sklērynei*), 목이 곧음(신 10:16 *sklēryneite*)과 관련 된다. 이스라
엘은 제 고집대로 자기 갈 길을 갔다(사 53:6). 하나님께 돌아오지 않았
다. 그런 자들은 진노의 날에(살전 1:10; 참고 살전 5:9), 즉 하나님께서 주
관하시는 의로운 심판(*dikaiokrisia* "의의 심판")이 계시되는(1:18) 날에 받
을 진노를 자신에게 쌓는(토빗 4:9-10; 참고 롬 12:20) 어리석음을 범하고
있다. 마치 양전하와 음전하를 띤 구름이 만나면 번개가 치듯이 하나
님의 진노는, 그의 거룩하신 사랑과 공의가 인간의 죄악과 만나는 곳
에서 일어나는, 인간의 죄악에 대한 하나님의 대응, 반작용counteraction
이다.

[6] 하나님은 각 사람의 행위대로 갚으시는 분이시다. 행한 일에 따

라 상과 벌을 내리시는 하나님이라는 사고는 구약에서 흔히 만날 수 있다(시 62:12; 잠 24:12). 이러한 모티프는 신약에서도 발견된다(마 16:27; 25:31-46; 고후 5:10; 골 3:25; 벧전 1:17; 계 2:23). 행한 대로 갚으시는 하나님의 보상 원리에 따라 선과 악을 행한 사람들은 각각 상벌을 받을 것이다. 이 내용과 바울의 의인론義認論을 연결시킬 필요는 없다. 여기서는 유대교 뿐 만 아니라 일반 종교라면 공통적으로 가지고 있는 원리를 ('행위에 따른 결과') 천명하고 있는 것이다.

[7] 선과 악을 행한 자에게 하나님께서 각각 구체적으로 어떤 상과 벌을 내리시는 지, 밝힌다. 먼저 옳은 일을 행한 자들에게는 영생을 주신다(긍정적 언명). "참음"(= 인내)은 헬라어로 휘포모네*hypomonē*이다. 이 단어를 분해하면, '아래'*hypo* '머문다'*monē*가 된다. 많은 어려움 가운데서도 흔들리지 않고 진리 아래 머무는 태도가(견인불발 堅忍不拔) 바로 인내이다. 인내로서(*kath hypomonēn*, RSV by patience) 선한 일을 하는 중에 영광과 존귀와 썩지 아니함을 구하는 자에게는 영원한 생명("영생")을 주신다.

'영광'*doksa*, '존귀'*timē*, '썩지 아니함'*aphtharsia*, 이 셋은 궁극적인 구원의 현실과 관련이 깊다(2:10; 벧전 1:7; 고전 15:51ff). '영광'은 하나님께서 임재하실 때 나타나는 광휘를 뜻한다(시리아 바룩서 58:2ff; 62:16; 제4 에스라 7:95; 이디오피아 에녹서 51:4f). '존귀'는 구원 받은 자가 하나님의 임재를 경험할 때 하나님께 나타내 보이는 존경이다.[62] '썩지 아니함'은 궁극적인 구원의 상태에 대한 헬라적인 표현이다(고전 15:42, 50, 53f; 솔로몬의 지혜서 2:23; 막하비4서 17:12). '영광'과 '존귀'는 종종 함께 사용되

---

62) 루터, 『루터의 로마서 주석』, 72

어, 인간이 하나님께 드려야하는 것으로 설명되고 있다. 하나님은 인간이 드리는 영광과 존귀를 기뻐 받으신다(욥 40:10 영광과 영화; 시LXX 8:6[MT 8:5] 영화와 존귀; 시LXX 28:1[MT 29:1] 영광과 능력; 시LXX 95:7[MT 96:7] 영광과 권능). '영생'은 요한복음에서 구원과 관련된 핵심어로 사용되고 있다(요 3:16; 4:36; 5:24; 10:28 등). 바울도 이 단어를 사용하는데(갈 6:8) 예수 그리스도로 말미암아 이뤄진, 그리고 앞으로 이루어질(5:21; 6:22), 궁극적인 구원의 현실을 지칭한다. 선을 행하되 끝까지 견디며(갈 6:9) 궁극적인 것들을 추구할 때(고후 5:18) 영생이라는 상을 받게 된다.

[8] 악을 행하는 자에 대한 하나님의 대응이 나온다(부정적 언명). "당을 지어"*eks eritheias*의 뜻이 모호하다("out of jealousy" NJB, "in selfish ambition" NET). 헬라어 에리테이아*eritheia*의 원래 뜻은 '특정 부류의 이익을 위해 애쓰는, 불순한 동기에서 나온 자기중심적인 추구'이다(아리스토텔레스, polit., 5.3.9). 이를 성경에 적용했을 때, 무엇을 의미하는지 불명확하다. 에리스(*eris* '분쟁')에서 파생되었다는 주장도 있다. 하지만 고후 12:20와 갈 5:20의 '악덕목록'에 에리테이아와 에리스가 함께 나온다. 따라서 두 단어의 뜻이 유사하다고 선뜻 판단하기 어렵다. 빌 1:17의 호이 엑크스 에리테이아스*hoi eks eritheias*(개정개역 "그들은 ... 다툼으로"), 그리고 약 3:14, 16의 에리테이아(개정개역 "다툼")도 '분쟁하기를 좋아함'(다툼) 혹은 '이기심'(이기적인 욕망, 사리사욕) 둘 중에 어느 것인지 결정하기가 쉽지 않다. 잠정적으로 에리테이아에 "분쟁하기를 좋아함, 다툼"과 "이기심, 이기적인 욕망, 사리사욕" 두 뜻이 모두 있다고 보자.

분쟁심 또는 이기심에서 비롯되어 진리에 순종하지 않으며, 불의에 순종하는 자에게는 하나님께서 진노와 분노로 대하신다. 진리와 불의

가 대구를 이룬다. '진리'는 여기서 포괄적인 의미로 이해해야 한다(참
고 1:25).63) "진노"와 "분노"는 종종 함께 나온다(신 29:27; 시LXX
77:49[MT 78:49]; 사 13:9; 30:30; 렘 7:20; 21:5). 중복적으로 사용함으로써 하
나님의 노하심을 강조한다. 뒤의 "분노"는 앞의 "진노"보다는 비종말
적인 어감을 가지고 있다(1:18). 정의롭지 못한 것에 대한 하나님의 노
여운 감정이 분출된 것이 바로 분노이다.

[9] 다시 부정적인 언급이 나온다. 환난과 곤고가 악을 행하는 모든
사람의 영에 있으라. '환난'은64) 외적인, '곤고'는 내적인 곤궁을 뜻한
다.65) 이 두 단어는 곧잘 함께 사용되고 있다(롬 8:35; 고후 6:4). "사람의
영"psyche anthrōpou은 히브리어 네페쉬nepeš에 해당하는 표현으로(민
19:20; 31:40; 신 10:22 -LXX역은 MT 네페쉬를 '영'psyche으로 번역) 그냥 '사람'
의 뜻이다. 유대인인 바울의 관점에서 볼 때, 모든 인류는 유대인 아니
면 비 유대인이다. 물론 야만인도 있을 수 있으나(1:14; 골 3:11) 바울은
인류를 통상 유대인과 헬라인으로 구별한다(참고 1:16).

[10] 영광과 존귀 그리고 평강이(= 평화) 선을 행하는 자들에게 있
을 것이라고 말한다(긍정적 언명). 영광과 존귀는 이미 7절에 언급되었
다. 그곳의 세 번째 단어 '썩지 아니함' 대신 '평강'이 10절에 등장한

---

63) Wilckens, EKK VI/1, 104(주 169), 127(주 289)는 D.A. Koch의 연구 결
과를 수용하여(이사야-탈굼의 용례에서 qst̟ (קשט)가 '의' ṣdq(צדק)라는 단어
로 번역됨, 진리는 의의 한 측면으로 이해됨) 진리는 의와 다름이 아니라고 본
다. 빌켄스에 따르면 의는 전체 구원세계를 지탱하고 있는 근간이자, 세상을
움직이는 동력이다.
64) 이 단어에 대해서는 5:3의 주석을 참조하라.
65) EKK VI/1, 127, 주 290

다. 영원한 것들을 구하는 자들에게(7절), 분명히 소망이 성취될 것이라고 바울은 확언한다. '먼저 유대인에게 그리고 헬라인'이라는 표현을 통해, 진리에 거하고 영원한 것을 추구하며 선을 행하는 자는 누구나 소망대로 될 것이지만, 우선권은 유대인에게 있음을 분명히 한다(1:16). 마지막의 '평강'은 종말론적인 구원의 충만한 현실(= 샬롬)을 뜻한다(1:7 참고).

[11] '종말론적 심판 기준'을 논하는 마지막 부분에서 바울은, 하나님께서 외모로 취하지 않으신다는 사실을(엡 6:9; 골 3:25; 약 2:1; 벧전 1:17) 강조한다. 이와 유사한 내용은 갈라디아서(2:6)에도 등장한다. 하나님은 외모가 아닌, 마음을 감찰하시는 분이다(신 10:17). 다윗을 왕으로 세울 때도 겉모습이 아니라 중심을 보셨다(삼상 16:7). 하나님은 외양으로 사람을 판단하지 않는다. 신분이나 외적인 조건에 따라 사람을 편애하는 그런 분이 아니다. 이방인의 구원에 있어, 불편부당한 하나님의 특성은 매우 중요한 역할을 한다(행 10:34 고넬료의 개종 "내가 참으로 하나님은 사람의 외모를 보지 아니하시고").

(2) 율법의 소유는 특권이 아니다 (2:12-16)

12 무릇 율법 없이 범죄한 자는 또한 율법 없이 망하고 무릇 율법이 있고 범죄한 자는 율법으로 말미암아 심판을 받으리라 13 하나님 앞에서는 율법을 듣는 자가 의인이 아니요 오직 율법을 행하는 자라야 의롭다 하심을 얻으리니 14 (율법 없는 이방인이 본성으로 율법의 일을 행할 때에는 이 사람은 율법이 없어도 자기가 자기에게 율법이 되나니 15 이런 이들은 그 양심이 증거가 되어 그 생각들이 서로 혹은 고발하며 혹은 변명하여 그 마음에 새긴 율법의 행

위를 나타내느니라) 16 곧 나의 복음에 이른 바와 같이 하나님이
예수 그리스도로 말미암아 사람들의 은밀한 것을 심판하시는 그
날이라

[12] 인류는 유대인과 이방인으로 대별된다. 유대인은 혈통이 아닌
종교적인 개념이다. 유대교의 유일신, 여호와 하나님을 믿는 자는 누
구나 유대인이다. 이방인이라 할지라도 세례를 받고 성전에 가서 규정
된 제사를 드리고(남자일 경우 할례가 추가됨) 하나님을 창조주 및 구세주
로 고백하면, 율법과 제사를 근간으로 유대 신앙공동체의 일원이 된
다. 유대인이냐, 이방인이냐의 문제는 율법의 유무에 따라 결정된다.
이 두 종류의 인간이 종말에 어떻게 하나님 앞에 각각 서게 되는지, 바
울은 밝히고 있다. 먼저, 율법 없이 범죄한 이방인은 율법 없이 멸망한
다. "망하다"는 하나님을 거부하거나, 죄를 지은 결과로 야기되는 숙
명적이고 비극적인 인생의 종말을 뜻한다(고전 1:18; 고후 2:15). 그리고
율법이 있음에도 불구하고(문자적 "율법 안에서") 범죄한 유대인들은 율
법에 따라 심판될 것이다. 여기서 바울의 논지는 모든 사람이 죄를 지
었기 때문에, 율법 유무와 상관 없이 전부 심판을 받게 된다는 것이다.

[13] 바울은 율법으로 구원에 이르기 위한 방편으로 행함을 부각시
킨다. 구약에서도 율법과 규례를 들을 뿐 만 아니라 행해야 한다고 강
조한다(신 6:3). 이런 전통은 신약에 계승된다(마 7:24ff; 약 1:22ff). 성격
상, 율법은 행해야 된다(갈 3:12b). 그렇기에 의인 즉, 언약에 충실하고
율법에 헌신하는 자는 듣는 자가 아니라 행하는 자이다. 행한 사람이
후에 의롭다 여겨진다. 바울은 여기서 자신의 칭의론을 말하고 있지
않다. 일반적인 의미로, 행하는 자가 종말의 때에 의인으로 판정될 것

이라고 설명하고 있다.

[14] 스토아 철학자들은 불변의 질서와 이치가(헬라어 퓌시스 *physis*[66], 영어는 nature로 번역) 세상에 있다고 생각했으며, 이에 따라 사는 것을 궁극적인 삶의 목표로 삼았다. 디아스포라 유대인 필로는 퓌시스에 따라 사는 것이야 말로 하나님을 따라 사는 것으로 보았다. 왜냐하면 하나님은 퓌시스의 하나님이시기도 하기 때문이다. 그는 또한 퓌시스의 법은(자연법) 하나님이 주신 율법과 다르지 않다고 보았다. 바울도 이와 같은 스토아 사상과 헬라 유대교의 변증학적 논리를 채용한다. 이방인들은 자연법을*nomos physeōs*, lex naturae 알고 있다. 비록 그들이 율법을 소유하지 못했지만, 이 퓌시스에(성경은 "본성"으로 번역) 따라 살 때, 토라(율법)를 준행하며, 율법이 요구하는 것을 행하게 된다는 것이다.[67]

아리스토텔레스는 『니코마커스 윤리학』에서(IV 1128a, 31) "교육 받고 자유한 마음을 가진 사람은 스스로에게 노모스('법')인 것처럼 행동할 것이다"라고 말했다. 인간에게는 코스모스와 조화하는 노모스가 존재하며, 인간은 이 노모스에 근거하여 옳고 그름을 판단할 수 있다. 이방인들은 비록 모세의 십계명으로 대표되는 율법은 없지만, 헬라적인 의미의 노모스는 소유하고 있다. 그들은 선악을 판단할 기준을 확보하고 있다. 이에 따라 '율법의 일', 즉 율법이 요구하는 것들을 행하면, 그들은 율법을 가진 유대인이나 마찬가지가 된다.

[15] 모순된 생각들이 속에서 서로를 고발하거나 또는 변명하는 현상, 즉 이율배반적인 생각과 충동이 서로 부딪쳐 혼란한 마음 상태로

---

66) *physis*의 다른 용례는("본래") 갈 2:15; 4:8; 엡 2:3을 참고하라.
67) Wilckens, EKK VI/1, 133f

있다는 것은 우리 속에 양심이 존재한다는 증거이다. '양심'*syneidēsis*이라는 표현이 함축하는 기본 뜻은 '자신과 함께 나눈 지식이다'. 자신 스스로에 대한 인식, 내가 선한지 악한지에 대한 지식이 곧 양심이다. 내가 잘못했다고 인식하게 되면, 이 양심은 나를 괴롭게 한다. 양심은 일종의 이성적·도덕적인 존재로서의 자각을 의미하며, 우리가 바르게 사고하고 행동하도록 균형 추 역할을 한다. 양심이 없다면 도덕적·윤리적 긴장감이나 죄의식이 생길 수 없다. 양심은 인간 본성에 내재하는 노모스에(14절) 비추어 스스로의 행동을 결정하고 판단한다. 양심이 있다는 것은 사람의 마음 안에 노모스가 있다는 뜻이기도 하다. 이방인들의 양심은68) 광의廣義의 율법이 요구하는 바가("율법의 행위"69) 무엇인지 증거하는 역할을 한다. 율법이 마음에 새겨져 있다는 표현은 예레미야의 한 구절을(31:33 "나의 법을 그들의 속에 두며 그들의 마음에 기록하여") 떠올리게 한다.

[16] 앞 절을 종말론적인 관점에서 이해한 것이 16절이다. 심판 날에 율법을 통해 사람들에게 요구하신 하나님의 뜻이 무엇인지 분명하게 알려진다. 그 때에 사람들의 마음속에 감추어져 있던 생각과 욕구와 갈망 등이 백일하에 드러날 것이며, 율법이 정한 기준에 따라 사람들은 심판 받게 된다. 이 구절은 계 14:6f을 연상시킨다. 사람들의 은밀한 것을 밝히 드러내고70) 심판하시는 그날이 온다는 사고는 고전 4:5에도("어둠에 감추인 것들") 나온다. 심판에 대해선 이미 앞에서(2:2, 5f) 언급되었다. 바울은, 자신이 전한 복음에 따라 그리고 예수 그리스도

---

68) 나학진, 『기독교윤리학』, 263ff 참고
69) 3:20 주석 참고
70) 예언도 마음의 숨은 일을 드러나게 한다(고전 14:25).

로 말미암아 하나님께서 심판하실 것이라고 말한다. 복음은 아들에 관한 것이다(1:3). 주님은 구원자인 동시에 심판자이시기도 하다(고후 5:10 "그리스도의 심판대"; 참고 요 3:18). 그렇기에 '복음에 따라 심판한다'는 표현이 성립될 수 있는 것이다.

(3) 율법을 위반하는 유대인 (2:17-24)

17 유대인이라 불리는 네가 율법을 의지하며 하나님을 자랑하며 18 율법의 교훈을 받아 하나님의 뜻을 알고 지극히 선한 것을 분간하며 19 맹인의 길을 인도하는 자요 어둠에 있는 자의 빛이요 20 율법에 있는 지식과 진리의 모본을 가진 자로서 어리석은 자의 교사요 어린 아이의 선생이라고 스스로 믿으니 21 그러면 다른 사람을 가르치는 네가 네 자신은 가르치지 아니하느냐 도둑질하지 말라 선포하는 네가 도둑질하느냐 22 간음하지 말라 말하는 네가 간음하느냐 우상을 가증히 여기는 네가 신전 물건을 도둑질하느냐 23 율법을 자랑하는 네가 율법을 범함으로 하나님을 욕되게 하느냐 24 기록된 바와 같이 하나님의 이름이 너희 때문에 이방인 중에서 모독을 받는도다

[17] 바울은 다시("참고 2:1 남을 판단하는 사람아") 유대인을 향하여 힐난조로 말문을 연다. 유대인이 이방인들에 대해서 늘어놓는 자랑거리를 인용하고 있다. "유대인"은 유다 지파에 속한 사람을 일컬어 비유대인이 사용하는 호칭이었다. "유대인"은 이스라엘인들의 종교적인 자인식과 밀접한 관계가 있으며, 막하비 시대 이후 본격적으로 사용되었다.[71] 율법으로 인해 유대인들은 하나님의 선택된 백성으로, 구원사에서 특권을 누리게 되었다. 그들은 율법을 은혜의 선물로 이해했

---

71) K.G. Kuhn/ W. Gutbrod, Art. *Israël* etc., *ThWNT III*, 365, 372

고, 여기에 그들 전 존재가 달려있다고 고백했다. 율법을 허락해 주신 하나님께 감사했고, 그분을 자랑했다(고전 1:31; 롬 5:11; 참고 렘 9:23f).

"우리는 당신을 신뢰합니다. 왜냐하면 당신의 율법이 우리와 함께 있고 우리가 당신의 규례를 지키는 한 멸망하지 않을 것을 알기 때문입니다. ... 우리는 이름이 있는 민족입니다. 우리는 ... 하나님으로부터 율법을 받았습니다. ... 그 율법은 우리를 도울 것이고 ..." (시리아 바룩서 48:22ff)

바울은 그러나 위에서(시리아 바룩서 48:22ff) 예로 든 자랑이 유대 민족의 우월성을 과시하고 배타성을 부각시키는 쪽으로 오용된데 대해, 안타깝게 생각했다.

[18] 시편 말씀(119:105 "주의 말씀은 내 발에 등이요 내 길에 빛이니이다")처럼 유대인들은 율법으로부터 가르침을 받았다. "교훈을 받다" *katēchoumenos* (영어 catechesis 교리교육)는, 교리수업을 포함한 회당에서의 경전교육을 뜻한다. 유대인들은 하나님이 원하시는 바가 무엇인지 알았다(시 40:8). 또한 무엇이 본질적으로 가장 중요한지(*ta diapheronta ↔ ta adiaphora*), 선후를 알고 있었다(마 23:23 "십일조는 드리되 율법의 더 중한 바 정의와 긍휼과 믿음은 버렸도다").

[19] 그들은 자신들을 눈먼 자를 인도하는 자요(사 42:7; 풍자적- 마 15;14; 23:16, 24), 흑암에 갇혀있는 자를 비추는 빛이라고 생각했다(사 42:6; 49:6 "이방의 빛").

[20] 유대인들은 또한 어리석은 자의 교사요*paideutēs* 어린아이*nēpios*

의 선생이라고 스스로 믿고 있었다. "교사"는 이곳과 히 12:9에만 나온다. 체벌하며 교육하는 훈육선생이라는 어감을 갖고 있다(참고 갈 3:24 *paidagōgos*). "어린 아이"는 문자 그대로 갓난아이를 뜻한다(고전 3:1f). 원문의 맨 마지막에 나오는 표현은 -"율법에 있는 지식과 진리의 모본(*morphōsis*, 공동번역-"근본", 새번역-"구체화된 모습")을 가진 자로서"- 19f절 전체에 걸리는 분사구문이다.72) "율법에 있는"이란 '율법 책에 있는'이다.73) "모본"은 구현具現 embodiment, 형태, 꼴formulation, form로 번역될 수 있다. 정확한 뜻은 '하나님에 대한 인식과 뜻이 바르게 드러난 꼴, 자태, 형태, 형식'이다. 유대인들은 스스로를, 율법 책에 기록된 지식과 진리가 진정으로 구현된 '형태와 꼴'을 소유한 자라고 여겼다. 이런 생각이 얼마나 잘못된 것인지, 바울은 21절 이하에서 논박한다. 율법을 '지식'과 '깨달음', '교훈'(시락서 24:25ff) 또는 '진리'라는 용어로 표현한 예는 시리아 바룩서 44:14에 발견된다.

[21-22] 앞에서 언급한, 구원사에서 유대인들이 차지하는 우월권을 (17-20절) 바울은 의문문 형식으로 하나하나 논박하고 있다(23절까지). 남에게는 하지 말라고 가르치면서 정작 유대인들은 이를 행한다는 바울의 질책은, 예수님의 바리새인들을 향한 힐난과 꾸짖음을 생각나게 한다(눅 11:39ff; 마 23[특히 3절]). 예로 든 "도둑질하지 말라", "간음하지 말라"는 십계명의 8계명과 7계명이다(출 20:14f). "우상을 가증히 여긴다"는 내용도 십계명 본문(출 20:4-5)과 관련이 있다. 우상을 가증히 여기면서, 어찌 신전 물건을 도적질하느냐고 질타한다. "우상을 가증히

---

72) 개역은 이 부분을 원문과 달리 19절 맨 앞에 배치하였다. 개역개정판은 20절의 처음에.

73) Jos. Bell. II,292; Ant. XII,256; W. Bauer, *Wb*, *morphōsis*, s.v.

여긴다"에서 우리는 우상 숭배에 대한 바울 당시 유대인의 자세를 엿볼 수 있다. 유대 땅에는 더 이상 우상 숭배가 자행되지 않았다(Str-B. III,111f; 유딧 8:18). 동사 히에로쉬레오(hierosyleō '신전 물건을 도적질하다')는 신약성서 가운데 이곳에서만 나오는 단어다. 기본적인 뜻은 '금·은으로 만든 우상들이나 이방의 성전 기물을 약탈하다'이다(신 7:25f). 하지만 여러 용례들을(막하비2서 9:2; Jos. Ant. XVII,163; 행 19:37) 참고할 때, 신성을 모독했다는 뜻으로 이해하는 편이 나아 보인다. 비록, 우상 숭배는 없었지만, 유대인들은 하나님이나 성전을 모독했다고(막 11:15-19 par.) 바울은 고발한다.

[23-24] 바울은 평서문으로 지금까지의 내용을 정리한다. 율법이 자신들에게 주어졌으며 율법을 알고 있다는 사실은 유대인으로 하여금 우월 감정을 갖게 하는데 크게 일조했다. 배타적인 자세로 이방인들을 차별한 유대인들은 그러나 선민의식 형성에 중요한 요소로 작용한 이 율법을 지키지 않았다. 율법을 자랑하면서도(참고 17절) 이를 범함으로써 하나님을 욕되게 했다. "범함"parabasis은 위반이라는 뜻이다(4:15; 갈 3:19). "율법을 범하였다"는 1절에서 지적하고 있는 "같은 일을 행함이니라"와 연관된다. 남들에게는 금하면서 정작 자신은 그것을 행하는 유대인들이야 말로 율법대로 살지 못한 족속이다. 율법을 어긴 결과, 그들은 하나님을 욕되게 했다. 24절에 구약 인용을 통해(사LXX 52:5) 바울은 자신의 주장을 더욱 공고히 한다.

(4) 할례는 유대인을 의롭게 하지 않는다 (2:25-29)

25 네가 율법을 행하면 할례가 유익하나 만일 율법을 범하면 네 할

례는 무할례가 되느니라 26 그런즉 무할례자가 율법의 규례를 지
키면 그 무할례를 할례와 같이 여길 것이 아니냐 27 또한 본래 무
할례자가 율법을 온전히 지키면 율법 조문과 할례를 가지고 율법
을 범하는 너를 정죄하지 아니하겠느냐 28 무릇 표면적 유대인이
유대인이 아니요 표면적 육신의 할례가 할례가 아니니라 29 오직
이면적 유대인이 유대인이며 할례는 마음에 할지니 영에 있고 율
법 조문에 있지 아니한 것이라 그 칭찬이 사람에게서가 아니요 다
만 하나님에게서니라

[25] 할례는 남자 생식기 일부를 베어내는 행위이다. 아브라함으로
대표되는 이스라엘을 하나님께서 자신의 백성으로 삼으시면서, 언약
의 징표로(창 17:9ff) 이 의식을 제정하셨다. 유대 땅에 사는 자는, 이스
라엘 사람뿐만 아니라 그 누구라도 할례를 받지 아니하면 제의나 관련
축제에 참석할 수 없었다(출 12:48f; 겔 44:9).[74] 예수님도, 바울도 태어난
지 8일 만에 할례를 받았다(눅 2:21; 빌 3:5). 유대인의 정체성이라는 측
면에서 볼 때, 할례는 가장 분명한 외적인 표시이다. 바울은 25절부터
이 할례에 대해 다룬다. 논지는 할례가 아무리 중요하다 할지라도, 그
것이 구원을 담보해 주지 못한다는 것이다. 관건은 '율법을 행하는 것'
이다. 율법 받은 것을 자랑스러워하며, 남에게 율법대로 살라고 촉구
하는 유대인들이(17-20절) 정작 자신들은 율법을 지키지 않는다(21-24
절). 따라서 할례가 그들을 의롭게 해주지 못한다.

[26] 거꾸로 무할례자, 즉 이방인이(참고 갈 2:9) '율법의 규례'(*dikaiōmata*,
문자적 의미: 요구들, 참고 1:32; 8:4)를 지킨다면 무할례는 할례로 인정받게
되는 것이 아닌가 반문한다. "여길 것이 아니냐"는 하나님께서, 자격을

---

74) 졸고, "갈라디아서에 나타난 할례 문제", 91ff

갖추지 못한 어떤 자에게 법적으로 선포 하여 자격이 있다고 인정해 주는 것을 의미한다(9:8).

바울은 이방인을 무할례자라고 표현한다. 할례 유무가 유대인이냐 이방인이냐를 판가름한다. 유대인 됨의 가장 필수적인 전제조건 중 하나가 할례이다. 그럼에도 불구하고 율법을 지키는 이방인이 있다면 그의 무할례는 할례로 여겨질 것이라고 말한다.

[27] 더 나아가 본래(문자적으로는 "본성으로" ek physeōs이지만, "본래"가 적절하다. 14절 참고) 무할례자가 율법을 온전히 지키면(약 2:8; 눅 2:39) 그들이(이방인) 너를(유대인) 율법 조문(문자, letter)과 할례를 가지고도 율법을 준행하지 못한 자로(23, 25절) 판단하지 않겠냐고 반문한다. 율법과(17-24절) 할례는(25-39절) 유대인의 자가당착을 폭로하는데 가장 유용하고 적절한 도구이다. 유대인들은 율법과 할례 자체를 구원의 근거로 삼았다. 중요한 것은 그러나 율법을 '지키는 것'이다. 유대인은 이점에서 실격이다. 율법을 준수하는 이방인들에 의해 유대인들은 판단 받는다.

[28-29] 할례와 관련하여 '누가 참된 유대인인지'에 대해 설명한다. 유대인의 진위 여부는 겉으로 드러난("표면적") 것에 의해 결정되지 않는다. 할례도 겉으로 드러난("표면적 육신의") 것이 기준이 될 수 없다. 렘 4:4에 "너희는 스스로 할례를 행하여 너희 마음 가죽을 베고 나 여호와께 행하라"는 구절이 나온다. 여기서 예언자는 '할례'라는 개념을 심령화spiritualizing한다. 이러한 경향은 다른 곳에서도 발견된다(빌 3:3 "할례당" = 할례 받지 않은 그리스도인). 바울은 할례에 대한 이 같은 논지를 '유대인'에게 적용한다. 숨은("이면적" ↔ "표면적") 의미의 유대인이 진정한 유대인이다. 그렇기에 문자letter가 아닌 영spirit 안에서 거행하는

마음의 할례가 진정한 할례라는 것이다(29절). 문자와 영의 대비는 고
후 3:6에도 나온다. "마음"은 하나님께서 새 언약을 세우는 장소이며
(렘 31:33; 참고 고후 3:3 육의 마음판), 하나님과 올바른 관계가 회복되는 곳
이다(겔LXX 11:19 *kardia hetera* "다른 마음"). 하나님께서는 상하고 통회하
는 마음을 더 기뻐 받으신다(시LXX 50:18). 따라서 외형적인 할례보다
는 마음의 할례가 더 중요하다(렘LXX 9:25; 참고 신 10:16; 행 7:51). 겔LXX
11:19; 36:26 그리고 고후 3:3에서 보듯이 (다른, 새) 마음과 (새) 영은
밀접하게 관련되어 있다.

　하나님으로부터 오는 칭찬이 참된 칭찬이라는 언급을 통해, 할례가
결코 하나님 앞에서 자랑거리가 될 수 없음을 다시 강조한다. 하나님
께서는, 인간이 평가하는 방식과 달리 얼굴이 아니라 마음을 보신다
(삼상LXX 7:9; 참고 갈 2:6). 따라서 하나님께 칭찬을 받기 위해서는 눈에
보이는 것이 아니라, 내면의 차원이 중요하다.

(5) 유대인의 예상되는 항의 (3:1-8)

　1 그런즉 유대인의 나음이 무엇이며 할례의 유익이 무엇이냐 2 범
사에 많으니 우선은 그들이 하나님의 말씀을 맡았음이니라 3 어떤
자들이 믿지 아니하였으면 어찌하리요 그 믿지 아니함이 하나님
의 미쁘심을 폐하겠느냐 4 그럴 수 없느니라 사람은 다 거짓되되
오직 하나님은 참되시다 할지어다 기록된 바 주께서 주의 말씀에
의롭다 함을 얻으시고 판단 받으실 때에 이기려 하심이라 함과 같
으니라 5 그러나 우리 불의가 하나님의 의를 드러나게 하면 무슨
말 하리요 [내가 사람의 말하는 대로 말하노니] 진노를 내리시는
하나님이 불의하시냐 6 결코 그렇지 아니하니라 만일 그러하면 하
나님께서 어찌 세상을 심판하시리요 7 그러나 나의 거짓말로 하나
님의 참되심이 더 풍성하여 그의 영광이 되었다면 어찌 내가 죄인

처럼 심판을 받으리요 8 또는 그러면 선을 이루기 위하여 악을 행
하자 하지 않겠느냐 어떤 이들이 이렇게 비방하여 우리가 이런 말
을 한다고 하니 그들은 정죄 받는 것이 마땅하니라

[1] 앞서 바울은, 비록 유대인들이 율법이나 할례를 받았다고 하더라
고 그것이 그들의 구원을 보증하지 못한다고 설파했다. 그렇다면 도대
체 '유대인은 이방인보다 어떤 점에서 낫고, 유익은 무엇인지'에 대한
의문이 생길 수 있다. 1-8절에서 이 문제를 문답식으로 다루고 있다.

[2] 여러 가지 장점 중에서("범사에 많으니") 무엇보다도(prōton 문자
적으로 "첫째는"이란 뜻, 그러나 이어 '둘째는', '셋째는'이 언급되지 않음) 유대인
들에게 하나님의 말씀이 맡겨졌다. 여기서 "말씀"logia은 여러 곳의(신
33:9; 시LXX 106:11[MT 107]; 행 7:38; V.Mos. II,188) 예에서 보듯이, 성서 안
에 나타난 계시의 말씀을 포괄적으로 표현하는 용어이다.75) 하나님의
유대인 선택에 관한 표징은 그들에게 율법을 주신 사건을 통해 구체적
으로 나타났다. 이는 '약속'과도 관련 된다.
　바울의 유대인에 대한 사랑은 간절했다(9:3). 유대민족으로서 바울
이 느끼는 자부심은 대단했다. 여기서는 말씀을 맡은 것 만 언급되지
만, 다른 곳에선(9:4f) 여덟 가지 유대인의 특권이 열거된다.

[3] "어떤 자들이"를 주어로 두 번째 질문을 던진다. "어떤 자들"이
란 바로 유대인들이다. 유대인들이 믿지 않아ēpistēsan 구원사에서 배제
된다면, 그들의 불신으로apistia 인해 하나님의 약속과 선택이 무산되고,
결과적으로 하나님의 신의에pistis 문제가 생기는 것은 아닌가 하는 물

---

75) Wilckens, EKK VI/1, 164

음이다. 헬라어 피스티스*pistis*는 주로 '믿음'이란 의미로 사용되지만, 하나님의 '신실하심'을 뜻하기도 한다(갈 5:22; 시LXX 32:4[MT 33]).

　　[4] 위의 질문에 대해 바울은 결코 그럴 수 없다고 단언한다. "그럴 수 없느니라"는 표현은 강력한 부정을 나타낸다. 이후 로마서 여러 곳에 등장한다(3:4, 6, 31; 6:2, 15; 7:7, 13; 9:14; 11:1, 11). 시LXX 50:6[MT 51]의 인용을 통해, 사람과 달리(시LXX 115:2) 하나님께서는 진실한 분이심을 강조한다. 시편LXX 50은 다윗이 밧세바를 범한 후 회개하는 내용이다. 인용된 부분에는 법정法廷 용어가 사용되고 있다(참고 8:33; 고전 4:4; 딤전 3:16). 하나님은 인간의 고발로 인한 소송심리에서 승소하시는 분으로 묘사되고 있다("의롭다 함을 얻으시고, 판단 받으실 때에 이기려 하심이라"). 하나님의 법정 승리를 예로 들면서(시LXX 50), 그분의 참됨을 바울은 증거하는 것이다.

　　칼빈은 자신의 주석에서 "하나님은 참되시다"를 모든 그리스도인 철학의 원초적인 공리라고 묘사했다.[76] 하나님의 '참되심'은 3절의 '신실하심'과 밀접한 관련이 있다.[77]

　　[5] 하나님은 의로우시다는(4b절) 내용과 인간의 거짓됨을(4a절) 연관시키면, '하나님의 의는 결국 인간의 불의함을 통해 나타나게 되는 것이 아닌가?'라는 의문이 생길 수 있다. 바울은 "(우리가) 무슨 말 하리오"와(5절) "결코 그렇지 아니하리라"(6절) 두 관용구를 사용하여(롬 7:7; 9:14) 그 같은 의혹을 불식시키고 있다. 스스로 질문을 던지고, 해답을

---

76) Calvin, *The Epistle of Paul The Apostle to the Romans and to the Thessalonians*, 60

77) 던, 『WBC 38상』, 286

제시함으로써 그러한 물음이 우문임을 논증한다. "(그런즉 우리가) 무슨 말을 하리요"는 수사학적인 질문의 형식이다(3:5; 4:1; 6:1; 7:7; 8:31; 9:14, 30). '인간의 불의를 볼모로 하나님의 의가 성립된다면, 그런 하나님의 의는 문제가 있는 것이 아니냐'는 의혹에 대해 바울은 거꾸로, '과연 하나님은 의롭지 않은 분이냐?' 반문하고 있다. '의로우신 하나님', '참되신 하나님'이라는 사고는 바울이 늘 강조하는 것 중 하나이다('의'-1:17; 2:5, '진리'-1:18, 25; 2:2; 3:4). 하나님은 5절에서 불의한 자들에게 진노를 내리시는 분으로 묘사되고 있다(1:18; 2:5, 8; 5:9; 9:22; 12:19; 살전 1:10; 5:9). "내가 사람의 말하는 대로 말하노니"를 일부 사본은 "사람들에 대해"로 읽기도 한다(전치사 *kata* + 대격이 아닌, 속격으로 봄). 그러나 다른 곳의(고전 9:8; 갈 3:15 등) 예로 볼 때, 개역 개정판이 제시한 대로 ("내가 사람이 말하는 대로 말하노니") 읽는 것이 나아 보인다. 이 표현과 함께 유대인의 불경스러운 항변을 인용한다. "과연 진노의 심판을 내리시는 하나님이 불의한 분이신가?"

[6] 바울은 유대인의 주장을 주의 깊게 들은 후, 그들의 논리적인 오류를 지적하면서 자신의 정당성을 옹호한다. 이곳의 내용은 이미 앞절에서 언급한 것을 구체적으로 설명한 것에 불과하다. "진노를 내리시는 하나님이 의롭지 않으시단 말인가?"라는(부정어 *mē*를 통해 "아니오"라는 대답을 기대) 질문을, "하나님의 의가 문제가 된다면 어찌 하나님께서 세상을 심판할 수 있겠냐"고 반문反問의 형태로 바꾸고 있다. 구체적인 사례를('유대인의 불신앙이[= 불의] 하나님의 의를 드러내는 데에 기여한다면, 어찌 하나님께서 유대인을 심판할 수 있는가') 당위론적인 일반 차원의 논리('하나님은 의로우시다')로 풀고 있다(reductio ad absurdum).

[7] 바울은 다시 상대방 유대인들이 제기할 수 있는 질문을 던진다. 4절에서 대비된 인간의 '거짓'과 하나님의 '진실됨'을 '인간의 불의' 대對 '하나님의 의'라는 도식에(5f절) 대입한 것이 바로 7절이다. 인간의 불의로 인해 하나님의 의가 드러나게 된다면(5f절), 인간("나")의 거짓을 통해 하나님의 참되심이 부각되는 셈이다. 만일 그렇다면, 인간의 거짓이 하나님의 참됨에 나름대로 공헌한 것이기 때문에, 인간은 죄인처럼 심판 받을 필요가 없다! 이에 대해 바울은 다음 절에서 논박한다. '그것은 말도 안 되는 소리이다, 그런 주장을 하는 자는 심판 받아야 한다'.

[8] 심지어 유대인들은, 바울이 '선을 이루기 위하여 악을 행해야 한다'는 주장을 폈다고 모함했다. 이는 정말로 참람한 비난이다. 바울은 이렇게 말한 적이 없다. 세상을 심판하시는 의로운 분이신 하나님 앞에서 유대인 대적자들은 '인간의 불의와 거짓이 오히려 그분의 의와 진실됨을 드러낸다'는 궤변을 늘어놓았다(바울의 가상 질문 가운데서). 더 나아가 그들은 바울이 선을 이루기 위해 악을 행하자고 주장했다는 중상모략까지 했다. "어떤 이들"은 바울의 대적자들이다. 서신 중, 이곳에서 처음으로 언급되고 있다. 바울이 작성한 유대인들로부터 예상되는 질문에는(5, 7절) 율법으로부터 자유로운 자신의 복음에 대해 유대인들이 실제로 가했던 비방의 흔적이 남아 있다. 바울의 감정은 격해질 수밖에 없었다. 우리 사도는 거두절미하고, 단호하게 "그들은 정죄 받는 것이 마땅하니라" 선언한다.

c) 전 인류의 죄악 (3:9-20)

9 그러면 어떠하냐 우리는 나으냐 결코 아니라 유대인이나 헬라인이나 다 죄 아래에 있다고 우리가 이미 선언하였느니라 10 기록된 바 의인은 없나니 하나도 없으며 11 깨닫는 자도 없고 하나님을 찾는 자도 없고 12 다 치우쳐 함께 무익하게 되고 선을 행하는 자는 없나니 하나도 없도다 13 그들의 목구멍은 열린 무덤이요 그 혀로는 속임을 일삼으며 그 입술에는 독사의 독이 있고 14 그 입에는 저주와 악독이 가득하고 15 그 발은 피 흘리는데 빠른지라 16 파멸과 고생이 그 길에 있어 17 평강의 길을 알지 못하였고 18 그들의 눈 앞에 하나님을 두려워함이 없느니라 19 우리가 알거니와 무릇 율법이 말하는 바는 율법 아래에 있는 자들에게 말하는 것이니 이는 모든 입을 막고 온 세상으로 하나님의 심판 아래에 있게 하려 함이라 20 그러므로 율법의 행위로 그의 앞에 의롭다 하심을 얻을 육체가 없나니 율법으로는 죄를 깨달음이니라

'하나님의 의義'가 왜 나타나야 하는지에 대한 설명 과정에서(1:18-3:20), 바울은 먼저 이방인의 죄에 대해 다뤘다(1:18-32). 그리고 유대인 또한 심판 아래 있음을 강조했다(2:1-3:8). 이제는 결론으로(3:9-20) 이방인과 유대인을 포함한, 온 인류가 죄를 지었기 때문에 '하나님 의義'의 계시가 필연적이라고 말한다.

[9] "그러면 어떠하냐"는 1절의 "그런즉 … 무엇이며"와 연결된다. 9절은("우리는 나으냐 결코 아니라") 내용상, 2:17ff에서 제기된 유대인들의 비행에 대한 고발과 폭로의 결과이다. 여기서 바울은 모두가("유대인이나 헬라인이나") 죄인이라고 말한다. 유대인에 대해 흔히 사용되는 수식어 "먼저"가 여기서는 나오지 않는다(1:16; 2:9f). 모두 죄를 지었다

는 점에서, 유대인이 갖고 있던 구원사적 우선권마저도 무의미해졌기 때문이다. "죄"는 단수로 사용된다("다 죄 아래 있다"). 바울은 구약 인용이나 전승을 제외하고(4:7ff; 11:27; 고전 15:3; 갈 1:4; 살전 2:16), 대부분 '죄'를 단수로 쓰고 있다. 바울에 따르면, '죄'는 죄인들을 사로잡아 자신의 지배하에 두는(갈 3:22; 롬 5:20f; 6:12, 14; 6:6, 16f) 일종의 의인화된 세력이다.78)

[10-12] 18절까지 구약을 인용함으로써 앞 절에서 말한 내용을 더욱 공고히 한다. 구약은 여러 곳에서 인용된 연쇄발췌catena 형식으로 제시된다. 이런 예는 쿰란문서에서 발견된다(4 QTest, 4 QFlor).

첫 부분은 시LXX 13:1-3을 인용한 것이다. 1c절 "선을 행하는 자" *poiōn chrēstotēs*를 바울은 "의인"*dikaios*으로 바꾸었다(전도서 7:20 *dikaios*). 결과적으로, 자신의 핵심 용어와('의', '의롭다') 구약간의 유사성을 부각시켜, 더 많은 설득력을 확보하고 있다. 그 외 많은 부분은 시편을 그대로 옮긴 것이다. 사람들은 하나님의 뜻을 알지 못하며(엡 5:17; 참고 롬 1:21f) 하나님을 찾지도*ekzēteō* 않는다. 동사 "찾는다"(엑제테오)는 바울 서신 중, 이곳에서만 나온다. 하늘에 계신 하나님께서는, 자신을 찾는 지각이 있는 인간이 이 땅에 존재하는지 알아보고 계신다는 구약 내용을 배경으로 삼고 있다(시LXX 13:2f; 52:3f). 결과는 실망뿐이다. 하나님은 자신을 찾는 자가 아무도 없음을 발견하곤 탄식하신다. 사람들의 마음은 떠났고("치우쳐") 쓸모없게 된다("무익하게 되다"). 히브리어로 '무익하게 되다'는 네에라흐*neelaḥ*로 부패하다는 뜻이다.

[13] 13a.b절은("그들의 목구멍은 열린 무덤이요 그 혀로는 속임을 일삼으며")

---

78) Wilckens, EKK VI/1, 172f; 참고 5:12

시LXX 5:10c.d를, 13c절은("그 입술에는 독사의 독이 있고") 시LXX 139:4b
를 그대로 가져온 것이다. 유대 지역에서는 암석을 파서 무덤을 만들
고, 입구는 돌로 막아둔다. 이 돌문이 열리면 악취가 나는데, 바로 인
간들의 목구멍이 그렇다는 것이다. 그들의 혀에서는 거짓말만 나온다
(참고 약 3:6). "속이다"는 *dolioō* 이미 1:29 '악덕목록' 가운데 "사기"로
dolos 언급된 바 있다. 발성 기관은, 신체 내부에서부터 보면 목(구멍),
혀 그리고 입술 순으로 되어 있다. 입술과 혀는 생각과 뜻을 드러내고
표현하는 음성 기관이다. 입술과 혀를 통해 나오는 말을 통해 그 사람
의 마음이 분명히 드러난다(욥 27:4). 신앙인이라면 혀와 입술을 잘 제
어해야 한다(시 34:13; 벧전 3:10). 하나님으로부터 등을 돌린 사람의 입술
과 혀가 문제가 된다(시 12:3; 120:2; 사 59:3). 그런 자의 입술에는 남을 해
치는 독이 있다(참고 약 3:8).

[14] 14절은 시LXX 9:28과 연관이 있다. 발성 기관에('입') 대한 언
급이 계속된다. 그들의 입은 "저주"와 "악독"으로 가득 차 있다. 저주
*ara*라는 단어는 신약에서 이곳에만 나온다. 보통은 카타라(*katara* '저주'
로 번역)가 사용된다(약 3:10). 악독은 '쓴 맛'을 뜻한다.

[15-17] 이 구절의 배경은 사 59:7f이다. 여기서는 신체의 다른 부분
인 발을 소재로 인류의 죄악에 대해 고발하고 있다. '좋은 소식과 평화
를 공포하는 발'이 있는 반면에(사 52:7) '피를 흘리는데 빠른 발'도 있
다(참고 잠 1:16). 그 '발'이 딛고 가는 길은 "파멸"과(*syntrimma*, 신약에서 이
곳에만 사용됨) "고생"*talaipōria*뿐이다(형용사형이 7:24에 나옴 "곤고한"). 하나
님께서는 우리 앞에 생명과 사망의 두 길을 두셨다(렘 21:8). 죄의 권세
에 사로잡힌 인간은 '죄인의 길'을(시 1:1) 취한다. 그들은 '평화의(= "평

강”) 길’을 알지 못하고, 말과 행동을 통해 갈등과 분쟁을 일으킨다.

[18] 지금까지 인용한 내용을 요약하여 한 마디로 내린 결론이다. 내용은 시LXX 35:2b[MT 36:1]와 거의 일치한다. ‘발’ 다음으로, 다른 신체 기관인 ‘눈’이 언급된다. “눈에 보이는 것이 없다”는 우리 말 표현처럼, 그들 눈앞에는 ‘하나님에 대한 두려움’이 없다. ‘하나님에 대한 두려움’은(*phobos* 시 2:11; 시LXX 110:10[MT 111]; 잠 1:7; 고후 7:15; 빌 2:12; 참고 히 12:28 *deos* “두려움”) ‘의인’이(10절) 가져야할 기본적인 태도이다.79) 성경은(시LXX 110:10; 잠 1:7) 여호와를 두려워하는 것이(= “경외”) 지혜의 근본이라고 가르친다. 그러나 사람들은 하나님을 두려워하지도 않고, 영광을 돌리지도 감사치도 않는다(1:21).

[19] 앞에서(10절) “의인은 하나도 없다”고 하는 탄식은, 2:12의 내용을 참고할 때 율법을 소유한 유대인에게도 해당된다. 유대인도 이방인들과 마찬가지로 죄를 범했기 때문에, 유대인의 ‘나음’은(참고 9절) 더 이상 의미가 없다. 그들도 이방인과 똑같이 진노의 심판을 피할 수 없다. 1인칭 복수로 시작하는 “우리는 알거니와”는(같은 표현이 2:2에 나옴) 9절의 “우리는 나으냐”와 연결된 것으로 볼 수 있다. 여기서 “우리”는 일차적으로 유대인이다(2:17-24). 하지만 유대인이나 헬라인이나 차이가 없다는 점에서(1:20f, 32; 2:14f, 26), 그리고 무엇보다 로마인들을 대상으로 이 편지가 기록되었다는 점에서 이곳의 “우리”에 이방인이 포함된다고 봐도 무방하다. “율법이 말하는 바”란(직역하면 ‘율법이 말하는 모든 것’) 넓은 의미로 구약 전체이다. 유사한 용례는 고전 14:21에서 발견된다.80) 좁은 의미로는 10-18절에서 말한 내용이기도 하다.81)

---

79) Wilckens, EKK VI/1, 173

'의로운 자가 한 사람도 없으며, 아무도 하나님을 찾지 않으며 그분을 두려워하지 않는다!'는 탄식을 자아내게끔 한 자들은 바로 "율법 아래 있는 자들", 즉 유대인들이다. 유대인이 그럴진대, 이방인은 말할 것도 없다. 따라서 모든 사람들은 하나님 앞에서 유구무언이 될 수밖에 없다("모든 입을 막고"). 불의와 경건하지 않음으로(1:18) 가득 찬 모든 세상은, 준엄하게 죄를 묻는 검사 앞에 묵묵부답으로 범죄 사실을 시인할 수밖에 없는 피고에 지나지 않는다. 하나님께서 내리시는 징벌을 감수해야 한다("심판 아래").

[20] 이 구절은 시LXX 142:2[MT 143]을 인용한 것이다. 로마서에는 "율법의 행위로"라는 표현이 추가되어 있다. 70인 역과 유대 문헌, 그리고 쿰란문서에서 "행위"의 용례들을 참고할 때, 이 단어는 '계명', '규정'들로 번역되는 것이 옳다.[82] 바울이 반대한 것은 '율법을 행함' 자체가 아니다. 율법 조항들을 지킴으로써 구원을 이루어 가겠다는, 이미 효력을 상실한 방식에 대해 '아니다'라고 말한 것이다. 바울은 이렇게 주장한다. '율법을 지키는 것으로 구원되지 못한다. 율법은 인간을 구원하는 능력을 잃어버렸다. 율법은 단지 거울처럼, 인간의 더러운 모습을 비춰줄 뿐이다(7:7)'.

시편과 로마서 사이에서 발견되는 또 다른 차이는, "인생"*zōn* 을 "육체"*sarks*로 바꾼 것이다. 바울은 구약의 전통을(창조 사상) 계승하고

---

80) "율법에 기록된 바"라고 하고 인용한 본문이 모세 5경 중 하나가 아닌, 이사야서(28:11f)이다.

81) Stuhlmacher, NTD 6, 53

82) E. Lohmeyer, Gesetzeswerke, 38f; M. Bachmann, 4QMMT, 91ff; E. Qimron/ J. Strugnell, *Qumran Cave 4*, 46f, 101f, 103, 139; 졸고, "율법의 행위에 속한 자들은 저주 아래 있나니", 700ff

있다. 구약은 사람이 육과 영혼으로 이루어졌다고 본 것이 아니라, 전
인全人으로서의 통전적인 존재(히브리어 *baśar* - 영어 flesh)로 여겼다. 따
라서 '인생'을 '육체'로 표현했던 것이다. '육체'는 마르고 시드는 풀과
꽃처럼 쉬 수척하며 쇠잔해진다(사 40:6f). "육체"라는 표현에 인간의 연
약함이라는 사고가 함축되어 있다. 육성肉性이 죄와 밀접한 관련이 있
다는 점에서(7:5) '육체'는 하나님의 뜻을 거스르는 죄인으로서의 인간
을 뜻하기도 한다.

맨 앞에 나오는 단어 디오티(*dioti* 개역개정 "그러므로")는 "왜냐하면"으
로 이해하는 것이 문맥에 더 잘 어울린다. 바울은 "율법으로는 의롭게
되지 못한다"는(3:20a) 명제를 전제로 율법과 직·간접적으로 연관된 유
대인이나 헬라인 모두를 살펴 볼 때, 어느 누구도 의롭지 않음을 말하
고 있다(1:18-3:18). 1:18-3:18을 마치 앞뒤 괄호로 묶어주는 듯한, "의
인은 믿음으로 말미암아 살리라(1:17b)"와 "율법으로는 의롭게 될 수
없다(3:20a)"는 두 선언에는 바울 자신의 체험이 반영되어 있다. 율법
에 대한 그의 기본 이해는 "율법은 구원의 길로서의 기능을 상실했다"
이다. 이는 유대교를 "지나치게"(갈 1:14) 믿던 그가, 소위 다메섹 도상
에서 그리스도를 만난 결과 얻게 된 깨달음(신학적인 통찰)이다. 바울은,
율법에 좌절해 있던 중(즉, 율법을 문자 그대로 지키는데 실패함) 대안을 발견
했고, 그 결과 율법을 버린 것이 아니다. 율법의 관점으로 볼 때, 그는
누구보다도 열심이었다. 오히려 열정이 지나쳐 교회를 핍박할 정도였
다(갈 1:13f; 빌 3:5f). 그런 중, 다메섹 도상에서 그리스도를 만남으로써
'율법으로는 아니다'라는 사실을 깨닫게 되었다. "율법은 인간을 구원
에 이끌 수 없다. 다만 그것을 통해 죄를 깨달을 뿐이다"(롬 3:20b) 라고
고백하게 되었다. 경험에서 추론한 귀납적인 방식으로 '율법 ≠ 의義
의 길'이라는 결론에 도달한 것이 아니었다. 다메섹 사건이라는 예수

그리스도의 계시를 통해 얻은 통찰이다. 이 깨달음은 이후 바울 신학에서 중요한 명제가 된다.[83]

이 점에서 볼 때, "유대인이나 헬라인을 막론하고, 모든 인간은 죄인이며 따라서 심판 아래 있다"는 논지와(9절에서 절정, 19절에서 결론), '모든 사람은 율법을 통해 의롭게 되지 못한다'(20a절)는 언명, 이 둘을 연결하는 접속사 디오티(dioti 개역개정 "그러므로")는 '결과'가[84] 아니라 '근거'나[85] '원인' 또는 '이유'의 뜻으로[86] 봐야 한다. 인간의 죄성이 얼마나 광범위하고 단단하게 뿌리를 내렸는지에 대해 바울은 우리에게 다각도로 제시한다(1:18-3:19). 하지만 "인간들이 죄를 지었고, 심판 하에 있다"는 인식은(1:18ff) '인간이 율법을 지키지 못했기 때문'이 아니라, "율법으로는 의롭게 되지 못하기 때문"이라는 바울의 율법에 대한 기본 관점에서(20a절) 유래된 것이다.

20a절을 1:18-3:19까지의 진술에 대한 근거로서, 율법에 대한 바울의 근본 입장이라고 이해할 때, 뒤이어 나오는 20b절은 바울의 기본 사고를(20a절) 논리적으로 뒷받침 해주는 이유가(gar) 되어 자연스럽다. 이와 반대로 20a절을 앞부분의(1:18-3:19) 결론으로 보면, 다음과 같은 매끄럽지 못한 논리전개가 된다. 율법은 행해야 되는 것인데 인간은 그렇지 못하고 오히려 죄를 지었다(1:18-3:19). 그러므로(dioti) 율법으로 의로워 질 수 없다(3:20a). 왜냐하면(gar) 율법으로는 죄를 알게 될 뿐이

<hr>

83) 참고 책 말미의 부록 A. 바울의 율법 이해

84) C.E.B. Cranfield, 'The Works of the Law' in the Epistle to the Romans, 6; 크랜필드, 『ICC 1』, 309

85) G. Klein, Art. Gesetz, III. Neues Testament, *TRE 13*, 70,7ff; W. Reinbold, Gal 3,6-14, 102f; 던, 『WBC 38상』, 323

86) Bl-D.(§456,1 그리고 §456 주 1), W. Bauer(*Wb*), 그 외 많은 로마서 주석가들이(O. Kuss, H. Schlier, W. Sanday/ A.C. Headlam) 이에 동의한다.

기 때문이다(3:20b). 20b절은 접속사 "왜냐하면"을 통해 지금까지의 결론에(20a절) 대한 증거나 이유의 역할을 하는데, 긴 논증을(1:18-3:19) 통해 결론에 이른 뒤(20a절) 다시 '왜 그런지'에 대한 이유가 등장하고 있다는(20b절) 점에서 어색하다.

2. 믿음의 의로서의 '하나님의 의' (3:21-4:25)

지금까지 바울은 '하나님의 의'*dikaiosynē theou*가 나타날 수밖에 없는 이유에 대해 설명했다. 이방인과(1:18-32) 유대인(2:1-3:8) 모두 죄를 지었으며(3:9-20), 따라서 전 인류는 하나님의 심판을 피할 수 없는 운명에 처해 있다. 바로 이 때, 하나님께서 마지막 기회를 허락해 주셨다. 바울은 이를 '하나님의 의'가 나타났다고 표현한다. 3:21이하에서 이 '의'가 어떤 것인지 설명한다.

화목제물인 예수의 죽음을 통해서 하나님의 의가 나타났는데(3:21-26), 이 '의'는 유대인이나 이방인을 구별하지 않고 믿음을 가진 자들 모두에게 적용되는 것이다(3:27-31). '믿음'이라고 하면, 아브라함을 떠올릴 수 있다. 그는 믿음으로 의롭게 된 대표적인 인물이다(4:1-25).

a) 하나님의 의 - 속량, 화목제물 (3:21-26)

21 이제는 율법 외에 하나님의 한 의가 나타났으니 율법과 선지자들에게 증거를 받은 것이라 22 곧 예수 그리스도를 믿음으로 말미암아 모든 믿는 자에게 미치는 하나님의 의니 차별이 없느니라 23 모든 사람이 죄를 범하였으매 하나님의 영광에 이르지 못하더니 24 그리스도 예수 안에 있는 속량으로 말미암아 하나님의 은혜로 값없이 의롭다 하심을 얻은 자 되었느니라 25: 이 예수를 하나님이 그의 피로써 믿음으로 말미암아 화목제물로 세우셨으니 이는 하나님께서 길이 참으시는 중에 전에 지은 죄를 간과하심으로 자기의 의로우심을 나타내려 하심이니 26 곧 이 때에 자기의 의로우심을 나타내사 자기도 의로우시며 또한 예수를 믿는 자를 의롭다 하려 하심이라

이 단락에서 바울은 앞에서 언급했던(1:1ff; 1:16f) 복음에 대해 보다 자세하게 밝히고 있다. 이 여섯 절은 로마서에서 가장 중요한 내용을 담고 있다.[87] 루터도 일찍이 자신이 번역한 성경의 난외주에서(3:22ff) 이 부분을 "로마서 및 성경 전체의 요점이요 핵심부분이다"라고 평가했다.

[21] "이제는"*nuni de*을 통해 앞의 설명과 다른 내용을 이끌어 내고 있다(逆接). 1:18이하에서 '진노의 계시'가 주제였다면, 이제부터는 '하나님 의의 계시'가 주된 테마이다. 온 인류가 죄를 지었기에, 공의의 하나님은 전 세상에 대해 진노하시고 심판할 수밖에 없다. 하지만 마지막 기회로 '의'를 나타내 보이셨다. 이 계시된 '의'는, 우주적 차원의 재앙 형태로 나타나는 심판과 마찬가지로 총체적인 성격을 지녔고(고후 6:2), 하나님의 진노에서 벗어날 수 있는 유일한 탈출구라는(참고 살전 1:10) 점에서 종말론적이다.[88]

21f절의 내용은 1:16f과 연관된다. "복음에 나타난[89] 하나님의 의"가(1:17) 어떤 '의'인지 구체적으로 다룬다. 이 '의'는 율법과 상관이 없는(참고 3:28; 4:6; 7:8f) '의'로서, 이미 "율법과 선지자"에 의해 증거 된 것이다. "율법 외에"라는 표현은 '율법'이 더 이상 구원의 길로서의 역할수행 능력이 없음을 나타낸다. "율법과 선지자"는 구약을 가리킨다(요 1:45; 행 13:15; 참고 눅 24:44 [시편 추가]). 하나님께서는, 인간의 죄에도 불구하고 구원을 베푸심으로써 자신의 '의'를 실현시키시는 분이시

---

87) Stuhlmacher, NTD 6, 54

88) 참고 Wilckens, EKK, VI/1, 184

89) "나타났다"는 현재완료(*pephanerōtai*)로, '지금' 하나님의 종말론적인 구원의 능력인 '의'가 궁극적으로 나타나 영향을 행사하고 있음을 뜻한다.

다. 이런 하나님의 모습은 이미 구약에 제시되어 있다(사 11:1-9; 43:25; 45:6-8; 렘 23:5f).

[22] 이 '하나님의 의'는 예수 그리스도를 통해 구현되었다. 구현 방식에 관한 자세한 내용은 24f절에 나온다. 계시된 '하나님의 의'에 접근할 수 있는 유일한 방법은 그리스도를 믿는 '믿음'을 통해서이다. "그리스도를 믿음으로"는 원문 *dia pisteōs Iēsou Christou*에 "믿음"과 "그리스도"가 속격으로 연결된 형태이다(by faith of Jesus Christ [KJV]). 그래서 '그리스도를 믿는 믿음'뿐만 아니라 '그리스도의 믿음'이라는 해석도 가능하다. '믿음'은 또한 '신실하다'는 뜻도 된다. 따라서 '그리스도의 신실함을 통하여(4:16) 믿는 모든 자에게 하나님의 의가 미친다'고 해석 할 수도 있다. 하지만 아래와 같은 관점에서 첫 번째 해석이 ("그리스도를 믿는 믿음") 더 합당해 보인다. 즉, 하나님께서는 율법이 아닌 다른 길, 즉 믿음을 구원의 방도로 제시하셨다. 이제는, 율법의 행위를 통해서가 아니라, 믿음으로써 의롭게 된다. 믿는다는 것은, 예수를 성육신하신 그리스도로 고백하고, 그분이 '나를 위해' 십자가에서 대속의 죽임을 당하셨고, 부활·승천하셨다는 사실을 인정하고 받아들인다는 뜻이다. 그리스도에 대한 우리의 이같은 믿음, 즉 '그리스도를 믿음'이 하나님 의가 계시되는 근거가("예수 그리스도를 믿음으로 말미암아") 되는 것이다.

하나님께서는 예수를 그리스도요, 주님이라고 고백하는 자들의 믿음을 보시고, 그들을 의롭다 여기셨다. 여기에는 혈통과 업적이 고려되지 않는다("차별이 없느니라" 참고 10:12). 믿음만이 기준이다("모든 믿는 자에게"). 왜냐하면*gar* 계시된 '하나님의 의'는, 누구인지 묻지 않고, 합당한 자격을 갖추었는지도 따지지 않고, 무조건 선물로 부여되는 은혜

의 성격을 띠고 있기 때문이다(참고 사 55:1 "오호라 너희 모든 목마른 자들아
물로 나아오라 돈 없는 자도 오라").

[23] 앞에서 기술한 '계시된 하나님 의의 계시'에 대해 바울은 좀 더
구체적으로, 한 문장으로(원어에는 22b-24절) 설명하고 있다. 하나님의
의가 필연적으로 나타나야 했던 이유는 역설적으로, 모든 사람이 죄를
지었기 때문이다. '만인의 범죄'는 이미 1:18-3:20에서 다루었던 테마
이다. 죄로 인해 사람들은 "하나님의 영광"을 잃어 버렸다. 유대교의
전통에 따르면, '영광'은 피조물의 무죄·무흠한 상태를 뜻하는데, 아담
과 이브의 타락 때, 이를 잃어버렸다(바룩의 묵시[그리스] 4:16;)90).

[24] 죄인인 인간들은, 그러나 하나님의 자유에 근거한 주권적 결단
에 의해 아무런 대가없이 의롭다 여김을 받았다. 이는 하나님의 은혜
때문에 가능한 것인데, 은혜는 다름 아닌 그리스도의 "속량"을 통해서
구현되었다. 노예 해방의 의미를 지닌 "속량"*apolytrōsis*은 바울 이외의
성서기자들이 잘 사용하지 않는 단어이다. 70인 역에서 전치사 아포
*apo*를 뺀 단어 뤼트로시스/뤼트룬*lytrōsis/lytroun*이 출애굽이나 바빌론
포로귀환 사건 가운데 하나님께서 자신의 의를 드러내시는 일환으로
서의 해방을 뜻하는 핵심적인 용어로 사용되고 있다(참고 눅 1:68; 24:21
).91) 애굽에서 종살이 하던 히브리인들을 해방시켜 이스라엘 민족을
형성시켜 주셨듯이, 예수 그리스도를 통한 하나님의 구속 행위로 말미
암아 유대인과 이방인으로 이루어진 종말론적인 새로운 하나님의 백

---

90) 한편 유대교에서는 율법에 하나님의 영광이 나타난다고 보았다(시락서
17:12f; 바룩 4:1-3).
91) Wilckens, EKK, VI/1, 189

성이 탄생되었다. 바울은 "속량"을 '죄 용서'(엡 1:17)[92], '의', '거룩함'(고전 1:30)과 연관해서 사용한다. 엡 1:17에 따르면 '속량'은 예수 그리스도의 '피'와 관련이 있다(레 16장 '대 속죄일에 뿌려지는 희생 제물의 피'). "속량"은 또한 세례와 관련되어 있다(3:24; 고전 1:30; 엡 1:7; 골 1:14). 종합해서 정리하면, "속량"은 예수의 십자가 희생으로 말미암아 죽을 수밖에 없던 사람들이 죄와 죽음의 속박에서 벗어나 자유롭게 된 사건을 가리킨다.

이 구속과 해방의 사건은 '그리스도 안에서'*en Chrisō* 발생한다. 일종의 구원개념으로, 구약은 '율법 안에'*en nomō* 라는 표현을 사용한다(신 27:26; 참고 시락 9:15). '율법 안에'서 행하는 자가 복이 있다(시LXX 118:1 [MT 119]). '율법 안에' 뜻을 두며, '율법 안에'서 묵상하는 자가 복이 있다(시LXX 1:2). '율법 안에'와 상응하는 신약적인 표현이 바로 '그리스도 안에서'이다. 전치사 "~안에"(영어 in)는 수단의 뜻이다.

[25] 예수께서 어떻게 속량의 수단이 되셨는지에 대해, 제의적인 용어들로 채색된 초대교회의 전승을 인용하여 구체적으로 설명한다(25-26a절). 그리스도께서 하나님에 의해 "화목제물"*hilastērion*이 되셨다. 바울 서신 중에서 단어 '화목제물'은 이곳에만 등장한다. 이 외에, 신약 성경 전체에서는 히 9:5에 단 한 번 나오는데, 그곳에서 힐라스테리온은 구약의 '속죄소'를(*kapporet* 언약궤 위의 덮개) 의미한다(참고 출 25:17ff; 레 16:14f).

로마서의 힐라스테리온이 무슨 의미인지에 대해서 의견이 엇갈린

---

92) 죄 용서와 구속 간의 밀접한 관련성은 이미 이사야가 강조한 것이다 (43:22-28; 44:21f; 48:9f; 50:1-3; 54:6-8; 55:7; 참고 단LXX 4:34[원문에는 와 *apolytrōsis*<'속량'>와 *hamartia*<'죄'>가 들어 있다])

다. 어떤 학자는 구체적인 속죄 장소인 속죄소로 본다.[93] 혹은 막하비 4서 17:22에 근거하여 속죄 제물로 생각한다.[94] 속죄를 위한 도구, 수단의 뜻으로[95] 이해하는 학자들도 있다. 어느 의견을 따라야 할까? 엡 5:2b에서와는 달리, 바울은 예수 그리스도가 속죄("희생")제물이라고 직접적으로 말하지는 않는다. 하지만 '하나님이 그리스도를 통해 사람 또는 세상과 화해하셨다'(고후 5:18ff), '예수는 희생양이시다'(고전 5:7), '그리스도의 피로 의롭다고 인정되고 구원이 이루어졌다'는(고전 11:25; 롬 5:9) 표현에서 알 수 있듯이, 바울도 예수의 죽음을 속죄제물로 이해했다고 볼 수 있다.[96] 즉, '피'라는 단어와 함께 사용된 힐라스테리온은 '속제 제물', 또는 적어도 '속제의 수단'으로 이해될 수 있다. 힐라스테리온을 속죄소로 이해하면 모순에 빠진다.[97] 그리스도께서 속죄의 장소가 되는 동시에(3:25), 속죄의 제물이(롬 5:9; 참고 고전 5:7) 되기 때문이다.

바울은 예수 그리스도의 속죄의 죽음을 통해 구약에서 말하는 제의의 목적이 궁극적으로 달성되었다고 생각한다. 그러나 바울은 제의가 더 이상 필요 없다고 단언하지 않는다. 오히려 그리스도인들은 새로운 형태로 하나님께 제사를 드려야 한다고 생각했다(롬 12:1; 고후 9:12; 빌 2:30). 이러한 의무는 기존의 제의 용어들로 표현되고 있다. 그러나 새

---

93) P. Stuhlmacher, Exegese, 130; Wilckens, EKK VI/1, 190ff; H.-J. Klauck, Symbolsprache, 353

94) E. Lohse, *Märtyrer*, 149ff; J. Jeremias, Lösegeld, 221 각주 29; J. Jeremias, Karfreitag, 327 각주 8; D. Zeller, Sühne, 56.

95) W. Bauer, *Wb*, s.v.; K. Wengst, *Formeln*, 88ff; E. Eichholz, *Theologie*, 193f; Käsemann, HNT 8a, 91; A. Deismann, ΙΛΑΣΤΗΡΙΟΣ, 198. 211.

96) 또한 H. Ridderbos, *Paulus*, 135-39; 유사하게 E. Lohse, *Märtyrer*, 152f.

97) E. Lohse, *Märtyrer*, 152; Käsemann, HNT 8a, 91.

로운 제의는 내용 상, 기존의 구약적인 제의이해를 뛰어넘고 있다. 이제는 더 이상 피의 제사가 필요 없다. 바울은 예수 그리스도 안에서 이루어진 하나님의 구원사건에 근거하여 -십자가 사건에서 정점- 더 이상 전래적인 제의 자체에 대해서 관심을 갖지 않는다. 그는 그리스도 사건의 관점에서 구약의 제의에 새로운 의미를 부여한다(롬 1:9; 3:25; 15:16; 빌 2:17). 이런 까닭에, 힐라스테리온이라는 단어에서 바울이 구체적인 속죄소를(출 25) 머리에 떠올렸으리라 보기 어렵다. 바울에게 속죄소는, 단지 그것이 속죄의 기능을 담당하고 있기 때문에(레 16) 중요하다.

단어 힐라스테리온 바로 뒤에(원어) 바울에게 중요한 의미가 내포된 표현 "믿음으로 말미암아"가 나오고 있다. 하나님께서 예수 그리스도를 통해 속죄하실 때에, '믿음'이 중요한 준거임을 강조하는 것이다. '믿음'을 언급함으로써 25절의 해석이 구약으로 경사傾斜되는 것을 막아준다. 여기서 '믿음'은 '그리스도의 믿음'이 아니라, '그리스도를 믿는 믿음'이다.[98] 만일 앞의 뜻으로 해석하면 다음과 같은 부자연스러운 논리가 된다. "하나님께서는 그리스도가 믿는 믿음을 통해, 그를 희생 제물로 삼으심으로 자신의 의를 나타내 보이셨다". '그리스도를 믿는 믿음'을 통해 하나님의 의가 나타났다는 점에서, 하나님의 의는 철저히 우리의 그리스도에 대한 믿음에 기초하고 근거하여 이루어지는 의이다.[99]

'피'는 구약의 제의에서 중요한 역할을 한다. 이스라엘인들은 피가 가지고 있는 속죄의 능력을 중시했다(레 4:5ff; 17:11; 대상 29:24). 제단을 봉헌할 때나(출 29:36f), 속죄제(레 4:13ff) 그리고 속건제의 경우(레 14:1ff)

---

98) 22절 참고. Wilckens, EKK VI/1, 194

99) 참고 Wilckens, EKK VI/1, 193

또한 하나님과의 화해의 날에 거행되는 제의에서도(레 16:16f) 피는 속죄의 수단으로 핵심적인 역할을 한다.100)

바울은 '피'라는 단어를 8회 사용한다. (1) 인간이 죄에 빠지기 쉬운 존재임을 시사하는 "혈과 육"이란 두 곳의 구문에서(고전 15:50; 갈 1:16). (2) 피는 생명의 담지자란 인식에 근거한 '죽이다'는 뜻으로서 "피를 흘리다" 1 회(3:15). (3) 최후의 만찬 본문에서 3회(고전 10:16; 11:25, 27). (4) 마지막으로 예수 죽음의 구원론적인 의미 내포한 곳에서 2 차례(롬 3:25; 5:9). 이상의 용례를 통해서, 우리는 '피'와 관련된 구약적인 표상이 바울에게 낯설지 않다는 사실을 확인할 수 있다. 바울의 중요 개념인 '의인론'이 구약의 용어들 '속죄, 구원, 인간과 하나님 간의 잘못된 관계를 회복, 계약을 맺으심' 등에 대한 상응 개념이라고 볼 때,101) 그리고 하나님의 구원행위는 예수 안에서 제의적으로 채색된 표상인 '피'로 표현된다고 볼 때(롬 5:9), '속죄는 희생제물에 의해 이루어진다'는 구약적인 입장을(레 17:11; 참고 고후 5:18f) 바울은 계속 견지한다고 결론내릴 수 있다.

바울은 고전 11:23ff에서 새 언약은 그리스도의 피로 맺어진다고 말한다. 하나님과 언약을 맺을 때, 희생제물로 바쳐진 짐승의 피가 뿌려진다는 구약적인 사고가 그 기저에 깔려있다(출 24:5ff). '피'로 말미암아(출 24) 이스라엘 백성과 하나님 사이에 관계성이 수립되었다. 반면에 고린도전서에서는, 예수의 피로 인해(= 희생제물), 인간에게 하나님이 주시는 새로운 구원의 기회가 열렸다고 설명한다.

바울은 예수 그리스도 안에서 이루어진 구원사건을 '피'가 아닌,

---

100) O. Böcher, Art. *haima*, *EWNT*² I, 88f, 참고 B. Lang, Art. *kipper*, *ThWAT IV*, 311ff

101) 참고 롬 5:9과 시LXX 77:38을 비교

'십자가', 혹은 '예수 그리스도의 죽음' 등의 용어를 가지고 즐겨 설명한다. 따라서 "그리스도의 피"는 제의적으로 묘사된 전승이라 할 수 있다. 초기 기독교는 구약적인 사고와 유비하여 '피'를 속죄 기능을 담당하는 도구로 보고, 이것을 예수 죽음의 구원론적 의미와 연결시켰다.102) 신약성서의 다른 저자들도 이러한 사고에 익숙해 있었는데(엡 1:7; 2:13; 골 1:20; 벧전 1:2, 19; 요일 1:7; 5:6; 계 1:5; 5:9; 7:14; 12:11), 바울에게서도 일부 이런 모습이 나타나고 있다.

하나님께서는 화목제물인 예수 그리스도를 통하여 자신의 의를 나타내고자 하셨다. 이때 사용하신 방식은, '이전에 지은 죄를 간과하심으로(전치사 *dia*)' 그리고 '관용으로(전치사 *en*)103)' 이다. 사용된 전치사 디아 - 엔은 직전의 표현과 대구를 이룬다. "(그리스도를 믿는) 믿음으로 말미암아*dia* 그의 피 가운데*en*". "전에 지은 죄"라는 표현에서, '죄' *hamartia*가 아닌 '죄'*hamartēma*가 사용되고 있다. 하마르티아는 악마적인 힘·권세로서의 '죄'인데 반해, 하마르테마는 인간이 범한 각각의 '죄'를 뜻한다.104)

[26] 바울은 자신의 의를 나타내고자하시는 하나님의 강한 의지를 다시 한 번 부각시킨다. 앞 절과 같은 표현이 나오는데('자기의 의로우심을 나타내다'), 차이는 "이 때에"가 추가됐다는 점이다. 이 표현을 통해

---

102) E. Lohse, *Märtyrer*, 139 각주 2; Conzelmann, KEK 5, 235; R. Bultmann, *Theologie*, 49

103) 개역개정판에서 "간과하심으로"로 번역된 '관용'*anochē*이라는 단어는 신약에서 이곳 외에 롬 2:4에서만 나온다. 이 "간과하심으로"는 원문에 26절이 아닌 27절에 나온다.

104) 이외에 5:16[일부 사본], "범죄"; 고전 6:18; 신약 전체는 그 외에 막 3:28f; 벧후 1:9

서 지금이야 말로 종말론적인 하나님 의가 계시되는 때임을 분명히 한다(참고 21절 "이제는"). 이 의가 계시되는 데에는 두 가지 목적이 있다(전치사 eis). 하나는 하나님 자신이 의로우시다는 사실을 천명하는 것이고, 다른 하나는 예수 그리스도를 믿는 자를 의롭다 하기 위해서이다. 하나님은 창조주시며, 바로의 노예 생활 가운데 울부짖는 이스라엘을 출애굽 시켜 자신의 백성으로 삼으신 역사의 주님이시다. 그는 계약의 당사자로서, 자신의 역할과 본분에 충실하셨다. 이런 하나님께 대해 구약은 '의롭다' 말한다(관계의 용어로서의 '의'. 참고 1:17). 의의 계시는 하나님의 의로우심을 -하나님 자신의 본분에 충실하심- 지향한다. 하나님의 의가 추구하는 목적은 하나님 의의 천명, 즉 하나님의 구원 의지를 만천하에 드러내는 것이다. 또한 계시된 '하나님의 의'는, 누구든지 예수 그리스도를 주님으로 고백하고 믿기만 하면, 그를 의로운 존재로 만들어 주신다. 이로써 하나님의 의로우심이 더욱 분명히 드러난다.

b) 오직 믿음으로 (3:27-31)

27 그런즉 자랑할 데가 어디냐 있을 수가 없느니라 무슨 법으로냐 행위로냐 아니라 오직 믿음의 법으로니라 28 그러므로 사람이 의롭다 하심을 얻는 것은 율법의 행위에 있지 않고 믿음으로 되는 줄 우리가 인정하노라 29 하나님은 다만 유대인의 하나님이시냐 또한 이방인의 하나님은 아니시냐 진실로 이방인의 하나님도 되시느니라 30 할례자도 믿음으로 말미암아 또한 무할례자도 믿음으로 말미암아 의롭다 하실 하나님은 한 분이시니라 31 그런즉 우리가 믿음으로 말미암아 율법을 파기하느냐 그럴 수 없느니라 도리어 율법을 굳게 세우느니라

[27] 묻고 답하는 수사학적인 기법을 사용하여, 하나님의 구원행위

결과 어떤 일이 일어났는지 일목요연하게 정리한다(27-31절). 먼저, '자기 자랑'이라는 모티프를(2:17, 23) 이용하여 "자랑할 데가 어디뇨?"라고 반어적反語的으로 묻고, "있을 수가 없느니라"고 답한다. 인간의 의로움은 율법을 행함으로가 아니라 계시된 하나님의 의로 말미암아 값없이 선사된 것이다. 그렇기에 우리는 하나님 앞에 내세울 것이 없다.

이어서 하나님 앞에서 자기 자랑을 못하도록 막는 것이 어떤 종류의 율법인지 묻는다. 대답으로 두 가지 율법이(앞의 것에는 "율법"이라는 단어가 빠져 있음) 제시되는데, 이 둘은("행위의 율법", "믿음의 율법") 서로 맞서 있다. 어떤 학자는 자신의 로마서 주석에서 이곳의 '율법'을 '원리', '원칙', '종교적 체계'로 이해한다.[105] 하지만 7:22f; 8:2 등에서 알 수 있듯이, 바울에겐 분명 두 종류의 율법에 대한 사고가 존재한다. 이곳의(27절) 표현도 같은 맥락으로 봐야 한다. 바울은 율법에 대해 호전적인 태도를 취하기도 하며, 종합적이고 관조하는 태도로 접근하기도 한다. 27절은 후자의 경우이다(참고 "그리스도의 법" 갈 6:2; "그리스도의 율법 아래 있는 자" 고전 9:21). 이 단락(롬 3:27-31) 마지막 구절에 나오는(31절) '믿음은 율법을 굳게 세운다'는 명제를 통해서도 그 사실이 확인된다. "믿음의 (율)법"이라는 표현에는 율법을 포기 하지 않는 유대인 바울의 면모가 엿보인다. 행위가 아닌 믿음의 차원에서 이해한 율법의 관점에서 볼 때, 즉 행위가 아닌 믿음으로 의롭게 되었기 때문에, 인간은 하나님 앞에서 자랑할 이유나 근거를 가지고 있지 않다.

"믿음의 (율)법"이라는 표현이 로마서에 등장하는 것은, 갈라디아 교회보다 상대적으로 덜 급박한, 로마 교회의 상황에 기인한다고 볼 수도 있다. 갈라디아서에서 바울은, 강력한 친율법적인 세력에 밀려

---

105) Barrett, *A Commentary on the Epistle to the Romans*, 83

수세적인 입장에 처해 있었다. 따라서 율법에 대해서 무조건 '아니다'
라는 태도를 취해야 했다. 갈라디아서에는 '율법'에 대한 비판적인 용
어나 표현 일색이다(예외 "그리스도의 법" 갈 6:2).

[28] "왜냐하면"*gar*이라는 불변사로 시작되는 내용을 통해, 왜 '행
위(의 법)'이 아니라 '믿음의 법'인지에 대해(27절) 말한다.106) 하지만
충분한 근거를 갖추어 설득력 있게 설명하지 않고, 이미 알려져 있는
명제를('믿음으로 의롭게 됨') 상기시키는 방식을 쓰고 있다. 이런 식의 논
증 방법은 갈 4:11f에서도 나타난다. "믿음으로는"(영어 "by faith")는 수
단의 의미이다(수단의 여격). '믿음'이 도구나 수단이 되어, 즉 매개가 되
어 사람은 의롭다 인정받게 된다. "율법의 행위에 있지 않고는" 의롭
게 여겨지는 것이 '율법의 행위'와 아무런 상관이 없음을 분명히 밝히
는 표현이다. 그 누구도 하나님으로부터 의롭다 인정받을 자가 없다는
결론은 다메섹에서 얻었다. 부활하신 예수 그리스도를 만남으로써 구
원은 인간의 노력 여하에 의해 결정되는 것이 아니라 예수 그리스도를
통해서, 그를 믿는 믿음을 통해서만 가능하다는 사실을 바울은 깨달았
다. 구원과 관련하여 온 인류의 실상을 살펴본 결과로부터 획득된 통
찰이 아니다. '율법의 행위로는 의롭게 될 수 없다', '인간의 죄 때문에
하나님과의 관계가 단절되었다', '인류를 구원하고자 하는 하나님의
주권적인 의지가 아니었더라면, 인간은 구원받을 수 없었다' 등과 같
은 사고는 시 142:2b의 내용과 -하나님 앞에 모든 인간은 의롭지 않다-
맥을 같이하고 있다. 다메섹 체험과 구약에 근거해 바울은 분명한 목
소리로 '의롭게 되는 것은 믿음으로'라고 선언한다.

---

106) 개역(개정)판의 "그러므로"는 잘못된 번역이다.

[29] 묻고 답하는 형식으로, 하나님은 유대인의 하나님일 뿐만 아니라, 이방인의 하나님도 된다고 말한다(참고 10:12). 온 인류의 하나님이시라는 보편적인 사고는 포로기 이후 구약에서 점차 분명하게 나타난다(시 47:9; 사 2:2ff; 욘 4:10f).

[30] 유대인(할례자), 이방인(무할례자) 상관없이(갈 5:6 예수 그리스도 안에서 할례, 무할례가 무의미 함; 참고 롬 2:28f) 예수 그리스도를 통해 자신의 의를 나타내 보이신 하나님은 한 분이신 하나님이시다. '하나님은 한 분이시다'는 고백은 유대교 신앙의 핵심이다(신 6:4). 하나님의 구원 기준은 오직 하나, '믿음'이다(유대인-믿음으로부터[ek - from], 이방인-믿음을 통해[dia - through]). 전치사 엑ek과 디아dia의 차이는 어감 외에는 다른 것이 없다.107)

[31] 바울은 시대를 '율법'과 '믿음의 때', 둘로 나눈다(갈 3:23). '믿음'이 온 후, '율법'은 그 의미를 잃게 된다. 그러나 그 전까지 율법은 믿음의 의로 사람들을 인도하는 역할을 수행했다(갈 3:24). 또한 율법은 복음의 시대에 '그리스도의 법'으로(갈 6:2) 계속 기능을 수행한다. 분열된 두 자아에 상응하는 두 법이 있지만(롬 7장), 그리스도의 사건을 통해 선한 법이 결국 승리한다(8:2). 신앙인들은 성령의 도움으로 율법의 요구를 이행할 수 있게 된다(8:4; 그러나 갈 5:18에서 '성령'과 '율법'은 반대됨). 이런 의미에서 '믿음'은 율법을 파기하지 않는다.

믿음을 강조한 바울에 대해, 일부 유대인들은 율법을 무효로 만드는 자라고 생각했다. 이에 대해 '아니다'라고 바울은 말한다. 그는 이런 비난에 맞서 오히려 적극적으로 믿음의 시대가 구현될 때, 율법의 뜻

107) 크랜필드, 『ICC 1』, 342; 던, 『WBC 38상』, 369

과 요구가 온전히 실현된다고 보았다. 우리의 사도는 이미 앞에서(27 절) 믿음과 율법 간의 접촉점을 찾은 바 있다(갈 3:12a에선 달리 말함). '율법의 완성'이 사랑이고(롬 13:8; 갈 5:14), 믿음도 '사랑으로 역사'하기에 (갈 5:6) 사랑을 매개로 율법과 믿음은 연결될 수 있다. 그리스도를 믿는 믿음은 율법을 굳게 하는데, 이는 '하나님의 신실하심'의 표현인 의가 구현되기 위한 방법 중 하나이다.

바울은 여기서 율법을 긍정적으로 평가한다. '율법'은 의로우신 하나님과 올바른 관계를 맺기 위한 규정이다. 율법은 하나님께 대한 우리의 신실함을 계속 유지케 한다. 하나님의 신실하심도 율법을 통해 나타난다. 예수 그리스도를 통해 하나님께서 구원의 기회를 주셨다는 사실을(하나님의 신실하심의 단적인 예로써) 인정하는 일종의 삶의 자세요 태도인 '믿음'은, 신실한 하나님과의 관계 형성과 유지에서 가장 중요한 역할을 하는 율법을 폐하는 것이 아니라 오히려 완성한다.

c) 믿음의 의에 대한 구약성서의 증거 -아브라함 (4:1-25)

인류는 죄를 지었기에, 하나님의 심판을 피할 수 없게 되었다. 이때, 하나님께서 자신의 '의'를 계시하심으로 마지막 구원의 기회를 허락하셨다. 3:21이하에서 바울은 이 '의'가 어떤 것인지 세 측면으로 나누어 기술했다. 먼저, 하나님의 의가 무엇인지에 대해(3:21-26). 다음, 오직 믿음으로 사람이 의롭게 된다는 사실에 대해(3:27-31). 지금부터 다룰 마지막 부분은, 믿음의 의에 관한 구약 증거로서 아브라함의 믿음에 대해(4장) 다룬다.

(1) 믿음으로 의롭다함을 얻음 (4:1-8)

1 그런즉 육신으로 우리 조상인 아브라함이 무엇을 얻었다하리요 2 만일 아브라함이 행위로써 의롭다 하심을 받았으면 자랑할 것이 있으려니와 하나님 앞에서는 없느니라 3 성경이 무엇을 말하느냐 아브라함이 하나님을 믿으매 그것이 그에게 의로 여겨진 바 되었느니라 4 일하는 자에게는 그 삯이 은혜로 여겨지지 아니하고 보수로 여겨지거니와 5 일을 아니할지라도 경건하지 아니한 자를 의롭다 하시는 이를 믿는 자에게는 그의 믿음을 의로 여기시나니 6 일한 것이 없이 하나님께 의로 여기심을 받는 사람의 복에 대하여 다윗이 말한 바 7 불법이 사함을 받고 죄가 가리어짐을 받는 사람들은 복이 있고 8 주께서 그 죄를 인정하지 아니하실 사람은 복이 있도다

[1] 창 12장과 17장에 나오는 아브라함의 예를 들면서, 바울은 지금까지 설명한 '믿음으로 의롭다 여김을 받음'에 대한 내용을 더욱 설득력 있게 전달한다. 먼저, "우리가 무슨 말을 하리요"로 운을 뗀다. 한글번역에는 이 어순이 반영되어 있지 않다. 번역하기 모호한 헬라어 구문이긴 하지만 "... 아브라함이 무엇을 얻었다*eurēkenai* 하리요"(개역개정)보다는 "우리가 무슨 말을 하리요, 우리 조상 아브라함이 육신으로 발견했다는*eurēkenai* 말입니까?" 또는 "우리가 우리 조상 아브라함에 대해 무슨 말을 하리요, 그가 무엇을 발견했다는 말입니까?" 등으로 해석하는 것이 낫다. "우리가 무슨 말을 하리요"라는 표현은 로마서 곳곳에서 발견된다(3:5; 6:1; 7:7; 8:31; 9:14, 30). 아브라함을 "우리 조상"이라고 설명한다. 여기서 '우리'는 일차적으로 유대인이다. 하지만 영적인 의미에서 볼 때, 믿음을 가진 이방인들도 아브라함을 조상이라고 부를 수 있다(갈 3:6f). 따라서 "육신으로 우리 조상"이라는 표현에

가위 눌려, 오로지 유대인들을 상대로 바울이 지금 말하고 있다고 볼
필요는 없다. 로마서가 주로 이방인들로 구성되어 있는 로마 교회에 보
내는 편지라는 점에서, "육신으로"는 영적인 의미의 '육신'으로 보아
도 무방하다. 이 "육신으로"는 동사 "발견하다"와 연결된다.108) 참고
로 '육'은 지금까지 로마서의 내용에서 부정적이거나(3:20), 상대적인
의미로(2:28) 또는 단순한 혈통의 뜻으로(1:3) 사용되었다. '육신으로'
kata sarka와 내용상 대구를 이루는 표현은 '은혜로' kata charin이다(4절).

[2-3] 유대인들은 민족의 조상(4:1) 아브라함을 하나님의 벗이요(약
2:23), 시내산 사건 이전에 이미 율법을 알고 있었고, 이를 완벽히 준수
한 자로(희년서 16:28; 창 26:5) 여겼다. 아브라함은 시험을 받았으나 신실
하게 신앙을 지켰다(시락서 44:20; 막하비1서 2:52). 그런 점에서 아브라함
은 경건한 신앙인의 전형으로 비춰졌다. 유대인이 보기에 그는 행위로
의롭다 여겨진 자의 모델이다. 바울은 그러나 아브라함을 다른 잣대로
평가한다. 창 15:6 인용구처럼("아브라함이 하나님을 믿으매 ...") 그는 행위
로 의롭다 여겨진 자가 아니다. 바울은 이 내용을 이미 앞에서(3:20a '행
위로는 의롭다 하심을 얻을 육체가 없다') 밝힌바 있다. 따라서 아브라함은 하
나님 앞에서 자랑할 것이 없다. "하나님 앞에서"는 pros theon 히브리어
리프네 lipne에 상응하는 표현으로(라틴어 coram deo '하나님 존전에'), 3:20a
에 "~의 앞에" enōpion와 서로 통한다.

아브라함은 자랑할 권리가 하나님께는 없어도, 사람들에게는 있다
는 식으로 2절을 해석하는 것은 전후 문맥에 맞지 않다. 바울은 아브
라함이 가지고 있는 인간적인 측면의 자랑거리에 대해 관심을 보이지

108) Stuhlmacher, NTD 6, 67

않는다(3:20과 4:3ff 참고). 믿음의 조상의 예에서, 오로지 믿음으로 의롭
게 되었다는 사실을 강조한다. 하나님께서 아들을 희생제물로 삼으심
으로, 우리에게 구원의 길이 열어 주셨다. 우리는 아무런 공로 없이 그
아들을 믿음으로 말미암아 의롭게 된다. 그렇기에 인간은 결코 자신의
공로로 의롭게 되었다고 자랑할 수*kauchēsis* 없다(3:26f). 우리에게 자랑
거리는 단지 주님뿐이다(고전 1:31; 고후 10:17 -둘 다 렘 9:23f인용). 우리는
예수 그리스도의 십자가만을(갈 6:14) 자랑해야 한다.

[4-5] 일을 하는 자는(= 행위에 근거하여 자신의 의를 자랑하는 자) 그 대가
로 받는 것을(보상) 은혜로 여기지 않고, 당연한 것으로 받아들인다. 이
것이 유대인의 전형적인 태도이다. 그들에게 신앙적 삶이란, 율법을
준수하며 사는 것이다. 이때 '율법의 행위'를 일종의 공적처럼 여겨,
유대인들은 하나님께서 은총으로 베푸시는 돌보심과 인도하심을 마
땅히 받아야 할 것으로 생각했다.

비록 일을 하지는 않지만, 경건치 않는 자를 의롭게 하는 자를 믿는
자는 반면에, 그의 믿음이 하나님에 의해 의롭다 여겨진다. '일'(= '행
위')을 한 자는 임금을 응당 받아야 할 것으로 여기지, 은혜로 생각하지
않는다. 반면에 일을 하지 않더라도 '죄인을 구원하시는 하나님의 자
비하심과 사랑을 인정하고 그 앞에 무릎 꿇는 자'는 의롭다 여겨진다.
본문에 따르면, '믿음'은 경건치 아니한 자를 의롭게 여기는 분에 대한
믿음이다. 일반적으로 동사 피스튜에인*pisteuein*('믿는다') + 전치사 에이
스*eis* 인데, 여기서는 피스튜에인 + 전치사 에피*epi*가 사용되었다. "경
건치 아니한 자"는 '죄인'과 등가의 개념이다. 죄인의 이같은 믿음 보
시고 하나님께서는 그를 의롭다 여기신다. 하나님께서는 원래 악인을
심판하시는 분이시다(출 23:7; 시 1:5; 사 11:4; 잠 2:22). 하지만 예수 그리스

도를 통하여 모든 이들, 즉 경건치 않은 자들과 죄인까지도 구원하시기로(4:5; 5:6, 8; 참고 3:25) 작정하셨다.

[6] 다윗은 '행위 없이'(참고 3:28) 의롭다 여기심을 받은 자가 얼마나 복된지에 대해 노래한 바 있다(시LXX 31:1-2b[MT 32]). 아브라함도 믿음을 통해 의롭다 여겨졌기 때문에, '여겨졌다'는*logizesthai* 관점에서 둘 사이에는 공통점이 있다. '믿음'이란 '행위'의 반대말이기에(3:20ff, 27), 아브라함의 '믿음'과 다윗의 찬양 가운데 나오는 '행위 없이' 또한 공통 요소이다.

[7-8] '불법'이란*anomia* '무법적인 행동'의 뜻으로, '거룩함' 또는 '의'와 반대되는 개념이다(6:19; 고후 6:14). 불법이 용서되며 죄가 가리워지고, 지은 죄를 죄로 인정받지 않는 자는, 마치 산상수훈에(마 5:3ff) 나오는 사람들처럼 복되다*makarioi*. 랍비들은, 죄가 용서되며 복 있는 자라 여겨진다는 내용의 시편을 화해의 날과 연관시켜 이해했다.109) 랍비 유대적 전통에 따르면, 하나님의 의가 계시됨으로써 모든 불의와 죄가 용서되는 사건은 종말에(고후 6:2) 하나님께서 강권적으로 일으키시는 화해의 역사役事이다(5:10f; 고후 5:18ff).

(2) 할례 이전에 의롭다함을 얻음 (4:9-12)

9 그런즉 이 복이 할례자에게냐 혹은 무할례자에게도냐 무릇 우리가 말하기를 아브라함에게는 그 믿음이 의로 여겨졌다 하노라 10 그런즉 그것이 어떻게 여겨졌느냐 할례시냐 무할례시냐 할례시가 아니요 무할례시니라 11 그가 할례의 표를 받은 것은 무할례시에

---

109) Str-B. III,202f; Pesiqta R 45 등

믿음으로 된 의를 인친 것이니 이는 무할례자로서 믿는 모든 자의 조상이 되어 그들도 의로 여기심을 얻게 하려 하심이라 12 또한 할례자의 조상이 되었나니 곧 할례 받을 자에게뿐 아니라 우리 조상 아브라함이 무할례시에 가졌던 믿음의 자취를 따르는 자들에게도 그러하니라

할례는 유대인뿐만 아니라, 유대적인 성향을 지닌 그리스도인들에게도 매우 중요한 신앙의 한 요소이다. 바울은 할례보다도 믿음으로 말미암는 의가 더 우선적이라고 말한다. 그 증거를 계속 아브라함의 예에서 찾고 있다.

[9] 어떤 자가 저지른 불법이나 죄가 그의 과오나 잘못으로 인정되지 않을 때, 그는 복의 주인공이 된다. 이러한 축복은 과연 유대인에게만 주어지는 것인지(바울 당시 유대인들의 생각), 혹은 이방인들에게도 해당되는 것인지, 묻고 있다. 바울은 해답의 단초를 4:3부터 거론된 아브라함('그 믿음이 그에게 의로 여겨진' 출 15:6)에서 찾는다.

[10] 아브라함의 믿음이 의로 여겨진 시점은 무할례 때이다(창 15:6). 할례는 그 이후에, 하나님과 아브라함 사이에 맺은 언약의 의미를 기리기 위해 제정된 의식이다(창 17).

[11] 할례란 일종의 징표이다sēmeion.110) 아브라함이 할례를 받기 전에 이미 가졌던, 믿음의 의를 증거하고 확증하는 인장의 역할, 그것이

---

110) "할례의 표"sēmeion peritomēs에서 속격은 '동격의 속격'이다(Bl-D. §167 주 2). 단어 sēmeion("표")에는 '날인', '도장 찍음'의 의미도 있다. 따라서 뒤에 "인쳤다"는 표현이 가능하다.

바로 할례이다. 이로써 아브라함은 믿는 모든 사람들의 조상이 되었으며 그 결과111) 그들도 의롭게 되었다. "무할례자로서"*di akrobustias*에서 전치사 디아는(*dia* '~ 로서') 방식, 상황을 나타낸다. "무할례자로서"는 다음 절에 나오는 "할례자(의 조상)"와 대구를 이룬다.

[12] 아브라함은 이방인들(= 무할례자들) 뿐 아니라(11절), 유대인들(= 할례자)의 조상이기도 하다. 바울은 아브라함의 자손으로 이방인들을 먼저 언급한다. 순서상 할례 받기 전과 후의 아브라함을 다루다보니 그렇게 되었고, 구원사의 주도권이 이방인에게 넘어갔기 때문이기도 하다. 12절에서 아브라함은 두 부류 할례자의 조상으로 소개된다. 하나는 할례자들(직역하면 '할례로 말미암은 자들')이고 다른 하나는 "아브라함이 무할례시에 가졌던 믿음의 자취를 따르는 자들"이다. 앞의 사람들은 유대인이 분명한데, 뒤에 거론된 사람들은 누구를 지칭하는 것일까? '유대 그리스도인'이라는 의견도 있다.112) 하지만 문맥이나 내용상, 유대인들 가운데서 두 그룹에게만, 아브라함이 조상이라는 사고는 매우 어색하다. 종교개혁 시대 이래, 이 부분에 문법적으로 문제가 있다고 많은 학자들이 지적했다.113) 따라서 '~에게'라는 관사가 이중으로 나오는 것을(한글 "~에게뿐 아니라", "~ 자들에게도") 필사자의 오류로 보고, 12절은 둘이 아닌, 한 부류에 대해 언급하는 것으로 보는 것이 좋겠다. 구문 "~뿐만 아니라 ~도"*ou monon alla kai* 이와 같은 해석을 지지한다. 즉, 할례를 받았으면서 동시에 아브라함의 무할례 시절에 가졌던 믿음의 자취를 따르는 사람114), 아브라함은 바로 이런 사람의 조상

---

111) *eis to logisthēnai*("하려 하심이라")에서 *eis*는 '결과'의 뜻이다.
112) 참고 던, 『WBC 38상』, 401
113) 참고 크랜필드, 『ICC 1』, 363f

이 된다. '자취를 따른다'는 것은 어떤 사람이 살아온 삶의 족적을 따라가며 그를 본받아 사는 태도를 의미한다(고후 12:18; 벧전 2:21). 원래는 오伍와 열列을 맞추어 앞 사람을 따라 행진한다는 의미로 사용된, 군대 용어였다.115) 아브라함은 신실한 믿음의 삶을 사는 할례 받은 자들의(= 유대인들) 조상이다.

(3) '언약'과 '믿음의 의' 사이의 연관성 (4:13-16)

13 아브라함이나 그 후손에게 세상의 상속자가 되리라고 하신 언약은 율법으로 말미암은 것이 아니요 오직 믿음의 의로 말미암은 것이니라 14 만일 율법에 속한 자들이 상속자이면 믿음은 헛것이 되고 약속은 파기되었느니라 15 율법은 진노를 이루게 하나니 율법이 없는 곳에는 범법도 없느니라 16 그러므로 상속자가 되는 그것이 은혜에 속하기 위하여 믿음으로 되나니 이는 그 약속을 그 모든 후손에게 굳게 하려 하심이라 율법에 속한 자에게뿐만 아니라 아브라함의 믿음에 속한 자에게도 그러하니 아브라함은 우리 모든 사람의 조상이라

앞에서는 할례와 아브라함과 연관시켜 다루었다(4:9-12). 이번에는 율법과 아브라함에 주신 언약과의 관계에 대해서 설명한다.

[13] '무엇을 통해서(도구의 *dia*, 즉, 율법으로 말미암느냐, 믿음의 의로 말미암느냐) 아브라함에게 언약을 주셨는지, 그리고 그 언약을 누가 상속하는가'하는 질문은 유대인에게 매우 중요한 것이다(창 15:4f; 17:4f). 세상을

---

114) *stoichen tois ichnesin*("자취를 따르는")이라는 표현은 랍비 문헌에서 발견된다(Str-B. III,204).

115) Michel, KEK IV, 167, 주 7

기업으로 차지하는 자는 다름 아닌 아브라함의 후손이기 때문이다(희년서 22:14; 32:19). 구약에서 아브라함은 율법과도 관련되어 있다. 그는 하나님의 명령과 계명과 율례와 법도를 잘 지켰다(창 26:5). 아브라함이 복을 받게 된 이유 중의 하나는 '율법에 대한 순종' 때문이다(시락서 44:20f). 바울은 그러나 아브라함과 관련해서 율법이라는 측면을 부각시키지 않는다. 그는, 철저히 '믿음의 의'라는 관점에서 아브라함에게 주신 하나님의 언약을(창 15:5f; 18:18; 22:17) 해석한다.

'언약"*epaggelia*이라는 단어는 일반 헬라세계에서 '통보', '통고'의 뜻으로 사용되었다. '천사', '사자'使者의 헬라어 어간 앙겔*aggel*과 유사하다고 생각했기 때문이다. 하지만 유대교에는 '구원에 대한 확약'이란 의미로 이해되어(막하비2서 2:17; 솔로몬의 시편 12:8), 장차 주요 용어로 쓰일 수 있는 발판을 마련하였다.116) '언약'은 점차 땅과 후손에 대한 약속이란 관점에서 묵시문학적으로 해석됨으로써 신학적으로 중요한 개념으로 부각되었다(Jos. Ant. II,219; 시리아 바룩서 57:2).117) 헬라 묵시문학 계열에서는 '약속'이 이루어지기 위해 율법이 준수되어야 한다고 보았다(시리아 바룩서 14:12f; 46:5f). 율법을 위반한 것이 죄인 만큼, '죄'는 '언약'의 성취를 방해하는 '공공의 적' 일순위인 셈이다(제4에스라 7:118ff). 이에 반해 바울은 '언약'을 율법과 아무런 상관이 없는 것으로 상정하고 있다. 13절 마지막 부분에 대비되는 '율법'과 '믿음의 의'를 주목할 필요가 있다. '믿음의 의'는 이미 11절에서 사용되었다. 아브라함이 약속을 받은 것은(창 12:3, 7; 15:5, 7, 18) 그가 율법을 지켰기 때문이 아니라, 전적으로 하나님을 믿었고, 하나님께서는 그 믿음을 의로 여기셨기 때문이다('믿음의 의')118).

---

116) A. Sand, Art. *epaggelia* etc., *EWNT*² *II*, 35

117) K. Berger, Abraham in den paulinischen Hauptbriefen, 53

[14] 말을 바꾸어 앞의 내용을 반복한다. 아브라함은 믿음으로 의롭다 여김을 받았다(창 15:6). 아브라함이 가나안 땅을 소유로 상속하게된 것은 그의 믿음 때문이었다(창 15:7f). 만일 '믿음'의 반대개념인 '율법'으로부터 난 자들이 상속자라면, 믿음은 의미가 없어지고 따라서약속은 무효가 된다.

[15] 율법 덕분에 아브라함이나 그의 후손이 상속자가 된 것이 아니다. 구원의 약속은 '믿음의 의'로 말미암아 주어졌다. 이런 관점에서볼 때, '믿음의 의'의 반대인 '율법'은(13절) 오로지 진노를 유발시킬뿐이다.

율법을 통해서 사람은 죄가 무엇인지 알게 된다(5:13; 7:7). 죄는 율법을 기회로 삼아 더욱 세력을 확장한다(7:8f; 참고 5:20). 결과적으로 율법은 사람을 죄에 사로잡히게 한다. 율법은 죄가 더욱 죄로 분명히 드러나게 한다(7:13). 율법으로 인해 세력이 강성해진 죄는 결국엔 사람을죽음에 이르게 한다(7:9ff, 13). 이런 의미에서 율법은 세상을 파멸로 이끄는 하나님의 '진노'를 촉발시킨다고 할 수 있다. 율법을 통해 죄가죄로 판명된다(5:13). '무엇을 하지 말라'는 금지 조항이 없다면 아무것이나 맘대로 해도 죄가 되지 않는다. 율법이 없는 곳에는 '위반'도 *parabasis*119) 없는 것이다.

[16] 아브라함의 의와 할례의 관련성을 다루면서(9-12절), 아브라함

---

118) '믿음의 의'를 슈툴막허는(Stuhlmacher, NTD 6, 69) 의 안에서의 믿음생활로 이해한다.
119) 갈 3:19에 따르면 율법은 "범법을 위하여"*parabaseōn charin*(= "죄를지으라고") 주어졌다(참고 롬 5:20).

은 할례자(12절) 및 무할례자의(11절) 조상이라는 결론을 내린 바 있다. 여기서도(16절) 아브라함은 만민의 조상으로 묘사된다. 아브라함에게 주어진 약속은 모든 후손, 곧 율법에 속한 자 뿐 아니라 그의 믿음에 속한 자에게 확실히 상속되어야 한다(*einai bebaian* "굳게 한다"). 그렇게 되기 위해서는 율법이 아닌 믿음이 관건이 되어야 한다. 왜 믿음이 기준이 되어야 하는 지는("믿음으로 되나니"), '믿음으로 의롭다 여겨진' 아브라함의 예를 통해서(13-14절), 그리고 '율법의 성격 규정'을 통해(15절), 충분히 설명되었다. 16절은 디아 투토(*Dia touto* "그러므로")로 시작된다. 곧 이어 히나(*hina* "... 하려 하심이라")가 나온다. 따라서 이 문장은 다음과 같이 번역하는 것이 좋을 듯하다.[120] '이런 이유로 약속/후사는 믿음으로 되나니, 이는 은혜에 따른 것이 되게 하고, 약속이 모든 후손에게 굳게 되게 하려하심이니 ...'. 아브라함이 복을 받거나, 우리가 그의 상속자가 되는 것은 다름 아닌 믿음에 의해 결정된다. '믿음'이라는 단어에 내포된 무조건성('율법의 행위 없이'), 무제약성을('유대인이나 헬라인이나') 염두에 둘 때, 인류의 아브라함 후손됨은 결국 하나님 은혜로 말미암지 않고는 불가능하다(참고 4:4f).

(4) 아브라함의 믿음은 약속의 성취에 대한 신뢰이다 (4:17-25)

17 기록된 바 내가 너를 많은 민족의 조상으로 세웠다 하심과 같으니 그가 믿은 바 하나님은 죽은 자를 살리시며 없는 것을 있는 것으로 부르시는 이시니라 18 아브라함이 바랄 수 없는 중에 바라고 믿었으니 이는 네 후손이 이같으리라 하신 말씀대로 많은 민족의 조상이 되게 하려 하심이라 19 그가 백 세나 되어 자기 몸이 죽은 것 같고 사라의 태가 죽은 것 같음을 알고도 믿음이 약하여지지 아

---

120) 참고 크랜필드, 『ICC 1』, 369f

니하고 20: 믿음이 없어 하나님의 약속을 의심하지 않고 믿음으로 견고하여져서 하나님께 영광을 돌리며 21 약속하신 그것을 또한 능히 이루실 줄을 확신하였으니 22 그러므로 그것이 그에게 의로 여겨졌느니라 23 그에게 의로 여겨졌다 기록된 것은 아브라함만 위한 것이 아니요 24 의로 여기심을 받을 우리도 위함이니 곧 예수 우리 주를 죽은 자 가운데서 살리신 이를 믿는 자니라 25 예수는 우리가 범죄한 것 때문에 내줌이 되고 또한 우리를 의롭다 하시기 위하여 살아나셨느니라

쉼표와 함께 시작되는(원어) "기록된 바"라는 표현 때문에, 어떤 주석 가들은 17절을 앞부분과 이어진 것으로 본다.121) 13-25절을 한 단락으로 여기는 이들도 있다.122) 하지만 다음과 같은 이유로 16절과 17절을 나누는 것이 좋을 듯하다. 16절까지 바울은, 아브라함에게 주어진 언약이 율법과 상관있는가, 없는가에 초점을 맞추어 이야기를 전개했다. 반면에 18절 이하에서는, 희망이 없는 상황에서도 포기하지 않고 믿은 아브라함의 믿음이 결국 그를 의롭다 여기도록 만들었다는 내용이 나온다. 17절은 비록 콤마로 앞 절과 연결되어 있지만, 18절 이하의 주제인 '하나님에 대한 믿음'을 언급하고 있다. 여기서(17절) 하나님은 다름 아닌 아브라함을 여러 민족의 조상으로 만드신 분이시다(18절).

[17] 창 17:5을 인용하면서, 바울은 재차 아브라함이 하나님에 의해 여러 민족의 조상으로 세워진 자임을 강조한다. 하나님의 존전에서 (katenati, 참고 창 17:1 enantion) 아브라함은 믿었다. 아브라함이 믿은 하나님이 어떤 분이신지, 바울은 유대인에게 익숙한 두 가지 개념을 가

---

121) Michel, KEK IV, 170; Kuss, *Der Römerbrief*, Bd. 1, 189
122) Käsemann, HNT 8a, 111ff

지고 설명한다. 하나는, 하나님께서 죽은 자를 살리시는 분이시라는
사고이다. 이는 1세기 후반의 18개 기도문들 중 두 번째에도 등장한
다.123) 다른 하나는, 창조에 관한 것이다. 창조주 하나님께서 능력으
로 무에서 유를 이끌어내셨다는 것이다. '무에서 유'라고 하는 창조 사
고는 바울 당시 흔히 발견된다(시리아 바룩서 21:4; 48:8; 필로 Spec. IV,187;
Opif. 81 등). 구약에서 창조 이야기는 구원사 맥락에서 전개되기 때문
에,124) 창조 기사와 죽은 자의 부활이 함께 나오는 것은 자연스러운
현상이다(요셉과 아세넷 8:10). '창조'는 예수 그리스도가 누구인지를 깨
닫고(고후 4:6; 참고 엡 5:14), 이에 의거해 내가 누군지 새롭게 자각하고,
해야 할 바를 알게 되는(고후 5:17; 엡 2:10) 사건으로 바울은 설명한다.
창조 자체나 과정에 대해서가 아니라, 무에서 유를 창조하시는 하나님
의 능력에 관심을 기울인다. 아브라함이 믿은 하나님은 죽은 자를 살
리시는 마지막 때의 전능자시며, 창조의 능력을 갖고 계신 분이시다.

[18] 아브라함은 희망이 전혀 없는 상황에서 포기하지 않고 약속이
이루어질 줄 믿은, 굳센 신앙의 소유자이다. 그 결과 창 15:5의 마지막
에 나오는 표현처럼("이는 네 후손이 이같으리라"), 많은 민족의 조상이 되
었다. 바울은 이런 아브라함을 일컬어 "바랄 수 없는 중에 바라고" 믿
은 자라고 한다. 원어 파르 엘피다 에프 엘피디*par elpida ep elpidi*를 직
역하면 "소망에 반反하지만, 소망에 근거해서"가 된다. 인간적인 측면
에서 보면 아브라함은 더 이상 미래에 대해 희망을 가질 수 있는 상황

123) "당신은 굳세고 강하셔서, 죽은 자들을 살려 내시옵니다. 당신은 복되도
소이다. 오 주, 죽은 자들을 살려 내시는 분이시여!" W. 피르스터, 『신구약 중
간사』, 317
124) Wilckens, EKK VI/1, 274

이 아니었다. 하지만 하나님께서 주신 약속이 이루어 질 것이라는 기대와 희망을 가지고 믿음을 포기하지 않았다.125)

[19] 아브라함이 어떤 믿음의 소유자였는지, 창 17장에 나오는 내용을 구체적으로 기술한다. 아브라함은 자신의 고령이나, 임신 불가능을 의미하는 사라의 육체적인 현상에도 불구하고, 희망을 잃지 않았다. 하나님께서 언약대로 사라를 통해 아들을 주시고(창 17:15ff), 후손이 수없이 많게 되리라는(창 15:5) 언약에 대해 추호도 의심하지 않았다. 불굴의 신앙 자세를 유지하였다. 하나님께 대한 그의 신실한 믿음은 조금도 흔들림이 없었다.

[20] 아브라함은 불신앙 가운데 하나님의 약속을 의심한 것이 아니라, 믿음 안에서 굳건하여져서 하나님께 영광을 돌렸다. 전반부는 다음과 같은 도식으로 구성되어 있다. '의심하다'(A) - '불신앙 가운데'(B), '견고해지다'(A') - '신앙 안에서'(B'). 앞의 부정적인 내용과, 뒤의 긍정적인 내용이 서로 대구對句를 이룬다. '영광'은 인간이 하나님께 마땅히 드려야 할 가장 중요한 것이다(1:21).

[21-22] 하나님께서는 말씀하셨던 대로 이루시는 분이다(시 33:9; 사 55:11). 우리 믿음의 조상은, 하나님께서 약속하신 것은 분명히 이루시리라는 것을 전적으로 확신하고 있었다. 이러한 아브라함의 믿음이야말로 하나님께서 의로 여겨주실 수 있는 근거가 된다(창 15:6).

[23-24] 아브라함은 유대인이나 이방인을 막론하고 모든 사람의 조

125) 크랜필드, 『ICC 1』, 374ff; W. Bauer, *Wb*, s.v.

상이다(11-13절). 그가 믿음으로 의롭다 여겨졌기 때문에, 누구나 믿으면 만민의 조상인 아브라함처럼 의롭다 인정받을 수 있다(5, 11절). 아브라함을 의롭다고 여기신 하나님께서는 아브라함뿐만 아니라 '다른 이들'도 의롭다 인정하신다.

그 '다른 이들'이란 다름 아닌 '우리'다. 여기서 '우리'는 아브라함을 육신의 조상으로 삼고 있는 유대인뿐만 아니라(1절) 이방인까지 포함한, 믿는 모든 사람들이다(11, 16절). 아브라함이 믿는 하나님은, 죽은 자를 살리시고 무에서 유를 창조하시는 창조주이시다(17절). '우리'도 예수 그리스도를 살리신 하나님을 믿기에, 아브라함에게 그러셨던 것처럼 하나님께서 '우리'의 믿음을 의로 여기시는 것이다. 24b절은 초대교회의 고백이 반영되어 있다. 10:9을 통해서 우리는, 예수 그리스도의 부활이 초대교회 신앙 고백의 핵심임을 알 수 있다.

[25] 앞 절에 언급된, 하나님을 주어로 한 신앙고백을('하나님께서 예수를 죽은 자 가운데서 살리셨다' 참고 17절) 예수 그리스도 중심의 구원론적인 관점으로 새롭게 표현한다. 그리스도의 죽음은("내줌이 되고" *paradidonai*) 우리 '범죄'("위반"의 뜻) 때문이다*dia ta paraptōmata*(참고 롬 5:15, 17f; 갈 6:1). 그 죽음은 '화목제물'(3:25)이라는 의미를 가진다. 그리고 그리스도의 부활은 우리를 의롭게 하기 위함이다*dia tēn dikaiōsin*.126) 그의 희생적인 죽음과 부활로 말미암아 인간이 의롭다 하심을 받는다는 사고는 독특하다. 죽음, 부활을 통해 의롭게 된다는 내용은 이외에 6:7; 딤전 3:16에도 나온다.

25절은 사 52:13-53:12과(고난의 종의 노래; 참고 8:32) 연관이 있다. 이

---

126) 앞의 전치사 *dia*는 '원인', '이유'이고 뒤의 *dia*는 '목적'이다.

절에는 초대교회로부터 전해 받은 전승적인 요소들이 많다. 다음이 그 증거들이다. (1) 관계 대명사로 시작한다. (2) 평행 구句로('내줌이 되고' [A] - '우리가 범죄한 것 때문에'[B], '살아나셨다'[A'] - '우리를 의롭다 하기 위해'[B']) 이루어졌다.127) (3) 동사 '내어줌이 되고' *paredothē*는 바울이 사용하지 않는 단어이다(예외 고후 4:11). (4) 이 동사로 이끌어지는 내용은 명백히 전승으로 여겨지고 있는 8:32의 내용과 비슷하다. 그러나 예수 부활에 대한 이곳 바울의 진술과 전승에서 일반적으로 묘사되는 내용 간에는 큰 차이가 있다. 무엇보다도 바울은 순수한 부활 묘사를(17절) '의'에 관한 기독론적인 발언과(3:25) 연결시키고 있다(24f절). 따라서 이 구절은 단순히 전승을 인용한 것이 아니라(참고 고전 15:3 "내가 받은 것을 먼저 너희에게 전하였노니"), 전통적인 부활 모티프를 채용하여 바울이 손질하고 작성한 것이라고 봐야 한다.128)

---

127) R. Bultmann, *Theologie*, 49, 85; W. Kramer, *Christos*, 26 주 48

128) Wilckens, EKK VI/1, 280; W. Kramer, *Christos*, 26f

III. 종말론적 자유의 현실로서의 '하나님의 의' (5:1-8:39)

믿음으로 의롭게 하시는 종말론적인 하나님의 역사役事에 따른 결과로(3:21-4:25), 사람들이 어떤 삶을 살게 되는지 5장 이하에서 설명하고 있다. '하나님의 의'가 계시된 사건으로 말미암아, 믿음을 가진 이들은 죽음과(5장) 죄의(6장) 힘으로부터 그리고 율법으로부터(7장) 해방되었고, 성령이 주시는 자유를 누리게 된다(8장). 로마서에서 5장의 자리매김에 대한 의견이 분분하다.[129]

5:6-11에는 3:23ff의 내용이 반복된다. 따라서 5:1-11은 앞부분에 속한 것이며, 마지막 설명은(11절) 이제까지 논의의 종결로 봐야 한다는 주장이 있다.[130] 또한 '그리스도의 의'의 행위로 말미암아 아담이 저지른 죄의 영향력이 그 효력을 잃게 되었다는 5:12-21의 내용은, 1:18-3:20(아담)과 3:21-5:11(그리스도)을 서로 연관시켜, 화해의 역사적, 보편적인 의미를 반추한 것이라고도 할 수 있다. 이 때, 5:12-21은 1:18 이하의 전체 내용을 정리한 결론이자, 논리 전개상 최고 정점에 속한 부분으로 평가될 수 있다.

하지만 일반적으로 받아들여지는 바와 같이, 5-8장은 롬 3:21ff의 주제인 '믿음으로 말미암은 의'가 신앙인의 삶에 적용될 때 어떤 변화가 일어나는 지에 대한 내용이라고 보는 것이 더 낫다. 하나님의 의가 아무 조건 없이 선물로 주어졌다는 선언에 이어, 그 결과 구체적으로 어떤 변화가 생기게 되는지에 대한 설명이 5:1 이하에서 나온다. 사람

---

129) H. Paulsen, Überlieferung, 5-21; U. Luz, Aufbau, 163-175, 177-180
130) Wilckens, EKK VI/1, 181f, 286f

들은 평화("화평")와 "은혜에 들어감"을 얻게 된다. 장차 누리게 될 "영
광"에 대한 기대감("바라고") 가운데 자부심을 가지고 살아간다. 단어
"평화"나, "들어감", "소망" 등이, 이곳에서 처음으로 또는 본격적으
로 등장한다. 단어 "평화"는 1:7에서는 인사로, 2:10에서는 관용구 내
에서(참고 2:7 영광, 존귀, 썩지 아니함), 3:17에서는 구약의 인용으로만 등
장한다. "들어감"이란(5:2 prosagōgē) 용어는 그밖에 엡 2:18; 3:12에서
만 나온다. "소망"은 4:18의 아브라함의 예를 빼고는 5:2, 5에 처음 사
용된다. 즉, 용어상으로 볼 때도 5장을 앞부분과 연결시키는 것은 무
리가 있다.

1. 죽음의 힘으로부터의 자유 (5:1-21)

바울은 이 단락에서 두 개의 주제를 다룬다. 먼저는(5:1-11), 의롭다
여겨진 사람들은 하나님과 화해하여(10f절) 평화를(1절) 맛본다는 내용
이다. 바울에 따르면, 신자들이 현재 누리고 있는 삶의 모드는 '기쁨'
이다(2, 11절). 그러나 궁극적인 구원은 아직 미래에 있다(2, 9f절).

다음으로(5:12-21) 신앙의 관점에서 인류 역사상 가장 중요한 두 인
물인 아담과 그리스도를 서로 비교한다. 여기서 서로 대비되는 개념들
은 '범죄/정죄' ↔ '의로운 행위/생명', '한 사람의 불순종' ↔ '한 사람
의 순종' 그리고 '한 사람으로 말미암아 정죄에 이름(= 심판)' ↔ '많은
범죄로 말미암아 의롭다 하심에 이름(= 은사)' 등이다. 아담이 지은 죄
로 인해 그 후손들은 사망의 지배를 받게 되었다(12, 14절). 반면에 예수
그리스도의 은혜로 인해 생명이 세상을 주관하는 놀라운 역사가 일어
나게 되었다. 구속사적인 관점에서 볼 때, 아담으로 대표되는 인류의
죄는 그리스도를 통해 은혜가 넘치고 사람들로 하여금 영생에 이르도

록 봉사한다(17-21절). 즉, 예수 그리스도를 통해 이루어진 '하나님 의'의 계시는 아담으로부터 시작된 인류 역사의 필연적인 귀결이다.

a) 하나님과 화평을 누리는 사람의 종말론적 실존 (5:1-11)

1 그러므로 우리가 믿음으로 의롭다 하심을 받았으니 우리 주 예수 그리스도로 말미암아 하나님과 화평을 누리자 2 또한 그로 말미암아 우리가 믿음으로 서 있는 이 은혜에 들어감을 얻었으며 하나님의 영광을 바라고 즐거워하느니라 3 다만 이뿐 아니라 우리가 환난 중에도 즐거워하나니 이는 환난은 인내를 4 인내는 연단을, 연단은 소망을 이루는 줄 앎이로다 5 소망이 우리를 부끄럽게 하지 아니함은 우리에게 주신 성령으로 말미암아 하나님의 사랑이 우리 마음에 부은 바 됨이니 6 우리가 아직 연약한 때에 기약대로 그리스도께서 경건하지 않은 자를 위하여 죽으셨도다 7 의인을 위하여 죽는 자가 쉽지 않고 선인을 위하여 용감히 죽는 자가 혹 있거니와 8 우리가 아직 죄인 되었을 때에 그리스도께서 우리를 위하여 죽으심으로 하나님께서 우리에 대한 자기의 사랑을 확증하셨느니라 9 그러면 이제 우리가 그의 피로 말미암아 의롭다 하심을 받았으니 더욱 그로 말미암아 진노하심에서 구원을 받을 것이니 10 곧 우리가 원수 되었을 때에 그의 아들의 죽으심으로 말미암아 하나님과 화목하게 되었은즉 화목하게 된 자로서는 더욱 그의 살아나심으로 말미암아 구원을 받을 것이니라 11 그뿐 아니라 이제 우리로 화목하게 하신 우리 주 예수 그리스도로 말미암아 하나님 안에서 또한 즐거워하느니라

[1] 예수 그리스도의 구속 사건을 통해 하나님은 인간을 의롭다 여기셨다(3:21ff). '하나님의 의'에 힘입어 신앙인의 삶이 어떻게 달라졌고, 또 어떻게 변해가는 지에 대해 이제부터 설명한다. 우선, 하나님께

대해 우리가 '평화'*eirēnē*를 누리게(원어 "가지게") 된 것이 가장 큰 변화이다. '평화'는 전치사 프로스(*pros* '~에 대해서')와 함께 쓰이고 있다. 평화는 하나님께 대한(개역개정은 "하나님과"로 번역) '어떤 것'이다(*pros ton theon*). 평화는 하나님과 관련되어 있다. 따라서 세상으로부터 초탈하여 유유자적, 초연한 상태는 평화가 아니다. 헬라 세계에서는 '전쟁이 없는 상태'를 평화라고 했다. 그러나 히브리적 사고에 따르면 평화는 주관적이고 심리적인 차원을(예를 들면 '마음의 평안') 넘어선, 총체적인 의미로 사용된다.131) 특히 여기서 평화는 하나님과의 관계를 나타낸다.132) 죄로 인하여 인간과 하나님 사이에는 적대관계가 형성되었는데, 이 대립구도가 예수 그리스도의 십자가 희생으로 해소되었다(5:10; 엡 2:14f). 둘 사이에 평화가 수립된 것이다. 이 평화는 예수 그리스도에 의해 이룩된 구원의 현실이다. 이 구원은 하나님과의 올바른 관계에 근거하고 있다. 따라서 우리는 이 관계성을 계속 유지해야 한다. '하나님께 대해 평화를 누리자'는 바로 이런 의미이다. 많은 사본은(a* A B* C D K L 등) "누리자"를*echomen* 직설법이 아닌 가정법으로 읽고 있다 (뜻: "누립시다"). 하지만 (1) 병행되는 2절의 내용이 직설법 현재완료 "얻었으며"*eschēkamen*라는 점, (2) 단순히 권유로 끝나는 것이 아니라, 마치 평서문으로 말한 내용의(1-5절) 근거를 대는 듯, 6절에 접속사 가르*gar*가(뜻 "왜냐하면", KJV "for") 나온다는 점 등을 고려할 때 직설법으로 보는 것이 낫다.

[2] 그리스도로 인해서 변화된 것 중의 또 다른 하나는 '우리가 은혜에 들어감을 얻었다'는 사실이다. '들어감'*prosagōgē*은 제의와 관련된

---

131) 1:7 참고; G.v. Rad, Art. *shalom*, *ThWNT II*, 405
132) W. Foerster, Art. *eirēnē*, *ThWNT II*, 413f

용어이다(히 10:19-22; 벧전 3:18; 엡 2:18; 3:12).[133] 주님을 통해 일어난 구원의 현실에 우리들도 참여할 수 있게 되었는데, 이를 성전에 들어가 제사들 드림으로써 사죄의 선언을 듣는 유대인들의 종교적 풍습에 비유하여, "들어감을 얻었다"고 표현한 것이다. 그리스도에 대한 믿음에 힘입어 기독교인들이 들어가는 곳은 '은혜'이다. 여기서 '은혜'는 하나의 공간으로 묘사되고 있다. '은혜'는 마치 성전의 지성소처럼 신앙에서 가장 중요한 것인 동시에, 또한 우리가 발을 딛고 서있어야 할, 실존의 기초이기도 하다("서 있는 이 은혜에"). 인간은 아무 공로 없이, 은혜로(4:4) 하나님으로부터 의롭다 여김을 받았다. 따라서 우리가 하나님께 의지할 것은 이 '은혜'밖에 없다.

신자들이 그리스도로 인해 누리게 되는 또 다른 호사는 '하나님의 영광을 바라고 즐거워하는 것'이다. 원문을 참고할 때, "즐거워하느니라"*kauchōmetha*는 '자랑한다'는 뜻이다(2:17; 5:11). 믿음에 근거해서 은혜의 현실을 맛본 자 만이 장차 이루어질 하나님 영광의 현현을 기대하며 자랑할 수 있다. '자랑'은 여기서 이미 가지고 있는 것을 남에게 과시하며 만족하는 태도가 아니라, 하나님께서 앞으로 이루실 것에 대해 신뢰하며 그 미래의 성취를 드러내어 칭찬하는 자세를 일컫는다. '소망'은("바라고") 아직 실현되지 않았지만 장차 이루어질 것을 믿고 바라는 신앙의 태도이다. 지금 보이지 않는 것을 기다리며 '소망'으로 사는 자세야 말로 구원받은 이들에게서 발견되는 기본적인 특징이다(4:18; 8:24f). 우리가 궁극적으로 소망하는 것은 장차 나타날 하나님의 영광이다(8:18). 이 영광은 예수 그리스도를 살리신 하나님의 권능으로(6:4), 우리도 종국에 이 영광에 참여하게 된다(8:17; 빌 3:21). 기독교인들

---

133) U. Borse, Art. *prosagōgē, EWNT*² *III*, 389

은 영광을 바라는 소망에 대해 자부심을 가지고, 이를 자랑하면서 살아가는 존재들이다. 이 소망을 바울은 9f절에서 의인론의 관점으로 재론하고 있다("구원을 받을 것이니" 2회).

[3-4] 영광을 바라며 살아가는 신앙인들은 그러나 염려나 걱정, 근심으로부터 완전히 자유롭지 못하다. 그들은 '환란'을 겪을 수도 있다(살전 1:6; 3:3f). '환란'은[134] 신앙을 가졌다는 이유 하나 만으로, 주위 세계나 적대적인 사탄의 세력들로부터 당하는 박해나 곤궁을 의미한다(고후 4:17; 롬 8:35f). 또한 신앙생활이나 선교 활동 중에 수반되는 여러 어려움을(병, 고난, 수고 등) 일컫는 용어이기도 하다(고전 4:9-13; 고후 1:3-11; 4:7-18; 6:4-10; 8:13; 11:23-33). '환난'은, 시 18장이나 56장 그리고 렘 36장 이하에서 보듯이 의인이라면 당연히 감내해야 하는 것이다. 환난을 통해 사람은 연단된다(사 48:10; 참고 시락서 2:5). '환난' 가운데서도 "즐거워"할 수(원어: 자랑할 수) 있는 까닭은 지금 겪고 있는 고통과 고난은 일시적인 것이며, 이 환란으로 말미암아 장차 귀한 영광이 실현 될 것이라는 사실을 알기 때문이다(고후 4:17). 하나님께서는 환난 중에 있는 자를 위로하신다(고후 1:3f). 그렇기 때문에 환난을 견딜 수 있다(고후 1:6). 환난을 통해 사람은 '인내'를[135] 배운다. 인내는 스토아 철학에서 뿐만 아니라 유대세계에서도 귀한 덕목 중 하나로 평가받았다.[136] 특히 순교자와 관련해서 이 단어가 잘 사용된다(막하비4서 1:11; 7:9 등). 신약

---

134) '환난'은 외적으로 당하는 어려움을 뜻한다(2:9 주석 참고). '환난'은 무엇보다도 종말의 때에 인류가 겪게 되는 사상 초유의 곤궁이라는 의미가 강하다(히브리어 *ṣarah* 단 12:1; 합 3:16; 습 1:15; 참고 고전 7:28; 살전 3:3f). 참고 J. Kremer, Art. *thlipsis* etc., *EWNT*[2] *II*, 376f.

135) 2:7 주석 참고

136) F. Hauck, Art. *menō* etc., *ThWNT IV*, 588f

성서 기자들과 마찬가지로(눅 8:15; 히 12:1; 약 1:3f; 벧전 2:20; 계 2:2f), 바울도 이 '인내'라는 덕목을 매우 중요하게 생각했다(2:7; 8:25; 15:4f 고후 1:6; 6:4; 12:12; 살전 1:3 등). '인내'는 '연단'*dokimē*을 이룬다. '연단'은 참고 인내하는 일종의 과정으로, 하나님께서 주신 과업을 잘 수행할 수 있는 능력을 증진시키고 확인하는 일종의 수련을 뜻한다(고후 8:2 "환란의 많은 시련[*dokimē* = "연단"] 가운데서"). 역경과 시련을 인내로 극복하면서 믿음의 선한 싸움을 싸워나갈 때, 우리가 바라는 장차 나타날 하나님의 영광에 대한 소망은(2절; 8:18) 더욱 구체적이고 현실화되어 간다("연단은 소망을"). '인내'와 '소망'은 곧잘 함께 사용된다(롬 12:12; 살전 1:3). 히브리어 티크바(*tiqwah* '소망')는 헬라어로 '소망'*elpis* 외에 '인내'*hypomonē*로 번역되기도 한다(욥 14:19; 시 9:19; 잠 10:28; 11:7 등).[137]

[5] '소망'이란 보이지 않는 것을 바라는 자세로, 구원의 근거가 된다(8:24; 참고 4:18). 한편 믿음이란 소망으로 기다리는 신앙의 태도이다(8:25). 성경은 '믿음을 가진 자들은 부끄러움을 당치 아니한다'고(9:33) 말한다. '소망'은 '믿음'의 모양새가 어떠해야 하는 지를 묘사하는 일종의 서술어이다. 믿음으로 우리가 부끄럼을 당하지 않는 것처럼, 소망으로도 그렇다. 왜냐하면 믿음에 근거한 소망은 반드시 이루어지기 때문이다. 마음에 품고 있는 '소망'에 대해 우리가 낙심하지 않고, 담대하게 선포할 수 있는("소망이 우리를 부끄럽게 하지 아니함은") 이유는 바로 '하나님의 사랑'에 있다. 하나님께서 인간을 얼마나 사랑했는지는 '예수 그리스도의 십자가 죽음'이라는 사건을 통해 알 수 있다(8절). 이 사건은 인간에 대한 하나님의 사랑을 확증한 일종의 증표였다. 하나님

---

137) 던, 『WBC 38상』, 461

은 자신의 아들뿐만 아니라 모든 것을 아끼지 아니하시고 내어 주신
(8:32), 참으로 우리를 사랑하신 분이시다(참고 8:35). 이 사랑은 '보증'이
신(고후 1:22) 성령을 통해 우리에게 주어진다. 롬 8:11의 내용처럼, 성
령은 하나님과 우리를 매개하는 역할을 한다. 이 영에 의해 사로잡힌
바 된 사람은 하나님께 속한 존재가 된다(8:14). "부은 바 됨이니"라는
표현은 세례를 연상시킨다. 세례 때 성령을 받는다는 사고는 욜 3:1f
에 기초하여 신약시대의 교회에 널리 퍼져 있었다(행 2:17f, 33; 딛 3:6).
롬 5:5에서는 '성령'이 아니라 '하나님의 사랑'이 "부은 바" 되었다고
표현함으로써, 기존 세례 본문과 차이를 보이고 있다. 우리 가운데 역
사하고 계신 성령께서, 우리를 자녀로까지 삼아주신 하나님의 사랑에
대해 증거하고 있다(8:15f).

[6] 6절부터 바울은, 앞에서 거론된 '하나님의 사랑'이(5절) 구체적
으로 무엇을 뜻하는지, 설명한다. 불경건한 자들을 위해 그리스도를
희생시켰다는 점에서, 하나님의 사랑은 '인간에 대한 자신의 사랑이
얼마나 큰 것인지를 보여주는, 일종의 은혜의 행위'이다.[138] "마음에
는 원이로되 육신이 약하도다"(막 14:38)는 예수의 꾸지람이나 "성령도
우리의 연약함을 도우시나니"(롬 8:26)라는 바울의 표현에서 알 수 있듯
이, "연약한"은 '강하지 못한'의 동의어라고 할 수 있다(참고 14:1). 하지
만 6절의 '연약함'*asthenēs*은 문맥상 '우리가 구원받지 못한 상태였을
때'라는[139] 뜻이다. '연약'은 '육신'*sarks*과 관련이 있다(8:3). '육신에 속
한' 존재이기에 인간은 죄의 노예로 살아간다(7:14). 그때 주인은 '나'

---

138) 참고 Käsemann, HNT 8a, 127
139) J. Zmijewski, Art. *asthenēs* etc., *EWNT² I*, 411; Käsemann, HNT 8a,
128

자신이 아니라, '나'를 마음대로 제어하는 '죄'이고, 인간은 하나님과 대적하는 입장이 된다(8:5). 따라서 '약함'은 구원론적인 관점의 표현이다. 죄의 측면에서 보자면 그 '약함'은 오히려 하나님의 뜻을 거스리고 그에게 대항하는 완고하고 강퍅한 상태를 뜻한다.140) 하나님께서는 악인을 심판하시는 분이시다(시 1:5). 하지만 우리가 죄의 세력에 사로잡혀 있던 '그때에'141)(= "아직 연약한 때에") 예수 그리스도를 희생제물로 삼으심으로써 우리 "경건치 않은 자들", 즉 하나님의 뜻을 범하는 죄인들을 구원하시고자(4:5; 5:8), 사랑과 은혜를 베푸셨다.

[7] 그리스도께서 죄인을 위하여 죽으신 사건이 얼마나 대단한 것인지, 당시의 일반적인 풍습과 비교하며 설명한다. 드문 경우를 먼저 거론한 후(상반절), 상대적으로 흔한 예를 나중에 언급한다(하반절). 이는 랍비들의 논증 방법 중 하나이다.142) '의인'dikaios은 앞 절의 '경건하지 않은 자'와 대비되는 개념이다(1:17f; 솔로몬의 지혜서 10:20). 다음에 나오는 '선인'agathos은 누굴 지칭하는 것일까? 그리고 '의인'과 어떤 차이가 있을까? 라이트푸트는 "선인"을 '다른 것을 참작할 준비가 되어 있는 사람', "의인"을 '양심적으로 정당한 사람으로' 구별한다.143) 크랜필드는 '선인'을 '은인'으로 해석한다.144) 심지어 빌켄스는 바울의 경

---

140) Wilckens, EKK VI/1, 295

141) *kata kairon*을 "기약대로"(개역개정)라고 옮긴 것은 좋은 번역이 아니다. 참고 Käsemann, HNT 8a, 129; W. Bauer, *Wb*, s.v. 801; Wilckens, EKK VI/1, 295 주 973.

142) 라틴어 a minori ad majus '소수에서 다수로', '작은 것에서 큰 것으로' 또는 '사소한 것에서 중요한 것으로'

143) Lightfoot, *Notes on the Epistles of St. Paul*, 286f

144) 크랜필드, 『ICC 1』, 401

우 형용사 '선한'을 남성으로 거의 사용한 예가 없다고 지적하면서, "선한 것"(중성)으로(뜻 "가치 있는") 봐야 한다고 제안한다.145) 어느 설명도 시원하게 체증을 풀어주지 못한다. 더 좋은 연구가 나올 때까지 '의인'과 '선인'을 있는 그대로 둘 수밖에 없다.

유대의 역사에서 예언자들이나 위대한 신앙인들이 불의한 백성을 위하여 몸을 바쳐 헌신하거나, 이스라엘의 죄를 위해 순교하는 예외적인 예를 가끔 접하게 된다(예 제4에스라 12:40-50; 막하비 형제의 경우). 하지만 일반적인 사람들의 경우, 의인을 위해서라 할지라도 자신의 목숨을 내놓는 것이 결코 쉬운 일은 아니다. 물론, 선한 자를 위하여 죽음을 택한 자들도 가끔 있었다. 바울은 여기서 말을 마친다. 하지만 속으로 이처럼 외쳤을 것이다. '의인'과 '선인'을 위해서 희생하는 것도 그 유례를 찾기 힘든데, 경건하지 않은 자를 위해서 죽으신 주님의 사랑이야 말로 얼마나 유일무이하고 특별한 것인가!

[8] 하나님이 우리를 얼마나 사랑하셨는지에 대해 설명한다. 그리스도는 우리가 의인이거나 선한 사람이 아님에도 불구하고 우리를 위하여 자신의 생명을 내놓으셨다. 그리스도께서 우리 죄를 위해 죽으셨다는 내용은 이미 6절에서 언급되었다. 그 대속의 죽음 사건이 바로 우리를 향한 하나님 '사랑의 결정'結晶이다(5절). '확증하셨다'*synistēmi*는 3:5에서도 사용되었다('드러나게 하면'으로 번역됨). 이 동사는 '증명하다', '과시하여 보여주다'의 뜻을 가지고 있으며, 3:25의 "나타내려 하심이니"*endeiknumi*와 유사한 의미이다.146)

---

145) Wilckens, EKK VI/1, 296
146) Wilckens, EKK VI/1, 297 주 982

[9] "더욱"*pollō mallon*이라는 표현과 함께(원문에는 9절 맨 앞에 나온다), '소수에서 다수로' 논증을(7절 참고) 시도한다.147) '의롭게 됨' → '진노에서 구원'. "이제 우리가 ... 의롭다 하심을 받았으니"는 분사구문으로서, 앞 절의 내용을(십자가 사건을 통한 하나님의 인간에 대한 사랑을 확증) 받고 있다. 그리스도께서 우리 죄를 위해 대속적인 죽음을 당하심으로 (3:25) 우리는 의롭다 여김을 받았다. 신앙인이 현재 누리고 있는 구원의 상태는 장차 있을 종말론적인 운명에도 영향을 미친다 ("이제" → "더욱"). 바울에 따르면 모든 인류는 죄의 세력에 사로잡혀, 하나님의 진노의 심판으로부터 피할 수 없다(1:18). 오직 재림 주, 그리스도를 통해 (살전 1:10; 5:9) 하나님의 진노에서 벗어날 수 있다. 그때 신자들은 궁극적인 구원의 현실을 경험하게 될 것이다. 여기서 그리스도는 묵시문학적인 차원에서 구원의 사역을 이루어 가는 존재로 묘사된다('구주' *sōtēr*, 빌 3:20).148) 신자들은 현재, 의롭다 여김을 받고 하나님과 화평을 누리며(1절) 은혜 가운데 거하고(2절) 있다. 그러나 궁극적인 구원은 아직 도래하지 않았다. 신자들은 장차 나타날 하나님의 영광에(8:18) 참여하리라는 소망 가운데 살고 있다. 자신들은, '우주적인 재앙'과 '심판'으로 요약될 수 있는 하나님의 '진노'로부터 벗어날 것이라는 사실을 굳게 믿고, 구세주 예수 그리스도의 재림을 기다리며 살고 있다. 9절은 6절부터 언급된 내용의 결론에 해당한다.

---

147) a minori ad majus('소수에서 다수로') 논증은 5장에 집중적으로 나온다 (9, 10, 15, 17절 -"더욱"*pollō mallon*과 함께).

148) '구주', '구세주'란 의미의 헬라어 *sōtēr*는 바울 서신에 단 한 차례만(빌 3:20 "구원하는 자 곧 주 예수 그리스도를 기다리노니") 나온다. 살전 5:9에서는 '하나님이 우리로 하여금 예수 그리스도로 말미암아 구원을 받게 하신다'고 되어 있다(구원의 주체가 하나님이다).

[10] 앞에서 언급한 내용이 반복된다. '소수에서 다수로' 논증이 재등장한다. "원수 되었을 때에"란 내용상 "아직 연약할 때에"(6절), "아직 죄인 되었을 때에"(8절)와 다름이 아니다. 우리는 과거에, 육적인 존재로서 하나님에 대해 적대적인 세력인 '죄'의 볼모로 사로잡혀 있었다. '죄'는 우선, 우리 '육신'을 통해 기회를 잡아 그 세력을 확대했다(7:14). '죄'는 각 사람을 지배하는 실제 주인이 되었다(7:17). '하나님'과 '죄'는 서로 대립하는 두 세력이고, 우리는 죄의 지배 영역에 속해 있었다는 점에서, 하나님 편에서 볼 때 우리는 "원수"인 셈이다(3:9 주석 참고). '육신'은 구원과 관련하여 무능력할 뿐만 아니라(8:3), '죄'를 배양하는 숙주 역할을 한다는 점에서(7:18), '육신'과 '죄'는 서로 밀접한 관계가 있다. '육신'에 속한 것은 무엇이나 하나님과 원수 관계에 있다고(8:7f) 바울은 말한다. "그의 아들의 죽으심"은 "그의 피로 말미암아"(9절)와 같은 뜻이다. "화목"이란, 외적으로 '원수' 관계가 해소된 상태를 뜻한다.[149] '화목'은 간구나 희생(순교)을 통해 하나님의 진노를 누그러뜨리고 다시 은혜를 베푸시게 하는 것을 일컫는다(막하비2서 1:5; 5:20; 7:33; 8:29; Jos. Ant. VI,143; 필로 Praem. 166). 헬라 제의 문헌에서는 '화목'이라는 용어를 찾기 힘들다. 하나님께 대해 이 단어를 사용함으로써, 유대의 종교가 얼마나 인격적인 관계를 중시했는지 단적으로 말하고 있다.[150] 하나님과 인간 간의 관계에 이 '화목되다'*katallassō*를 사용한 인물은 신약에서 바울이 유일하다(고후 5:18f, 20). 사람과의 관계에 사용한 예도 두 곳밖에 없는데, 하나는 바울 저술에서(고전 7:11), 다른 하나는 베자 사본의 사도행전 본문에서(12:22, 주후 5세기) 이다. 그런 점에서 '화목'은 유대 전통에서 바울이 발굴해 낸 개념이라고

---

149) Käsemann, HNT 8a, 130; R. Bultmann, *Theologie*, 286f
150) 참고 F. Büchsel, Art. *allassō* etc., *ThWNT I*, 254f

할 수 있다. 명사 '화목'*katallagē*도 롬 5:11; 11:15; 고후 5:18f에만 나온
다. '화목되다'와 '의롭다 여겨지다'는 의미상 같은 내용이다. 하지만
제사장이 드리는 제사를 통해 하나님과 이스라엘 백성 사이에 어긋난
관계가 회복된다는, 유대 제의적 사고가 '화목'이라는 단어 안에 내포
되어 있다.151)

앞 절과 비교하면, 9절은 부정적인 진술("진노하심에서 구원받을 것이
니")로 끝난 데에 반해, 여기서는(10절) 긍정적으로 끝을 맺고 있다("구
원을 받을 것이니라").

[11] 5절에 제시한 '하나님의 사랑'을 6절 이하에서 풀어 설명한 후,
바울은 이제는 결론에 다다른다. 여기서 그는 예수 그리스도로 말미암
아 현재(참고 3:21 "이제는") 이루어진 하나님과 인간 사이의 화목 사건에
의지하여, 하나님을 기리며 그분께 영광을 돌린다. "즐거워하느니
라"*kauchaomai*의 본래 뜻은 '자랑하다'이지만, 여기서는 '환호하며 즐
거워하다'는 의미로 사용되었다(참고 2절). 기쁨과 환희 속에 진행되는
초대교회의 예배 분위기가 느껴진다.

기쁨과 감사도 주님을 통해서 하나님께 드린다(1:8) -"우리 주 예수
그리스도로 말미암아". 이 표현은 5:21에서도 똑같이 나타난다.

b) 아담과 그리스도, 둘째 아담의 지배 (5:12-21)

12 그러므로 한 사람으로 말미암아 죄가 세상에 들어오고 죄로 말
미암아 사망이 들어왔나니 이와 같이 모든 사람이 죄를 지었으므
로 사망이 모든 사람에게 이르렀느니라 13 죄가 율법 있기 전에도
세상에 있었으나 율법이 없었을 때에는 죄를 죄로 여기지 아니하

---

151) Käsemann, HNT 8a, 130

였느니라 14 그러나 아담으로부터 모세까지 아담의 범죄와 같은
죄를 짓지 아니한 자들까지도 사망이 왕노릇 하였나니 아담은 오
실 자의 모형이라 15 그러나 이 은사는 그 범죄와 같지 아니하니
곧 한 사람의 범죄를 인하여 많은 사람이 죽었은즉 더욱 하나님의
은혜와 또한 한 사람 예수 그리스도의 은혜로 말미암은 선물은 많
은 사람에게 넘쳤느니라 16 또 이 선물은 범죄한 한 사람으로 말미
암은 것과 같지 아니하니 심판은 한 사람으로 말미암아 정죄에 이
르렀으나 은사는 많은 범죄로 말미암아 의롭다 하심에 이름이니
라 17 한 사람의 범죄로 말미암아 사망이 그 한 사람을 통하여 왕
노릇 하였은즉 더욱 은혜와 의의 선물을 넘치게 받는 자들은 한 분
예수 그리스도를 통하여 생명 안에서 왕노릇 하리로다 18 그런즉
한 범죄로 많은 사람이 정죄에 이른 것 같이 한 의로운 행위로 말
미암아 많은 사람이 의롭다 하심을 받아 생명에 이르렀느니라 19
한 사람이 순종하지 아니함으로 많은 사람이 죄인 된 것 같이 한
사람이 순종하심으로 많은 사람이 의인이 되리라 20 율법이 들어
온 것은 범죄를 더하게 하려 함이라 그러나 죄가 더한 곳에 은혜가
더욱 넘쳤나니 21 이는 죄가 사망 안에서 왕 노릇 한 것 같이 은혜
도 또한 의로 말미암아 왕 노릇 하여 우리 주 예수 그리스도로 말
미암아 영생에 이르게 하려 함이라

[12] 5:12-21는 7:7-25와 더불어 로마서에서 가장 주석하기 어려운
부분이다.152) 잘 이해하기 위해, 세심한 주의와 노력을 필요로 한다.
전 인류의 죄에도 불구하고 하나님께서는 그리스도를 통해 세상을 구
원하시기로 작정하셨다. 그 결과, 그리스도의 희생으로 하나님과 인간
사이에 화해가 이루어졌다. 이러한 진술에 이어, 이제부터 바울은 역
사적인 차원에서 한 사람이 지은 죄와 이에 따른 죽음의 문제, 그리고

---

152) Wilckens, EKK VI/2, 97

율법과의 상관성을 다룬다. "그러므로"라는 표현을 통해 1-11절의 내
용과 12ff절이 서로 연결된다. 12절은 구문 "… 같이"*ōsper/ōs(조건절)*,
"또한 그렇게 …"*houtōs [kai]*(귀결절)가 아니라, "… 같이"(조건절), "그리
고 [결과로서]그렇게/[이런 방식으로]그래서 …"(귀결절) 이다(헬라어
ōsper, kai houtōs). 두 개의 조건절을 받는 귀결절은 18b절이다. 18절은
조건절, 귀결절로 구성되어 있다(*ōsper/ōs, houtōs [kai]* -15, 19, 21절도 마찬
가지). 즉, 바울은 아담의 범죄로 세상에 죄가 들어왔고, 그래서 사망이
전 인류를 지배케 된 것처럼(12절 = 18a절[의미상]), 예수 그리스도 한 사
람을 통해 모든 사람이 의롭게 되고 생명을 얻게 되었다고 설명한다
(18b절). 그 사이의 내용은 보충설명으로써(13f절은 아담 시대의 율법과 죄와
죽음의 관계에 대해서 논하며, 15-17절은 아담과 그리스도에 대해 비교) 일종의 삽
입구이다.

한 사람의 타락으로 인해 죄의 역사가 시작된다(시락서 25:24). 이는
창세기 3장의 내용을 염두에 둔 것이다. 하지만 '아담'이 직접 언급되
지는 않는다. 고전 15:45에 사용되었던 '첫 사람'이란 표현도 나오지
않는다. 12b절에서 '아담의 죄'가 아니라, '죄'가 세상에 들어왔다고
표현한다. 여기서 우리는, 구체적인 '아담의 죄'가 아니라, 현 세상을
지배하고 있는 '죄의 기원'에 대해 바울이 관심을 갖고 있다는 사실을
알게 된다. '한 사람'인 아담은, 죄가 세상에 진입할 수 있도록 기회를
제공하였다. 발단은 '한 사람'의 범죄 때문이었다. 세상에 들어온 죄는
사망을 불러들였다. 죄가 사망을 불러들여 사람을 지배 한다는 점에서
(21절) 죄는 일종의 사탄적인 세력이다(죄의 의인화擬人化 6:12ff; 7:8). 죄
가 단수로 사용되는 것은 이를 더욱 반증한다(3:9 참고).

"사망"이라는 단어가 5장에서부터 본격적으로 등장하는 사실에 주
목할 필요가 있다.[153] 바울은, 인간의 생명이 끊어지는 현상을 '사망'

이라고 정의하는 것으로 만족하지 않는다. '사망'은 죄의 결과로 야기
된(6:16 "죄의 종으로 사망에 이르고"; 6:23 "죄의 삯은 사망이요"; 7:5), 일종의 하
나님을 거스르는 현상으로서("왕노릇 한다" 5:14, 17) 인간을 反 생명의
상태로(7:10; 8:2, 38) 몰아간다. 바른 얼매를 맺지 못하거나(6:21), 영적
인 존재로 변화되지 않는 한(7:24; 8:6), 사람은 이 사망의 지배에서 벗
어날 수 없다. 이렇게("이와같이")154) 들어온 사망은 모든 사람을 자신
의 영향권 아래 놓고, 복속시킨다.

    사람이 사망이라는 숙명에서 벗어 날 수 없는 까닭은 모두 죄를 지
었기 때문이다. 모두가 죄인이라는 사고는 이미 3:20 등에서 거론된바
있다. 12d절 앞에 사용된 에프 호(eph hō, 개정개역 "이와 같이")는 "왜냐하
면"의 뜻이다. 교부 아우구스티누스는 이를(라틴어 in quo, 영어 in which)
"아담 안에서"라고 해석함으로써 원죄설의 정초를 마련하였다.155) 아
우구스티누스의 견해를 따르는 이들은 12a-c절을 원죄, 12d절을 실제
지은 죄로 해석한다. 실제 유대교 내에는 죽음을, 아담의 범죄 결과로
인류가 겪어야 할 운명으로 보는 경향이 있다.156) 아담과 그의 후손에
게 내린 죽음이라는 징벌은 마치 유전병처럼, 인류 전체의 발목을 잡
고 있다. 아담이 저지른 죄의 결과가 아무 관련 없는 후대의 모든 사람
들에게 영향을 미쳤다는 점에서 원죄설을 생각해 볼 수 있다(18f절). 또

---

153) 로마서에서 "사망"thantos는 1:32; 5:10, 12, 14, 17, 21; 6:3, 4, 5, 9, 16,
21, 23; 7:5, 10, 13, 24; 8:2, 6, 38 에 나온다.

154) 12절은 죄-죽음, 죽음-죄(를 지음)의 구조로 되어 있다. a-b, b'-a' 구조이
다. "이와 같이"는 앞의 a-b 부분을 통해 이끌어 낸 결과이다.

155) 이하 크랜필드, 『ICC 1』, 414ff 참고

156) 제4에스라 3:7, 21f, 7:118; 바룩의 묵시 17:3; 23:4. 크랜필드, 『ICC 1』,
422에 따르면 시락서 25:24는 신체의 죽음이 타락 때문이라고 단정하며 모
든 인간의 유죄성을 아담과 이브의 죄와 연결시키는 가장 초기의 구절이다.

한 에프 호(eph hō, 개정개역 "이와 같이")를 "왜냐하면"으로 해석해도 원죄
설이 성립된다. "왜냐하면 모든 사람이 죄를 지었으므로"에서 '죄 짓
다'를 아담의 원초적인 범죄 가운데 집단적으로 죄를 범한 것으로 이
해하거나, 아담으로부터 물려받은 타락한 본성의 결과로서의 인격 속
에서 범했다고 이해할 때도 원죄설이 성립된다.

　하지만 (원문에서) 에프 호eph hō 바로 뒤에 나오는 설명을("모든 사람
이 죄를 지었으므로") 참고할 때, 전 인류가 죄의 세력에 사로잡히게 된 이
유는 근본적으로 원죄 때문이 아니라, 모두 죄를 지었기 때문이다. 죄
의 책임이 개인에게 있다는 사고도 유대교에 이미 존재한다(바룩의 묵시
54:19). 한편 몇몇 유대문헌에는[157] 죄·죽음이 아담의 원죄에서 온 것
이지만, 자신의 잘못 때문이기도 하다는 사고가 동시에 나오기도 한
다. 롬 5:12에서도 어느 정도 이런 경향이 나타나고 있다.

　[13] 바울은 잠시 숨을 돌리면서, 모세 이전의 죄는 율법과 어떤 관
련이 있는지 설명한다. 이후 20절에서도 다시 한 번, 주 논지에서 벗어
나 율법에 대해 이야기 한다. "~을 하라" 또는 "~을 하지마라"는 율법
규정이 존재할 때, 비로소 이를 위반하거나 범하는 일이 생긴다. 시내
산에서 율법을 받은 이후에야 비로소 범죄가("위반" parabasis) 성립되는
것이다. 물론 그 이전에도 죄는 있었다. 아담은 하나님께서 따먹지 말
라고 명한 선악과에 손을 댔다. 최초의 범죄는 에덴동산에서 발생했
다. 창세기에는 아담 외에 조상들이 저지른 수많은 죄들이 적나라하게
기록되어 있다. 그렇다면 "율법이 없었을 때 죄를 죄로 여기지 아니하
였느니라"는 대체 무슨 뜻일까? 직접 잘못을 범하거나, 율법을 위반한

---

157) 바룩2서 54:15↔54:19; 에스드라서 7:48[118]↔7:49[119] (참고 크랜
필드,『ICC 1』, 422)

차원이 아닌 죄(= 원죄)를 말한다고 보는 견해도 있다. 즉, 율법 이전의 죄는 원죄 차원의 죄이지, 율법에서 말하는 죄는 아니라는 것이다. 이런 주장에 대해 분명히 집고 넘어가야 할 점이 있다. 모세 이전 사람들은, 비록 율법이라는 기준으로는 아니지만, 실제 잘못을 저질렀다. 그들은 죄인들이다. 따라서 그들이 저지른 죄가 실제적인 죄가 아니기 때문에, 즉 아담의 피에 동참한 형태(원죄)이기 때문에 하나님께 그들의 죄를 죄로 여기기 않으셨다는 해석은 잘못된 것이다. 율법이 오기 전에는 규정이 없는 까닭에 위반도 없었고 따라서 진노도 없었다(4:15). 그때는 죄로 인한 폐해의 심각성이 잘 드러나지 않은 상태였다. 죄는 율법을 기회로 삼아 악행을 추구하고 도모까지 했다(7:8). 이런 점에서 율법은 죄를 활성화시키는 일종의 스위치였다. 이 단추를 누르기 전(모세 이전),[158] 죄는 아직 죄로 심각하게 인식되지 않았다.

한편, 율법이 있기 전부터 존재하는 죄를 인간의 본성과 관련시킬 수도 있다. 선악과 이야기뿐만 아니라 창조 후 일련의 사건들을(카인의 살인, 바벨탑, 노아 시대 인간들의 강포 등) 통해 볼 때, 인간의 역사는 하나님께 반항하고 거역하는 역사였다. 죄와 타락의 연속이었다. 육신에 속한 인간은 본질적으로 죄의 세력에 사로잡혀 있다. 이 죄성은 결국 인간을 죽음에 이르게 한다("사망"). 죄에는 두 종류가 있다. 하나는 위반으로서의 죄와 다른 하나는 하나님 뜻을 거스르려는 인간 본성과 관련된 죄이다. 유대교에서도 죄를, 무의식적인 죄와 고의적인 범죄로 구분한다.[159]

바울이 율법 이전에도 죄가 세상에 있었음을 강조하는 이유는, 역사의 시작부터 인류는 '사망'에 의해 지배받고 있음을 상기시키기 위함

---

158) "등록되지 않은 상태" 크랜필드의(『ICC 1』, 425) 표현
159) 던, 『WBC 38상』, 495

이다. 다음 절에서 이 내용을 다룬다.

[14] 죄가 불러들인 사망은 이미 아담 때부터 세상에 들어와 절대적인 영향력을 행사했다. 아담이 한 것과 같은 종류는 아니라 할지라도 죄*parabasis*를 지은 사람들은(호 6:7 "저희는 아담처럼 언약을 어기고") 사망의 지배하에 놓여 있다. '사망'은 마치 의인화된('죄'도 그랬다. 3:9; 5:12) 세력처럼, 인간을 지배한다.

바울은 모형론typology을 사용하여 아담을 미래에 오실 분의 '모형' *typos*이라고 설명한다. 모형론은 원형적인 사건이 계속 반복된다는 사고를 근간으로 한다. 여기서 아담은 신약 시대에서 일어나고 있는 종말론적인 구원자 예수 그리스도를 지시하고 있다.[160] 플라톤 철학의 '이데아론-현상계 이론'은 모형론과 다르다. 그것은 원형Archtype과 모방의 대비에 관심을 갖는다(참고 히 8:5; 9:23f; 10:1). 이데아의 세계가 원형이라면, 그것을 모방한 것이 현상계이다. 여기서 강조점은 앞에, 즉 원형에 있다. 이와 달리 신약의 모형론에서는 뒤의 것이 중점을 둔다. '처음 아담'보다는 오실 '둘째 아담'이(참고 고전 15:45ff), '창조'보다는 '새 창조'가(계 21:1), '피조물'보다는 '새로운 피조물'이(고후 5:17) 더 중요하다.

바울은 역사상 인류를 크게 둘로 나눈다. 그 하나가 아담이다. 죄가 세상에 유입된 것은 아담 때문이다. 결과적으로 사망도 들어와 세상을 지배하게 되었다. 모든 인간이 죄를 지었다는 죄의 관점에서 볼 때, 온 인류는 아담과 연대되어 있다. 아담이 모형이라는 의미는, 그가 모든 죄인들을 대표한다는 뜻이다. 그를 통해 죄의 보편성이 부각된다.

---

160) L. Goppelt, Art. *typos*, *ThWNT VIII*, 251ff

[15] "… 같이"(조건절), "또한 그렇게 …"(귀결절) 라는 구문으로(헬라어 ōsper/ōs, houtōs [kai]) 문장이 시작된다(12절 참고). 장차 오실 자의 모형으로서 아담에 대한 설명에 이어, 아담과 오실 자를 대비시키고 있다. '소수에서 다수로' 논증을 사용한다(7절 참고). 비교되는 둘을 각각 "한 사람"으로 칭한다. 둘째 사람에 대해서는 "예수 그리스도"라는 설명을 붙인다. 죄의("범죄") 역사 중심에 '한 사람'이 있다. 구원사의("은사") 한 가운데는 또 다른 '한 사람', 예수 그리스도가 계신다. '범죄' paraptōma 와 '은사' charisma가161) 적합하게 대비되는 짝이 아니라는 지적도 있다. 불트만은 '범죄' - '순종' hypakoē, '은사' - '심판/정죄' krima/ katakrima가 서로 어울리는 대비라고 지적한다.162) 14절에서는 단어 '범죄' parabasis 를 쓰다가 15절에서는 다른 단어 '범죄' paraptōma를 쓴 이유는 아마도 발음상 파라프토마('범죄', 4:25)가 뒤에 나오는 카리스마(Charisma '은사') 와 더 잘 어울리기 때문일 것이다.163) 14절의 '범죄' parabasis와(='그릇된 행위', '실책') 15절의 '범죄' paraptōma는 의미상 별로 차이가 없다.

인간의 죄에도 불구하고 하나님은 은혜로 용서해 주시고 새로운 구원의 기회를 주시는 분이시다. 그렇기에 인간이 저지른 범죄에 비해, 하나님의 은사는 더 없이 큰 것이다. 아담의 범죄와 그리스도의 은사도 마찬가지이다. 집합체로서의 인간이라는corporate personality 관점에서 볼 때(18절 참고), 한 사람의 죄는 전 인류에 영향을 끼친다. 그 반대의 경우도 마찬가지이다. 여기서 모형인 아담의 죄보다, 원형인 그리스도의 은사와 은혜가 더 크기 때문에, 아담의 죄로 인해 사망의 권세에 사로잡힌 전 인류는 예수 그리스도로 말미암아 구원받게 된다. 예수 그

---

161) 은사에 대한 설명은 1:11 참고
162) R. Bultmann, Adam, 435
163) Wilckens, EKK VI/1, 322 주1070

리스도의 구원 행위로 말미암아 아담이 저지른 악행이 극복되고 제거되었다. 죄로 인해 촉발된 사망의 악한 활동도 중단되었다. 죄의 역사役事가 은혜의 역사役事로 대체되었다(21절). 이 은혜는 많은 이들에게 아무 조건 없이 차고 넘치도록 부어졌기 때문에, 일종의 선물이다.[164] 마지막 단어 "넘쳤느니라"*eperisseusen*는 단순과거로 사용되었다. 이는 그리스도의 은혜가 지배하는 현실이 이미 과거에서부터 이루어졌다는 의미이다.

[16] "~같지" - "곧"으로*ōs - houtōs* 시작한 15절처럼 16절도 "~같지"*ōs*로 시작한다. 하지만 "곧"은 나오지 않는다(12절 참고). 앞 절에서 '은사'와 '범죄'가 명백히 대비되는데 비해, 여기서는 '선물'에 대비되는 심판에 대한 언급이 생략되어 있다. 15절에 맞추어 16절을 구성하면 '또 이 선물은 범죄한 한 사람으로 말미암은 심판과 같지 아니하니'가 될 것이다. 그리스도의 은혜로 말미암아 선사된 선물*dōrēma*은 아담의 범죄로 인해 야기된 현실과 비교할 수 없다. 아담은 낙원에서 계명을 어김으로 하나님으로부터 죄인이라 판단되어 졌고("심판"), 그 결과 저주를 받게 되었다("정죄"). 부정적인 의미의 심판과 정죄는 한 사람으로부터 기인하는데 반해, 은사는 그 파급 범위가 훨씬 넓어 여러 사람들과 관련된다. 죄가 더한 곳에 은혜가 더욱 넘치듯이, 많은 사람들의 범죄를 출발점으로 삼은[165] 은사는 심판과 비교할 때 더할 나위 없이 귀중한 결과를("의롭다 하심") 가져다준다. "의롭다 하심"*dikaiōma*은 일차

---

164) 선물*dōrea*은 3:24에서 부사로 쓰인 후, 여기서 처음 나온다(그 외 로마서에서는 5:17). 5:16에는 선물이라는 뜻으로 *dōrēma*가 나온다. 이 단어는 이 외에 약 1:17에서만 사용되고 있다.

165) Schlier, HThK VI, 170; Wilckens, EKK VI/1, 324

적으로 의인義認 justification의 의미이다. 하지만 상반절의 "정죄에 이르
렀으나"*eis katakrima*와 관련시켜 볼 때, '의롭다 판단 받음'의 뜻으로 이
해되어야 한다. 반면에 18절에서 디카이오마*dikaiōma*는 '범죄'*paraptōma*
의 반대 뜻으로서 "의로운 행위"를 의미한다(개역개정도 그렇게 번역).

[17] "더욱"*pollō mallon*과 함께 '소수에서 다수로' 논증방식이 사용
된다(9절 참고). 죄와 마찬가지로 사망도 한 사람으로, 정확하게 말해서
한 사람의 범죄로 인해 세상에 들어와 맹위를 떨치며 온 인류를 지배
하였다. 이와 비교할 때, 풍성한 은혜와 선물인 의를166) 받은 자들에
게는 예수 그리스도를 통해 종말적인 생명의 미래가 열려 있다. 하나
님의 의와 은혜의 현실은 이미 이루어졌지만, 궁극적인 구원은 아직
미래의 차원에 속해 있다("왕노릇 하리로다" -미래시제; 참고 5:2; 8:18ff).

[18]   바울은 12절 이하에서 언급한 내용을 "그런즉"*Ara oun*으로 시
작하는 문장으로 정리하고 있다. 18f절은 15절에서 나온 도식 "… 같
이"(조건절), "또한 그렇게 …"(귀결절)를 통해(12절 참고), 아담과 그리스
도가 각각 전체 인류에 끼친 영향과 그 결과에 대해 다룬다. 18a절은
15절 내용을 담고 있다. 아담의 범죄로*paraptōmatos* 죄와 죽음이 세상
에 들어왔고 모든 사람은 정죄*katakrima*를 피할 수 없게 된 반면에, 예
수 그리스도에 의한 '의로운 행위'*dikaiōma*로(= '은혜와 선물로서의 의를 선
사함' 17절) 인해 심판과 죽음의 운명에서 벗어날 수 없었던 사람들은
의롭다 여김을 받게 된다. 범죄든, 의로운 행위든 간에 그것이 모든 사
람의 운명에 영향을 미친다는 점에서, 한 사람과 인류는 긴밀히 연결

---

166) 여기서 소유격은 보충설명의 역할을 하고 있다 Wilckens, EKK VI/1,
325

되어 있다(corporate solidarity '공동체적 연대', 참고 5:12). 한 사람으로 대표되는 아담의 타락으로 인해 전 인류는 죄를 짓게 되었다(심판). 또한 한 사람의 봉사와 순종과 섬김의 신실한 태도 그리고 십자가에 죽기까지 하나님을 사랑한 그 사랑으로 말미암아 전 인류가 의롭다 여겨졌다(='생명에 이르렀다'). 여기서 '생명'은 보충설명genitivus epexegeticus의 소유격이다(뜻: "생명인 의롭다 하심에 이르렀느니라").

인류는 아담의 후손이므로 넓은 의미에서 한 가족이다. 생산기술 발달이 미약했던 고대에는 경작, 수확, 치수, 외적 방어 등을 위해 협업이 필수적이었다. 촌락 공동체는 사람들의 생존과 안녕을 위한 필수불가결한 사회시스템이었다. 사람은 대가족의 일원으로, 각 지파의 구성원으로 존재하는 것이지, 분절화 된 한 개인個人(individual = in[~할 수 없는] + dividable[나눌 수 있는])으로 사는 것이 아니었다. 더 이상 나눌 수 없는, 남과 독립된 개체로서의 인간이라는 뜻을 가진 '개인'은 르네상스 이후에 성립된 개념이다.

땅을 매개로 농민들을 속박하던 봉건제도가 무너지고, 자영업, 금융업, 무역, 상업에 종사하는 자들이 도시에서 정착하기 시작했다. 이제는 더 이상 공동생산을 통하지 않고도 경제생활이 가능했다. 종교적인 면에서도, 교황을 정점으로 한 일종의 집단 신앙체제인 로마 카톨릭의 영향력이 종교개혁으로 급격히 쇠퇴하였다. 로마 교회는, 신부에게 고해해야 죄 사함을 받으며 교회만이 성경을 읽고 뜻을 해석할 수 있으며 교회가 베푸는 성례에 참여해야 구원이 있다고 주장하는 점에서 집단적인 성격을 가지고 있다. 반면 개신교는 만인제사장설, 성서 번역(교인들이 하나님 말씀을 접할 수 있게 함), 성례전 축소 등을 통해 각 사람이 직접 하나님을 만날 수 있도록 했다. 각 교인들의 지위를 사제의 위치

까지 상승시킨 셈이다. 이는 일종의 '개인의 발견'이다. 중세의 신분질
서가 파괴되면서 새로운 사회적인 계층인, 브루조아bourgeoisie가(영주,
교황의 간섭에서 자유로운, 일종의 해방구인 도시·성 안에 산다는 뜻에서 유래) 출현
했다. 이들은 왕에게 자신들의 권리를(신분 보장, 경제 활동의 자유, 재산권
보호 등) 인정해 달라 요구했고 결국에는 이를 관철시켰다. 이처럼 급격
한 정치·경제·종교적인 변화와 함께 등장한 사회학적인 용어가 바로
'개인'이다.

　바울 당시의 인간은 홀로 있는 존재가 아니라, 공동체를 매개로 연
대되어 있는 존재(corporate solidarity)[167] 이다. 집합체로서의 인간이라
는(corporate personality) 관점에서 볼 때, 한 사람의 죄는 전 인류에 영향
을 끼친다. 마치 아간이 전쟁에서 노획한 전리품을 훔쳤을 때, 그의 죄
가 이스라엘 전체의 죄로 간주되어 이스라엘에 심판을 초래케 했던 것
처럼(수 7:11f, 참고: 인자는 천대에, 죄는 삼사 대에 이른다. 출 34:7; 민 14:18). 이런
맥락에서 '한 사람의 죄가 많은 사람에게 영향을 미쳤다'는 구절(18절)
을 이해해야 한다. 또한 죄는 홀로가 아니라 타인과 관련되어 저질러
지는 것이기 때문에 한 사람의 죄는 곧 전 인류의 죄이기도 하다. 물론
성경에는(그것도 이미 구약에서!) 개인을 강조하는 구절도 있다(렘 31:29f).
바울도 선각자답게 '개인'을 강조하기도 한다. '모든 사람이 죄를 지었
기 때문에 사망이 모든 사람에게 이르렀다'는 구절에는 이와 같은 생
각이 반영되어 있다(12절).

　[19] "많은 사람"을 주어로 해서, 다시 한 번 앞에서 말한 내용을 반
복한다. "… 같이"(조건절), "또한 그렇게 …"(귀결절)로 대비 구문을 만들

---

167) D.J. 무, 『로마서의 신학적 강해』, 167

고, '불순종' - '순종', '죄인' - '의인'을 대구對句로 사용한다. 전 인류
의 운명은 '한 사람'의 순종 여부에 달려있다. 아담의 불순종으로 전
인류는 죄인이 되었다. 반면에 예수 그리스도의 순종 결과 인류는 의
인이 될 것이다(미래). '순종'이란 다름 아닌 십자가에 자신의 몸을 내
어주기까지의 복종, 우리를 위한 그리스도의 대속적인 죽음을 뜻한다
(참고 빌 2:8; 히 5:8f). '죄'에서 파생된 단어들은("죄", "죄를 짓다", "죄인") 이
미 12절부터 거론되고 있다. 반면 19절에서 '죄'와 대비되고 있는 단
어군 '의'는 16절 마지막 부분부터 등장하여, 이후 20절을 제외하고 5
장 끝까지 매 절에서 사용된다. 전체 장 가운데서 유일하게 19절에서
만 죄와 의가 서로 직접 대비되고 있다.

18절은 현재 신자들의 상태를 의롭게 된 것으로 묘사한 반면에, 19
절에서 이 사건은 미래에 일어난다. 의인義認은, 아담에 의해 야기된
죄와 죽음의 권세로부터 벗어나는 일종의 사건이다(현재). 하지만 의롭
다 인정받은 자들이 영원한 생명을 누리는 현실은 종말론적인 미래 영
역에 속한 것이다. 19절 "많은 사람이 의인이 되리라"는 이런 차원에
서 이해되어야 한다.

[20] 바울은 앞에서 죄와 죽음의 문제를(12절) 율법과 관련하여(13절)
언급한 바 있다. 결론(21절) 직전에, 다시 한 번 율법에 대해 거론하다.
율법은 죄를 알게 한다(3:20b). "~를 하라" 또는 "~를 하지 말라"는 율법
규정이 없다면, '위반'*parabasis*도 없다(4:15). 율법이 없다면, 죄는 위력
을 발휘하지 못한다(7:8b). 죄는 자신의 영향력 강화를 위해 율법을 이용
했다(7:5, 8, 11, 13b). 이런 점에서 율법 때문에 많은 사람이 정죄*katakrima*
를 받게 되었고(16, 18절), 범죄*paraptōma*가 늘었다(갈 3:19 *tōn parabaseōn*
charin prosetethē "범법함으로 더하여 진 것이라" 개역개정, "죄를 밝히시려고" 표준

새번역, "범죄를 증가시키려고" 새번역, "죄가 무엇인지 알게 하시려고" 공동번역). 이것이 율법이 세상에 들어와 끼친 영향이다.

율법의 이러한 기능과 역할은, 아담과 그리스도가 대비되듯이, 그리스도의 구원 사역과 연관하여 고찰된다(20절). 율법을 주신데는 하나님의 뜻이 있다. 율법으로 죄가 죄로 드러나고, 율법 때문에 인간이 정죄에 이른 것은("범죄를 더하게 하려"한 것은 *hina pleonasē to paraptōma*), 은혜를 넘치게 하기 위해서였다. 마치 '한 사람' 아담으로 인해 온 인류가 죄와 죽음의 세력에 사로잡히게 된 이유는 다른 '한 사람' 예수 그리스도를 통해 전체 인류를 의롭게 하려는데(= 은혜[2절], 은사[15f절], 의[1, 9, 16ff 절]를 선사) 있듯이. 죄가 많은 곳에 하나님의 은혜도 비례해서 더 많은 법이다. 큰 죄를 지은 사람이 크게 용서를 받는다! 그렇기에 '죄인 중의 괴수'였던 바울은 누구보다도 하나님의 놀라운 은혜를 맛볼 수 있었다(고전 15:9f; 딤전 1:15). 밤이 깊으면 깊을수록 새벽이 가깝고 떠오르는 해가 밝게 느껴지듯, 죄의 세력이 흥왕하면 할수록 구원의 때가 점점 다가오며, 은혜는 넘친다(롬 13:11f). 이 때문에 하나님께서 율법을 세상에 들이셨고, 범죄가 넘치도록(개역개정 "더하게") 하셨다.

[21] 앞에서 언급한 죄와 은혜의 대비는 구문 "… 같이"(조건절), "또한 그렇게 …"(귀결절)를 통하여 계속된다. 죄의 대가는 사망이다(12절; 6:23a). 죄보다는 죄의 결과물인 사망을 인간은 더 두려워한다. 원자폭탄도 최초 폭발보다는 후폭풍, 방사능 낙진 등 2차 피해를 통해 더욱 가공할 파괴력을 발휘하듯이, 죄보다 사망이 인간에 더 큰 공포로 다가온다. 죄는 사망을 통해[168] 자신의 위력을 발휘한다("왕 노릇 한 것 같

---

168) Lietzmann, HNT 8, 65 등은 *en tō thanatō*("사망 안에서")를 *dia dikaiosynēs*("의로 말미암아")에 병행한 표현으로 보고, 도구, 수단의 뜻으로

이").[169] 하나님의 의도는(접속사 *hina* "하려 함이라") 죄가 사망을 통해 지배하는 현실에 맞서, 은혜가 통치하는 현실을 구현하는데 있다. 이 은혜는 의로 말미암아 선사되었다. 은혜가 지향하는 목표는(전치사 *eis*) 영생이다(2:7 참고). 이는 예수 그리스도를 통해서 가능하다(참고 6:23b; 요 3:16b).

이해한다. 크랜필드(『ICC 1』, 441)는 창 2:17에 근거하여 죽음은 죄의 결과이므로 *en tō thanatō*의 *en*(전치사)을 도구의 뜻으로 볼 수 없다고 주장한다. 그는 *en tō thanatō*을 "죄의 결과이자 수반물로서의 죽음으로"라고 해석한다.
169) 바울은 그러나 14절에서 "사망이 왕 노릇한다"는 표현을 사용했다.

2. 죄의 힘으로부터의 자유 (6:1-23)

아담의 범죄로 말미암아 세상에 죄의 역사가 시작되었다. 이로써 죄
의 결과(쏢)인, 사망이 들어왔고, 이 사망은 모든 사람을 지배하였다.
왜냐하면 아담과 마찬가지로 모든 사람은 죄를 지었기 때문이다(5:12d).
율법은 죄인을 정죄하기에, 모든 사람들은 하나님의 진노의 심판을 피
할 수 없게 되었다. 이러한 상황 가운데, 하나님께서는 자신의 아들 예
수 그리스도를 세상에 보냈다. 우리를 위하여 죽게 하심으로(5:6) 자신
과 인간 사이에 죄로 인해 분열된 관계를 회복시키셨다('화해'). 인간은
예수 그리스도를 믿음으로 의롭다 여겨졌고, 은혜의 현실 속에서 장차
나타날 영광을 바라며 기뻐하는 존재가 되었다. 5장을 맺으면서 바울
은, 인간의 현실이 죄에서 은혜로 바뀌는 과정 가운데 율법이 수행하
는 역할을 긍정적으로 평가한다. 율법은 무엇이 위반이고 범죄인지를
가려준다. 율법을 통해서 죄는 더욱 죄로 드러나게 된다. 율법이 도입
된 것은 세상에 죄가 더욱 넘쳐 나게 하기 위해서이다. 이는 값없이 선
물로 베푸시는 예수 그리스도의 은혜가 더욱 차고 넘치는 결과를 낳는
다. 죄를 죄로 규정하는 율법은 죄의 증대 또는 확장이라는 피치 못 할
현상을 유발한다. 하지만 이는 종국에 은혜를 더욱 넘치게 하는 긍정
적인 역할을 한다. '죄가 많은 곳에 은혜가 더욱 넘친다'를(5:20b) 문자
적으로 잘못 이해하면, 은혜를 넘치게 하기 위해서 죄를 많이 지어야
한다는 결론에 이를 수 있다(참고 3:8). 이에 대해 바울은 6장에서 믿는
자는 더 이상 죄의 세력과 상관이 없는 존재임을 밝힌다. 특히 12절 이
하에서는 보다 적극적으로 '죄의 종'이 아니라 '의의 종'으로 살아갈
것을 로마 교인들에게 당부하고 있다.

a) 그리스도와 함께 죽고 함께 다시 산, 새로운 생명 (6:1-14)

1 그런즉 우리가 무슨 말을 하리요 은혜를 더하게 하려고 죄에 거하겠느냐 2 그럴 수 없느니라 죄에 대하여 죽은 우리가 어찌 그 가운데 더 살리요 3 무릇 그리스도 예수와 합하여 세례를 받은 우리는 그의 죽으심과 합하여 세례를 받은 줄을 알지 못하느냐 4 그러므로 우리가 그의 죽으심과 합하여 세례를 받음으로 그와 함께 장사되었나니 이는 아버지의 영광으로 말미암아 그리스도를 죽은 자 가운데서 살리심과 같이 우리로 또한 생명 가운데서 행하게 하려 함이라 5 만일 우리가 그의 죽으심과 같은 모양으로 연합한 자가 되었으면 또한 그의 부활과 같은 모양으로 연합한 자도 되리라 6 우리가 알거니와 우리의 옛 사람이 예수와 함께 십자가에 못 박힌 것은 죄의 몸이 죽어 다시는 우리가 죄에게 종 노릇 하지 아니하려 함이니 7 이는 죽은 자가 죄에서 벗어나 의롭다 하심을 얻었음이라 8 만일 우리가 그리스도와 함께 죽었으면 또한 그와 함께 살 줄을 믿노니 9 이는 그리스도께서 죽은 자 가운데서 살아나셨으매 다시 죽지 아니하시고 사망이 다시 그를 주장하지 못할 줄을 앎이로라 10 그가 죽으심은 죄에 대하여 단번에 죽으심이요 그가 살아 계심은 하나님께 대하여 살아 계심이니 11 이와 같이 너희도 너희 자신을 죄에 대하여는 죽은 자요 그리스도 예수 안에서 하나님께 대하여는 살아 있는 자로 여길지어다 12 그러므로 너희는 죄가 너희 죽을 몸을 지배하지 못하게 하여 몸의 사욕에 순종하지 말고 13 또한 너희 지체를 불의의 무기로 죄에게 내주지 말고 오직 너희 자신을 죽은 자 가운데서 다시 살아난 자 같이 하나님께 드리며 너희 지체를 의의 무기로 하나님께 드리라 14 죄가 너희를 주장하지 못하리니 이는 너희가 법 아래에 있지 아니하고 은혜 아래에 있음이라

[1] 바울은 대화 형식을 취한다. 직접적인 독자는 로마 교인들이지만, 자신의 복음에 반대하는 유대적 성향의 사람들을 의식하고 있다. "그런즉 우리가 무슨 말을 하리요"라는(참고 3:5) 수사학적인 표현을 시작으로, 그들이 제기할 수 있는 문제를 다룬다. 그들은, '율법의 행위에 기초하지 않은 의, 즉 믿음의 의'가 과연 진정한 의義인지에 대해서 의문을 제기했다. 그들은, '죄가 많은 곳에 은혜가 더욱 넘친다'는 바울의 주장에 대해, "저가 너무 쉽게 은혜를 말한다"고 비판했을 것이다. 이미 3:8에서(참고 6:15) 바울은 대적자들의 이러한 의혹에 대해 다룬 바 있다.

율법이 들어온 것은 범죄를 더하기 위해서고, 죄가 더한 곳에 은혜가 더욱 넘친다고(5:20) 한다면, 형식 논리상 은혜를 넘치게 하기 위해서는 죄를 지어야 한다는 결론에 이를 수 있다. 바울은 대적자들에 의해 제기될 수 있는 비판을 스스로 제시하고, 이를 논박함으로써 선제 공세를 편다. 본문에 '죄에 거하다'는 '죄의 지배하에 있다'로 이해해야 한다(5:21; 6:14).

[2] '은혜를 더욱 넘치게 하기 위해서는 죄를 지어야 하느냐'는 대적자들의 비양거림에 대해 바울은 강하게 반박하면서("그럴 수 없느니라", 3:4 참고) 그 이유를 말한다. 기독교인들은 죄와 결별한 존재이기에 더 이상 죄와 관련을 맺어서는 안 된다는 것이다. 여격 '~에 대하여', 즉 "죄에 대하여"는 '우리를 지배하는 지배자로서의 죄'와 '우리' 사이의 관계를 나타내는 관계의 여격이다.170) 따라서 '죄에 대하여 죽다'는, 이제 더 이상 죄를 짓지 않는다는 의미가 아니라, 죄의 세력권

---

170) Bl-D. §188,3

에서 벗어났다는 뜻이다. 은혜의 사건 이후에도 인간은 마음으로는 원치 않지만 계속 죄를 짓는다("오호라 나는 곤고한 사람이로다" 롬 7: 24). 그러나 중요한 것은, 인간은 이제 더 이상 종착지가 사망인 죄의 현실 가운데 살지 않고 영생에 이르는 은혜와 의의 현실 안에 산다는 사실이다. 그럼에도 계속 죄 가운데 살려는 사람이 있다면, 그는 성인이 되어 지정된 막대한 유산을 물려받을 자격을 갖추었음에도 불구하고, 상속을 거부하고 어렵게 살아가는 딱한 위인인 셈이다. 퇴행성장애 증후군 환자와 다름이 없다(갈 4:1-9).

[3] 신앙인들은 은혜의 현실 가운데 살기 때문에, 더 이상 죄의 세력에 사로잡혀서는 안된다고 바울은 선언했다(2b절). 이 내용을 세례와 연결하여 설명함으로써, 독자들의 공감을 구하고 있다. 바울에 따르면, 세례의(당시는 침례) 의미는 '그리스도와 함께 죽는 것'이다. 로마 교인들은 이 사실을 이미 알고 있었다("알지 못하느냐" 참고 7:1). 다음과 같은 이유에서 '세례' = '그리스도와 함께 죽는 것'이라는 도식이 가능했다. (1) 세례 때에 물속으로 잠기는 동작은 상징적으로 어둠의 세계로 들어가는 것이요, 따라서 죽음을 체험하는 것이다("그의 죽으심과 합하여"). (2) 세례란 신앙 공동체의 일원이 되기 위해 거행하는 일종의 입회의식이다. 바울은 믿는다는 것을 그리스도와 함께 못 박히는 것으로 이해했다(갈 2:20; 참고 고후 4:10f). 그런 점에서 세례는 다름 아닌 '그리스도와 함께 죽는 것'이 된다. (3) 또한 예수께서 자신의 고난과 죽음을 잔을 마시고 세례를 받은 것으로 표현하면서, 여기에 동참할 것을 제자들에게 권유했다(막 10:38f; 참고 눅 12:50). 따라서 세례는 그의 죽으심에 합하는 행위이다.

종교적인 의식을 통해서 입회자가 앞으로 숭배할 신의 운명에 -죽었다 살아남- 동참한다는 사고는 중근동의 신비종교들 사이에서 흔히 발견된다(미드라스 제의, 이집트의 이시스, 오시리스 제의). 이들 종교에서 세례 는 '입회자와 신과의 합일', '자연의 주기에 따른 신의 반복적인 죽음 과 삶', '혼합주의', '이원론적인 경향' 등과 긴밀하게 연결되어 있다. 기독교의 세례에는 이런 사고들이 내포되어 있지 않다. 우리의 세례는 신비종교와 관련이 없다. 다만, 입문자가 제의를 통해 해당 신의 죽음 과 부활에 동참한다는 모티프는 상당히 유사하다.[171]

마지막으로, 본문 "그리스도 예수와 합하여"*eis Christon Iesoun*에(문자 적: '그리스도 예수에게로') 주목할 필요가 있다. 세례 구문에서 흔히 나오 는 '그리스도의 이름으로'*eis to onoma Christou*와 뭔가 다르다. '세례' 때 수세자는 물속으로(일종의 영역 또는 공간) 들어갔다 나온다. 따라서 "세 례를 주다"(*baptizō* + *eis*) 구문의 전치사 에이스*eis*는 운동의 방향을 나 타내고, 여기에는 '어디로?'라고 하는 '공간', '장소'의 의미가 내포되 어 있다. 갈 3:27(직역 '그리스도에게로*eis* 세례를 받은 자는'), 고후 1:21(직역 '그리스도에게로*eis* 굳건하게 하시고 ... 기름을 부으신'), 고전 12:13(직역 '한 몸에 게로*eis* 세례를 받았고'[개역개정 "한 몸으로"]), 고전 10:2(직역 '모세에게로*eis* 세 례를 받았고'[개정개역 "모세에게 속하여"]) 등을 참고할 때도, '그리스도'를 공간의 개념으로 이해할 수 있다(참고 *en Christō* '그리스도 안에서' 11절). 세 례를 받는다는 것은 수세자가 그리스도의 주권이 실현되고 있는 영역 안으로 들어간다는 의미이고, 거기서 그는 그리스도를 통해 마련된 구 원의 현실을 맛보고 누린다는 뜻이다.[172]

결론적으로, 신앙인은 더 이상 죄 가운데 살아서는 안되는, 죄에 대 해 죽은 존재이다. 이 사실을 더욱 설득력 있게 논증하기 위해서 세례

---

171) 크랜필드, 『ICC 2』, 54f
172) Käsemann, HNT 8a, 157; Kuss, *Der Römerbrief*, Bd. 1, 296f

라는 개념이 동원되었다. 그리스도께서 지배하시는 일종의 공간, 영역
으로 들어가는 것이 바로 세례인데, 이 세례는 그리스도의 죽음에 합
하는 것이기도 하다("그의 죽으심과 합하여 세례를 받은 줄을 알지 못하느냐").

　[4] 그리스도를 믿는 신앙인들은 세례를 통해 그리스도와 운명을
함께 한다. 침수의 과정은 그의 죽음에 동참을 의미한다("그의 죽으심과
합하여" 3절). 바울은 여기서 한 걸음 더 나아간다. 그의 죽으심에 합하
여 세례를 받는다는 것은("받음으로") 그와 함께 묻힘을 의미한다. 세례
가 매개가 되어 신자들은 예수 그리스도의 죽음이라는 운명에 동참한
다. "그와 함께 장사되었나니"는 내용상 2절의 "죄에 대하여 죽은 우
리"와 연결된다. '우리'는 죽었다! 죄에 대해서 죽었고, 그리스도와 함
께 죽어 묻혔다. 이 '죽음'은 좋은 의미이다. 한 알의 밀이 땅에 떨어져
죽어야 많은 열매를 맺는 법이다(요 12:24). '우리'가 그리스도와 함께
죽은 목적은("이는") 그리스도가 부활하신 것처럼 '우리'도 부활의 새
생명 가운데 살아가기 위해서이다.

　부활하신 예수 그리스도처럼, 신자들도 그리스도의 생명의 삶에 참
여하게 된다. 우리는 그리스도와 함께 십자가에 못 박힌 존재들이다
(갈 2:20). 죄의 노예로 살아 왔던 과거의 '나'는 죽고, 그리스도 안에서
(11절) 새로운 생명을 누리게 되었다('새로운 피조물' 고후 5:17). 하지만 이
새로운 실존은 이제 시작된 것이지, 그리스도의 부활처럼 완성된 것이
아니다("행하게 하려 함이라" 미래).173)

　침수 후에 수세자가 떠오르는 과정은 어둠의 세계에서 빛의 세계로
나옴을 상징하며, 사흘 동안 무덤에 갇혀 있다가 하나님의 능력으로

---

173) 이와 달리 엡 2:5f; 골 2:12는 단순과거로 되어 있다

다시 살아나신 그리스도의 부활 사건에 비견된다. 그리스도의 부활은 하나님께서 권능으로 역사하신 사건으로 묘사된다(고전 6:14; 고후 13:4). 우리 본문은 "하나님의 영광으로 말미암아" 일어났다고 설명한다. '영광'은 '권능'과 서로 통하는 단어들이다. '권능'이라는 뜻을 가진 히브리어 카보드*kabod*가 헬라어 독사로(*doksa* '영광') 번역되기도 한다.174) 따라서 '영광'이란 영광스럽게 행사된 하나님의 권능이라고 볼 수 있다.175)

[5] 3f절의 내용의 요약이다. 세례를 모티프로 도출한 논지, 즉 '우리는 그리스도와 함께 죽은 존재'임을 말하고(5a절 = 3-4a절), 만일 그렇다면 그의 부활과 같은 모양으로 연합한 자가 될 것이라고 설명한다 (5b절 = 4b-c절). 여기서 '연합'이라는 개념이 중요하다. 이는 '함께 장사되었나니'(4절), 더 나아가 '예수와 합하여, 그의 죽으심과 합하여 세례를 받다'(3절)를 포괄한다. 형용사 "연합한"은 '함께 자라다', '연합하다'는 뜻의 동사 쉼퓨오*symphuō*에서 파생되었다. 우리는 그리스도처럼 실제로 죽지 않고, 다만 세례를 통해 죽음이라는 그의 운명에 동참한다. 이것이 그리스도 죽음에 -그의 죽으심과 '유사하게'*homoiōmati*(개역 개정 "같은 모양으로")- 우리가 연합하는 방식이다. 그의 죽으심과 같은 모양으로 연합한 자가 된다는 표현은 빌 3:10의 내용과('그의 죽으심을 본받아') 비슷하다.

세례를 통해 신앙인들은 그리스도의 죽음을 본받는 존재가 된다. 그들은 죄로 점철된 과거와 결별했다. 정욕, 구습, 옛 자아를 십자가에 못 박고, 새로운 존재가 되었다. 하지만, 계속 지상에서 육의 몸을 입

---

174) G. Kittel, Art. *dokeō* etc., *ThWNT II*, 247

175) 크랜필드, 『ICC 2』, 58

고 살아야 한다(반면 엡 2:6에서 신앙인은 천상의 존재로 설정된다). 그들은 이미 그리스도와 같은 운명의 길을 걷고 있기 때문에("~되었으면"), 필연적으로 그의 부활에도 참여 하게 된다("~되리라", 8절 참고). 신자들이 그리스도의 부활에 참여하는 것은 미래 종말의 때에 가능하지만, 그리스도의 부활은 이미 과거에 일어났다. 세례를 통해 그리스도와 연합한 자는 그분의 죽음과 부활에 동참하는 것이기에, 그리스도의 부활 사건은 현재 신앙인에게 영향력을 발휘한다. 그것은 새로운 삶의 방식을 취할 것을 촉구하며, 또 그렇게 살도록 한다(4b절).

　[6] "우리가 알거니와"로 시작하는 6절 이하는(참고 3절 "알지 못하느냐") 앞서 진술한 내용의 부연설명이다. 먼저, 4절의 '그의 죽으심과 합한 우리'가 누구인지 좀 더 구체적으로 제시한다. 바로 "옛 사람"이다. 바울은 '옛 사람'과 '새 사람'(엡 2:15)의 대비를 즐겨 사용한다. 이 용어는 그리스도를 믿기 이전과 이후의 삶을 표현하는 것이다. 우리(옛 사람)는 이미 그리스도와 함께 십자가에 못 박힌 존재들이다. '십자가'도 바울이 선호하는 용어이다(고전 1:18ff). '죽음'이 앞서 세례라는 모티프를 통해서, 이제는 '십자가'라는 틀로 설명된다. '예수와 함께 십자가에 못 박히다'는 바로 직전의 "그의 죽으심과 같은 모양으로 연합한"과 내용상 같다.

　정욕에 사로잡혀 살아 왔던 옛 자아는 죽고, 그리스도 안에서 새로운 피조물이(고후 5:17) 되었다. 우리가 그리스도와 함께 죽는 목적은 생명에 거하기 위해서이다(4절 참고). 6절에서는 이를 부정적인 표현으로("죄에게 종 노릇 하지 아니하려 함이니") 설명하고 있다. 아담 이래로 세상에 들어온 죄는, 우리 몸을 숙주로 삼아("죄의 몸") 위세를 떨쳤다. 세례를 통해 그리스도와 함께 십자가에 달림으로써 '죄의 몸'이 죽고, 우리는 더 이상 죄의 지배를 받지 않게 되었다(목적의 부정사 *tou mēketi douleuein*). '죄의 몸'이란, 죄의 유혹에 쉽게 넘어갈 수 있는 존재가 바로 인간이라는 의미이다(7:18).[176] 우리에게 있는 두 개의 몸 중에, 하나라는 뜻이 아니다.[177]

잠시 바울의 몸*sōma* 개념에 대해 정리해 보자. '몸'은 타인으로부터 나를 구별해주고, 나의 정체성을 확보해주는 가장 기본적인 존재수단이다. '몸'은 일종의 소통 도구이기도 하다.[178] 즉, 나는 내 '몸'을 매개로 다른 사람과 만나고 대화하고 생각을 나눔으로써 나를 타인들에게 알리고 인식시킨다. 그리스도와 관련을 맺는 것도 바로 이 '몸'을 통해서다. 비록 변화된 몸이긴 하지만, 마지막 날 부활하는 우리의 부활체도 다름 아닌 몸이다(몸의 부활 -고전 15:35ff; 참고 롬 8:11). 몸은 또한 인간 자체이다. 몸은 죄가 활동하는 터전이 될 수도 있다("죽을 몸", "몸의 사욕" 롬 6:12). 인간(= 몸)은 그리스도의 지체일수도 있고, 창녀의 지체가 될 수도 있다(고전 6:15; "죄의 몸" 롬 6:6; "사망의 몸" 롬 7:24). 하나님께서는 우리 몸을 그리스도의 십자가 희생을 대가로 사셨다. 그렇기 때문에 우리 몸의 주인은 내가 아니라 하나님이다(고전 6:19f). 따라서 죄가 우리 몸을 지배해서는 안 된다(롬 6:12). 바울은 몸을 하나님께 드려야 한다고 말한다(롬 12:1). 이때 '몸'은 '영혼의 감옥'을 의미하지 않는다. 몸을 드린다는 것은, 인간 자신의 모든 것을 바쳐 하나님을 위해

---

176) 참고 크랜필드, 『ICC 2』, 66

177) '죄의 몸'은 '육신에 속하여 죄 아래 팔린 존재'(롬 7:14), 또는 '육신에 선한 것이 거하지 않는 인간의 상태'(롬 7:18) 또는 '사망의 몸'과(7:24) 일맥상통하는 표현이라고 볼 수 있다. 롬 7장에서도 두 개의 몸에 대한 설명은 없다. 다만 마음과 육신의 부조화(25절)만 거론된다(참고 속사람에 따른 하나님의 법 vs. 내 지체 내의 다른 법 [22f절]).

178) Stuhlmacher, NTD 6, 86

헌신하겠다는 뜻이다.

[7] 4절에 대한 설명이 계속된다. 6절에서는 신자들의 죽음의 의미를 부정적인 언명으로 표현했다('죄의 몸이 죽어', '다시는 죄에게 종 노릇 하지 않으려 한다'). 반면에 여기서는 긍정적인 표현을 사용한다('죄에서 벗어나', '의롭다 하심을 얻었음이라'). 6절에는 용어 '십자가'가 나오고 여기서는 '의인'義認 Justification이 나온다는 사실에 주의를 기울여야 한다. 죄의 권세에 사로잡혀 죽을 수밖에 없던 인간은, 예수 그리스도의 십자가 사건으로 인해 죄의 지배로부터 벗어나게 된다. 즉, 세례를 통해 그리스도와 함께 죽은 우리는 죄로부터 자유로워졌다. 이러한 논지 배후에는 "죽은 자는 자신의 죽음을 통해 속죄를 요구할 수 있다"179) 또는 "죽은 자는 율법을 지킬 의무로부터 자유로워진다"는180) 랍비식 사고가 깔려 있다.

인간이 죄로부터 자유케 된 사건을 바울은 '의롭게 되었다'고 말한다. 여기서 우리는 그의 의인론에 내재되어 있는 역동성을 감지할 수 있다. 바울의 의인론은, 하나님께서 죄에 대해 단순히 눈감아 주시고 면책해 주신다는 차원이 아니다. 죄에 사로잡혀 살던 한 존재가 지금까지 자신을 지배해 온 죄의 마성적인 세력에서 벗어나 구속救贖되었다고 하는 일종의 해방 사건이다. 마지막 표현 "죄에서 벗어나 의롭다 하심을 얻었음이라"는 2절을("죄에 대해 죽은 우리가 어찌 그 가운데 더 살리요") 고려한 것이다. 옛 자아가 죽었기 때문에 더 이상 죄에 종노릇하지 않는다는 지금까지의 논지는 선언적인 2절의 내용을 설명한 것이다.

---

179) Sifre Num §112 (민 15:31에 대한 주석). 참고 크랜필드, 『ICC 2』, 67
180) Schab 151bBar(시 88:6에 대한 해설)

[8] 5절 내용의 반복이다. 이하 10절까지 내용은 5절을 풀어 설명한
것이다. 신앙인이 그리스도와 한 운명이 되어 함께 죽었다면, 주님이
부활하신 것처럼 반드시 그도 살게 된다. 이는 초기 기독교의 중요한
신앙고백 내용 중 하나이다("믿노니" *pisteuomen hoti*).

쉰 크리스토(*syn Christō* '그리스도와 함께')는 11절에 나오는 엔 크리스
토(*en Christō* "그리스도 안에서")와 유사한 뜻을 가지고 있다. 쉰 크리스토
는 상대적으로 적게(바울 서신에 12회) 그리고 거의 미래적인 의미로 사
용된다. 쉰 크리스도는 '죽음'과 대비되는 개념으로, '그리스도와 함
께 함'의 뜻이다(고후 4:14; 13:4; 빌 1:23; 살전 4:14, 17; 살전 5:10 등).[181]

[9] 신앙인이 8절의 내용처럼 고백을 할 수 있는 까닭은 예수 그리
스도에 대한 확고한 '앎' 때문이다. 하나님께서 예수를 죽은 자 가운데
서 살리셨다(4:24; 6:4). 이제 우리 주님은 죽음의 영향을 더 이상 받지
않게 되었다. 이 사실에 대한 신자들의 인식과 믿음은 확고 불변한 것
이다("앎이로라").

[10] 부활하신 예수 그리스도는 더 이상 사망 권세의 지배를 받지 않
는다고 당시 기독교인들은 믿었다. 불변사 가르(*gar* "왜냐하면")로 시작
되는 10절은 그렇게 주장할 수 있는 근거를 제공해 준다. 그리스도의
죽음과 부활은 죄에 대해 죽고 하나님에 대해 사는 것을 의미한다. "죄
에 대하여", "하나님께 대하여"는 2절과("죄에 대하여") 마찬가지로 소유
주를 뜻하는 여격이다.[182] 세상의 모든 존재는 죄 또는 하나님께 속해
있다. 십자가에서 죽으시고 부활하신 예수님의 운명을 바울은 다음과

181) W. Elliger, Art. *syn*, *EWNT² III*, Sp. 698f
182) Wilckens, EKK 6/2, 19; Bl-D. §188,3

같이 '죄와 하나님'의 양자택일 도식으로 표현한다. 예수는 폭군처럼 군림해왔던 죄에 대해서는 죽고, 참된 주이신 하나님을 위해서는 산다.

그렇기에 죄의 결과물인 사망이 더 이상 부활하신 주님을 어찌하지 못한다. "단번에"는 전 인류의 죄를 위해 피 흘리신 그리스도의 유일 회적인 대속적 죽음으로 인해서 첫 인간 아담 이래 지금까지 사람들을 속박해 온 죄의 공고한 지배력이 일순간에 무력화되었음을 나타내는 단어이다. 그리스도의 죽음은 죄의 역사에 종지부를 찍고, 종말론적인 새로운 역사가 시작되는 결정적인 계기가 되었다.

[11] 6-10절까지의 결론이다. 죄에 대해서는 죽고 하나님께 대해서는 사신, 예수를 모델로 제시하면서 신자들도 이를 본받으라고 말한다 ("이와 같이"). 세례를 통해서, 사망의 권세를 딛고 일어나신 우리 주님과 같은 운명 공동체가 된 신앙인들은 그리스도를 본받는 삶을 살아야 한다. 그리스도 예수를 닮는다는 것은 그의 대속적인 죽음과 부활을 통해 하나님께서 우리 인간에게 마련해 주신 공간에 거한다는 의미이다(en Christō "그리스도 안에서"). 여기서 신앙인들은 새로운 피조물로서 (고후 5:17) 그리고 거룩한 성도로서(고전 1:2; 6:11) 더 이상 정죄 받지 않고(8:1) 살아간다(참고 3절).

엔 크리스도en Christō의 용례는 다음 세 가지이다. (1) 그리스도 안에 있는 신자(8:1; 고전 1:2; 고후 5:17; 갈 1:22 등), (2) 그리스도 안에서 어떤 것을 하는 것(9:1 참말을 하고, 15:17 자랑하는, 고전 4:15 너희를 낳았다, 고후 2:17 말하노라 등), (3) 그리스도 안에 있는 구속적인 능력을 표현할 때(3:24 속 량, 6:23 영생, 8:2 생명의 성령의 법, 고전 1:4 하나님의 은혜, 고후 2:14 이기다, 고후 3:14 수건이 없어지다 등).183) 세례를 통해 죄와 죽음의 영역에서 의와 생

183) 던, 『WBC 38상』, 565

명의 영역으로 옮겨진다고 신자들은 생각했는데, 이러한 공간적인 표상에서 엔 크리스토라는 개념이 파생되었다. 또한 그리스도를 우주적인 인격체로 여기는 사고가 엔 크리스토 개념 배후에 있다.[184] 이 단어는 그리스도 안에 신비적으로 거한다는 의미가 아니라, 세상·세속적인 영역과 대비되는 고유한 존재영역을 뜻한다.[185]

예수가 그랬던 것처럼, 우리는 죄에 대해서는 죽고 하나님에 대해서는 산자가 되어야 한다. 기독교인들은 예수 그리스도의 희생으로 죄에 대해서 죽은, 새로운 피조물이 되었지만, 육의 몸을 입고 계속 살아야 한다. 죄와 정욕과 죽음의 유혹 및 위협으로부터 완전히 벗어나지 못했다. 결정적인 승리D-day는 예수님의 십자가와 부활 사건을 통해 이뤄졌지만, 아직 악의 잔당들이 남아 있어 믿음 안에서 선한 싸움을 계속 싸워 나가야 한다(고전 15:25f). 궁극적인 승리V-day는 아직 이루어 지지 않았다. 이런 상황 가운데, '이제는 더 이상 과거 상태로 있을 수 없으므로, 새로운 변화에 걸맞게 살라'는 권고가[186] 교인들에게 지속적으로 필요하다. 바울은 하나님께 대하여 살아있는 자가 되라고 권면한다.

[12] 이제부터 그리스도 예수 안에 있는en Christō 자들은 어떻게 살아야 하는지 구체적으로 설명한다. 그리스도와 함께 세례를 받은 신앙인은 그리스도와 함께 죄에 대해 죽었다. 따라서 그들은 죄와 더 이상 아무 상관이 없는 존재이다(11절). 하지만 죄의 세력이 남아있어, 신자들에게 영향을 끼친다. 바울은 이를 '죄가 너희 몸을 지배한다'고 표현

---

184) A. Oepke, Art. *en*, *ThWNT II*, 538

185) W. Elliger, Art. *en*, *EWNT*[2] *I*, 1095. 참고 *syn Christō* '그리스도와 함께'(8절)

186) 대부분의 주석가들은 "여길지어다"*logizesthe*를 명령법으로 본다.

한다('죄의 의인화'擬人化 5:12; 7:8). 믿는 자들은 당분간 세상에서 몸의 형태로 살아가야 하는 존재다. '몸'은 그리스도의 지체일수도 있고, 악의 지체가 될 수도 있다(고전 6:15). "죽을 몸"*to thnēton sōma*은 우리 인간이 태생적으로 쉽게 죄의 유혹에 넘어갈 수 있는 존재임을 암시하는 표현이다. 연약하고(8:3), 선하지 않으며(7:18) 그리고 무엇보다도 죄가 역사役事하도록 돕는 역할을(7:5, 14) '육신'*sarks*이 수행한다는 점에서, '죽을 몸'은 '육신'과 밀접한 관련이 있다. 인간이 죄의 지배하에 있을 때 나타나는 현상은(전치사-목적의 *eis*), 몸의 사욕을 따라 사는 것이다. '사욕'*epithumia*은 욕정欲情, 육욕肉慾을 의미한다(참고 1:24 여기서는 *epithumia*를 '정욕'으로 번역). 죄가 그랬듯이, 사욕도 율법으로 말미암아 자극된 측면이 없지 않다(7:7 여기선 *epithumia*를 '탐심'으로 번역). 신앙인이란 육체뿐만 아니라 정욕*pathēma*과 탐심*epithumia*을 십자가에 못 박은 존재들이다(갈 5:24). 따라서 정욕이 우릴 지배하도록 해서는 안 된다.

[13] '지체'*melē*라는 표현이 처음으로 나온다. 이 단어는 바울 서신에서 주로, 율법과 죄의 관계를 인간론적 관점에서 설명할 때(7:5, 23), 또는 교회론적 맥락에서 공동체 내의 갈등과 분쟁을 해결할 때(12:4f; 고전 6:15; 12:12, 14, 18ff, 22, 25ff) 사용된다. 고전 12장에서 지체는 하나의 몸에 속한 여럿으로 소개되고 있다(12b, 14절; 참고 18ff절). 모두가 소중한 지체들은 각각 다른 고유의 역할을 수행하고 있다(15ff절). 지체는 서로에게 관심을 갖고 배려하는 속성을 지녔다(25절). 또한 각 지체들은 한 몸에 속해 있기에 서로 연결되어 있다(26절). 로마서 12장에서 바울은, "몸", "지체"라는 용어를 사용하여(4f절) 교회 공동체 구성원들에게 권면을 한다. 여기서도 '몸'은 통일성을 의미하고("한 몸"), '지체'는 다양성을 뜻한다("많은"). 지체는 서로 다른 역할을 수행한다("같은

기능을 ... 아니니"). 한 몸인 우리는 많은 지체, 즉 상이한 기능을 하는 사지와 기관organ으로 이루어져 있다(4f절). 이러한 다양성과 이질적 기능에도 불구하고 우리가 하나가 될 수 있는 것은(hen sōma '한 몸') 예수 그리스도 때문이다(5절 en Christō '그리스도 안에서'). 이처럼 '지체'는 교회론의 맥락에서 몸의 부분으로서 다양성과 상이성을 확보해 주는 개념으로 사용된다. 한편 인간론적으로 보면, 죄와 율법은 '지체'와 결합하거나 '지체'를 통해서 인간을 지배한다. 이때의 지체가 신체의 어느 부분을 뜻하는지는 중요하지 않다. 지체는, 두 율법이 있는 것처럼('하나님의 법', '죄의 법' 7:22f), 분열된 두개의 자아와 관련해서 사용되기도 하고("내 지체 속에서 한 다른 법이" 7:23), 몸의 일부를 지칭하는 뜻으로 사용되기도 한다(7:5 "육신에 있을 때에는 ... 죄의 정욕이 우리 지체 중에 역사하여").

　우리는 그리스도처럼 죄에 대해 죽은 존재이다. 그러므로 우리의 지체 즉 우리 자신이 불의의187) 도구로 사용되는 불상사가 발생해서는 안 된다. 부활하신 그리스도와 함께 미래의 운명을 나눌 자들이기에("너희 자신을 죽은 자 가운데서 다시 살아난 자 같이"), 우리는 죽은 자들로부터 부활한 그리스도처럼 하나님께 우리 자신을 드려야 하고 우리 지체가 의의 도구로 쓰임 받도록 해야 한다. 우리의 주인은 우리 자신이 아니라 하나님이시다(14:7). 우리는 그 분 만을 섬겨야 한다("드리라", 명령법).

　[14] 우리 자신을 하나님을 위한 도구로 사용해야 하는(13절) 이유를 바울은 밝히고 있다. 죄의 지배가 끝날 것이기 때문이다(ou kurieusei "주장하지 못하리니"). 그 종결은 예수 그리스도의 부활로 촉발되었다(9b, 10a절). 죄가 영향력을 상실하게 된 결정적인 원인은, 율법의 시대가 지났

---

187) 속격 adikias는 목적의 속격이다. 크랜필드, 『ICC 2』, 78. 참고 Bl-D. §166

기 때문이다.[188] 율법의 시대는 예수 그리스도로 말미암아 종언을 고했다(3:21; 갈 3:23, 25; 갈 4:4f). 율법은 죄가 무엇인지 알게 하고(7:7b), 죄가 자랄 수 있는 토양 역할을 했다(7:8a). 율법은 인간을 구원으로 인도한 것이 아니라 오히려 죄의 포로가 되는데 기여했다(7:8b). 인간은 율법의 요구를 지키지 못했다(3:23; 5:12c). 율법은 결과적으로 진노만을 초래할 뿐이었다(4:15a). 이런 상황 가운데 하나님께서 예수 그리스도를 세상에 보내어 십자가에서 희생케 하심으로서 '율법의 행위'가 아닌 '믿음'으로 의롭다 여김을 받는 길을 만드셨다(3:21). 이제 우리는 아무런 조건이나 제약 없이, 의로워질 수 있다. 그렇기에 우리의 '의로움'은 하나님의 은혜의 결과라고 할 수 있다(3:24). 은혜는 하나님께서 그리스도를 통해 선사한 일종의 새로운 구원의 현실이다(5:2, 15b, 17b, 21b). 이제는 율법의 지배가 아니라, 은혜가 지배하는 때이다(참고 5:21; 갈 3:25).

b) 새로운 자유와 복종 (6:15-23)

15 그런즉 어찌하리요 우리가 법 아래에 있지 아니하고 은혜 아래에 있으니 죄를 지으리요 그럴 수 없느니라 16 너희 자신을 종으로 내주어 누구에게 순종하든지 그 순종함을 받는 자의 종이 되는 줄을 너희가 알지 못하느냐 혹은 죄의 종으로 사망에 이르고 혹은 순종의 종으로 의에 이르느니라 17 하나님께 감사하리로다 너희가 본래 죄의 종이더니 너희에게 전하여 준 바 교훈의 본을 마음으로 순종하여 18 죄로부터 해방되어 의에게 종이 되었느니라 19 너희 육신이 연약하므로 내가 사람의 예대로 말하노니 전에 너희가 너희 지체를 부정과 불법에 내주어 불법에 이른 것 같이 이제는 너희

---

188) 크랜필드,『ICC 2』, 81는 "법 아래"를 일반적인 의미의 법이 아니라, 죄인을 정죄하는 법 아래로 해석한다.

지체를 의에게 종으로 내주어 거룩함에 이르라 20 너희가 죄의 종
이 되었을 때에는 의에 대하여 자유로웠느니라 6:21 너희가 그 때
에 무슨 열매를 얻었느냐 이제는 너희가 그 일을 부끄러워하나니
이는 그 마지막이 사망임이라 22 그러나 이제는 너희가 죄로부터
해방되고 하나님께 종이 되어 거룩함에 이르는 열매를 맺었으니
그 마지막은 영생이라 23 죄의 삯은 사망이요 하나님의 은사는 그
리스도 예수 우리 주 안에 있는 영생이니라

[15] 1절처럼 "그런즉 ~하리요"로 시작한다. "죄에 거하겠느냐"(1
절)/"죄를 지으리요"(15절)라는 표현도 유사하다. '법이 아니라 은혜 아
래 있다'는 내용은 14절을 반복한 것이다. 즉, 1절부터 논구했던 죄와
은혜의 문제를 다시 끄집어내어 새로운 단락을 시작한 바울은, (1) 죄
와 의義 간의 반목, (2) 신자 = 의를 섬기는 존재, 이 두 가지 사실을 이
유로 내세우면서(16-18절), 죄가 아닌 의에 순종함으로써 영생을 구求
하는 삶을 살라고 권면한다(19-23절).

　율법은 죄인을 정죄하는 역할을 한다. 여기에 반해서 은혜는 무조건
적인 하나님의 호의를 뜻한다. '죄를 용서하시며(롬 3:25 "간과") 누구나
받아주시는 하나님의 은혜 아래 거한다면, 우리는 죄를 지어도 되지
않는가?'는 의문이 생길 수 있는데, 이는 1절의 질문과('은혜를 더하게 하
려고 죄에 거하겠느냐') 같은 연장선 위에 있다. 율법 준수를 구원의 중요
한 요소로 생각하는 대적자들이 볼 때, "이제 율법이 아니라 은혜 아래
거한다(14절)"는 바울의 선언에 문제의 소지가 있다. 바울은 직접 이를
다룸으로써 정면 돌파를 시도한다("그럴 수 없느니라").

[16] '죄의 종', '의의 종'의 양자택일의 논리를 16-18절까지 전개해
나간다. 사람은 누군가('죄' 또는 '의')를 섬기는 존재이다. 로마 교인들

은 이 사실을 알고 있었다("알지 못하느냐").

죄는 사망을 끌어들인다(5:12, 15b, 17a; 6:23; 7:11). 그렇기에 죄를 섬
기는 자의 최후는 죽음이다(명제 A). 반대로 의를 좇는 자는(18, 19c절)
또는 하나님을 섬기는 자는(22a절) 거룩함과(19c, 22a절) 영생에(22b, 23b
절) 이른다(명제 B´). 명제 B´는 16절 이하의 절들에서 재구성한 것이
다. 16절에 나오는 명제 B는("순종의 종으로 의에 이르느니라") 명제 A와 정
확히 대구對句를 이루지 않는 내용으로 이루어져 있다. 순종은 종이
지녀야 할 기본 덕목이기에 "죄의 종"(명제 A)의 대구로 명제 B에 나
오는 "순종의 종"이란 표현은 어색하다. 하지만 '죄'는 '하나님의 뜻
을 거역하려는 인간의 속성 또는 자세'와 다름이 아니라고 볼 때, "죄"
의 반대는 "순종"이 될 수 있다. 이런 점에서 "죄의 종"은 "순종의 종"
과 반대말로서 나름대로 어울린다. 사도 바울이 흘린 모든 땀과 노고
는 이방인을 순종케 하기 위해서였다(15:18). 선포된 복음을 받아들이
는 결신자에게 가장 필요한 것이 바로 순종이라는 자세이다(롬 10:16).
순종은 복음 선포의 목적이자, 동시에 말씀이 전파될 때 가져야 할 청
중들의 마음가짐이라 할 수 있다(참고 15:18; 16:19). 순종하는 마음으로
복음을 받아들일 때, 믿음이 생긴다(참고 10:16). 믿음과 의는 서로 통한
다. 하나님께서는 믿는 자를 의롭다 여기신다(3:26b; 4:3). 예수 그리스
도께서 십자가를 지시기까지 순종하신 결과, 많은 사람들에게 의가 선
물로 주어졌다(5:19). 이런 점에서 순종의 종이 다다르는 종착역은 의
로움이다.

[17-18] 로마 교회가 세워질 때, 교인들은 "교훈의 본"을 전해 받았
다(고전 11:23; 15:1ff; 살전 4:1ff). "교훈의 본"이 무엇을 뜻하는지에 대해
의견이 분분하다. 가르침의 특별한 형태, 기독교 교리의 내용, (가르침

의 내용으로서) 그리스도, 가르침의 표본189) 등. 교인들의 신앙생활에
필요한 기초적인 교리와 신앙적인 삶의 원리가 되는 가르침(참고 2:20
"진리의 모본") 정도로 보면 되겠다. 바울이 아닌 다른 선교사에 의해 로
마에 말씀이 전파되면서, 특히 세례를 받는 과정에서 로마 교인들은
복음뿐만 아니라 신앙 교리와 교훈도(참고 16:17) 진심으로(10:8f) 받아
들였다("마음으로 순종하여"). 그 결과 로마 교인들은 죄의 종 신분에서
벗어나 의를 섬기는 종이 되었으니, 감사하라고 바울은 말한다. 여기
서 바울은, 현재 로마 교인들의 상태를 '자유인'이 아니라 '종'으로, 하
나님이 원하시는 의를 섬기는 종의 모습으로 설정하고 있다.

[19] 섬기는 주인이 바뀌었다는 주제가 19절 이하에서 표현을 달리
하여 재차 설명된다. "사람의 예대로 말하노니"의 뜻은 '알기 쉽게 설
명 하면'이다. 바울은 이 표현을 종종 사용한다(롬 3:5; 고전 9:8; 갈 3:15).
로마 교인들의 육신의 연약 때문에 바울은 쉽게 말할 수밖에 없었다.
여기서 "연약"은 이해력의 한계를 뜻하는 것이지, 도덕적인 차원의 문
제이나 몸의 죄성을 말하는 것이 아니다.190) 죄가 아니라 의를 섬기게
된 데 대해, 로마 교인들이 이해할 수 있도록 쉬운 예를 든다. 바울은
그들에게 섬기는 대상을 바뀌었음을 주지시킨다. 여기서 세례를 언급
할 때 흔히 사용되는 공식 "전에 - 이제는"과 단어 "거룩"이 나온다(고
전 6:11). 믿기 전의 로마 교인들은 부정과 불법에 사로잡혀 있었고, 불
법이 그들의 최종 운명이었다. "지체를 내주다"는 표현은 13절에서
이미 사용되었다. 두 곳 모두 명령법이다("내주어"). 죄에 내맡겨진 인
간의 살아가는 모습을 바울은 "부정"과 "불법"으로 요약한다. "부정"

---

189) Wilckens, EKK VI/2, 22; 크랜필드,『ICC 2』, 86f 등
190) Wilckens, EKK 6/2, 37f

不淨 *akatharsia*은 성적性的으로 저지르는 죄*porneia*와 관련이 깊다(갈 5:19; 고후 12:21; 골 3:5; 엡 5:3). "불법"*anomia*은 문자 그대로(*a* [無]+ *nomos* [律法]) 무법無法을 의미한다. 하나님을 믿지 않는 사람들의 최후는 무법 천지의 아비규환에 비유될 수 있다. 만약 로마 교인들도 복음을 영접하지 않았다면, 이런 운명에서 벗어날 수 없었다. 그들은 믿고 세례를 받음으로써 옛 사람이었다면 감수할 수밖에 없는 끔찍한 운명에서 벗어났다. 이제는 죄가 아닌 의의 종이 되었다(17f절). 그렇기에 의를 섬김으로서 '거룩'에 이르도록 힘써야 한다. '거룩'은 하나님께서 바라시는 신자들의 궁극적인 상태이다(살전 4:3f,7; 참고 살전 5:23).[191] '거룩'은 의와 긴밀한 관련이 있다(고전 1:30).

[20-21] 로마 교인들이 과거에 '죄'를 섬기는 종으로 살 때, 다른 주인(= '의')과는 아무 상관이 없는 삶을 살았다(참고 16a절). 로마 교인들이 누렸던 자유는, 결과적으로("열매")[192] 아무런 유익이 없었다. 당시에 ("그 때에") 그들이 맺은 열매 중에서 자랑거리가 될 수 있는 것은 아무것도 없었다. 지금("이제는") 그 때 일을 생각하면 부끄러울 따름이다(빌 3:19). 왜냐하면 죄에 사로잡혀 살게 될 때, 최후는 사망이기 때문이다. 죄의 결과가 죽음이라는 내용은 구약에서 흔히 나온다(신 30:15ff; 시 1:6).

[22] 20f절을 반대 관점으로 기술하면 22절이 된다. 과거와 달리 지

---

191) 살전 4:7에서도 거룩은 부정과 반대 뜻으로 대비되어 사용되고 있다.
192) 21절을 제외하고, 일반적으로 '열매'라는 단어는 바울 서신에서 긍정적인 의미로 사용된다(롬 1:13; 6:21f; [7:4-동사]; 15:28; 고전 9:7; 갈 5:22; 빌 1:11,22; 4:17). 좋은 뉘앙스를 함유한 '열매'라는 단어를 고른 데에는, 아마도 앞서 긍정적인 어감을 가진(그러나 냉소적, 반어적으로 사용된) '자유'라는 단어와 짝을 맞추기 위해서 였으리라.

금은("이제는") 교인들이 죄가 아니라 하나님을 섬기기에 죄로부터 자유로워졌다. 성도의 궁극적 목표인 거룩의 길을 걸어가고 있다("거룩함에 이르는").193) 로마 교인들은 성화聖化 sanctification에 이르는 결실("열매")을 맺었다. 모든 의로운 행위들을 거룩케 하는 하나님의 거룩에 참여하는 것이 성화이다. 이 성화는 인간의 노력에 의한 결과로 획득되는 어떤 거룩한 상태를 뜻하지 않는다. 성화는 신앙인들의 삶에 끼치는 하나님의 구체적인 영향력으로서, 이를 통해 신자들은 하나님의 거룩에 동참해 간다.194) 성화는 따라서 그리스도의 이름으로 세례를 받고 성령 안에서 새로운 생활을 시작한 기독교인이 지향하는 궁극적인 목표라고 할 수 있다. 하나님께 순종하는 종이 된 결과, 영생을(2:7 참고) 얻게 된다.

[23] 6장 처음에 나온(참고 5:21; 6:15) 죄와 은혜를 대비하면서, 6:20이하를 요약한 내용으로 이 장을 끝맺는다. 죄의 지배하에 있는 자는 사망을 대가로("삯") 치러야 한다(20f절). 반대로 하나님의 은사가 가져다주는 것은 앞 절에서 언급한 "영생"이다(참고 5:21). 은사는 하나님 은총으로 인해 주어진, 신앙생활에 필요한 무형의 선물을 -특정 행동 양식, 기질, 성격, 신앙적 능력 등- 일컫는다(참고 1:11; 고전 1:7; 7:7; 12:4, 9, 28, 30f). 하나님의 은사로 말미암는, 이 영생은 예수 그리스도를 통해 신자들에게 주어진다. 예수 그리스도가 우리 영생의 매개자가 될 수 있는 이유는 다음과 같다. 우리를 위하여 희생하신 예수 그리스도로 인해 우리가 의롭다 여겨졌기 때문이다(3:24). 예수는 또한 우리를 위하여 대신 간구하시기 때문이다(8:34).

---

193) 크랜필드, 『ICC 2』, 93
194) Wilckens, EKK, VI/2, 39

3. 율법으로부터의 자유 (7:1-25)

6장에서 '죄의 지배로부터 자유'를 논한 바울은 7장에서 '율법으로 부터의 자유'를 다룬다. 율법이라는 테마는 이미 6:14b에서 잠시 언급되었고, 멀리는 2:17-29; 3:19-31에서 다루어진 바 있다. 7:1-6은 6장과 내용상 유사한 표현들이나 설명들을 함께 공유하고 있다. 둘 다, '섬기는 주인'이 바뀐다는 주제이다. 이전에는 '몸의 사욕'(6:12) 또는 '죄의 정욕'(7:5)이 지배했다면, 지금은 '성화의 도상'에途上(6:22) 또는 '영의 새로움 안'(7:5f)에 있다. '몸'에 대한 부정적인 견해도 공통점이다(6:12; 7:5). '열매'에 대한 언급도('거룩함에 이르는 열매'[6:22]/'하나님을 위한 열매'[7:4], '사망에 이르는 열매'[6:21]/'사망을 위한 열매'[7:5]) 빼놓을 수 없다.

죄로부터 벗어난다는 내용을 거론한 이후(6장), 율법으로부터의 자유를 다루지 않을 수 없다(7장). 우선, 율법은 죄와 마찬가지로 인간을 구속하는 부정적인 존재이기 때문이다. 또한 죄와 율법은 떨어질 수 없는 동반관계에 있기 때문이다. 율법을 통해 비로소 죄는 죄로 여겨진다(7:7). 율법을 통해 죄는 영향력을 발휘할 기회를 얻는다(7:8).

"이제는" 죄에서 벗어났듯이(6:22), "이제는" 또한 율법에서 벗어났다고(7:6) 바울은 새로운 장에서 설명한다. 7장의 구조는 비교적 단순하다. 남편이 죽으면 아내는 결혼 법으로부터 자유로워지듯, 그리스도의 죽음으로 말미암아 율법으로부터 해방되었다는 내용이 앞에 나온다(1-6절). 7-25절은 5절의 내용을 설명하는 것이다.

a) 율법으로부터의 해방 (7:1-6)

1 형제들아 내가 법 아는 자들에게 말하노니 너희는 그 법이 사람이 살 동안만 그를 주관하는 줄 알지 못하느냐 2 남편 있는 여인이 그 남편 생전에는 법으로 그에게 매인 바 되나 만일 그 남편이 죽으면 남편의 법에서 벗어나느니라 3 그러므로 만일 그 남편 생전에 다른 남자에게 가면 음녀라 그러나 만일 남편이 죽으면 그 법에서 자유롭게 되나니 다른 남자에게 갈지라도 음녀가 되지 아니하느니라 4 그러므로 내 형제들아 너희도 그리스도의 몸으로 말미암아 율법에 대하여 죽임을 당하였으니 이른 다른 이 곧 죽은 자 가운데서 살아나신 이에게 가서 우리가 하나님을 위하여 열매를 맺게 하려 함이라 5 우리가 육신에 있을 때에는 율법으로 말미암는 죄의 정욕이 우리 지체 중에 역사하여 우리로 사망을 위하여 열매를 맺게 하였더니 6 이제는 우리가 얽매였던 것에 대하여 죽었으므로 율법에서 벗어났으니 이러므로 우리가 영의 새로운 것으로 섬길 것이요 율법 조문의 묵은 것으로 아니할지니라

1-6절은 크게 둘로(1-3절; 4-6절) 나뉠 수 있다. 바울은 법의 효력과 관련한 기본적인 원칙을 소개한 후(1절), 이를 이혼법에 적용하여 설명한다(2f절). 4절에는 예수 그리스도의 죽음으로 말미암아 율법으로부터 해방되었다는 신앙인의 기본 고백이 나온다. 이후 두 절은(5f절) 이에 대한 설명이다. 즉, 1-6절은 A, B 두 부분으로 구성되어 있는데 각 부분은 서로 평행구조를 이룬다(1/4절, 2f절/5f절). 1절과 4절에는 "형제들아" 라는 표현이 나오며, 2절, 5절은 각각 불변사 가르*gar*로 시작한다.

[1] "형제들아"는 1:13 이후 처음 등장한다. 그만큼 친밀하게 7장 첫 단락을 시작하고 있다. 바울은 로마 교인들이 율법을 아는 것으로

("법 아는 자들") 전제하고 입을 연다. 앞서 6장에서도 율법의 행위가 아니라 믿음으로 사는 신자들은 더 이상 죄의 종이 아니라 의의 종으로 사는 것임을 밝힘으로써, 자신의 복음이 친율법적인 자들이 비판하는 바와 같이 값싼 복음이 아님을 바울은 천명한 바 있다. 로마 교회 교인 중에는 과거에 유대 회당에 출입하다가 복음을 접한 이들도 있었다. 그들은 서기관들의 경전 강해나 낭송들을 통해 율법에 대한 지식을 어느 정도 갖고 있었다. 법조문을 시시콜콜 따지고 자구 하나하나에 집착하여 이를 판단의 기준으로 삼아, 타인 정죄하기를 일삼는(2:1, 3) 유대 율법주의자들과 같은 성향을 그들 중 일부는 가지고 있었다. 이들을 염두에 두면서, 전체 교인들을 대상으로, 바울은 법의 집행과 관련해서 중요한 사실 하나를 상기시킨다. 법은 그 법을 적용할 대상자가 살아 있는 한에서 효력을 발생한다. 그 사람이 죽으면 관련법도 무의미해진다는 바로 그 사실이다.

　[2-3] 유대법에 의하면, 결혼한 여인은 이혼을 요구할 수 없다. 남편이 이혼을 바랄 때, 또는 남편이 죽어 사별했을 경우에 비로소 그녀는 결혼법이 정한 구속력으로부터 자유로워진다. 남편이 살아 있는 데도 불구하고, 다른 남자에게 가면 음행을 저지른 것이 된다. 그러나 남편이 죽으면, 다른 남자에게 가도 결혼법의 구속으로부터 풀려났기("벗어나느니라") 때문에 간음 죄가 성립되지 않는다. "남편의 법"은 '남편의 권리와 의무를 다루는 법'의 뜻이기 보다는, '여자를 남편에게 결속시키는 법'의 뜻이다.195)

　[4] 법의 효력과 관련한 중요한 원리와(1절) 이에 대한 예를 든 후(2f

195) 크랜필드, 『ICC 2』, 99f, Wilckens, EKK VI/2, 64

절), 바울은 율법을 화제로 삼는다. "그러므로 내 형제들아"라는 표현으로[196] 주의를 환기시키면서 직접 로마 교인들에게 말을 건넨다. 기독교인들은 예수 그리스도의 희생을 통해("그리스도의 몸으로 말미암아") 율법에 대해 죽은 존재임을 상기시킨다.

율법을 통해 구원을 이루려는 인간의 시도는 실패로 끝났다(3:20). 이때 하나님께서 대안으로 '의'를 주셨는데, 이 의는 예수 그리스도의 구속을 통해 주어진 하나님의 은혜이다(3:24). 이 은혜는 하나님께서 주신 선물로써(5:15, 17), 율법을 이용하여 기승을 부린 죄의 시대에 종지부를 찍고(5:20; 6:10) 새로운 구원의 시대를 개막시킨 동력이다(5:21). 지금은 죄의 지배가 종언을 고한 은혜의 시대이다(6:10f; 14a). 죄와 끊을 수 없는 관계에 있는 율법도[197] 영향력을 상실했다. 남편의 죽음으로 여인이 결혼법에서 자유로워졌듯이, 죄에 대해 죽으신 예수 그리스도는 죄의 지배에서 벗어났다(롬 6:10). 따라서 그와 합하여 함께 세례를 받은 우리 인간도 율법으로부터 해방된 것이다(6:11; "율법에 대하여 죽임을 당하였으니").

예수 그리스도는 자신의 피를 대가로 치루어 우리를 사셨다(고전 6:20; 롬 3:20; 5:9). 우리는 또한 세례를 통해 그와 운명을 함께하는 존재가 되었다(롬 6:3ff). 따라서 우리는 그분께 속하게 되었고("죽은 자 가운데서 살아나신 이에게 가서") 하나님을 위해 열매를 맺는 존재가 되었다(6:22a).

사람이 죽으면 관련된 법이 효력을 잃듯이, 그리스도의 죽음으로 말

---

196) "내 형제들아"는 로마서에서 이곳 외에 9:3; 15:14에서만 사용된다. 친근감을 강조하는 의미로 쓰였다고 할 수 있다.

197) 롬 3:20; 5:13; 7:7-죄를 깨닫게; 5:20-범죄를 더하게; 7:8-죄를 살게. 참고 "계명" 7:9-죄를 살게; 7:11-계명을 이용하여 사람을 속이고 죽임; 7:13-죄를 죄되게

미암아 우리는 율법으로부터 자유케 되었다("율법에 대하여 죽임을 당하였으니"). 단순과거 "죽임을 당하였으니"는 이미 받은 세례를 가리킨다(롬 6:3ff). 그리스도께서 죽으심으로, 즉 우리가 받을 율법의 저주를 대신 받으심으로(갈 3:13) 우리를 율법의 저주에서 놓여나게 해 주신 이유는, 우리가 하나님을 섬기는 존재가 되어 그분이 기뻐 받으시는 열매를 맺도록 하기 위해서이다(참고 12:1f). 바울은 여기서 2인칭 복수에서 1인칭 복수로 주어를 바꿈으로써, 로마 교인들이 신앙인이 된 의미를 일반화하고 있다. 1-3절에서 '죽은 자'는 남편(A)이고, '풀려난 자'는 그의 여인(B)이다. 배우자 한쪽이 죽음으로써 두 사람을 묶어준 결혼법이 무효화 된다. 여기서 여인은 남편의 지배를 받는 존재로 묘사되고 있다(당시 사회상의 반영). 이에 반해 4절에서 '죽은 자'는 그리스도요(A′), '풀려 난 것'은 기독교인(B′)이다. 기독교인은 율법으로부터 자유로워졌다. 율법은 앞에서와 달리 기독교인을(B′) 그리스도(A′)에게 속박되도록 하는 역할을 수행하지 않는다. 따라서 1-3절과 4절의 예가 서로 정확하게 일치하지 않다고 볼 수 있다. 이를 의식해서인지, 바울은 그리스도의 죽음을 직접적으로 언급하지 않는다(4절). 비록 둘 사이에 약간의 차이는 있지만, '한 사람'의 죽음으로 관련법이 효력을 상실한다는 공통의 관점은 설득력이 있다.

[5] 5절 이하는 4절의 내용을 풀어서 설명한 것이다. 율법에 대해 죽기 전, 우리의 과거 모습은("육신에 있을 때에는") 몸의 사욕에(6:12 *epithumia*) 그리고 부정과 불법에(6:19) 내맡겨진 상태였다. 이를 율법과 관련한 죄의 관점에서 보면, '율법으로 말미암는 죄의 정욕이 우리 지체 중에 역사한 셈'이다. 율법은 죄가 더욱 기승을 부릴 수 있는 발판 역할을 했다(7:9, 11). 따라서 율법으로부터 해방되지 못한 자는 "죄의 정욕"에

계속 사로잡혀 있는 것이다. '정욕'*pathēma*은 '정서', '감정', '애정'의
뜻으로 자체로는 중립적 표현이다. 하지만 이곳과("죄의 정욕"), 갈 5:24
에서("탐심"*epithumia*과198) 함께 쓰이고 있음, 참고 살전 4:5) 부정적으로 사용
되고 있다. "죄의 정욕"이란 "죄의 일종이라고 할 수 있는 정욕"199) 또
는 "죄로 인도하는 정욕"200) 두 경우 중 하나로 이해할 수 있다. 어느
경우든지 구체적인 죄의 행위로서의 악한 육정을201) 의미한다. 우리
는("지체 중에") 이 정욕의 볼모로 붙잡혀 있었고 그래서 죄의 대가인 사
망에 이르게(6:16b, 21c, 23a) 되었다. 반면에 율법으로부터 해방된 자들
은 하나님을 위해 열매 맺는 삶을 산다(4c절).

　바울은 헬라 철학의 영향을 많이 받은 후대 유대 지혜문학의 이원론
적 구원론을 상당 부분 수용한다. 구약의 '육(신)'이라는 단어에는(히브
리어 *baśar*, 영어 flesh) '생명체에 본래적으로 내재되어 있는 무력함, 나약
함'이라는 의미가 내포되어 있다. '육신'은 기본적으로 하나님의 도움
을 필요로 하며, 구원 받아야 할 실체이다. 그런데 이 단어가 바울에 와
서는(헬라어 *sarks*) 지상의 존재가 종국에 맞닥뜨리게 될 '죽을 운명의 현
실' 또는 '구원받을 수 없는 현실'이라는 의미로 사용되기도 했다(참고
이디오피아 에녹서 15:4; 솔로몬의 지혜서 7:1f). 의롭고 경건한 자들은 이런 현
실로부터 벗어나, 생명이 지배하는 하나님의 현실로 들어가서 구원을
받아야 한다(참고 이디오피아 에녹서 108:7-11; 제4에스라 7:88; 14:14). 이러한
구원은 종말의 때에 일어날 뿐만 아니라(제4에스라 14:9ff), 성령이나 하

---

198) 이 단어가 6:12에서는 "사욕"으로 번역되었다.

199) 특성의 속격(gen. qual.)

200) 대상의 속격(gen. obj.)

201) 참고 롬 1:26 "부끄러운 욕심" *pathē atimias*; 살전 4:5 "색욕" *pathos
epithumias*

나님의 지혜에 힘입어 존재가 변화됨으로써 현재에, 신비적으로 구현될 수도 있다(필로 Immut. 123; Gig 29-31; 53f). 이런 관점에서 보면, '육'과 '영'은 서로 적대적 관계에 있는 일종의 세력이다(8:4ff, 9; 참고 필로 Immut. 180). '육'은 사람들로 하여금 반대세력인 '영'에 가지 못하도록 함으로써, 그들을 자신의 세력 하에 계속 매어두는 초자연적인 권세이다(8:7; 참고 갈 5:17). 따라서 "우리가 육신에 있을 때에"란 신자들의 과거 모습을 묘사한 것일 뿐만 아니라, 믿기 전에 그들이 초자연적이며 이원론적인 지배세력에 하에 볼모로 붙잡혀 있었음을 암시하는 구절이다.

[6] 과거의 부정적인 모습에 대한 묘사에 이어(6절), 세례를 통해 그리스도를 주님으로 고백한 신자들의 모습에 대해 설명한다("이제는"). 인간들은 과거에 자신들을 지배했던 율법으로부터 해방되었다("벗어났으니" *katērgēthēmen*, 이 단어는 2b절에서 나왔음). 다시 말해, 우릴 구속하는 것으로부터("얽매였던 것에") 자유로워졌다("죽었으므로"). 그러므로 우리는 육에 사로잡힌 옛 존재가 아니라, 새로운 피조물이다. 이제는 섬김의 방식이 달라야 한다("영의 새로운 것으로"). 새로운 봉사와 섬김의 태도는 문자에 얽매인 옛 방식과("율법 조문의 묵은 것") 전적으로 다른 것이다. 바울은 여기서 "예전" 대對 "이제"의 시간적 대비에 상응하는 각각의 섬기는 수단을 제시한다. 과거에는("묵은") '율법 조문'을(*gramma*, 영어 letter = '문자') 통해서였지만 지금은("새로운") '영'spirit이다. '율법 조문'과 '영'을 대비함으로써(예 2:29; 고후 3:6ff) 율법의 자구字句적인 해석을 권위 기반으로 삼고 있는 유대인에게 비판을 가한다. 그들은 율법의 기계적인 준수를 통해, 그렇지 못한 자들을 정죄하였다. 그들의 마음은 배타적이고 독선적인 태도, 교만과 위선으로 가득 차 있었다. 세례를 통해 그리스도와 하나가 된 신자는 그와 함께 죄에 대해서

는 죽었고, 또 그가 산 것처럼 부활의 삶을 살게 된다. 이제는 죄의 지배에서 벗어나, 더 이상 과거의 모습이 아니라 새로운 존재 양식으로 살게 된다. 그것이 바로 '영의 새로운 것으로 섬김'이 뜻하는 바이다. 영은 생명이요, 죽은 자를 살리는 하나님의 종말론적인 능력이다(8:6, 11). 그렇기에 영은 '새로움'과 잘 어울린다("영의 새로운 것으로"). 신자들은 이제 육의 영역에서 벗어나("육신에 있을 때에는" 6절) 영의 세력권에서 살아야 한다.

b) 율법의 본성 (7:7-12)

7 그런즉 우리가 무슨 말을 하리요 율법이 죄냐 그럴 수 없느니라 율법으로 말미암지 않고는 내가 죄를 알지 못하였으니 곧 율법이 탐내지 말라 하지 아니하였더라면 내가 탐심을 알지 못하였으리라 8 그러나 죄가 기회를 타서 계명으로 말미암아 내 속에서 온갖 탐심을 이루었나니 이는 율법이 없으면 죄가 죽은 것임이라 9 전에 율법을 깨닫지 못했을 때에는 내가 살았더니 계명이 이르매 죄는 살아나고 나는 죽었도다 10 생명에 이르게 할 그 계명이 내게 대하여 도리어 사망에 이르게 하는 것이 되었도다 11 죄가 기회를 타서 계명으로 말미암아 나를 속이고 그것으로 나를 죽였는지라 12 이로 보건대 율법은 거룩하고 계명도 거룩하고 의로우며 선하도다

[7] 앞에서 바울은 율법에 대해 부정적으로 평가했다. 율법은 죄의 기운이 승勝하도록 부추기는 역할을 했고, 결과적으로 인간을 죽음에 이르도록 했다(5절). 율법은 사람에게 악영향을 끼쳤다. 이에 대해 대적자들은 기회를 놓치지 않고, 다음과 같이 반문할 수 있다. "율법이 죄냐?" 바울은 예상되는 상대방의 질문을 "그런즉 우리가 무슨 말을

하리요"라는 표현과 함께 제시한다(6:1 참고). 이하 25절까지는 이 물음에 대한 설명이다. 상대가 트집 잡을 요량으로 내놓을 법한 질문에 대해 "아니요"라고 단언한다. 이어서 율법이 가진 기능 중, 가장 중요한 것을 말한다 -'율법은 죄를 알게 한다'. 이 명제는 앞에서 나온 것이다(3:20). '선line을 넘으면 위법이다'는 규정이 없다면, 선을 아무리 넘어도 문제가 되지 않는 것처럼, "무엇을 하라, 하지 말라"는 율법 조항이 없으면 우리는 어떤 죄도 범하지 않는 것이 된다. 그렇기에 율법이 수행하는 가장 중요한 역할은, 규정을 통해 인간으로 하여금 무엇이 죄인지를 알게 하는 것이다. 바울은 여기서 '탐심'epithumia을 예로 든다. 약 1:15에 따르면 '탐심'은(개역개정 "욕심") 만악의 근원이다. 바울도 이 사실을 인정한 듯, 십계명 중 마지막 계명인 "탐내지 말라"을 인용한다(출 20:17; 신 5:21) -목적어를('이웃의 집', '아내', '그의 남종', '여종', '소' 등) 생략한 채(참고 13:9).

아프가니스탄에는 다음과 같은 이야기가 전해 내려온다. "세상에는 도둑질이라는 딱 한 가지 죄만 있다. 다른 모든 죄는 도둑질의 변형일 뿐이다. 사람을 죽이면 그것은 그 사람의 생명을 훔치는 것이고, 거짓말을 하면 진실을 알아야 할 사람의 권리를 훔치는 것이다". 성서기자도(야고보, 바울) 탐심을 모든 죄의 근원으로 보았다.

7b절부터 주어가 "우리"에서 "나"로 바뀐다. 이 "나"가 누구인지에 대해 의견이 분분하다.

(1) "나" = 믿기 전의 바울? "나"는 율법대로 살려고 하지만 원치 않는, 도리어 미워하는 것을 행한다(7:15). 이 "나"는 육신에 속하여 죄 아래 팔려서(14b절) 선을 행하지 못하는 존재이다(19절). 따라서 "나"는 믿

기 전의 바울이 될 수 없다. 왜냐하면 빌 3:5f에 따르면 바울은 율법 준수에 아무런 문제가 없었기 때문이다.202)

(2) "나"는 구원 이후의 바울도 아니다. 7:6a에 따르면 "나"는 이미 율법으로부터 해방되었고, 구원이 확정된(8:1f) 상태이다. 그런데 7장의 "나"는 내적 번민에 휩싸여 있다(24절). 그리스도를 영접한 바울의 영적 상태가 이렇게 불안할 리 없다.

(3) "전에 율법을 깨닫지 못했을 때"를 율법을 알지 못했던 바울의 어린 시절로 보기도 한다. 유대인들은 만 13세가 되었을 때부터 '율법의 아들'(히브리어 bar-mişwah)로서 율법을 지킬 의무가 있었다. 하지만 유대인들은 어린 시절부터 율법을 안다고 여겼기에(필로 Legat. 115, 210; Jos. Ap. II.178; 딤후 3:1) "전에 율법을 깨닫지 못했을 때"를 바울의 어린 시절로 보는 해석도 설득력이 없다.

(4) "나" = (바울을 포함하여) 구원받은 신자들? 크랜필드는 "나"의 의미를 규명하면서, 과거시제로 기술된 7-13절과 현재시제인 14-25절 둘을 따로 살펴본다. 7ff절의 "나"는 일반적 의미의 "나"로서, 죄가 오기 전과 온 후의 인간의 상태를 생생하게 나타내기 위한 기술記述로 본다. 반면 14-25절의 "나"는 하나님의 능력으로 거듭난 사람을 일반적으로 표현하는 것이긴 하지만, 이 "나"에는 바울 자신의 모습과 현재 경험이 투영되어 있다고 본다. 바울이 신앙인을 일컬어 "죄에 팔렸다", "곤고한 사람이다"라고 하는 이유는 그가 복음에 내포되어 있는 윤리적 요구를 심각하게 받아들였기 때문이라는 것이다.203) 크랜필드의 이 같은 설명은 그러나 (2)에 제시된 반론 앞에서 설득력을 잃는다.

---

202) 이하의 논의는 졸저『자신과 세상을 바꾼 사람, 바울』, 205ff를 참고하라. 또한 Wilckens, EKK VI/2, 76ff

203) 크랜필드,『ICC 2』, 112ff

(5) "나"=아담? 9절의 "전에 율법을 깨닫지 못했을 때"를([표준]새번역 "전에는 율법이 없어서 내가 살아 있었는데") 아담의 타락 이전으로 보고 (5:12; 창 2:16f), "나"를 아담이라고 주장하는 견해도 있다. 하지만 본문 어디서도 아담이라는 이름이 나오지 않으며, "나"=아담이라고 볼 만한 단서들을 발견할 수도 없다.

(6) "나"는 유대민족을 의미한다는 의견도 있다. 롬 7장은 율법을 통해 유대인들의 죄가 드러났고, 율법을 통해 그들이 구원에 이르지 못했다는 점에서 그들은 죄인이라는 내용을 다루고 있다는 것이다. 그러기에 이 "나"는 다름 아닌 유대인이라고 보는 이들도 있다.[204] 하지만 7장 어디서도 이 "나"가 유대인을 암시한다는 징후를 찾을 수 없다.[205]

(7) 랍비 문헌이나 필로의 경우에서, 일반적인 사람을 "나"로 표현하는 용례를 종종 찾아볼 수 있다.[206] 여기서의 "나"도 그런 경우에 속한다고 볼 수 있다.

(8) 빌켄스는 "나"를 다음과 같이 이해한다.[207] 유대적 성향을 가진 자들의 의인론에 대한 논박에 대해, 율법에 의거하여 공표되는 심판선언 앞에 탈출구가 없는 죄인의 상태를("오호라 나는 곤고한 사람이로다") 적나라하게 드러냄으로써(이때 주어가 1인칭 복수에서 1인칭 단수로 변함. 유사한 예: 갈 2:15-17 → 2:18-21) 바울은 그들의 비판을 잠재우고 있다는 것이다. 여기서의 "나"는, 죄가 모두를 지배했는데 '나 자신도 예외가 아니다'

---

204) 예를 들면, 교부 크리소스톰(J. Chrysostom), *Homilies on the Acts of the Apostle and the Epistle to the Romans*, 420ff

205) W.G. Kümmel, Römer 7, 85. 참고 Bornkamm, Sünde, 58

206) W.G. Kümmel(Römer 7, 127, 131f)의 지적에 따르면 아래와 같다. Berakoth I,3(Mišna); Berakoth 3a(Gemara); Pirqê Abôth 6,9b; 필로, Som. I,176f.

207) Wilckens, EKK VI/2, 76ff

는 사실을 분명히 공감케 하는 일종의 문학적인 표현 방법이다. 이 "나"를 통해 신자들은 죄에 사로잡혀 있었던 과거의 모습을 돌이켜 보게 된다. 그리고 대적자들도 의인론에 대해 더 이상 비판을 할 수 없게 된다. 왜냐하면 그들 역시 율법의 정죄로부터 자유로울 수 없는 "나"이기 때문이다. 빌켄스는 또한 양식사적으로 이 부분을 관찰했다. 그 결과 시편의 탄원시나 감사의 시와 서로 연관이 있다고 보았다. 기도자는 고난과 시련의 경험들을 "나"를 주어로 하나님께 아뢰는데, 그 과정에서 갑자기 구원하신 하나님께서 감사를 드리기도 한다(시 22). 탄식에서 (7:24) 감사로(7:25a) 갑작스럽게 바뀌는 이유는 바로 여기에 있다.

이상의 논의들을 고려하면서, '나'가 누군지 정리해 보자. 우선 "나"는 바울이 아니다. "나"는 그리스도를 믿기 전, 후를 모두 포괄하는, 일반 신자를 가리킨다. 율법이 오기 전까지 "나"는 죄의 영향력이 얼마나 큰지 잘 몰랐다. 율법이 온 후에 죄가 율법을 이용하여 기승을 부렸고 결국 세상은 죄의 지배를 받게 되었다. 사람은 죄의 대가인 사망의 운명에서 벗어날 수 없게 되었다(7-14절). 한편(15-25절), 예수 그리스도에 의해 구원받은 "나"는(참고 6:17f, 22) 하나님의 법을 사모하고 즐거워하며 선한 율법의 가르침대로 살기를 원한다. 하지만 아직 남아있는 죄의 세력이 내 안의 '육신'과 결탁하여 나를 '하나님의 법'이 아닌 '죄의 법'을 섬기도록 도모한다. 그래서 "나"는 선을 행하지 못하고 원치 않는 악을 행하게 되어, 몹시 괴로워한다.

현재 이 "나"가 겪고 있는 갈등과 번민은 그리스도를 만난 이후 바울이 겪었던 경험 일부를 반영하는 것이냐는 질문에 대해 어느 누구도 자신있게 답을 하기 힘들다. 다만 바울의 적극성과 신실성, 그리고 기독교인이 되기 전에도 그랬듯이(갈 1:14) 완벽을 추구하는 그의 성격을 고려할 때, 필자는 "그렇지 않다"는 쪽에 손을 들고 싶다.

[8] 죄는, 세상에 들어온 이래 전 인류를 자신의 영향권 아래 두려고 호시탐탐 기회를 엿보고 있었다. 이런 상황에서 기름을 끼얹는 역할을 하는 것이 바로 율법*nomos*이다. 율법은 죄가 본격적으로 활동하는 시 발점, 교두보의 역할을 했다("기회를 타서"). 율법은 죄가 죄임을 드러나 게 한다(3:20). 율법이 없었더라면, 비록 죄는 존재했지만 분명한 실체로 인정받지 못했을 것이다. 죄가 영향력을 행사하는데 큰 걸림돌이 되었을 것이다. 바울은 율법 대신 "계명"*entolē*이라는 말을 사용한다. '계명'은 율법을 통해 공포되는 하나님의 지시나 명령을 의미한다. '토라'가 통일된 전체로서의 하나님 뜻을 의미한다면 '계명'은 토라에 속한 개개의 율법 조항을 뜻한다.208) 탐심을 만드는 것은 율법이 아니라 죄이다. 율법은 경계(禁)의 역할을 수행함으로써, 무엇이 위반인지를 가려준다. 금단의 열매가 더 먹음직해 보이듯이, "이 선을 넘으면 안된다"고 하는 계명이 오히려 사람으로 하여금 선을 넘도록 유혹한다. 이런 점에서 죄는 율법을 이용하여 우리 안에 여러 탐심이 일어나도록 암약하는 존재이다(죄의 의인화擬人化 5:12; 6:12ff). 기생하는 유충이 성숙할 때까지 숙주에서 자라듯이, 죄는 율법을 통해 완전한 성체成體로 커간다. 또한 율법을 통해 죄는 죄로 드러난다. 따라서 "율법이 없으면 죄가 죽은 것임이라"는 설명이 가능하다.

[9] "율법을 깨닫지 못했을 때에는 살았더니"*ezōn chōris nomou*는 심한 의역이다. 공동번역 "율법이 없을 때에는", (표준)새번역 "율법이 없어서", RSV "I was once alive apart from the law"로 각각 번역하고 있다. "깨닫지 못했을 때에는" 보다 '없이 살 때에는'이 낫다. 십계명을

---

208) M. Limbeck, Art. *entolē*, *EWNT*² *I*, 1122

받기 전, 즉 율법 없이 살 때, 나를 정죄하는 율법이 없었다. '율법이 없다'는 말은 죄가 아직 본격적인 활동을 하지 않았다는 뜻으로, 죄의 결과인 사망이 아직 이 땅에서 위력을 발휘하기 전이란 의미도 내포하고 있다. 그렇기에 '나'는 죽지 않고 목숨을 부지할 수 있었다("내가 살았더니"). 그러나 율법이 오면서 사정이 달라졌다. 바울은 "계명이 이르매"라는 표현을 사용한다. "계명"entolē을 쓴 이유는 아마도 총체적인 율법 nomos이 아니라, 율법 개개 규정이나 조문條文에 의해 해당 죄가 힘을 얻고 본색을 드러내는 차원을 강조하기 위함이리라. 반수면半睡眠 상태의 죄를 계명이 깨운다. 죄가 득세하여 영향을 떨치자 인간들은 죽게 되었다("나는 죽었도다"). 죄와 인간의 운명은 반비례 관계이다.

| 1행: 율법이 없으면[A-] 나는 살았고[B+] |
| 2행: 죄가 살면[A+] 나는 죽는다[B-] |

　1행과('없으면'[-], '살았고'[+]), 2행은('살면'[+], '죽는다'[-]) 서로 대비되어 있다. 1, 2행의 귀결문(歸結文 Apodosis)은 정확하게 서로 대구를 이룬다. 이와 달리 두 전제문(前提文 Protasis)의 주어는 서로 다르다('율법', '죄'). 1행의 전제문에서 '죄'가 아닌 '율법'을 주어가 나온 까닭은 역사적·논리적 순서에 따라 설명되기 때문이다. 즉,

| 시내산에서 십계명을 받기 전 = 율법이 있기 전 = 탐심을 비롯한 온갖 악이 내 안에 있기 전 → 나는 살았다. |
| 십계명을 받음 = 죄가 들어옴 = 내안에 죄악(탐심)이 가득함　= 사망으로 귀결 → 나는 죽음 |

　[10-11] 율법은 하나님의 무조건적인 사랑과 그분의 주권적인 선택

에 의해 이스라엘 백성에게 주어졌다. 따라서 율법은 일차적으로 계명 이라기보다는 '하나님 뜻의 계시'라고 보아야 한다. 이스라엘 백성들 은 율법을 통해 어떻게 하나님을 섬기고 예배드려야 하는지 알게 되었 다(신 6:4ff). 율법은 이스라엘인의 삶과 그들이 누리는 축복의 근거요 (시 1: 신 6:24f; 겔 20:11) 순금보다 귀하고 꿀보다 더 단(시 19:10) 하나님의 선물이다. 사람들은 율법을 "사모하여 헐떡"인다고 시편기자는 고백 하고 있다(119:131). 율법은 사람들을 생명으로 이끄는 것으로, 그 안에 하나님의 선한 뜻이 담겨있다. 그런데 이 율법으로 인해, 인간들은 죽 음의 세력에 볼모로 사로잡힌 신세가 되었다(10절 "사망에 이르게"). 그 이유가(접속사 가르gar) 11절에서 나오고 있다.

악의 화신인 뱀은 선악과를 먹지 말라는(창 2:17) 하나님의 명령을 교 묘히 이용하여 하와를 속이고(창 3:4) 유혹했다(창 3:5; 3:13; 고후 11:3; 참고 딤전 2:14).[209] 선악과에 손대지 말라는 창조주 하나님의 말씀은 그분의 주권에 근거한 정당한 명령이었다. 그런데 뱀은 이 계명을 하와에게 상기시키면서(창 3:1) 이를 주신 하나님의 뜻을 의심하도록 만들고("결 코 죽지 아니하리라" 창 3:4) 그녀의 탐욕을 한껏 부풀려 하나님과 동등하 게 될 수 있다고(창 3:5) 속였다. 이와 유사하게, 죄도 계명을 이용하여 '나'를 미혹케 했다("나를 속이고"). 내안에 온갖 나쁜 탐심을 불러 일으 켜 계명을 어기게 만들었다. 선악과를 먹은 아담과 하와는 그것을 먹 으면 죽으리라는 계명에 따라 죽음을 피할 수 없게 되었듯이, 우리도 "지켜야 산다"는(참고 롬 2:13) 율법의 기본 원리에 따라("그것으로") 결국 죽을 수밖에 없게 되었다("나를 죽였는지라").

---

209) Michel, KEK IV, 228

[12] 처음 물음, 즉 '율법에 무슨 문제가 있느냐'에("그런즉 우리가 무슨 말을 하리요 율법이 죄냐" 7절) 대한 결론을 12절에서 내리고 있다. 율법이나 개개의 계명들에는 아무런 문제가 없다. 그것들은 하나님이 주신 것이기 때문에 신적인 성질들을('거룩', '의', '선') 가지고 있다.

c) '내' 안에 죄가 지배하는 현실 (7:13-25)

13 그런즉 선한 것이 내게 사망이 되었느냐 그럴 수 없느니라 오직 죄가 죄로 드러나기 위하여 선한 그것으로 말미암아 나를 죽게 만들었으니 이는 계명으로 말미암아 죄로 심히 죄 되게 하려 함이라 14 우리가 율법은 신령한 줄 알거니와 나는 육신에 속하여 죄 아래에 팔렸도다 15 내가 행하는 것을 내가 알지 못하노니 곧 내가 원하는 것은 행하지 아니하고 도리어 미워하는 것을 행함이라 16 만일 내가 원하지 아니하는 그것을 행하면 내가 이로써 율법이 선한 것을 시인하노니 17 이제는 그것을 행하는 자가 내가 아니요 내 속에 거하는 죄니라 18 내 속 곧 내 육신에 선한 것이 거하지 아니하는 줄을 아노니 원함은 내게 있으나 선을 행하는 것은 없노라 19 내가 원하는 바 선은 행하지 아니하고 도리어 원하지 아니하는 바 악을 행하는도다 20 만일 내가 원하지 아니하는 그것을 하면 이를 행하는 자는 내가 아니요 내 속에 거하는 죄니라 21 그러므로 내가 한 법을 깨달았노니 곧 선을 행하기 원하는 나에게 악이 함께 있는 것이로다 22 내 속사람으로는 하나님의 법을 즐거워하되 23 내 지체 속에서 한 다른 법이 내 마음의 법과 싸워 내 지체 속에 있는 죄의 법으로 나를 사로잡는 것을 보는도다 24 오호라 나는 곤고한 사람이로다 이 사망의 몸에서 누가 나를 건져내랴 25 우리 주 예수 그리스도로 말미암아 하나님께 감사하리로다 그런즉 내 자신이 마음으로는 하나님의 법을 육신으로는 죄의 법을 섬기노라

7장을 시작하면서 밝힌 바와 같이, 7절 이하의 내용은 5절에 대한 상세 설명이다. 7-12절에서 바울은, '죄'와 그 결과로서의 '사망' 그리고 이 둘과 '율법' 사이의 관련성에 대해 다룬다. 5절에는 이 세 가지 외에도 '육신(지체)'이라는 용어가 등장하는데, 이를 13-25절에서 논구한다. 즉, '육신'과 그 나머지 개념들과의('율법', '죄', '사망') 관계에 대해.

[13-15] '문제가 없는 율법이 어떻게 인간을 죽이는 역할을 담당하는가?'라는 의문이 들 수 있다. 바울은 이에 스스로 질문을 제기하고, "그렇지 않다"고 대답까지 한다. 앞서 언급했듯이, 율법 또는 계명은 하나님이 주신 것이기에 거룩하고 의롭고 선하다(12절). 그런 율법이 인간을 사망으로 이끈("나를 죽게 만들었으니") 이유는 죄를 더욱 강성케 하기 위해서였다("죄로 심히 죄 되게"). 앞에선(10절) '죄의 주도권'이라는 관점에서 율법의 기능을, (좀 더 정확히 말하면) 계명의 기능을 설명했다("죄가 기회를 타서 계명으로 말미암아 나를 속이고 그것으로 나를 죽였는지라"). 이때, 일차적인 책임은 율법이 아니라 죄에 있다. 율법은 다만 죄의 도구로 이용되었을 뿐이다. 죄는 율법을 교두보로(8, 11절) 자신의 세력을 확대했다.

13절은 율법의 입장에서 죄를 관찰한다. 여기에서는 인간 사망의 주범으로, 잠정적이긴 하지만 율법을 지목한다. 그러나 율법이 우리를 죽음에 빠뜨린 이유는 정말로 죽이려는데 있는 것이 아니라, 죄의 실체를 더욱 분명히 인식토록 하기 위해서이다("오직 죄가 죄로 드러나기 위하여"). 이 악역은 그러므로 단순히 악역에 그치지 않고, 궁극적으로 선을 위해 봉사한다. 죄의 세력이 점점 강해질수록, 이와 비례해서 더욱 강력한 하나님 구원의 역사役事가 전개되기 때문이다(5:20). 그런 점에서, 죄를 인식케 하고 죄를 더욱 흥하게 하는("이는 계명으로 말미암아 죄로

심히 죄 되게 하려 함이라") 율법의 역할은 구원사에 있어서 필요불가결한
것이다.

근본적인 문제의 원인은 율법에 있는 것이 아니다("율법은 신령한 줄 알
거니와" 14절). 인간이 죄의 볼모가 될 수밖에 없는 이유는 '육체'때문이
다("육신에 속하여" 7:5 참고). 인간은 '육' 또는 '영', 둘 중에 하나에 사로
잡혀 사는 존재이다(7:5f 참고). 그리스도로 구속사건을 체험하지 못한
사람은 육에 속한 존재이다. 이에 대해 바울은 이미 여러 곳에서 언급
했다("죄의 몸" 6:7; "죽을 몸" 6:12; "육신으로 있을 때에는" 7:5). 율법은 죄를
분명히 인식케 할 뿐이다. 우리가 죄를 짓는 까닭은 "육신"이라는 부
정적인 세력에 사로잡혀 있기 때문이다("나는 육신에 속하여 죄 아래에 팔렸
도다"). 낮에는 뛰어난 학식과 고매한 인품으로 사람들로부터 존경을
받지만 밤에는 야수로 변하는 '지킬박사와 하이드'처럼 인간의 내면
은 분열되어 있다.[210] 미국의 여류시인 에밀리 디킨슨(1830-1886)도 인
간의 이중성에 대해 유사하게 고백한 적이 있다.

"우리 자신의 뒤에 숨어 있는 우리 자신
그것이 대부분 사람들을 공포에 떨게 하지".

마치 "죽느냐 사느냐"를 고민하는 햄릿처럼, 인간은 '영'과 '육' 사이
에서 방황하다가, 종국에 '육'에 속하게 된다.[211] '영'이 지배하는 현

---

210) Stuhlmacher(NTD 6, 100f)에 따르면, 악에 사로잡혀있는 인간의 현실,
즉 '원함'과 '행함'간의 괴리는 그리스나 라틴 작가들, 유리피데스(*Hipp*
358f, 375ff), 오비드(*Metam VII*, 17ff)에게서도 찾아볼 수 있다. 그러나 유대
교의 참회를 다루는 문헌들에서 처음으로 인간이 육적인 존재이며 하나님의
뜻에 합당하게 살지 못하는 존재라는 인식이 점차 확산되었다(1QS 11,9ff;
제4에스라 3:19-22; 9:36f; 참고 시 51:5; 69:5).

실에 거해야 한다는 사실을(당위성) 알고 있지만, '육'의 영향권에서 헤어 나오지 못하고 계속 죄의 지배를 받음으로 말미암아, '나'는 원치 않는 것, 혐오하는 것을 행하게 된다(현실, 15절). 이렇게 행동하는 '나'를 나는 진짜 '나'라고 인정할 수 없다(개정 개역 "내가 행하는 것을 내가 알지 못하노니"의 "알지 못하노니" 우 기노스코ou ginōskō를 필자는 '인정하지 않는다'로 해석).212) 요약하면, '나'는 이제 더 이상 나 자신의 주인이 아니다. '나'를 지배하는 것은 '육'이다. 그 '육'에 의해 '나'는 죄에 팔렸다. 죄의 노예가 된 '나'는 의지와 상관없이, 혐오하는 일까지도 행할 수밖에 없는 존재로 전락했다.

[16] 바울은 12절의 내용, 즉 율법이 선하다는 사실을 다시 한 번 확인한다. 문제는 '율법'에 있는 것이 아니다. '나'는 중립적인 존재지만, 육신에 속함으로써 죄의 노예가 되었다. 분명, 율법에 의해 죄가 강성해진 측면은 있다. 하지만 이는 처음부터 의도했던 바가 아니다. '나'는 비록 원치 않는 것을 행하는 자가당착의 상태에 있지만, 내가 지금 잘못하고 있다는 사실을 알고 있다. 선악 판별의 잣대 역할을 하는(7절) 율법 덕분이다. 율법은 본질적으로 선한 것이다.

[17] 내가 원하지 않는 것, 즉 탐심에서 비롯된 온갖 악행들을 저지르는 주체는 '나'가 아니라 죄이다. 이 내용은 앞에서(14절) 밝힌 "죄 아래에 팔렸도다"와 통한다. 인간의 현재는("이제는") 죄가 '나'를 다스리고 있는 상태이다. 그 반대 경우는 갈 3:20에("이제는 내가 사는 것이 아

---

211) 제4에스라 7:48에 따르면, 악한 마음이 인간을 하나님으로부터 떼어놓고 파멸와 죽음으로 인도한다.
212) 크랜필드, 『ICC 2』, 134

니요 오직 내 안에 그리스도께서 사시는 것이라") 제시되어 있다. 죄는 인간 내면에 들어와 자신의 영역을 구축한다("내 속에 거하는"). 그리고 거기서 세력을 떨치며 활약한다(8절; 참고 8a절 "죄가 ... 내 속에서"; 18절 "내 속"). 죄는 참된 '나'와 대립관계에 있다(9절 "죄는 살아나고 나는 죽었도다"; 참고 11절). 인간의 내부로 침투해 들어온 죄는 '나'를 사로잡는다(참고 5절 "우리가 육신에 있을 때에는 ... 죄의 정욕이 ...우리 지체 중에 역사하여").

[18-20] 바울은 앞의 내용을 설득력 있게 다시 설명한다. 바울뿐만 아니라 로마 교인들도 이미, 참회와 관련한 구약이나 유대 문헌들의 내용들을 알고 있었다. 인간에게는 선한 측면이 하나도 없다는 사실에 전적으로 동의했다("아노니"). 바울은 여기서 한 걸음 더 나아가, 인간 스스로는 회개할 능력도 없다고 말한다. "내 속"에는 "내 육신에"란 뜻이다. 여기서 '육신'은 부정적인 의미, 곧 분열된 자아 중 일부로서의 '저급한 나'를 의미하는 것이 아니라, 죄에 빠지기 쉬운 전인全人으로서의 '나'를 나타내는 표현이다.213) '나'는 율법을 알고 있다. 그러나 죄의 포로로 사로잡혀 지배를 받고 있기 때문에, '나'는 선을 행하길 원하지만 이를 실행에 옮길 능력은 없다(15c, 16a절; 참고 시 51:5). '나'는 원하는 것은 행하지 않고, 원치 않는 악을 행한다(19절). 20절에서 바울은 17절에서 말한 내용을 다시 독자들에게 주지시킨다. 악을 행하는 주체는 내가 아니라, 나의 주인으로 내 안에 군림하는 죄이다.

[21] 21-24절은 앞서 나온 두 부분의(7-12절, 13-20절) 요약이자 결론으로서("그러므로" 불변사 *ara*), 율법대로 살기를 원하지만, 그렇게 하지

---

213) Schlier, HThK VI, 231f; Wilckens, EKK VI/2, 87; 크랜필드, 『ICC 2』, 136f

못하는 현실 속에서 괴로워하는 '나'에 대한 묘사이다. 바울에 따르면
'나'는 '육'과 '영'의 지배 사이에서 또는 '당위'와 '현실' 간의 괴리 때
문에 갈등한다. 이와 관련하여 두 개의 법을 제시한다("한 법을 깨달았노
니"). 먼저 거론된 "한 법"*ho nomos*은 모세의 율법이 아니다. 그것은 22
절에 나오는 "하나님의 법"이다. 또 다른 "한 법"은 '일반적인 법칙'을
의미하지 않는다. 고전 그리스 문학이나 헬라 문학 그리고 바울에게서
도 '일반적인 법칙'을 "법"이라고 표현한 유례는 없다.214) 이 '법'은
따라서 23절에 나오는 '다른 법', '죄의 법'이다. 마음으로는 선을 행
하길 원하지만, 실제로는 악의 지배를 받는 '나'는 이 '법'에 의해 죄인
으로 낙인찍혀 심판 받게 된다("나에게 악이 함께 있는").

   [22-23] '나'("속사람")는 하나님의 뜻대로(= "하나님의 법") 행하길 기
뻐한다(참고 15b; 시 1:2; 19:9f; 119:24, 77, 92). 하지만 내 안에, 즉 행동이나
(6:13, 19) 감각 기능을 담당하는 기관인 "지체 속에"215) 모세의 율법뿐
만 아니라, "다른 법"도("한 법" 21절) 존재하고 있다. 이 법은 긍정적인
의미의 법과("내 마음의 법") 대립 관계에 있다. "마음"*nous*은 다름 아닌
"속사람"*esō anthrōpos*('육신', '지체'와 반대 개념)216)이다. '나'는 속으로,
즉 마음으로 하나님의 규례와 법도를 따라 살기를 원한다. 하지만 다
른 '법'이 내버려 두지 않는다("마음의 법과 싸워"). '법'은 이렇게 둘로 나
뉘어져 서로 대립하고 있다. '나'는 결국 원치 않는 다른 법에 얽매여

---

214) Wilckens, EKK VI/2, 89
215) 여기서 지체는 다양성을 확보해 준다("한 몸에 많은 지체를 가졌으나"
12:4; "몸은 하나인데 많은 지체가 있고" 고전 12:12). 그러므로 지체 안에
"하나님의 법", "마음의 법"과 구별되는 "다른 법", "죄의 법"이 존재한다.
216) 이 용어는 고후 4:16; 엡 3:16에 나온다.

산다. 이 "다른 법"은 "죄의 법"*en tō nomō tēs hamartias*[217])에서 '나'를 지배한다("사로잡는"). 엄격히 말해, 문맥 상 "다른 법"과 "죄의 법"은 동일하지 않다. 죄에 의해 잘못 사용되어진 율법은 죄인인 인간을 죽음으로 이끄는데, 이것이 바로 "죄의 법"이다(8, 11절). 한편 "다른 법"은 죄를 짓도록 사주하거나("죄가 기회를 타서" 8, 11절) 탐심에 따라 사는 자들을 죄인이라 정죄하는 법이다(2:12c-13). "다른 법"을 '나'를 붙잡는 포획자로, "죄의 법"은 '나'를 붙잡아 두는 포획망으로 해석할 수 있다.[218] 그렇지만 전체적으로 볼 때, "다른 법"과 "죄의 법"이 서로 다른 범주에 속한 것이라고 보기는 어렵다(참고 "죄와 사망의 법" 8:2).

이상의 설명을 정리해보자. '나'(= "속사람", "마음")는 율법을, 하나님께서 주신 선한 것으로 보고("하나님의 법", "내 마음의 법"), 이에 따라 살고자 노력했다. 율법은 이때 사람들을 생명으로 인도한다. 하지만 연약한 인간은 탐욕 가운데 죄의 길을 좇았다. 그러자 하나님의 말씀인 율법은 죄인들에게 심판을 선언하였다. 율법은, 사람들을 생명으로 이끌던 원래의 기능을 상실하였다. 이때 책임은 율법이 아니라, 사람들에게 있다. 바울은 여느 유대인들과 달리 인간들의 악행과 이에 대한 율법의 정죄를 심각히 받아들였다. 인간은 죄인이다. 그렇기에 일부 율법을 행했다 하더라도, 인간은 심판의 운명으로부터 벗어날 수 없다고 보았다. 율법은 원래 인간을 구원하는 것이지만("하나님의 법"), 현실에서는 인간을 심판하고 정죄하는 흉기로 변하였다("다른 법", "죄의 법"). 율법이 죄에게 이용당한 측면이 있긴 하지만(8, 11절), 죄인들에게 율법은 단지 "죄와 사망의 법"에(8:2) 지나지 않는다. 바울은 "속사람"[219],

---

217) 전치사 *en*은 '장소'의 의미이다. EKK VI/2, 89 주 375

218) Wilckens, EKK VI/2, 90

219) 헬라 이원론에 따르면 속사람이란 육이라는 감옥에 갇혀있는 천상의 존

"마음" 등 헬라의 영-육 이원론 용어를 차용하고 있다. 그러나 그는
'영적 인간'-'육적 인간' 두 존재 간의 대립을(존재론적 이원론) 말하지 않
는다. "마음"을 율법을 통해 나타나는 하나님의 뜻으로 이해하며("마음
의 법"), '육'을 율법에 반反하는 죄의 실제로 해석함으로써, 하나님의
율법을 알고 있음에도 불구하고 죄를 짓는 인간의 현 존재에 대해 관
심을 갖고 논구한다.220) 속사람의 의지나 마음만으로는 탐심을 이기
고 하나님의 법을 따라 살 수 없다("한 다른 법이 내 마음의 법과 싸워 ...나를
사로잡는 것을 보는도다"). 바울은, 악한 존재라고 하는 본성적인 특징으로
인해 죄의 지배를 받고 있는 인간의 현실이 율법과 어떻게 관련되어
있는지에 주목했다.

[24] 인간은 자신의 의지나 마음, 그 무엇으로도 정욕이나(5절) 탐심
을(8절) 이길 수 없다. '나'는 생명으로 인도하는 율법을(= '하나님의 선한
뜻') 행해야 한다. 하지만 '나'는 그럴 힘을 상실한 채, 죄의 지배를 받
으며 괴로워하고 있다("곤고한 사람이로다"). '나'는 죄에 사로잡혀 죄인
으로 낙인찍혔다. 율법은 죄인에게 사망을 선고하기에, '나'는 죽음을
피할 수 없는 운명이 되었다("사망의 몸"; 참고 6:6 "죄의 몸" 8:3 "죄 있는 육
신"). 이 세상에서 나를 구원할 자는 아무도 없다("누가 나를 건져내랴). 악
행을 저질렀으며, 이것이 율법에 의해 죄로 드러남으로써 죽을 수밖에
없는 존재가 된 '나'는 다음과 같이 울부짖고 탄식한다. "오로라 나는
곤고한 사람이로다".

[25] '아무도 나를 구원하지 못한다'는 선언에 이어 나오는 감사는

___
재를 뜻한다.
220) Wilckens, EKK VI/2, 99

사면초가의 위기 가운데서 '나'를 건져낼 구세주가 있음을 암시한다. 그는 다름 아닌, 자신을 화목제물로 내주심으로 우리를 위해 죽으시고 부활하신 예수 그리스도이다.

 감사에 이어, 한편으로 하나님의 법을 다른 한편으로 죄의 법을 섬기는 이중적인 '나'의 모습이 묘사된다(25b절). 앞에서(22-24절) '나'는 의지와 실제 행동이 서로 달라서, 자중지란에 빠져 괴로워했다. 바울은 이를 '속사람과 지체가 각각 다른 법을 섬긴다'고 표현했다. 이것이 극복되어 감사를 드렸는데(25a절) 다시 각각 다른 법을 섬기는 분열된 '나'의 모습이 나온다(25b절). 25a절에서 감사의 찬미를 부른 이유는 8:1-4에서 거론된다. 그래서 주석가들은 이 25b절에 대해 여러 가지 의견을 내놓고 있다. "의문문이다"221), "원래는 23절 뒤에 있었다", "난외 주였다" 등. 하지만 이런 주장들은 사본학적으로 근거가 없다. 빌켄스도 하반절이 후대에 추가된 것일 수도 있다고 제안한다. 그 이유는 이렇다. 바울은 기독교인의 모습을, 과거에는 '죄의 종'이었으나 지금은 '의의 종'이 된 존재로 묘사하고 있다(6:16ff). 이 공식에 따르면, 그리스도로 말미암아 구원체험을 한 신자는(25a절) 25b의 내용과 달리, 결코 하나님의 법과 죄의 법을 동시에 섬길 수 없다.222) 한편 크랜필드는 24절의 '나'를 성숙한 신앙인으로, 25a절의 내용을 이미 이루어진 구원이 아니라 앞으로 성취될 구원을 예시적으로 말한 것으로 본다. 이런 맥락에서 25b절과 같은 표현이 가능하다는 것이다. 즉, 25b절에는, 절박하게 구원을 바라는 심정과(24절) 하나님께서 종국에 구원해 주실 것이라는 확신(25a절), 그리고 신자들이 살아있는 동안에 결코

---

221) 본문에 나오는 불변사 ara(ἄρα)가 아니라 의문문을 이끄는 ara(ἆρα)로 읽음. 이 ara(ἆρα)는 바울 서신 중 갈 2:17에서 1회 나온다.

222) Wilckens, EKK VI/2, 97

피할 수 없는 긴장이 잘 나타나 있다는 것이다.[223]

　7장에서의 '나'는 누구인지, 앞에서(7절) 이미 설명한 바 있다 -일반
적인 신앙인을 가리킨다. 죄는 율법을 기회로 삼아 영향력을 배가했
다. 결국 세상은 죄의 지배를 받게 되었다. 하나님의 뜻인 율법은 역설
적으로 사람을 죄에 빠뜨렸다. 사람들은 죽을 수밖에 없었고, 이로 인
해 고통스러워한다. 한편, 예수 그리스도에 의해 구원받은 '나'는(참고
6:17f, 22) 하나님의 법을 사모하고 기쁨으로 율법대로 살기를 원한다.
하지만 잔류하는 죄의 세력이 '나'로 하여금 '죄의 법'을 섬기도록 압
박한다. "나"는 선을 행하고자 하는 마음은 있으나, 실제로는 원치 않
는 악을 행함으로, 번뇌한다. 7장에서 말하는 '나'는 바로 이러한 '나'
이다. 그러므로 25b절은 14-23절의 내용을 다시 요약한 것으로 봐야
한다. 감사와 분열된 신자의 모습이 동시에 언급되는 것은, '이
미'already 구원을 받았지만, '장차'(= '아직' not yet) 나타날 영광을 바라
보면서(8:18) 지상에서 계속 살아가는 신앙인 실존의 모습을 단적으로
표현한 것이다.

　롬 7:7-25은 5:12-21에 이어 로마서에서 가장 난해한 부분중 하나
이다. 이 단락은 율법의 역할에 대한 내용을(7:5) 풀어서 쓴 것이다. 여
기의 주제는 '분열된 인간'이 아니라, '율법'이다. 율법은 인간에게 생
명을 선사하는, 선하고 거룩한 것인데, 그 역할을 수행하지 못하게 되
었다('율법의 연약' 8:3). 그 일차적인 책임은 인간에게 있다('탐심을 좇아 죄
를 지음'). 죄의 권세에 포로가 된 인간은 속으로는 율법대로 살고자 하
는 의지가 있지만, 이를 행할 수 없는 존재가 되었다. 이에, 계명을 지

---

223) 크랜필드, 『ICC 2』, 143f, 146ff

키지 않은 자들을 정죄하는 율법의 기능에 따라, 율법은 죄인인 인간
들에게 심판을 선언하였다. 율법은 원래 가진 순기능(구원)을 담당하지
못하고 역기능만(정죄, 사망 선언) 수행한다. 따라서 인간은 율법으로 구
원받지 못하게 되었다. 이제 우리가 구원될 수 있는 방법은 오직 한 가
지, 율법의 저주로부터 우리를 속량하신(참고 갈 3:13) 예수 그리스도를
믿는 길 뿐이다. 이와 같은 논리로 바울은, 율법의 행위로 구원을 얻고
자하는 유대주의자들에게 '율법은 이제 구원의 능력을 상실했다'고
선언한다. 또한 '그렇다면 율법 자체에 무슨 문제가 있는 것인가?'라
고 가시 돋친 질문을 던지는 유대주의자들에게 답변하는 것이다.

4. 성령의 자유 안에 있는 인간, 곧 구원의 실현 (8:1-39)

죄와 죽음의 지배(5-6장) 그리고 율법의 속박 하에(7장) 있었던 인간은 예수 그리스도의 십자가 사건으로 말미암아 모든 구속과 억압으로부터 벗어나 자유케 되었다. 이제는 율법으로 인한 정죄나, 죄의 결과로 부과된 죽음이 더 이상 영향을 미치지 못하게 되었다(8:1). 그리스도의 희생으로 인해서 인간은 운명의 대전환을('해방' 2절) 경험하게 되었다. 삶의 모드가 바뀌고('영을 따라 행함' 4f절) '하나님의 자녀'로(14ff절) 지위가 격상되었다. 하지만 종국에 이루어질 악에 대한 그리스도의 승리(8:18ff), 우리가 받을 궁극적인 영광은 아직 미래의 영역에 속해있다. 현재 우리는, 그리스도가 그랬던 것처럼, 아직 고난을 받아야 한다. 그러나 하나님의 섭리 가운데(28절) 궁극적인 구원이('양자'養子 = '속량', 23절) 이루어질 것을 믿으며 성령의 도우심에 의지하여(26f절) 소망 가운데(24f절) 살아간다.

이상에서 보듯이 8장은 하나님의 은혜로 예수 그리스도를 통해 죄인이었던 인간이 경험하게 되는 대변화에 대한 설명이다. 인간은 더 이상 육을 따라 사는 존재가 아니다(5ff절). 그리스도가 주인이 되어(10a절; 참고 갈 2:20) 영적으로 살아간다(10b-11절). 하지만 이 새로운 피조물은 아직 완전하지 않다. 이제 막 시작된, 도상途上의 존재로서(처음 익은 열매' 23절) 영화롭게 되는 승리의 그날까지('부활' 11절, '양자될 것', '몸의 속량' 23절) 성화聖化의 길을 걸어간다(30절).

a) 성령 안에 있는 인간, 죄와 사망에서 해방 (8:1-11)

1 그러므로 이제 그리스도 예수 안에 있는 자에게는 결코 정죄함이 없나니 2 이는 그리스도 예수 안에 있는 생명의 성령의 법이 죄

와 사망의 법에서 너를 해방하였음이라 3 율법이 육신으로 말미암아 연약하여 할 수 없는 그것을 하나님은 하시나니 곧 죄로 말미암아 자기 아들을 죄 있는 육신의 모양으로 보내어 육신에 죄를 정하사 4 육신을 따르지 않고 그 영을 따라 행하는 우리에게 율법의 요구가 이루어지게 하려 하심이니라 5 육신을 따르는 자는 육신의 일을, 영을 따르는 자는 영의 일을 생각하나니 6 육신의 생각은 사망이요 영의 생각은 생명과 평안이니라 7 육신의 생각은 하나님과 원수가 되나니 이는 하나님의 법에 굴복하지 아니할 뿐 아니라 할 수도 없음이라 8 육신에 있는 자들은 하나님을 기쁘시게 할 수 없느니라 9 만일 너희 속에 하나님의 영이 거하시면 너희가 육신에 있지 아니하고 영에 있나니 누구든지 그리스도의 영이 없으면 그리스도의 사람이 아니라 10 또 그리스도께서 너희 안에 계시면 몸은 죄로 말미암아 죽은 것이나 영은 의로 말미암아 살아 있는 것이니라 11 예수를 죽은 자 가운데서 살리신 이의 영이 너희 안에 거하시면 그리스도 예수를 죽은 자 가운데서 살리신 이가 너희 안에 거하시는 그의 영으로 말미암아 너희 죽을 몸도 살리시리라

8:1-17은 7:6을 풀어 쓴 것이다. 죽을 수밖에 없는 운명에 처한 인간이 예수 그리스도의 대속적인 죽음을 통해 구원을 받았다. 그가 우리 죄를 대신 하심으로써 우리는 죄의 권세로부터 그리고 우리를 정죄하고 속박하는 율법으로부터 자유로워 졌다. 이제 우리는 율법이 아니라 (새로운) 영으로 섬기는 존재가 되었다. 이상의 내용을 바울은 두 부분으로 풀어서 설명한다. 즉, 우리는 죄와 사망의 법에서 해방되었으며 이제는 영을 따라 삶을 산다(8:1-11). '영에 의해 인도함을 받는 자'란 다름 아닌 '하나님의 아들'이며 우리는 하나님의 상속자로서 장차의 영광을 위해 현재의 고난도 함께 받는 존재이다(8:12-17).

[1] 1절을 감사 기도에(7:25a) 대한 '이유'로 이해하면 좋겠지만, "그러므로"(아라*ara*, 결과의 뜻)가 이를 허락하지 않는다. 따라서 이 구절은 앞의 내용을(7:25a) 다시 설명한 것으로 봐야한다. 율법 하에 있는 자들은 곤궁과 불행의 현실을 피할 수 없다(7:7-23). 아담 한 사람으로 시작된 범죄로 인해서 온 인류는 '정죄'라는 숙명 속에서 살게 되었다(5:16, 18). 이 질고에서 벗어나게 한 분이 바로 예수 그리스도이시다. 그의 죽음으로 "정죄"가 아니라 의와 생명이 우리의 운명이 되었다(5:16, 18). 표현 "그리스도 예수 안에 있는 자에게는"에서 "안에"는 장소의 의미이다(참고 7:4b). 그리스도는 우리에게 구원의 공간을 제공한다. 그 안에 거하는 자는 더 이상 정죄 당하는 일이 없다. 과거의 모습에서 시작해서(7:5) 그리스도 사건 이후를 묘사할 때(7:6) "이제는"*nun*이 나온다. 이는 8:1에서도 마찬가지이다("이제").

[2] 2-4절은 앞의 내용 "그리스도 예수 안에 있는 자" = "정죄함 없음"에 대한(1절에 동사 없음) 설명이다(이유, 불변사 가르*gar*). "하나님의 법"과 "다른(죄의) 법"의 대립 하에서(7:22f), 마음으로는 원하되 이를 행하지 못하는, 그래서 마음과 행위의 불일치 속에서 번민하는 존재가 바로 인간이다. 그런데 이 인간의 해방을, 다름 아닌 율법의 관점에서 바울은 설명한다. 인간을 속박하고 있는 것은 율법인데("죄와 사망의 법") 다른 법 즉, "생명의 성령의 법"이 여기서 우리를 구원한다는 것이다. "죄의 법"이란 죄에게 기회를 허락함으로써 죄의 세력을 더욱 강성하게 하는 율법을 말한다. 하지만 이 "죄의 법"이 죄 자체는 아니다(7:7). "사망의 법"이란 표현도 율법 자체가 사망을 초래케 한다는 의미가 아니다(7:13). 그러나 악을 심판하는 율법의 기능은 종국에 죄인에게 사망을 선고한다. 이 법으로부터 우리가 해방된 것은 "생명의 성령의 법" 덕분

이다. "생명"은 뒤에 나오는 "사망"과 대구를 이룬다.224) '영'과 '율법'("율법 조문의 묵은 것")은 서로 대비되는 개념으로 사용되지만(7:6), 율법도 원래 영적인 것이고(7:14a), 생명을 가져다주는 것이다(7:10). 이 율법의 원래 성격과 목적이("생명의 성령의 법") 회복될 때, 인간의 죄로 말미암아 잘못 작동됨으로써 인간을 죽음으로 몰아넣은 율법의 역기능은 ("멍에" 갈 5:1) 폐기된다. 이제 인간은 오용誤用된 율법의 주술로부터 풀려났다. 율법은 예수 그리스도 안에서 자신 본연의 모습을 회복할 수 있다. 그는 우리 인간이 감수해야할 율법의 저주를 자기 것으로 삼으심으로써 율법의 저주로부터 우리를 해방시킨 분이시다(갈 3:13).

   [3] 2절의 주제가 '어떻게 법으로부터 해방할 수 있는가?'라면, 3절부터는 '하나님께서 어떻게 율법의 요구를 이루도록 하셨는가?'에 대해 다룬다. 율법은 인간을 구원할 수 있는 능력을 상실했다("율법의 연약"). 그 책임은 인간 의지의 박약에 있다("육신으로 말미암아"; 참고 7:14, 18a). 사람들이 계명을 행하는 한해서, 율법은 구원을 가져다 줄 수 있다(2:13b). 사람들은 계명대로 살지 못했다. 따라서 율법은 생명이 아니라 반대로 죽음을 선사하였다(7:10). 아울러 율법은 죄인에 대해서 결코 구원을 선포할 수 없다. 여기에 율법의 한계가 있다. 은혜의 하나님께서는(5:15b) 이런 상황을 간과하지 않으셨다. 그는 자신의 아들을 구체적인 인간과 같은 몸의 형태로 세상에 보내셨다. 예수께서는 육을 입고 세상에 오셨지(1:3; 요일 4:2), "죄 있는 육신"으로 오시지 않았다. 따라서 교부들 이래로 예수의 성육신에 대한 기본 전거로 사용되고 있는 3절의 표현 "죄 있는 육신의 모양으로"*en homoiōmati sarkos hamartias*

---

224) 속격 "생명의", "사망의"는 율법의 작용으로 생기는 성과를 뜻한다.

에서 "모양으로"의 의미에 대해 생각할 필요가 있다. 예수는 분명 인간의 몸으로 이 땅에 오셨다. 그렇지만 그는 우리와 구별되는 아들로서의 자의식을 가지고 계셨다. "죄 있는 육신의 모양으로"는 예수께서 우리와 같은 육을 입고 오셨지만, 동시에 그는 자신의 본성을 포기하지 않으신 분, 계속 하나님의 아들이심을 뜻한다.225) 빌 2:6f에서도 이런 의미로 예수 그리스도에 대해, "근본 하나님과 본체시나 ... 사람들과 같이 되셨고" 라고 묘사한다. "죄를 위하여"(*peri hamartias*, 개역개정판 "죄로 말미암아")라는226) 표현은 예수 그리스도의 죽음에 내포된 구원론적인 의미를 드러낼 때 사용된다(벧전 3:18; 요일 2:2; 히 13:11). 즉 하나님께서 아들을 보내신 까닭은 그의 죽음을 통해 우리를 속죄케 하려는데에 있다. 죄와 죽음의 법이 죄인들에게 선고하는 심판의 선언을("죄를"), 하나님께서는 육을 입고 세상에 오신 아들에게("육신에") 적용시킴으로써("정하사") 우리 죄인들을 구원코자 하신다('죄를 위하여' *peri hamartias*).

[4] 하나님께서 아들을 육의 몸으로 세상에 보내신 목적은 우리 인간으로 하여금 "율법의 요구"를 이루도록 하기 위해서다. 주어 "우리"는 7:5-7에서 사용된 후, 이곳에서 처음으로 사용되고 있다(9절부터는 "너희"가 나온다). "율법의 요구"*to dikaiōma tou nomou*란 지켜야할 율법 조항들의 총합이다(참고 2:26 "율법의 규례[들]" *ta dikaiōmata tou nomou*). "율

---

225) 크랜필드, 『ICC 2』, 161ff. 이와 달리 Wilckens, EKK VI/2, 125f는 "죄의 몸"을 죄가 실제 활동하는 영역으로 이해한다. 거기로 하나님께서는 아들을 보냈고, 그리스도는 거기서 죄인인 인간과 같은 모습을 갖게 되었다.

226) "죄로 말미암아"라는 개역개정판의 번역은 부적절하다. "죄를 인하여"로 번역한 개정판도 마찬가지이다. 그리고 '죄를 위하여'의 위치도 "육신에 죄를 정하사" 바로 앞에 두는 것이 원문과 비교할 때 바람직하다.

법의 요구"는 기독교식으로 말하면 '사랑'으로 치환될 수 있다(13:8-10; 갈 5:14). 4절을 통해 우리는, 바울이 결코 '율법의 완성'에 대해 포기하지 않고 있다는 사실을 분명히 알게 된다. 이와 유사한 내용을 바울은 이미 3:31에서 밝힌 바 있다. 신자들이 세례를 통해 성령을 받고 그 영의 인도하심에 따라 살아갈 때, 그들은 율법의 요구를 다 이룰 수 있다. "따라"*kata*는 행동의 방향을 의미한다. '성령'과(엄밀히 말하면 '영') '육'은 서로 반대되는 세력이다(7:5; 갈 5:16f; 고후 10:3). 예수 그리스도의 성육신과 우리를 위한 속죄의 죽음으로 인해서(3b절) 우리는 육이 아니라 영을 따르는 존재로 살아간다(갈 5:25). 그때 우리는 '무엇을 해도 법을 어기지 않는', 공자가 말한 나이 70세의 경지에 이른 것처럼(종심소욕 從心所欲) 율법의 요구를 이룰 수 있게 된다.

[5-8] 바울은 앞에서 언급한 각각 '육'과 '영'을 따라 사는 삶의 모습을 대비시킨다. 세상 사람은 두 종류이다. '죄의 종'이거나 '의의 종'이거나(6:16ff), 지체를 '불법'에 이르게 하거나 '거룩함'에 이르게 하거나(6:19), '사망의 열매'를 맺던가 '영생의 열매'를 맺던가(6:21f), 또는 '영'을 섬기던가 '육'을 섬기던가(7:6). 사람은 기본적으로 무엇인가를 도모하고자 꾀하는("생각하나니") 존재이다. 그렇기에 '육' 쪽으로 방향을 잡은 사람은("육신을 따르는 자는") "육신의 일"을("육체의 일" 갈 5:19), '영' 쪽으로 정위定位한 자는 "영의 일"을("성령의 열매" 갈 5:22) 추구한다.

육이 꾀하는 바는 결국 죽음이다. 죽음은 죄의 결과이자, 죄가 치러야 할 대가이다(6:20f, 23). 반대로 영의 생각은 "생명"과 "평안"(="평화")으로, 이 둘은 각각 예수 그리스도로 말미암은 의義의 결과이자("평화" 5:1) 하나님을 섬길 때 선물로 받게 되는 은사이다("생명" 6:23).

이어서(7절) '왜 육의 생각은 사망이라는 결과를 초래하는지', 그 이유에(*dioti*, for" RSV, "darum, weil" Zürcher Bibel) 대해 말한다. 육의 생각은 근본적으로 하나님과 적대적이기 때문이다. 지금까지는 육과 영의 생각들에 대해 다루었다면 이제부터는 그 생각의 결과로 나타나는 행동들에 대해 다룬다. 이어 나오는 부연 설명에 따르면(불변사 가르*gar*), 육의 생각은 궁극적으로 이루어야 할 하나님의 법에 따르지도 않을뿐더러, 순종할 능력도 없다.

'순종이 제사보다 낫다'는(삼상 15:22) 말씀처럼 하나님은 무엇보다도 인간의 순종을 원하신다. 그러나 "육신을 따르는 자", "육신의 생각"은 하나님의 뜻을 거스르고(참고 7절 "굴복하지 아니할 뿐 아니라") 심지어 원수까지 된다(7a절). 따라서 이런 생각과 행동 성향을 가진 사람들을("육신에 있는 자들은" 참고 7:5)[227] 하나님께서는 결코 기뻐하지 않으신다(참고 12:1f; 14:18; 고후 5:9).

[9] 이제부터 앞에서(5-8절) 언급한 일반적인 진술들을 로마 교인들의 형편에 맞추어 구체적으로(주어 "너희") 설명한다. 육신은 무엇인가를 꾀하려고 추구하지만, 그 마지막은 사망이다. 육신은 하나님과 대적관계에 있다(6f절). 믿기 전의 우리는 육신에 속해 있었다(참고 갈 4:8 "본질상 하나님이 아닌 자들에게 종 노릇 하였더니"). 그러나 하나님을 믿은 후에 우리는 육신이 아닌 영에 속한 자가 되었다("너희 속에 하나님의 영이 거하시면"). 하나님의 영이 우리 안에 있어야 하나님의 사람이 된다. 마찬가지로 아버지께서 보내신 아들의 영이(갈 4:6) 우리 안에 있을 때(고전 12:3b) 그리스도의 사람이 된다. 바울은 여기서 '하나님의 영'과 '그리스도의 영'을 같은 존재로 보고 있다(참고 11절). 영이 우리 안에 거한다

---

227) Wilckens, EKK VI/2, 130은 "육신에 있는 자들은" 을 '죄의 몸의 지배 영역 내지 현실 영역에 있는 자들'로 이해한다.

는 것은 죄가 우리 안에 거하는 것과 같은 원리이다(7:17, 20). 죄가 나를
지배하도록 원인을 제공한 자는 바로 '나'이다. 나의 잘못된 행실 때문
이다. 죄에 사로잡혀 있음에도 불구하고 나는 계속 살아간다. 마찬가
지로 영이 내안에 거한다고 해서, 내가 소거消去 되지 않는다. 나는 그
대로 있다. 성령은 나를 수동적으로 만들지 않는다. 오히려 내가 성령
에 의해 변화된다. 이런 점에서 '영이 우리 안에 거함'은 몰아沒我 상
태의 주술적 신들림 현상과 별개의 것이다. 그래서 바울은 '영이 내 안
에 거한다'와 '내가 영 안에 거한다'는 표현을 동시에 사용하고 있
다.228)

[10] '영'이라는 표현을 빼고, 직전 전제문前提文에 나왔던 주어를
계속 사용하여 "그리스도께서 너의 안에 계시면" 이라고 운을 뗀다.
이와 유사한 표현은 갈 2:20에서도("내 안에 그리스도께서 사시는 것이라")
나온다. 고후 3:17에는 '주'와 '주의 영'을 구분한 반면에(주 = 영이다, 그
러나 우리 안에 내주하는 분은 주가 아닌, 영이시다) 로마서 본문에서는 그렇게
하지 않는다. 아마도 바울은 '그리스도의 영'이 우리 안에 내주함으로
써, 그리스도 자신이 우리와 함께 한다고 생각했던 같다.

　이어 영과 육의 대비라는 관점이 계속된다. 그리스도께서(= 그리스도
의 영, 참고 9절) 우리 안에 거하시면, 전인全人으로서의 '나'는 구원 받는
다. 바울은 결코, '그리스도를 주님으로 영접한 이후에 몸은 죽지만 영
은 산다'고 하는 이원론적인 진술을 하지 않는다. 따라서 여기서 죽는
몸은 "죄의 몸"(6:6), "죄 있는 육신"(8:3)이지, '나'가 아니다. 이 몸은
그 죄성("죄로 말미암아") 때문에 죽을 수밖에 없다. 그리스도의 내주內住

---

228) 하나님의 영은 인간의 영에게(*pneuma*-16절; 고전 2:11; *nous*-고전
14:14f) 와서 해야 될 바를 돕는다(8:26ff).

로 말미암아 우리는 더 이상 죄의 몸에 속하지 않게 되었다("몸은 ... 죽은
것이나"). 예수 그리스도께서 우리를 위하여 죽으시고 살아나셨듯이 우
리도 죄에 대해서는 죽고 하나님에 대해서는 산 자가 되었다(6:11). 마
찬가지로 그리스도로 말미암아 죄의 몸은 죽지만, 우리의 영은 살게
된다. '의'는 그리스도의 속죄 죽음으로 우리에게 선사되었다. 이 '의'
의 결과로 우리는 생명을 누리게 되었다("의로 말미암아 살아 있는 것이니라",
참고 10:5). 10절에서 바울은 몸/영, 죄/의, 죽음/삶을 분명하게 대비시키
고 있다.

  [11] '하나님(그리스도)의 영'(9절), '그리스도'(10절)에 이어 이번에는
(11절) "예수를 죽은 자 가운데서 살리신 이의 영"(= 하나님의 영)의 내주
內住에 대해 언급한다. 이 '영'이 거할 때, 하나님께서는 우리 "죽을 몸"
을 살릴 것이라고 확언한다. 앞에서는(10절) '몸'*sōma*이 죽는데 반해("죽
은 것이나"*nekron*), 여기서는 "죽을 몸"이*ta thnēta sōmata* 산다. 하나님은
예수를 살리신 분으로 묘사된다(2회). 예수 그리스도가 하나님을 부르
는 호칭 중 제일 일반적인 것이 '아버지'이다(1:7; 15절; 갈 4:6). 그 외에
여기서처럼 "예수를 죽은 자 가운데서 살리신 이"라는 칭호도 있다(롬
4:24; 갈 1:1; 벧전 1:21). '영'이 가지는 속성 중의 하나는 생명이다(2, 6, 10
절). '영'은 또한 해방, 자유를 뜻한다(7:6; 고후 3:17). 우리 안에 이 같은
하나님의 영이 거하시기 때문에, 여기에 근거해서("말미암아" *dia*)229) 하
나님께서 아들을 살리신 것처럼, (비록 죄인임에도 불구하고) 종말의 때에

---

229) Wilckens, EKK 6/2, 134는 (1) 하나님이 그리스도의 죽음과 부활에서
우리를 위하여 행동하신 것과 (2) 세례에서 육적으로 살아가는 우리를 그리
스도와 하나가 되게 하신 것, 이 두 가지에 근거해서 하나님은 우리를 살리실
것이라고 말한다.

우리까지도 살리시는 것이다(6:5b).

b) 하나님의 아들의 영 (8:12-17)

12 그러므로 형제들아 우리가 빚진 자로되 육신에게 져서 육신대
로 살 것이 아니니라 13 너희가 육신대로 살면 반드시 죽을 것이로
되 영으로써 몸의 행실을 죽이면 살리니 14 무릇 하나님의 영으로
인도함을 받는 사람은 곧 하나님의 아들이라 15 너희는 다시 무서
워하는 종의 영을 받지 아니하고 양자의 영을 받았으므로 우리가
아빠 아버지라고 부르짖느니라 16 성령이 친히 우리의 영과 더불
어 우리가 하나님의 자녀인 것을 증언하시나니 17 자녀이면 또한
상속자 곧 하나님의 상속자요 그리스도와 함께 한 상속자니 우리
가 그와 함께 영광을 받기 위하여 고난도 함께 받아야 할 것이니라

[12-13] 영에 의해 인도받는 신자들의 긍정적인 상황에 대해 이야기
를 한 후에(9-11절), 결론적으로("그러므로" ara oun) 영적인 존재가 된 이
들은 육적인 상태로 퇴행해서는 안 된다는 경고의 메시지가 나온다
(12f절). "형제들아"는(7:1, 4) 주의를 환기시키기 위한 호격呼格이다. 신
자는 "육체에 대해"[230] 육신대로 살 의무가(1:14; 15:27; 갈 5:3에서도 "빚
진 자"보다는 "의무를 가진 자"가 낫다) 없는 존재들이다. '우리'는 이제 더
이상 과거처럼 살 필요도 없고, 또 그렇게 살아서도 안 된다. 예수 그
리스도께서 우리를 율법의 저주로부터, 죄의 지배로부터 해방시키셨
기 때문이다. 죄의 정욕에 사로잡혀 사는 사람은("육신대로" kata sarka),
죽을 수밖에 없다(6:23a). 속성상, 영과 육은 서로 대립하고 있다(8:5ff;
참고 갈 5:17). 육신은 사망을, 영은 생명을 추구하기 때문에(8:6a), 우리

---

230) *tē sarki* -"육신에" (표준)새번역, "육체에" 공동번역, "육에" 공용번역, "to the
flesh" RSV 등으로 번역. 따라서 "육신에게 져서"로 번역한 개역개정은 문제가 있음.

안에 육신이 아니라 영이 지배하고 있어야 한다. "몸의 행실"*tas prakseis tou sōmatos*이란 "육신대로" 살 때 인간이 저지르는 여러 종류의 악행을 뜻하며, "육체의 일"과(*erga tēs sarkos*, 갈 5:19) 유사한 표현이라 할 수 있다. "몸의 행실"에서 '몸'은 10절에서 의미하는 '죄의 몸'이다. 예수 그리스도께서 대속적인 희생제물로 십자가에서 죽임을 당하실 때, 우리 "죄의 몸"도(6:6) 함께 못 박혀 죽었다. 하지만 죄의 세력은 완전히 멸절되지 않아(6:12; 참고 고전 15:24ff), 신자에게 영향권을 행사하려고 호시탐탐 노리고 있다. 따라서 우리는 그리스도의 십자가 사건으로 영에 의해 인도를 받는 영적인 존재임을 자각하고 더 이상 육체의 정욕과 탐심에 따라 살아서는 안 된다(갈 5:24). 13절은 영/육간의 대립을 부각시키면서, 육을 극복할 것을 강조한다(참고 갈 5:16).

[14] 앞에서 '영'과 '육'의 대비에 대해 다루었다면, 14절 이하에서는 영과 그 영에 의해 인도받고 있는 신자들은 어떤 존재인지에 대해 관심을 집중한다. 바울은, 세례를 통해 하나님과 그의 아들을 구주로 고백한 신자들에게 하나님의 영이 부어진다고 보았다(고전 6:11; 고전 12:13; 고후 1:21f; 이 외에도 5:5; 갈 3:2f). 신앙인들 안에는 영이 내주한다("영을 따라" 4절, "영을 따르는 자" 5절, "영이 거하면" 9절). 하나님의 영은 우리를 '육신'이 아니라 '영'에 거하게 하시며(9a절), 종말의 때에 우리를 살리신다(11b절). 이 같은 '영'이 우리의 마음과 생각과 행위를 주관할 때("인도함을 받는", 참고 갈 5:18a), 우리는 하나님의 아들이 된다. '영으로 인도함을 받는다'고 하더라도, '나'라는 존재는(생각, 취향, 감정 등) 그대로 유지된다. 이방 종교와(고전 12:2 "끄는 그대로 끌려 갔느니라") 달리, 기독교의 영은 인간을 엑스타시의 상태로 만들어 마음대로 조정하는 존재가 아니라, 하나님의 뜻에 따라 살도록 인간에게 영향력을 끼치는 일종의

신적인 힘이요 권능이다.

[15] 15f절은 14절의 명제에('하나님의 영으로 인도함을 받는 사람' = '하나님의 아들') 대한 내용상의 근거이다(불변사 가르*gar*). "양자"*hyiothēsia*養子란 입양된 자에게 주어지는 아들 되는 권리이다. 아들 없는 집에서 대를 잇기 위해 아이를 데려다가 키우는 양자 제도는 그리스-로마 문화권의 관습이었다. 이 단어는 주로 헬라 문화권에서 사용되는데, 바울은 유대인들에게도 이를 사용했다(9:4 "아들의 명분"). 반면에 앞 절에 나온 "하나님의 아들"*hyios tou theou*(14절)이라는 표현은 유대적인 배경에서 나온 것이다(예수의 세례, 솔로몬의 지혜서 2:18; 희년서 1:23f 등). 여기서 "아들"*hyios*이라는 말 대신 "양자" 휘이오테시아*hyiothēsia*를 쓴 것은 앞의 단어 "종" 둘레이아*douleia*와 운율을 맞추기 위해서다. 바울은 예수 그리스도가 오시기 전까지 인간들은 율법에 매인 종으로 있었다고 말한다(갈 3:23; 4:1ff; 참고 "종" ↔ "아들" 갈 4:7; "여종의 자녀" ↔ "자유 있는 여자의 자녀" 갈 4:31). 그러나 이제는 그리스도로 말미암아 아들의 영을 보내주셨고(갈 4:6) 우리를 아들로 삼아주셨다(갈 4:7). 즉, 우리는 하나님의 자녀이고 아들의 영을 받았다("양자의 영을 받았으므로"). 하나님으로부터 온 영으로 말미암아 우리는 영적인 것을 분별할 수 있으며, 하나님이 누구신지 안다(고전 2:12ff; 갈 4:8f). 따라서 우리에게는 두려워하는 마음이 없다(참고 딤후 1:7). "다시 무서워하는"에는 '신자들이 다시(갈 4:9; 5:1) 율법의 지배하에 놓임으로써 무거운 멍에를 메고 종노릇 하지 않을까'라는 바울의 우려가 담겨있다. 원문에는 "종의 영을 받지 아니하고" 뒤에 이 표현이 나온다. 즉 "다시 무서워하는"은 "종의 영"을 수식하는 표현이 아니다. 따라서 15a절은 '종의 영을 받아 다시 율법 하에서 헛된 것들을 섬기게 되는 두려움에 빠지지 않고'의 의미로 이해해

야 한다.

신자들은 수세收洗 때 성령을 받고 하나님의 자녀로 인정되었다(갈 4:5; 엡 1:5). 그래서 하나님을 "아바" 아버지라고 열정적으로 부를 수 있는 것이다(갈 4:6). "부르짖다"에는 '예배 때 드리는 간절한 기원' 또 는 '영적으로 고양된 신자가 기도 중에 외치는 환호' 등의 의미가 내포 되어 있다. "아바"는 '아버지'라는 뜻의 아람어 아바abba를 헬라어로 전자轉字한 것이다. "아바"는 지상의 예수가 하나님께 사용한 말로서, 이를 통해 우리는 예수와 아버지 하나님과의 관계가 얼마나 친밀했는 지 알 수 있다. 우리도 자녀로 인정되었기 때문에 하나님을 "아바, 아 버지"라 부를 수 있게 되었다. "아바" 다음에, "아바"를 헬라어로 번역 한 단어 "아버지"Patēr가 나온다. 반복적이고 이중적인 언급은 운율상 의 필요 때문이다. 이는 신자들에게 자녀로서의 일체감과 헌신의 감정 을 배가시키는 효과를 주었을 것이다.

[16] 우리가 하나님을 "아바, 아버지"라 고백하고 부르짖을 때, 성 령께서도 함께 역사하신다. 성령님은 친히 우리의 영과 함께 우리가 하나님의 자녀인 것을 증언한다. "우리의 영"은 하나님께서 알려주시 는 영적인 것들을 감지하고 수용할 수 있는 인간 내의 기관organ을 뜻 한다.231) 고전 2:10f에 보면 한편에는 성령이 있고, 다른 편에는 성령 께서 알려 주시는 것을 받아들이고 분별할 수 있는 인간 내부의 영적 인 인식 기관이 있다(참고 고전 14:14f). 이 두 요소를 통해 우리는 감추어 진 하나님의 지혜를 알 수 있다. 고린도전서의 내용을 참고 할 때, 성

---

231) Schlier, HThK VI, 254; Kuss, *Der Römerbrief*, Bd. 2, 605ff. 이와 달리 E. Schweizer, Art. *pneuma*, *ThWNT VI*, 434; Käsemann, HNT 8a, 218 등은 "우리의 영"을 개개 신자에서의 하나님의 영을 가리킨다고 본다.

령과 우리의 영은 분명 다른 존재이다. 만약 이 둘을 같다고 본다면("우리의 영" = 각 신자에 있는 하나님의 영), 어째서 우리의 영은, 성령을 통하지 않고는 우리가 하나님 자녀이라는 사실을 깨닫지 못하는 것일까 의문이 생길 수 있다232) -"우리의 영"이 곧 성령인데 왜, 성령께서 우리 영과 함께 증언 할 때에만, 우리는 하나님의 자녀임을 알게 되는 것일까? 라는 질문.

[17] 앞의 내용에서 이끌어 낸 추론이 바로 17절이다. 예수 그리스도의 대속적인 죽음으로 말미암아 율법의 지배에서 벗어나, 이제는 종이 아니라 하나님의 아들로 인정받는 사건이 세례를 통해 발생한다. 우리가 영에 의해 하나님의 자녀인 것으로 확증되면(16절), 상속자인 셈이고 따라서 독생자 예수 그리스도와 함께 상속을 받게 된다("한 상속자니", 참고 벧전 1:4). 장차 종말의 때에 우리가 그리스도와 함께 하나님으로부터 받을 유산은 '영광'이다. 그런데 이 영광을 유산으로 함께 받기 위해(미래) 현재 필요한 것이 있는데, 그것은 바로 그리스도가 고난을 받았던 것처럼, 우리도 그리스도의 고난에 동참하는 것이다("고난도 함께 받아야 할 것이니라").

c) 구원의 성취, 구원의 현재와 장래 (8:18-30)

18 생각하건대 현재의 고난은 장차 우리에게 나타날 영광과 비교할 수 없느니라 19 피조물이 고대하는 바는 하나님의 아들들이 나타나는 것이니 20 피조물이 허무한 데 굴복하는 것은 자기 뜻이 아니요 오직 굴복하게 하시는 이로 말미암음이라 21 그 바라는 것은 피조물도 썩어짐의 종 노릇 한 데서 해방되어 하나님의 자녀들의

---

232) Schlier, HThK VI, 254 주 11

영광의 자유에 이르는 것이라 22 피조물이 다 이제까지 함께 탄식
하며 함께 고통을 겪고 있는 것을 우리가 아느니라 8:23 그뿐 아니
라 또한 우리 곧 성령의 처음 익은 열매를 받은 우리까지도 속으로
탄식하여 양자 될 것 곧 우리 몸의 속량을 기다리느니라 24 우리가
소망으로 구원을 얻었으매 보이는 소망이 소망이 아니니 보는 것
을 누가 바라리요 25 만일 우리가 보지 못하는 것을 바라면 참음으
로 기다릴지니라 26 이와 같이 성령도 우리의 연약함을 도우시나
니 우리는 마땅히 기도할 바를 알지 못하나 오직 성령이 말할 수
없는 탄식으로 우리를 위하여 친히 간구하시느니라 27 마음을 살
피시는 이가 성령의 생각을 아시나니 이는 성령이 하나님의 뜻대
로 성도를 위하여 간구하심이니라 28 우리가 알거니와 하나님을
사랑하는 자 곧 그의 뜻대로 부르심을 입은 자들에게는 모든 것이
합력하여 선을 이루느니라 29 하나님이 미리 아신 자들을 또한 그
아들의 형상을 본받게 하기 위하여 미리 정하셨으니 이는 그로 많
은 형제 중에서 맏아들이 되게 하려 하심이니라 30 또 미리 정하신
그들을 또한 부르시고 부르신 그들을 또한 의롭다 하시고 의롭다
하신 그들을 또한 영화롭게 하셨느니라

[18] 앞에서(17절) 바울은, 그리스도의 영광에 동참하기 위한 조건으
로 현재에 그리스도의 고난에 동참해야 한다고 신자들에게 주의를 환
기시킨 바 있다. 새로운 단락에서(18-30절) 이 '고난'에 대해 다룬다. 그
런데 특이한 점은, 앞서(17절) '고난'은 그리스도의 고난과 연관되는데
비해, 18ff절의 '고난'은 주님의 고난에 동참한다는 내용과 아무런 관
련이 없다는 것이다.

현재의 고난을 감수해야 하는 이유는(불변사 *gar*) 미래의 영광에 참여
하기 위해서이다. 바울은 이 점을 분명하게 밝힌다. 동사 "생각하건
대"(*logizomai* 3:28; 6:11; 고후 10:7; 빌 3:13)의 용례를 참고할 때, 이 표현에

는 화자話者의 확신이 담겨 있다. 장차 우리에게 드러날 영광에 비하면, 지금의 고난은 아무것도 아니다(참고 고후 4:17). 바울은 이미 5:3ff에서 의인義認의 결과 비록 현실에서는 고난을 당하지만, 성령을 통해 맛보는 하나님의 사랑에 근거하여 소망을 갖고 사는 신자의 모습에 대해 설명한 바 있다. 장차 누릴 영광에 대한 소망은 신자들의 삶을 지탱해주는 오아시스 같은 것이다(5:2). "영광"은(참고 3:23; 5:2), 일종의 독립적인 존재로서, 하나님께서 역사하시는 기권(氣圈 atmosphere)이다.233) 종말론적인 구원의 현실은 영광의 권능과(6:4) 영광의 (비추는) 광채 가운데(고후 4:6) 실현된다. 앞 절에(17절) 따르면 우리는 이미 하나님의 자녀이다. 궁극적인 자녀됨의 사건은 미래에 일어난다(23절). 하지만 여기서 현재와 미래는 서로 분명하게 구분될 수 없다. 우리는 하나님의 자녀라는 점에서, 미래의 사건이 이미 현재 속에 들어와 작동하고 있기 때문이다. 5:2에 따르면 우리가 영광에 참여하는 것은 종말론적인 미래의 때이다. 그러나 신자인 우리는 현실에서 아직 나타나지 않는 것('영광')에 소망을 가졌고 이 소망이 우릴 구원하는 근거가 되었다(8:24). 미래에 누릴 영광은, 현재 이 영광에 대해 '지금' 그리고 '여기서' 소망하는 신자의 기대와 바램으로 인해 현재에 이미 영향을 미치고 있다. 이런 점에서 바울은 '하나님께서 인간을 영화롭게 하셨다'는 내용을(30c절) 단순과거로(*edoksasen*) 표현하고 있다.234)

[19] 신자들은 현재의 그 무엇과도 비교할 수 없는 미래의 영광이 나타나기를 기다린다. 반면에, 피조물은 다른 것을("하나님의 아들들이 나

---

233) Wilckens, EKK VI/2, 152
234) 크랜필드, 『ICC 2』, 202f도 크리소스톰의 견해에("영광은 감추어져 있긴 하지만, 이미 존재한다") 동의한다.

타나는 것") 기다린다. 피조물이 간절히 "고대하는 바는"(apokaradokia 참고 빌 1:20) 하나님 아들들의 계시이다. 묵시문학적 사고가 이곳 내용의 배경이 되고 있다. 마지막 때에 메시아 또는 인자가 선택된 의인들과 함께 나타난다(이디오피아 에녹서 51:4f; 69:26-29; 제4 에스라 6:25f). 그 때 나타날 "하나님의 아들들"은 그리스도와 함께 유업을 받는 상속자(17절), 즉 신자들이다. 그런 점에서 "피조물"에 그리스도인은 포함될 수 없다. 천사는 "피조물"에 속하지 않고 마지막 때에 하나님에 의해 멸함을 받는 존재가 아니라는 점에서(참고 고전 15:24) 천사도 제외 되어야 한다. 비신자가 하나님의 계시를 학수고대 한다는 것은 어불성설이므로, "피조물"에 비기독교인도 제외된다. 결론적으로 "피조물"은 천사나 (신자, 불신자를 모두 포함 한) 인간을 제외한 나머지 전체 피조물을 뜻한다(1:20, 25; 히 9:11).235)

[20-21] 하나님 아들들이 나타나기를 피조물은 왜 고대하는지에(19절) 대한 이유가(불변사 gar) 나온다(20f절). 피조물은 스스로에 의해서가 아니라 '강제적으로 억압한 자' 때문에 허무한 것에 얽매여 살게 되었다. "허무한 데"mataiotēs란 단어는 바울 서신 중 이곳에서만 나온다. 같은 어군에 속하는 동사 마타이오(mataiō "허망하여 지며")의 사용 용례를 (1:21) 참고할 때, "허무한 데"는 8:21에 나오는 "썩어짐"과 관련이 깊다. 20절은 창 3:15f과(뱀과 이브에 대한 하나님의 저주) 깊은 연관이 있다고 많은 사람들이 말한다. "굴복하게 하시는 이"를 아담으로 해석하는 것

---

235) 교부들 중, 특히 크리소스톰(354-407)은 자신의 로마서 주석에서 (Homilies on the Acts of the Apostle and the Epistle to the Romans, 443ff) 식물과 동물이 마지막 때에 속량되기를 얼마나 고대하고 기대하는 존재인지에 대해 충분히 설명한 바 있다.

은(참고 제4에스라 7:11f) 잘못이다. 아담의 죄로 말미암아 온 인류가 저주를 받았다. 하지만 아담이 피조물을 허무한 데 굴복케 한 주체는 아니다. "굴복하게 하시는 이"는 다름 아닌 하나님이시다. 아담이 범죄함으로하나님께서는 심판을 내리셨다. 그 결과 모든 피조물은 허무, 즉 존재의 목적을 달성할 수 없어 겪는 좌절감에236) 사로잡히게 된다.

피조물은 마지막 때에, 사멸할 것을(죽음, 파멸, 부패, 무상함 등) 섬기는 상황에서 벗어나("해방되어"), 하나님 자녀들이 누리는 영광과 이로 말미암는 자유에("영광의 자유")237) 다다르기를 바라고 있다. 이렇게 바랄 수 있는 까닭은, 하나님은 심판 받을 수밖에 없는 피조물에게 조차 당신의 아들들에게 허락한 것과("우리에게" 18절) 같은 것을, 즉 장래의 영광에 동참할 것이라는 소망을 주시기 때문이다.

[22-23] "우리가 아느니라"로 바울은 '전체 피조물의 기다림'에 대해 설명한다(22f절). 피조물은 허무하고 무상한 것에 빠져 헤어나지 못한다(20f절). 곤궁 속에서 울부짖으며("탄식하며" sy[n]-stenazei) 괴로워한다("고통을 겪고 있는" synōdinei). 두 동사 앞에 붙은 전치사 쉰(syn "함께") 은 모든 피조물이 서로 연대되어 있어, 같이 아파하고 비탄의 신음을 함께 내고 있음을 부각시킨다. 피조물의 탄식과 고통은 "이제까지" 계속 된다. 이 "이제"는 하나님께서 세상에 개입해 오셔서 구원의 결정적인 계기가 마련된, 결정적 전기轉機로서의 "이제"가 아니라(3:21; 7:6;

---

236) 크랜필드, 『ICC 2』, 208f

237) "영광의 자유"eleutheria tēs doksēs는, "썩어짐의 종 노릇"douleia tēs phthoras이 '부패를 내포하고 있는 속박', 또는 '부패로의 속박'을 뜻하듯이, '영광의 결과로 유래된 자유', 또는 '영광을 동반하는 자유'로 이해되어야 한다. 크랜필드, 『ICC 2』, 212

8:1), 18절에서 사용된 "현재의"와 같은 의미이다. 즉, 피조물의 고통
과 탄식은 앞으로도 진행될 것임을 암시한다. 하나님은 창조주이시다.
피조물은 이 사실을 알고 있다. 피조물은 자신의 현 상태와 창조의 합
목적성에 부합한 이상적인 상태, 이 둘 사이의 놓여있는 엄청난 간극
으로 인해 괴로워한다. 하지만 하나님께서 이 괴리를 메워주시리라는
소망을 피조세계는 갖고 있다. 동병상련의 인간은 피조세계의 처지와
그들의 상태에 대해 연대적인 책임을 느낀다.

장차 나타날 영광에 대한(18절) 소망을 갖고 있는 우리 자신들도("우
리까지도", 강조의 뜻) 탄식에서 자유로울 수 없다. 여기서 "우리"는 성령
을 첫 열매*aparchē*를 받은 존재로 묘사된다. 우리는 종말의 때에 구원
의 현실로 나타날 하나님의 능력인 성령의 역사役事를 이미 현재 경험
하고 있다. 예수 그리스도의 십자가를 통한 구속 사건으로 말미암아
(세례를 통해) 우리는 하나님의 영에 따라 사는 자녀로서, 그를 "아바
아버지"라 부른다(14f절; 참고 갈 4:5f). 우리가 이미 양자의 권리를 받았
다는 사실을 (성)령도 증거한다(16절). 하지만 궁극적인 영광과(18절)
승리는 미래에 속해 있다. 아직 죽음과 사망의 세력이 세상에 잔존하
고 있다(고전 15:26). 예수 그리스도가 모든 권세와 능력을 멸할 그때에
(고전 15:24f) 우리는 온전히 아버지의 자녀가 될 것이다. 종말에 궁극적
인 구원의 현실이 이루어지는 그때까지("몸의 속량을 기다리느니라")238)
우리는, 과거 구습과 정욕에서 벗어나 새로운 피조물이 되었음에도 불
구하고, 아직 죄가 지배하는 세상 속에서 살아야 한다. 하나님께서는
전 피조물이 죄와 죽음의 세력 하에 사로잡혀 있을 때, 아들을 보내시

---

238) "속량"*apolytrōsis*은 대개 세례와 관련되어 있다(3:24; 고전 1:30; 엡
1:7; 골 1:14; 히 9:15). 이 단어는 예수 그리스도의 속죄의 죽음의 결과로 야
기된, 신자의 현 상태를 규정짓는 실제 또는 현실을 뜻한다.

고 십자가에서 죽게 하심으로, 그를 믿는 자는 누구를 막론하고 의롭다 인정해 주셨다. 하나님께서는 우리 인류뿐만 아니라 모든 피조물을 구원코자 하신다. 따라서 우리는 이 세상에서 다른 피조물과 함께 아파하고 함께 신음하면서("탄식하여") 하나님 창조의 원래 뜻, 즉 인간을 포함한 전체 피조물이 구속되기를 기다려야 한다. 피조물의 탄식은 우리 밖에서 행해지는 사건인데 비해, 우리 신자들의 탄식은 우리 안에서("속으로" *en heautois*) 일어난다.

[24-25] 그리스도인들은 이 세상에서 피조물과 함께 신음하지만, 장차 누릴 영광에 소망을 두고(5:2) 견디어 나간다. 아브라함이 소망으로 믿었기 때문에("바라고 믿었으니") 하나님께서 그를 의롭게 하셨다(4:18, 22). 이런 점에서 소망은 구원의 근거가 된다("소망으로 구원을 얻었으매"). 우리가 이렇게 바랄 수 있는 이유는 하나님께서 성령을 통해 종말의 때에 나타날 구원의 현실을 맛보게 해주셨기 때문이며(23절; 참고 고후 1:22 "보증"), 성령을 통한 하나님의 사랑이 우리 속에 역사하기 때문이다(5:5). 어떤 일을 한 대가가 아니라 거저 받아야 은혜이듯이(4:4), 보이지 않는 것, 현재 아직 이루어지지 않은 것이 장차 실현되고 성취되리라 바라는 것이 참된 소망이다. 신자들이란 보이지 않는 것을 바라보며 살아가는 존재들이다(고후 4:18; 벧전 1:8f).

아직 확연히 나타나지 않은 것을 소망할 때 필요한 것은 인내이다. 곤궁 속에서 힘들고 초조할 지라도 참고 기다릴 때 그 바라는 소망은 이루어진다(5:3f).

[26-27] 26절은 23절과 연결된다(공통 단어 "영", "탄식"). 우리가 인내로써 보이지 않는 것을 소망하며 견디어 나갈 때, 하나님께서 우리를

그냥 내버려 두지 않으신다("연약함을 도우시나니"). 하나님은 우리가 죄
인일 때 자신의 아들을 죽게 하심으로(5:8) 우리 인류를 구원하신 분이
다. 그는 긍휼과 사랑, 그리고 동정同情 sympathy의 하나님이시기 때문
이다. 구속의 역사가 진행되는 과정 가운데, 우리는 성령의 도움을 받
는다. 성령께서 대신 기도해 주신다. "우리는 마땅히 기도할 바를 알지
못하나"는 '우리가 무엇을 기도해야 하는지 모른다'는 뜻이 아니다.
신자는 비록 보이진 않지만 소망하는 것이 있고, 이를 위해 기도하고
있다. 다만 이것이 무엇인지 구체적으로 표현하기 힘들 뿐이다.239) 우
리는 연약한 존재이다(3절; 참고 7:14,18a). 이 연약함은 특별히 신자들이
미래의 영광에 참여할 존재임에도 불구하고, 허무함에 굴복한 전체 피
조물과 함께 지상에서 삶을 영위해 나가야하는 현재의 상황에서 기인
한 것이다. 기도하는 주체는 우리의 영인데(고전 14:14f), 이 영은 보는
시야가 좁으며, 하나님의 일을 알기에는 여러 가지 면에서 역부족이다
(고전 2:11). 아직까지 분명하지 않은 것을 붙들고 씨름하면서, 견인堅忍
으로 나날을 보내야 하는 우리에게 필요한 것은, 이 모호한 것을 언어
로 구체화해 내고, 그것을 위해 기도하는 것이다. 불행히도 우리 영은
이런 소임을 감당하지 못한다. 그러나 하나님의 깊은 것까지도 아시는
(고전 2:10b) 성령은 우리가 바라는 소망이 무엇인지를 구체적으로 알고
계시며, 이를 위해 기도해 주신다. 성령은 우리의 처지를 십분 공감하
면서(共感 "탄식으로") 자신이 직접("친히") 간구해 주신다. "말할 수 없
는"*alalētos* 소리로 하시는데, 이는 묵음黙音 wordless이라기보다는 고후
12:4의 내용과("말로 표현할 수 없는 말") 같이 '우리가 이해할 수 없고 따
라 할 수 없는' 소리이다.

---

239) Wilckens, EKK VI/2, 160; 크랜필드, 『ICC 2』, 223

하나님은 마음을 살피시는 분이라는 사고는 구약에 종종 나온다(삼상 16:7; 왕상 8:39; 시 7:9; 17:3; 렘 17:10 등). 유사한 내용이 신약에서도 등장한다(행 1:24; 15:8; 참고 롬 2:11; 갈 2:6). 마음을 감찰하시는 하나님은, 우리가 이해할 수 없는 성령의 생각까지도(6절) 아신다. 27절 "이는"으로 시작하는 부분은(호티*hoti* 절) 문맥에서 볼 때, "어째서 하나님께서는 성령의 생각을 아시는가" 가 아니라, "하나님께서는 무엇을 아는가"에 대한 내용이다.240) 즉 하나님께서는, 성령이 하나님의 뜻을 따라("뜻대로") 우리를("성도를") 위하여 간구하는 존재라는 사실을(26절) 알고 계신다.

[28] "우리가 알거니와"로 시작되는 28-30절에서 바울은 다시 18절의 내용으로 돌아가, '장래의 영광'이 우리에게 어떻게 나타나는지 자세히 설명한다. "하나님을 사랑하는 자"는 다름 아닌 신자이고(고전 2:9). 이들은 또한 하나님의 '뜻'에(*prothesis* 참고 9:11)241) 따라 부름 받은 자들이다(1:6; 고전 1:26). 이들에게는 앞에서 언급한 곤궁을 포함한 모든 것들이 결국 "선"으로(= '구원' 롬 10:15) 귀결되는 놀라운 결과가 발생한다. 은혜와 사랑에 기반한 하나님의 선택이야 말로 우리에게 가장 확실한 구원의 근거이다.

[29] 하나님의 뜻은, 미리 알고 있는 자들을 미리 정하심으로 아들의 형상과 '같은 모습'("본받게 하기 위하여" *symmorphos*)이 되도록 하는 것

---

240) 크랜필드, 『ICC 2』, 224; Michel, KEK IV, 273f

241) 헬라 문화권에서 '뜻'*prothesis*이라는 단어는 행정기관의 공식 칙령을 뜻했다. 신약에서는 '개인의 의도', '생각'을 의미한다(행 11:23; 27:13). *prothesis*는 히브리어 *'eṣah*에 상응하는 단어로서(사 5:19; 렘 49:20), 의미는 구원과 관련한 '하나님의 뜻', '결정'이다.

이다. 쉽모르포스는 빌 3:21에서도("형체"로 번역) 사용되고 있다. 바울은 이 단어를 가지고 부활 때 신자들의 변화된 몸에(고전 15:51f) 대해 설명하기도 한다. '모습'은 빌 2:6의 '본체', '형체'morphē와 같은 의미로서, 존재가 뚜렷이 드러난 것을 의미한다. 그렇기 때문에 '같은 모습이 된다'symmorphos는 우리 존재가 아들과 같은 존재로 변화한다는 뜻한다. '미리 안다'는 은혜의 선택이라는 관점에서 이해되어야 한다. 이 앎은, 하나님께서 어떤 사람의 도덕적·윤리적인 자질을 미리 알고 이에 따라 적합한 자를 택한다는 의미인 예지豫知로서의 앎이 아니다. '안다'는 히브리어 동사 야다(yada‘ "알다")의 어법에 기초하고 있다. 이 성적이거나 인지적 차원의 지식이 아니라, 보다 근원적이고 특별한 지식을 가리킨다. 이 앎은 마치 부모가 자식을 아는, 그런 앎이다. 하나님께서 누구를 아신다는 것은, 그를 관심의 대상으로 삼으시고, 늘 감찰 하시고, 은총으로 보살핀다는 의미이다. 하나님께서 누구를 안다는 것은 사랑의 선택이요, 은혜의 부르심과 다름이 아니다. 하나님께서 어떤 자를 택하신 이유는 그로 하여금 종말에 부활하신 그리스도와 같은 '신령한 몸'이 되도록 하기 위해서이다. "형상"은 존재의 발현('나타남')을 뜻한다. 그리스도의 형상이란 그리스도는 곧 신적인 형상이란 뜻으로(동격의 속격), '그 형상에서 신적인 존재와 영광이 빛 비추듯이 나타난다'는(고후 4:4, 6) 의미를 띠고 있다. 우리는 그리스도와 같은 형상을 닮도록(6:5; 고전 15:49; 고후 3:18; 빌 3:10, 21) 선택된 존재이다.

종국에 그리스도를 닮도록 우리를 택하신 하나님의 뜻에는 어떤 목적이 있다. 그리스도가 많은 형제들 중에 첫째가 되기 위해서 그렇게 하셨던 것이다. 우리는 세례 때, 하나님의 영을 받고 이 영에 의해 인도되는 하나님의 자녀가 되었다(8:14, 16). 우리가 자녀라면, 우리는 그리스도와 마찬가지로 하나님의 상속자이기도 하다(5:17). 그리스도는

죽었다 산 자 중에 첫 열매요(고전 15:20), 우리는 그의 모습을 닮아간다
(6:5 등). 따라서 그리스도는 자신을 본받아 변화해 가는 많은 신자 중
"맏아들"이다. 여기서 "많은" 이라는 표현은 그리스도를 믿고 그의 형
상을 닮아가는 자들이 다수임을, 초대교회의 교인 숫자가 급속도로 증
가하고 있음을 암시한다(참고 5:18f; 12:5).

[30] 인간 구원을 위한 하나님의 조치에 대한 언급으로('미리 정하셨
다') 시작한다. 이 내용은 직전에(29절) 하나님께서 취하신 행위 중 두
번째 것이다. 하나님은 정하신 자들을 불렀다. 이 '부름'에 근거하여
'의인'義認과 '영화'榮華가 발생한다는 점에서 '부름'은 하나님의 구원
계획과 관련한 섭리 가운데 가장 근간이 되는 것이다. 이 세 동사의("부
르시고", "의롭다 하시고", "영화롭게 하셨느니라") 시제는 모두 단순과거이다.
18절에 따르면 우리가 영화롭게 되는 사건은 미래에 일어나는데, 여
기서는(30절) 세 동사를 연쇄적으로 사용하는 과정에서 같은 시제를 사
용한 것 같다. 29a-30절의 내용은("미리 아신 자들을 미리 정하시고, 미리 정하
신 그들을 또한 부르시고, 부르신 그들을 또한 의롭다 하시고, 의롭다 하신 그들을 또
한 영화롭게 하셨느니라") 일종의 찬가이다(참고 딤전 3:16). 여기서 바울은,
우리 신자들이 어떤 과정을 통해 궁극적인 구원에 이르는 지에 대해
설명하고 있다. 이 찬가를 통해 신자들은, 비록 현재 세상 속에서 죄와
죽음의 위협을 받으며 살아가야 하지만, 종국에 자신들이 누리게 될
구원의 현실을 생생하게 느낄 수 있게 된다.

29f절에는 다섯 단계의 예정론·선택론 도식이 언급된다. (1) 미리
아심, (2) 미리 정하심, (3) 부르심, (4) 의롭다 하심, (5) 영화롭게 하
심. 하나님께서 미리 아셨고, 이것이 그의 예정·선택과 연결된다는 사
상은 신구약 전반에 폭넓게 등장한다(호 13:5; 암 3:2; 롬 11:2; 갈 4:9; 행

2:23; 벧전 1:2, 20; 참고 렘 1:5). 특히 신약에서 예정과 관련한 구절은 다음과 같다. 행 4:28; 고전 2:7; 엡 1:5, 11. 바울의 선택론, 예정론에 대해서는 9장-11장에서 다룬다.

d) 승리의 개가, 하나님의 사랑 (8:31-39)

31 그런즉 이 일에 대하여 우리가 무슨 말 하리요 만일 하나님이 우리를 위하시면 우리를 대적하리요 32 자기 아들을 아끼지 아니하시고 우리 모든 사람을 위하여 내주신 이가 어찌 그 아들과 함께 모든 것을 우리에게 주시지 아니하겠느냐 33 누가 능히 하나님께서 택하신 자들을 고발하리요 의롭다 하신 이는 하나님이시니 34 누가 정죄하리요 죽으실 뿐 아니라 다시 살아나신 이는 그리스도 예수시니 그는 하나님 우편에 계신 자요 우리를 위하여 간구하시는 자시니라 35 누가 우리를 그리스도의 사랑에서 끊으리요 환난이나 곤고나 박해나 기근이나 적신이나 위험이나 칼이랴 36 기록된 바 우리가 종일 주를 위하여 죽임을 당하게 되며 도살 당할 양 같이 여김을 받았나이다 함과 같으니라 37 그러나 이 모든 일에 우리를 사랑하시는 이로 말미암아 우리가 넉넉히 이기느니라 38 내가 확신하노니 사망이나 생명이나 천사들이나 권세자들이나 현재 일이나 장래 일이나 능력이나 39 높음이나 깊음이나 다른 어떤 피조물이라도 우리를 우리 주 그리스도 예수 안에 있는 하나님의 사랑에서 끊을 수 없으리라

[31] 표현 "그런즉 우리가 무슨 말 하리요"는 로마서 여러 곳에서 (4:1; 6:1; 9:30) 보듯이 새로운 내용을 시작할 때 사용된다. 하지만 여기서는 다르다. 바울은 이 질문을 가지고, 5장부터 말했던 모든 설명에 대한 마침표를 찍고 있다. 한 가지 명제를 제시함으로써 전술한 내용을 요약한다(31b절). 바울의 주장은 다음과 같다. '만일 하나님이 우리

를 위하시면 누가 우리를 대적하리요.' 하나님이 우리를 위하시는 이유는 우리가 그의 자녀이기 때문이다(14-17절). 그러므로 아무도 우리를 대적할 수 없다.

[32] 32절의 내용은 직전 하반절의(31b절) 전제문前提文 중 앞에 것에("만일 하나님이 우리를 위하시면") 해당한다. 하나님께서 우리를 위하신다는 사실은, 그가 자신의 아들을 우리를 위해 내주신 사건을 통해 알 수 있다. '우리를 위하여 아들을 내주셨다(paradidōmi)' 정식定式은 바울 이전부터 있었던 것이다(4:25; 요 3:16). "모든"은 5:18f과 연결되는 것으로서, 구원의 보편성을 가리킨다. "자기 아들을 아끼지 아니"한 예는 아브라함의 이삭 번제에서 찾을 수 있다(창 22:16). 바울은 이를 십자가 사건을 통해 일어난 하나님의 행위라는 관점으로 설명하고 있다. 따라서 하나님이 자신의 상속자인(17절) '우리'에게 아들과 함께 모든 것을 주실 것이라고(미래) 설득한다.

[33] 32f절은 직전 하반절의(31b절) 전제문 중 뒤의 것을("누가 우리를 대적하리요") 받아, 법정 변론 형식으로 전개해 간다. 원고(고소자)는 "누가"who이고, 피고는 '우리'다. 피고를 변호하는 이는 하나님과(33b절) 예수 그리스도이시다(34b절).

하나님께서 선택한 사람을(28-30절) 고발할 자는 아무도 없다. 왜냐하면 예수 그리스도의 속죄의 죽음을 계기로(3:21ff) 하나님의 의가 나타났고, 이 의로 말미암아 우리는 모든 고발에 대해 무죄판결을 받게 되었기 때문이다.242) 33b절은 헬라어성경(N-A27) 난외주의 지적대로

---

242) 이 외에도 3:4; 고전 4:4; 딤전 3:16에서 dikaioō(justify)가 (법정)변론적 의미로 사용되고 있다.

사 50:8를 생각나게 한다("나를 의롭다 하시는 이가 가까이 계시니").

[34] 33절에 이어서 바울은 계속해서 우리의 죄를 묻고 따져 죄인으로 몰아가려는 가상의 대적자를 상정한다("누가?").[243] 그리고 이와 같은 불온한 시도에 맞서 그리스도께서 우리를 변호하신다고 설명한다. 예수 그리스도는 우리를 위해 죽으시고(32절) 또한 살아나신 분이시다 (4:25). 그 분은[244] 하나님의 우편에서(시 110:1) 우리를 위해 변호하신다 (*entygchanei*).[245]

[35-36] 그 누구도 우리를, 우리를 위해 변호하는 그리스도로부터 떼어놓을 수 없다. 그리스도는 십자가에서 자신의 목숨을 내놓으심으로써, 우리를 위한 그분의 사랑이 얼마나 큰지를 보여주셨다(참고 5:8). 이 사랑 때문에 그리스도 예수 안에 있는 자들은 결코 죄인 취급을 받거나 죄인으로 선고되지 않는다(8:1). 이어서 우리가 그리스도를 믿으면서 당할 수 있는 고난의 종류들이 열거된다(35b절). "환난"은 외적인 어려움을, "곤고"는 내적인 어려움을 뜻한다. "적신"은 강도당해 옷을 빼앗김을, "위험"은 신체 부상을, 마지막으로 "칼"은 살해당할 위험을 의미한다. 이 고난들은 바울뿐 아니라 믿는 모든 기독교인들이("우리가" 36절) 일반적으로 겪는 어려움들이다.

이어서 '왜 우리가 현실에서 고난당할 수밖에 없는 지'에 대한 이유

---

243) 참고 사 50:8 "나와 다툴 자가 누구냐" *ho katakrinōn*
244) 히브리서는(4:14ff; 참고 5:6ff; 6:19f; 7:1-10, 18) 시 110:4에 의거해서 예수를, 하늘에서 속죄의 역할을 감당하는 대제사장으로 묘사한다.
245) 단어 *entygchanei*의 기본 뜻에(*intercede for one*) 비추어 볼 때, 여기서 그리스도의 역할은 "보혜사"*paraklētos*의 기능과 유사하다(요 14:16f).

가 구약의 성경 인용을(시 LXX43:23[MT 44:22]) 통해("기록된 바") 제시되고 있다(36절). 신자들은 그리스도를 위하여 마치 도살당하는 양처럼 죽어야 할 운명체들이다. 그것도 계속적으로("종일", 참고 "날마다" 고전 15:31 [눅 9:23]; "항상"-2회 고후 4:10f).

[37] 그리스도의 십자가 사건을 통해 우리는 의롭다 여겨졌고, 장차 궁극적인 영광에 참여할 수 있게 되었다. 하나님의 자녀라는 점에서, 우리는 그리스도와 같은 상속이다(14ff절). 따라서 우리도 그리스도와 함께 영광을 받기위해 그가 당한 고난에 동참해야 한다(17절). 그러나 이 고난은 장래에 나타날 영광에 비하면 아무것도 아니다(18절). 우리를 도우시는 그리스도, 무엇 보다도 그분의 사랑으로 우리는 모든 고난을 능히 이겨낼 수 있다. "넉넉히 이기느니라"*hypernikaō*는 '이기다'*nikaō*의 강조형이다.

[38-39] 35절에서 언급했던 여러가지 장애들이("환난", "곤고" ... "칼") 우리를 하나님의 사랑으로부터 떨어지게 하지 못하듯이, 세상과 사람들을 지배하는 다른 세력들까지도 우리를 그리스도의 사랑으로부터 끊을 수 없다.

"사망"-"생명", "현재 일"-"장래 일"은 고전 3:22에 나오는 표현이다. "사망"은 죄의 삯(롬 6:23)이며 최후에 멸망 받을 원수(고전 15:26)이기에 분명 반反 하나님적인 세력이다. 그러나 "생명"도 그렇다는 것은 쉽게 수긍이 가지 않는다. 어떤 학자는246) 해결책으로 "생명"을 "육신에 있는 자들"로(8절; 참고 고후 5:6) 읽을 것을 제안한다. "천사"도 적대적인 세력으로 분류된다. "권세자", "능력" 그리고 "현재 일", "장래

---

246) Wilckens, EKK VI/2, 176f

일"도 마찬가지이다. 뒤의 네 가지는 그리스도께서 종말의 때에 지배할 대상 목록에 들어 있다(엡 1:21). "높음", "깊음"은 특정 장소를 의인화해서 표현한 것일 수도 있고,247) 아니면 천체*kosmos*의 세력을 뜻할 수도 있다.248) 능력"을 제외하고, 모두 대비되는 쌍으로 제시된다. 마지막에 나오는 "피조물"은 적대적인 모든 세력들을 총칭한다. 구원 사건이 발생하는 곳은 다름 아닌 '예수 그리스도에서'*en Christō Iēsou* 이다. 그는 "우리 주님"이시다. 장엄하게 문단을 종결할 때(5:11, 21; 6:23) 사용되는 표현인 "우리 주님"을 마지막으로 8장이 끝난다.

---

247) 크랜필드, 『ICC 2』, 252
248) G. Bertram, Art. *hyphos* etc., *ThWNT VIII*, 611ff

IV. 하나님 의와 이스라엘 -이스라엘의 불신앙과 구속사 (9:1-11:36)

바울은 교회가 말하는 의가 참된 의라는 사실을 밝힘으로써, 행함 없는 의는 거짓된 의라고 하는 유대인의 반론을 잠재웠다(6-8장). 이후 11장까지에서 '이스라엘과 교회가 서로 대립되는 상황에서 어찌 "하나님의 의"가 "계약의 의"와 같을 수 있는가'하는 문제를 다룬다. 9-11장은 로마서 내에서 상대적으로 독립된 부분이라고 할 수 있다. 유대주의자들은 바울에게 다음과 같은 질문 공세를 퍼부었다. "모든 사람을 위한 보편적인 구원선포는 결국 이스라엘을 선택하시겠다는 하나님 약속의 파기라는 대가를 치루면서 이루어지는 것이 아닌가? 만약 그렇다면, 복음을 통해 선포된 하나님의 의는 참된 의가 아닌 셈이다. 왜냐하면 이 의는 이스라엘을 위해 주어진 계약의 의와 아무런 상관이 없기 때문이다". 즉 바울은, '기독교에서 말하는 의는 실제 존재하는 의가 아니다'라는 대적자의 시비와 한참 씨름 한 후(6-8장), 새로운 장에서(9-11장) 복음에서 계시된 하나님의 의는, 바로 하나님께서 조상들을 선택하고 그들의 구원을 위해 여러가지 조치들 취하시는데 근거가 된 '계약의 의'라는 사실을 분명히 하고 있다.

구원사적으로 볼 때, 복음은 구약과 연결되어 있다. 교회는 하나님의 이스라엘이다(갈 6:16). 이런 관점에서, 현재 이스라엘이 예수 그리스도를 받아들이지 않는 것은 심각한 문제이다. 바울은 이 문제를 집중적으로 다룬다. 하나님께서 선택한 백성을 스스로 버리신다면, 그의 신실하심이 문제가 된다. 하나님은 이스라엘의 하나님이시기 하다. 이스라엘이 구원사에서 제외된다면 하나님 말씀의 능력도 쇄하여 지는 셈이다(9:6). 의라는 측면에서 보면, 하나님은 패역한 백성을 내쳐야 하지만, 그의 의는 이스라엘 조상들과 맺은 계약의 의이기 때문에, 자신의 백성을 그렇게 대할 수 없다. 하나님의 이런 딜레마는 교회의 문제이기도 하다. 왜냐하면 이스라엘의 하나님이 곧 교회의 하나님이기 때문이다. 바울이 제시하는 해법은 다음과 같다. 이스라엘의 불신앙에도 불구하고 하나님께서는 그들을 버리시지 않는다. 하나님은 모든 불순종한 사람들에게 긍휼을 베푸시는 긍휼의 하나님이시기 때문이다(11:30ff). 현재 이스라엘의 불순종은, 구속사적으로 볼 때 하나님의 뜻이다(11:25f). 많은 이방인들이 믿도록 하기 위함이요, 결국 그들도 돌아오게 된다(11:11f).

1. 이스라엘의 넘어짐 (9:1-33)

a) 바울의 근심 (9:1-5)

1-2 내가 그리스도 안에서 참말을 하고 거짓말을 아니하노라 나에게 큰 근심이 있는 것과 마음에 그치지 않는 고통이 있는 것을 내 양심이 성령 안에서 나와 더불어 증거하노니 3 나의 형제 곧 골육의 친척을 위하여 내 자신이 저주를 받아 그리스도에게서 끊어질지라도 원하는 바로라 4 그들은 이스라엘 사람이라 그들에게는 양자 됨과 영광과 언약들과 율법을 세우신 것과 예배와 약속들이 있고 5 조상들도 그들의 것이요 육신으로 하면 그리스도가 그들에게서 나셨으니 그는 만물 위에 계셔서 세세에 찬양을 받으실 하나님이시니라 아멘

[1-2] 자신의 개인적인 근심을, 이중의(참고 딤전 2:7) 표현으로("참말을

하고 거짓말을 아니하노라") 솔직하게 토로하면서 바울은 새로운 장章을 시작한다. 우리 사도는 마음에 걱정거리가 있어 계속 괴로워했다. 이는 그의 양심이(2:15) 성령 안에서 증거 하는 바이기도 하다. "성령 안에서"란, 증거하는 바울의 양심이 성령에 의해 새로워지고 조명되었다는 뜻이다.249)

[3] 바울의 마음에 있는 근심과 고통은 바로 그의 "형제 곧 골육의 친척" 때문이다. "형제"는 여기서 같은 부모 밑에서 태어난 아들이 아니라, 이스라엘이나 교회 등, 선택된 특정 집단 내의 구성원들을 지칭하는 단어이다. "친척"은 '동향사람', '동족'을 의미한다(16:7, 11, 21). 골육은 "육으로"*kata sarka*의 번역이다. 바울의 동족(유대인)은 믿음을 구원의 기준으로 삼지 않고 있다(31f). 따라서 그들은 구원의 섭리에서 배제되었다. 하지만 모세가 금송아지를 만든 백성들을 대신해서 하나님께 간청했듯이(출 32:32), 바울도 하나님께 자신의 동족 유대인을 위한 간절한 소망을 피력한다. 만일 그들의 유익을 위해서라면 저주를 받아도(참고 고전 16:22) 좋다는 것이 바울의 심정이다. 이런 태도는 인류를 위해 대속의 십자가를 지신 그리스도의 마음과 통한다(고전 2:16). 그리스도는 율법의 저주를 자기 것으로 하심으로 죄인들을 구원하신 분이시다(5:8; 갈 3:13). "원하는 바로라"(*ēychomēn* -미완료 직설법)로 시작되는 바램의 내용은 실제 이루어질 수 없는 것이다.250) 즉, 바울은 어떤 경우에도 그리스도로부터 끊어질 수 없다. 바울은 이미 앞에서(8:14f, 17) 신자들은(자신을 포함하여) 하나님의 영으로 인도받는 자녀들이요, 종말의 영광에 참여하게 될 것이라고 말한 바 있다. 따라서 3절은 다

---

249) 크랜필드, 『ICC 2』, 453

250) 크랜필드, 『ICC 2』, 454ff; Wilckens, EKK VI/2, 187

음과 같이 이해되어야 한다. '만일 바울 자신의 희생으로 말미암아 동족이 생명의 길로 다시 돌아올 수 만 있다면, 차라리 그리스도에게서 끊어지는 쪽을 택하겠다고 -하지만 현실적으로 그런 일은 일어 날 수 없다- 말할 정도로, 바울의 유대인들에 대한 사랑은 각별했다'.

[4] 바울은 유대인을 "이스라엘 사람"이라고 부른다. 이 명칭은 하나님이 야곱에게 주신 것이다(창 32:28). 구속사적인 차원에서 볼 때 "이스라엘"에 어떤 의미가 있는 지, 설명한다. 그들은 하나님의 백성으로, 아버지로부터 특별한 선물들을 많이 받았다. 예를 들면, '아들의 권리'(*hyiothesia* 참고 8:15; 출 4:22; 호 11:1), 하나님이 직접 거하실 때 광채가 나는 분위기와 에너지를 뜻하는 '영광', '언약들', '율법을 세우신 것'(*nomothesia*, 하나님께서 율법을 주셨다는 의미보다는 앞에 나온 '아들의 권리' [*hyiothesia*]에 상응하게 사용, 뜻은 율법과 동일), '예배', '약속' 등.

[5] '조상들'도 이스라엘에 속한다. 하나님께서 그들을 선택하심으로써 구속사가 시작되었다. 이런 측면에서 조상들은 중요하다. 그리스도도 이스라엘 자손 가운데 태어나셨다(1:3 "육신으로는 다윗의 혈통에서 나셨고"). 이스라엘 족속에서 메시아가 나셨다는 사실은 이스라엘이 선택받은 민족임을 분명히 보여준다. 5b절에는 송영이 나온다. 누구를 위한 송영인지 논란이 되기도 한다(예수 그리스도, 하나님). 하지만 바울의 송영은 모두 하나님을 찬양하는 것이다. "그는 만물 위에 계셔서"는 하나님에 대한 서술이다(엡 4:6). 따라서 송영 받으시는 분은 여기서 하나님이다. 바울은 이스라엘을 선택하신 하나님의 탁월하심에 대해 찬양을 드린다.

b) 하나님의 자유로우신 선택 (9:6-29)

6 그러나 하나님의 말씀이 폐하여진 것 같지 않도다 이스라엘에게서 난 그들이 다 이스라엘이 아니요 7 또한 아브라함의 씨가 다 그의 자녀가 아니라 오직 이삭으로부터 난 자라야 네 씨라 불리리라 하셨으니 8 곧 육신의 자녀가 하나님의 자녀가 아니요 오직 약속의 자녀가 씨로 여기심을 받느니라 9 약속의 말씀은 이것이니 명년 이 때에 내가 이르리니 사라에게 아들이 있으리라 하심이라 10 그뿐 아니라 또한 리브가가 우리 조상 이삭 한 사람으로 말미암아 임신하였는데 11 그 자식들이 아직 나지도 아니하고 무슨 선이나 악을 행하지 아니한 때에 택하심을 따라 되는 하나님의 뜻이 행위로 말미암지 않고 오직 부르시는 이로 말미암아 서게 하려 하사 12 리브가에게 이르시되 큰 자가 어린 자를 섬기리라 하셨나니 13 기록된 바 내가 야곱은 사랑하고 에서는 미워하였다 하심과 같으니라 14 그런즉 우리가 무슨 말을 하리요 하나님께 불의가 있느냐 그럴 수 없느니라 15 모세에게 이르시되 내가 긍휼히 여길 자를 긍휼히 여기고 불쌍히 여길 자를 불쌍히 여기리라 하셨으니 16 그런즉 원하는 자로 말미암음도 아니요 달음박질하는 자로 말미암음도 아니요 오직 긍휼히 여기시는 하나님으로 말미암음이니라 17 성경이 바로에게 이르시되 내가 이 일을 위하여 너를 세웠으니 곧 너로 말미암아 내 능력을 보이고 내 이름이 온 땅에 전파되게 하려 함이라 하셨으니 18 그런즉 하나님께서 하고자 하시는 자를 긍휼히 여기시고 하고자 하시는 자를 완악하게하시느니라 19 혹 네가 내게 말하기를 그러면 하나님이 어찌하여 허물하시느냐 누가 그 뜻을 대적하느냐 하리니 20 이 사람아 네가 누구이기에 감히 하나님께 반문하느냐 지음을 받은 물건이 지은 자에게 어찌 나를 이같이 만들었느냐 말하겠느냐 21 토기장이가 진흙 한 덩어리로 하나는 귀히 쓸 그릇을, 하나는 천히 쓸 그릇을 만들 권한이 없느냐 22 만일 하나님이 그의 진노를 보이시고 그의 능력을 알게 하고자 하

사 멸하기로 준비된 진노의 그릇을 오래 참으심으로 관용하시고 23 또한 영광 받기로 예비하신 바 긍휼의 그릇에 대하여 그 영광의 풍성함을 알게 하고자 하셨을지라도 무슨 말 하리요 24 이 그릇은 우리니 곧 유대인 중에서뿐 아니라 이방인 중에서도 부르신 자니라 25 호세아의 글에도 이르기를 내가 내 백성 아닌 자를 내 백성 이라, 사랑하지 아니한 자를 사랑한 자라 부르리라 26 너희는 내 백성이 아니라 한 그 곳에서 그들이 살아 계신 하나님의 아들이라 일컬음을 받으리라 함과 같으니라 27 또 이사야가 이스라엘에 관하여 외치되 이스라엘 자손들의 수가 비록 바다의 모래 같을지라 도 남은 자만 구원을 받으리니 28 주께서 땅 위에서 그 말씀을 이루고 속히 시행하시리라 하셨느니라 29 또한 이사야가 미리 말한 바 만일 만군의 주께서 우리에게 씨를 남겨 두지 아니하셨더라면 우리가 소돔과 같이 되고 고모라와 같았으리로다 함과 같으니라

토론의 형식으로 전개되는 이 단락의 전체 내용은 다음과 같이 요약 될 수 있다. 하나님의 의는 인간에 종속되지 않는다. 그렇기에 하나님 께서 이스라엘에게 진노를 내리신다고 하더라도, 하나님의 의가 불의 가 될 수는 없다(6-29절). 이를 좀 더 자세히 관찰 하면, 세 부분으로 나 눌 수 있다. (1) 하나님의 선택은 그분의 자유에 의거하여 전적인 주권 하에서 이루어진다(6-13절). (2) 따라서 원하시는 자에게는 긍휼을 베 풀고, 또 원하시는 자를 완악케 하신다(14-18절). (3) 그러므로 하나님 께서 이방인을 구원하시고, 자신의 백성 이스라엘 중에서 남은 자만 구원하는 것을 비난할 수 없다(19-29절).

[6] 6a절에서 바울은 하나의 명제를 제시한다 -'하나님의 말씀은 무 효가 되지 않는다'(참고 11:29). 그리고는 이 명제에 대해 두 차례(6b-9절, 10-13절) 논증을 한다. 논증의 순서는 두 곳이 서로 유사하다. 우선, 두

아이 중에서 하나만 선택 받은 구약 내용을 예로 든다(6b-7절, 10, 12b절
[개역개정 10, 12절]). 이후, 그런 선택의 기준에 대해 기술하고(8절, 11-12a
절[개역개정 11절]), 이 선택이 실제 효력을 발생할 수 있도록, 하나님께
서 주시는 약속의 말씀이 나온다(9절, 12a, 13절[개역개정 12f절]).

이스라엘은 복음을 받아들이지 않아, 구속의 역사에서 제외될 상황
에 처했다. 이때 문제가 되는 것은 조상을 통해 구원을 약속하신 하나
님의 말씀이다. 진실하고 능력있는 하나님의 말씀이(사 55:11; 시
119:89-91) 무력한 것, 없었던 것으로 치부될 위기에 처해 있다. 6b절에
서 바울은 "이스라엘"이라는 개념에 주목한다. 그는 이 단어를 재해석
함으로써 하나님의 말씀이 폐하여지지 않았음을 증명한다. "이스라엘
에게서 난 그들이"는 야곱(= 이스라엘)의 자손이 아니라, 혈통상 이스라
엘 민족에서 난 자들로 이해하는 것이 낫다. 만일 야곱의 자손을 뜻한
다면, 7절의 이삭에 대한 언급이 순서상 6b절 앞에 나와야 한다.

[7] 혈통적으로 이스라엘 백성이라 하더라도 모두가 이스라엘 인이
아니듯이, 아브라함의 씨도 오직 이삭 계열만 그의 후손으로 인정된다
(창 21:12, 참고 갈 4:21-31). 하나님에 의해 특별히 부름을 받아야("불리리
라") 아브라함의 후손으로 인정된다. 이들만이 아브라함에게 주어진
약속에 참여할 수 있게 된다.

[8] 7절의 내용을 받아("곧" tout' estin), 하나님께서는 어떤 기준으로
자신의 자녀를 택하는지 설명한다. 하나님은 '육체'가 아니라 '약속'
을 선택하신다. '육체'와 '약속'의 대비는 갈 4:23에도 나온다. "육신
의 자녀"란 육적인 혈통을 따라서 난 후손을 뜻한다. 이들이 아니라,
하나님의 약속을 통해서 태어난 자녀가 진정한 의미의 아브라함의 자

손, 즉 하나님의 자녀로 인정을 받는다. "여기심을 받느니라"*logizetai*
는 하나님께서 어떤 대상에게, 그가 자격이 없음에도 불구하고 법적으
로 선포하여 자격을 인정해 준다는 의미이다(2:26). 하나님의 자녀됨은
육적인 혈통에 기인하는 것이 아니다. 약속이 관건인데, 약속은 이를
주시려는 하나님의 의지와 약속을 신뢰하는 사람들의 믿음과 깊은 관
련이 있다.

[9] 진정한 이스라엘의 후손으로 인정받기 위해서는 하나님의 약속
이 있어야 한다. 이삭이 약속의 자녀로서, 아브라함의 씨로 인정받을
수 있었던 것은 사라에게 주신 하나님의 약속 때문이다(창 18:10, 14).

[10] 이삭과 이스마엘 중, 약속으로 태어난 이삭이 아브라함의 씨로
인정받았다는 내용에 이어(6b-7절), 다음 세대의 이야기가 나온다(10절).
리브가는 우리 조상(참고 4:1) 이삭으로부터("한 사람으로") 쌍둥이 두 아
들을 가졌다("임신하였는데" 헬라어는 *koitēn echousa*, 직역하면 "사정射精하다",
참고 민 5:20; 롬 13:13).

[11] 10절은 12b절과(개역개정 12절) 연결된다(리브가의 쌍둥이 임신→ 첫
째가 둘째를 섬김). 야곱을 택한 하나님의 기준에 대해 언급한 11-12a절
은(개역개정 11절) 따라서 내용상 삽입구에 해당한다. 형 에서와 동생 야
곱이 태어나기 전에, 하나님께서는 야곱을 택하셨다. 하나님의 선택은
행위를("무슨 선이나 악을 행하지 아니한 때에")[251] 기준으로 한 것이 아니라
오직 그분의 절대적인 주권에 따라 결정된다. 이스라엘의 역사 가운데
서 이처럼 행하신 것은 선택의 특별한 면모를 보여주기 위함이다("하려

---

251) 참고 선*agathon*과 악*phaulon*의 대비는 고후 5:10; 요 5:29을 보라.

하사", 목적절을 이끄는 *hina*). 하나님께서는 자신의 의지에 따라 자유롭게 결정하고 선발하신다.

[12] '선택'은 '행위'가 아니라 '하나님의 부르심' 여부에 따라 결정된다("큰 자가 어린 자를 섬기리라", 창 25:23). "큰 자", "작은 자"라는 표현은 두 민족이나, 두 타입의 인간을 뜻하는 것이 아니라, 구체적인 하나님의 선택 대상자, 에서와 야곱을 염두에 둔 것이다.252) 앞에서 (8:28-30) 불의한 자까지도 의롭다하시는 하나님의 의는 그분의 구원 섭리 가운데 미리 결정되어 있었다는 내용을 다뤘다면, 여기서는(10ff절) 하나님께서 당신의 구원을 이루어 갈 자를 선택하실 때, 절대적인 '자유'로 하신다는 사실을 중점적으로 부각시킨다.

[13] 구약을(말 1:2f) 예로 들어, 다시 한 번 하나님 선택의 정당성에 대해 말하고 있다. "사랑하고"는 '선택'을, "미워하고"는 '유기'遺棄를(버림) 뜻한다. 여기서 우리는 바울의 '이중 예정' 사상을 엿볼 수 있다.253)

[14] 지금까지 진술한 내용에(6-13절; 참고 3:5) 대해 다음과 같은 반론을 제기할 수 있다. '하나님의 선택이 순전히 그분의 주권적인 자유에 속한 영역이라고 하는데, 납득할만한 기준을 따르지 않고(예를 들면, "행위", "계약") 그분 자의대로 선택하고 버린다면 하나님의 선택에는 불의한 측면이 있는 것이 아닌가?'(묻고 답하는 디아트리베 형식). 이에 대해 바울은 곧바로 "아니"라고 부정한 뒤에(14b절), 두 차례에 걸쳐(15f절, 17f

252) Wilckens, EKK VI/2, 195
253) E. Dinkler, Prädestination, 92에 따르면 바울의 예정론은 이곳에서 유일하게 찾아볼 수 있다.

절) 그 이유에 대해 설명하고 있다.

[15-16] 에서와 야곱의 예를 들어 하나님 선택의 정당성을 옹호했 듯이(13절), 이번엔 모세에게 주신 말씀을 통해(출 33:19, 이유를 나타내는 불변사 gar) '하나님의 선택'과 '그의 의'에는 아무런 잘못이 없음을 밝 힌다. 하나님께서는 오로지 자신의 주권적인 자유에 근거하여 은혜와 긍휼을 베푸실 자를 택하신다. 그러므로("그런즉" 16절) 사람의 뜻이나 ("원하는") 노력 여부가("달음박질하는" 고전 9:24,26; 갈 2:2; 갈 5:7) 중요한 것 이 아니라, 하나님께서 누구를 긍휼히 여기실지가 -그의 선택이- 관건 이다(참고 모세승천기 12:7; 1QH 4:32-37; 7:27; 9:14 등).

[17] 하나님께서는 긍휼히 여기실 자를 긍휼히 여기듯이, 주권적인 자유를 가지고 유기遺棄할 자를 택하신다. 그 예가 바로 애굽 왕 바로 이다(출 9:16). 하나님께서 출애굽 역사 가운데 그를 세운 것은, 하나님 의 능력과 전능하신 이름을 온 땅에 널리 알리기 위함이었다. 즉, 하나 님께서는 구속사에서 자신의 긍정적인 목적을 -자신의 능력을 나타내 고 이름을 알림- 위해, 바로의 마음을 강퍅케 함으로써(출 7:3; 18절) 부 정적인 역할을 수행토록 하셨다.

[18] 앞의 두 부분으로부터(15f절, 17절) 바울은 결론을 내린다("그런 즉"). 하나님께서는 자신의 절대적인 자유 가운데 긍휼히 여길 자와 완 악케 할 자들 택하시고, 그들에게 각각 긍휼을 베풀기도, 완악케 하기 도 하신다. 성경도 증거 하듯이, 하나님의 의는 이처럼 인간으로부터 자유로운 '의'이다.

[19] 여기서 다시 대적자들이 다음과 같이 반문할 수 있다. '만약 하나님께서 어떤 사람을 택해서 마음을 강퍅하게 만들었다면, 마음이 완악하게 된 책임은 하나님께 있다. 사람은 단순히 하나님의 뜻대로 움직인 잘못밖에 없으므로("누가 그 뜻을 대적하느냐"), 하나님은 사람을 책망할 수 없지 않은가?("하나님이 어찌하여 허물하시느냐" 참고 3:5)' '하나님의 주권 하에 모든 일이 일어난다면 인간이 책임질 영역이나 사안은 없지 않은가'라는 의문이 제기될 수 있다.

[20] 이 같은 질문에 대해 바울은 피조물과 창조주 하나님 사이의 '절대적인 차이'를 상기시킨다("사람아 네가 누구이기에"). 욥기에서도 보듯이(40:2), 인간은 하나님을 논박하거나 이의를 제기 할 수 없는 존재이다("반문하느냐" *antapokrinesthai* 욥 16:8). 피조물은("지음을 받은 물건") 자기를 만든 조물주에게("지은 자") 그런 질문을 할 자격이 없다고 바울은 꾸짖는다.

[21] '혹은'으로(불변사 에*ē*) 시작되는 21절은 전능하신 하나님께서 인간에 대해 가질 수 있는 권리 중, 두 번째 예이다. 창조주와("지은 자") 피조물의("지음을 받은 물건") 관계를(20b절) "토기장이"와 "진흙 한 덩어리"로 설명한다(21절; 참고 사 29:16 토기장이 ↔ 진흙). 이러한 관계 설정은 성경에서 흔히 찾아 볼 수 있다(사 45:9; 64:8; 렘 18:1ff; 욥 10:8f). 같은 진흙이지만 도자기 혹은 막사발이 되는 것은 순전히 하나님 마음먹기에("권한") 달려 있다.

[22-23] 22절의 상반절과 하반절은 의미가 서로 맞지 않아 보인다. 하나님께서 자신의 엄정하심과 전능하심을 나타내시기로 했다면(참고

17절), 하반절의 내용처럼 하시면 안 된다. 즉, 심판을 선언하시기로 결심한 "진노의 그릇"(22절)에 대해 큰 인내로 대하지 말아야 한다. 2:4에 따르면 하나님의 인내는 우리를 회개케 하기 위해서이다. 따라서 '진노를 보이고 능력을 알게 하기위해 오래 참으신다'는 22절의 내용은 모순처럼 느껴진다. 무슨 특별한 뜻이 있는 것일까?

우선, "그릇"은 사람을 가리킨다(20f절). 진노로 대하는 그릇이란("진노의 그릇")[254] 따라서 유대인이다(24절). 그들이 하나님의 진노를 피할 수 없는 까닭은 복음을 믿지 않았을 뿐만 아니라(1-3절), 복음이 전파되는 것을 방해했기(살전 2:15f) 때문이다. 하나님께서는 바로를 세우신 까닭은, 강퍅하게 만든 그를 통해 하나님 자신의 능력을 나타내 보이기 위함이었다(17절). 완악한 바로의 장자와 그의 군대는 결국 죽임을 당하였다. 마찬가지로 하나님께서 이스라엘을 현재 인내로 대하시는 까닭은, 그들을 구원하기 위해서가 아니라, 장차 그들에게 나타날 하나님의 진노가 얼마나 큰지를 나타내고, 전능한 심판자로서 하나님 자신의 진면목을 알리기 위함이다. 믿지 않는 이스라엘의 궁극적인 멸망을 위해서 하나님께서 참고 계신다. 온전한 심판을 위하여 인간들(이방인)의 죄가 꽉 찰 때까지 하나님께서 심판을 연기하고 계신다는 사고는 유대 문헌에서 발견된다(막하비2서 6:14f; 제4에스라 7:44ff; 솔로몬의 지혜서 15:1f; 1QH 15:17-20).[255]

반면에(23절) 장차 나타날 영광의 수혜자요(8:17), 하나님께서 긍휼로 대하시는 이방인들에게는("긍휼의 그릇") 그 영광이 얼마나 크고 놀라운 것인지(8:18) 알게 하신다.[256]

---

254) 속격 (*skeuē*) *orgēs, eleous*는 Genitivus qualitatis이다. Bl-D. §165 주 2 "Träger des Zornes, des Mitleids".
255) Wilckens, EKK VI/2, 205 주 918

[24] 앞에서 언급한 "긍휼의 그릇"은 다름 아닌 '우리'다. 하나님은 자신의 백성인 이스라엘뿐 아니라 이방인들(로마인)도 부르신 분이다 (참고 갈 1:6; 살전 2:12). '부르심'은 하나님의 선택을 뜻한다. 하나님께서는 복음을 매개로 사람들을 부르신다(살후 2:14; 살전 1:5).

[25-26] 하나님께서 백성이 아닌 다른 이들을 부르신 예를 구약에서 찾음으로써, 앞 절(24절) 내용의 성서적 근거를 마련하고 있다. 25-26절은 호LXX 2:25와 2:1의 일부를 인용한 것이다. 하나님께서는 이방인들을, 마치 무에서 유를 창조하듯이 부르시고 복음을 깨닫게 하심으로(고후 4:6 "하나님의 영광을 아는 빛을 우리 마음에 비추셨느니라") 사랑하는 자로(13절) 삼으셨다. 더 나아가 하나님께서는 이스라엘로부터 자녀의 권한을(참고 4절) 빼앗은 그 곳에서, 대신 이방인들을 자녀로 삼으셨다(8:14ff). 호세아의 본문 인용이라는 점에서, "그곳은" 팔레스타인 땅, 또는 예루살렘일 가능성이 있다. 종말에 시온으로 열방이 모여들 것이라는 기대가 광범위하게 유포된 상황을 염두에 둔다면(사 2:2ff; 60:1ff; 미 4:1-3; 슥 2:11; 8:20-23), 바울도 믿지 않는 유대인 대신, 복음을 받아들인 이방인이 예루살렘에서 하나님의 자녀가 될 것이라는 사고를 어느 정도 수긍했으리라. 하지만, 이스라엘이 다시 회복된다고 생각했고 (11:16; 31f), 유대인 중심으로 구성된 예루살렘 교회와 -이 교회는 유대인을 주 전도대상으로 삼음- 동역관계에 있었기에(갈 2:9), 바울은 예루살렘에서 유대인 대신 이방인이 하나님의 백성으로 일컬음을 받는 놀라운 사건이 발생하지 않을 것이라고 여겼을 수도 있다. 그때 "그곳은"은 구체적인 장소가 아니라, 일반적인 의미에서 "심지어 그곳에서

---

256) 23절의 *kai*는 22절의 *ei*를 받고, 23절의 *hina*문장은 22절의 분사구문과 (*thelōn*) 상응한다. 참고 Cranfield, 『ICC 2』, 494

조차"의 뜻으로 이해되어어야 한다.

[27-28] 27절부터 사 10:22f을 인용함으로써 6b절의 내용에 대해(모든 이스라엘인이 다 구원받는 것은 아님) 다룬다. 혈통이 구원을 보증하지 못한다. 바다의 모래, 하늘의 별처럼 많은(창 15:5; 22:17) 아브라함의 자손 중에서 참된 자들, 즉 '남은 자' 만이 구원을 받는다. 6b절의 초점이 '이스라엘' 개념 재정립에 맞춰져 있다면('이삭의 후손이 참 이스라엘') 여기서의 관심사는 소수의 구원에 있다('바다의 모래 같은 수가 아니라 남은 자'). '남은 자' 사상은 11:4f에 다시 등장한다.

하나님께서는 말씀하신 대로 다 이루신다(6a절; 11:29). 구약에서 예언한 대로, 이스라엘이 아닌 이방 민족의 구원도 당연히 이루어져야 한다(분사 "이루고" *syntelōn*, 참고 24절). 28절 두 번째 나오는 분사 쉰템논(*syntemnōn*, 개역개정은 "속히 시행하시리라"로 번역)의 뜻은 '바짝 줄이다', '제안하다' 이다. 이스라엘의 구원이 전체가 아닌 남은 자들 일부에게만 이루어졌다는 의미이다. 하나님의 말씀은 이방인의 구원과 관련해서 완전히 이루어졌다. 하지만 소수의 이스라엘 사람들만 구원되었다는 점에서 한편으로는 제한적으로 성취되었다.

[29] 사 1:9 인용을 통해, 소수의 이스라엘 사람들이 구원된 것도 하나님의 사랑과 은총의 결과임을 말하고 있다. '우리'는("우리에게 씨를") 유대 기독교인이다(24절 "유대인 중에서뿐 아니라"). 호세아와(25f) 이사야(27ff) 두 예언자의 음성을 통해, 바울은 복음 앞에 서로 다른 태도를 취한 이스라엘과 이방인들의 운명에 대해 결론을 내리고 있다. 믿지 않는 이스라엘은 구원의 역사에서 배제되었다(29절 "소돔"과 "고모라"). 그 중 소수의 유대 기독교인 만 구원을 받는다("남은 자" 27절). 반면에 복음

을 믿은 이방인들은 하나님의 백성으로 인정되었다(25f절).

c) 부딪치는 돌 (9:30-33)

30 그런즉 우리가 무슨 말을 하리요 의를 따르지 아니한 이방인들이 의를 얻었으니 곧 믿음에서 난 의요 31 의의 법을 따라간 이스라엘은 율법에 이르지 못하였으니 32 어찌 그러하냐 이는 그들이 믿음을 의지하지 않고 행위를 의지함이라 부딪칠 돌에 부딪쳤느니라 33 기록된 바 보라 내가 걸림돌과 거치는 바위를 시온에 두노니 그를 믿는 자는 부끄러움을 당하지 아니하리라 함과 같으니라

지금까지의 내용은 '구원할 자를 선택할 때에, 자신의 절대적인 주권에 근거하여 하나님께서 행동하신다'였다. 이제부터 바울은 '하나님의 의'에 대해 다룬다. 이 주제는 3장 이하에서 이미 나온 것으로, 10장에서 계속 이어진다(3ff절). 30절의 맨 처음의 표현 "그런즉 우리가 무슨 말을 하리요"에는(참고 14절) 요약하는 기능이 있다. 25ff절에서 다룬 '이방인'과 '유대인'의 문제를 30ff절에서 계속 다룬다. 따라서 30-33절은 지금까지의 내용을 요약하면서, 10장에서 나올 문제 '하나님의 의'를 미리 제시하는 단락으로 볼 수 있다.

[30] 하나님의 자유로운 선택에 의해서 이스라엘의 대부분은 구원받지 못했지만, 이방인들은 하나님의 백성이 되는 놀라운 사건이 일어났다. 바울은 이 반전反轉을 '의'의 관점으로 기술한다. 이스라엘인들은 율법 준수를 통해 구원에 이르는 의의 길을 추구하였다. 그들이 볼 때 이방인은 구원받을 가능성이 전혀 없는 죄인, 그 자체이다(갈 2:15). 유대인들은 열심히 하나님을 섬기긴 했지만(10:2) 그들이 종국에 세운

것은 하나님으로부터 인정받는 의가 아니라 '자신의 의'였다(10:3). 바울
의 진단에 따르면, 유대인을 포함한 모든 사람은 죄인이다(2:17ff; 3:9).
나름대로 노력한 유대인들은 구원에서 배제되었고, 의의 길을 좇지 않
은 이방인들이 믿음으로 의롭다 인정을 받게 되었다. 이는 구원사의
역설이다.

　[31] 의를 추구하지 않았으나 믿음을 통해 의를 획득한 이방인과 달
리, 이스라엘은 율법의 길을("의의 법")257) 선택했다. 하지만 그들은 결
국 율법을 온전히 행하지 못함으로써(2:13, 17ff) 율법을 통해 얻으려 했
던 '의'라는 목표에 도달하지 못했다("율법에 이르지 못하였으니"). 다른 말
로 표현하면, 그들은 율법의 진정한 의미와 율법에 순종한다는 것이
무엇인지 깨닫는데 실패했다.258)

　[32-33] 이스라엘이 율법에 이르지 못한 이유를(31절) 밝히고 있다.
그들은 믿음이 아니라 행위를 구원의 수단으로 삼았기 때문이다. 하나
님께서는 죄인인 이방인에게 긍휼을 베풀어(9:23) 그들을 부르시고(25f
절) 의롭게 하셨다(8:30; 참고 4:5). 그 결과, 그들은 의에 이르게 되었다.
하지만 이스라엘은 율법의 행위를 통해서 의를 이룰 수 있다고 생각했

---

257) Wilckens, EKK VI/2, 212 주 944는 "의의 율법"을 다음과 같은 뜻으로
이해한다. "행위로 의를 완성하는 자에게 의가 의로운 존재라는 구원의 상태를
베풀어 준다는 의미에서 의는 토라의 내용이다. 즉 율법의 의란 요구나 약속뿐
만 아니라 무엇보다도 의를 가능케 함을 뜻한다", 한편 Zahn, KNT VI, 471은
"의를 요구하는 율법"으로, Käsemann, HNT 8a, 267f과 크랜필드 『ICC 2』,
346 주 10는 "의를 약속하는 율법", S.R. Bechtler, Christ, 293; R. Badenas,
Christ, 103f는 "의로 이끄는 율법", "의로 귀착하는 율법"으로 본다.
258) 참고 크랜필드, 『ICC 2』, 346

다. 이스라엘은 잘못된 방법과 틀린 방향을 택하여 길을 떠났다.

32b-33절에서 바울은 이러한 이스라엘과 그리스도와의 관계를 한 마디로 "돌에 부딪쳤다"고 표현한다. 돌은 그리스도요 이 돌에 부딪친 자는 이스라엘이다. '여호와는 반석이시다'는 구약적 사고를(시 18:2, 31, 46; 19:14; 22:1; 31:3) 연장하면, '하나님의 아들, 예수 그리스도는 (머릿-, 산-)돌이다'이라는 생각도 가능하다.259) 이 고백은(막 12:10 par.; 눅 20:18 par.; 요 7:37ff; 행 4:11; 엡 2:20ff; 벧전 2:4ff; 바나바서 6:2ff; 참고 시 118:22) 메시아라는 예수 그리스도의 정체성과 깊은 관련이 있다. 바울도 '예수 그리스도 = 돌'이란 사고를 채용한다(고전 10:4). 이스라엘은 예수를 믿지 않았을 뿐만 아니라 그를 배척하고 십자가에 매달아 죽였기 때문에(살전 2:15f), 하나님의 진노를 피할 수 없다. 비유로 말하면, 이스라엘은 돌부리를 걷어찼고, 거기에 발이 걸려 넘어진 셈이다.

33절은 사 28:16을 근간으로 사 8:14에 있는 '돌'에 대한 설명을 가져와 합성하여 인용한 것이다. 시온은 마지막 때에 이스라엘의 구원과 관련이 깊은 장소이다(사 2:2ff; 56:7; 59:20; 66:12ff; 시 14:7; 학 2:6ff; 슥 9:9f). 사람들은 종말에 메시아가 시온에서 나타날 것이라고 믿고 있었다(사 59:20; 시 14:7; 참고 11:26). 이런 점에서 시온에 돌이(= 예수 그리스도) 있는 것은("두노니") 자연스럽다. 그러나 이 돌은 믿지 않는 유대인들에게는 "걸림돌과 거치는 바위"이다. "거치는"(원어는 명사 *skandalon*)은 십자가 사건에 대한 유대인의 반응과 관련이 깊은 단어이다(고전 1:23; 갈 5:11).260) '걸림'(원어는 형용사 *proskomma*)과 '거치는'은 함께 종종 쓰인다(14:13; 벧전 2:8; 참고 14:21의 일부 사본).

---

259) 이하 졸저, *Vorstellung*, 83ff 참고
260) W. Bauer, *Wb*, s.v.에서 *skandalon*을 "유혹" 또는 "오도"로 해석한다. 참고 11:9; 14:13; 16:17.

"왜 이스라엘은 하나님의 의에 도달하지 못했는가?"에 대한 대답으로 바울은 '시온의 돌'을 제시한다. 이 돌은 믿는 자들에게 구원을 가져다 주지만("부끄러움을 당하지 아니하리라"), 믿지 않는 이스라엘에게는 걸림돌 역할을 한다. 유대인들은 예수를 메시아로 받아들이지 않았다. 인류를 위해 대속의 죽음을 죽으신 예수 그리스도, 그 십자가 사건을 이스라엘은 "거리끼는 것"으로(*skandalon* 고전 1:23; 갈 3:13b) 치부했던 것이다.

2. 이스라엘의 책임 (10:1-21)

a) 하나님의 의에 대한 무지와 불복종 (10:1-4)

1 형제들아 내 마음에 원하는 바와 하나님께 구하는 바는 이스라엘을 위함이니 곧 그들로 구원을 받게 함이라 2 내가 증언하노니 그들이 하나님께 열심히 있으나 올바른 지식을 따른 것이 아니니라 3 하나님의 의를 모르고 자기 의를 세우려고 힘써 하나님의 의에 복종하지 아니하였느니라 4 그리스도는 모든 믿는 자에게 의를 이루기 위하여 율법의 마침이 되시니라

[1] 9장과 마찬가지로 개인적인 염원을 피력하며 새 장을 시작한다. "형제들아"로 말문을 여는데, 이 표현은 8:12에 마지막으로 사용되었다. 여기서 바울은 동족 이스라엘의 구원을 구체적으로 바라고 있다 ("원하는 바와 ... 구하는 바는"). 그들은 불신앙·불순종의 죄를 지었으므로, 죄인들에게 내리는 하나님의 진노의 심판을 받아야 한다(살전 5:9). 하지만 바울은 이스라엘이 구원되기를 간절히 바라고 있다. 여기서 구원은 '하나님의 진노'로부터 벗어나는 것이다(참고 5:9; 살전 1:10c). 4절까지의 내용은 앞에서(9:30-33) 다룬, '믿음의 의를 따라간 이방인'과 '행위의 의를 추구한 유대인'에 대한 것이다.

[2] 바울이 이스라엘을 위해 기도할 수밖에 없는 이유를 설명한다 ("증언하노니"). 그들은 하나님께 대한 '열심'*zēlos*이 있었다. 단어 '열심'은 막하비 시대 이래 유대인들의 신앙과 전통 수호와 관련하여 광범위하게 사용되었다(유딧서 9:4, 막하비1서 2:58, 시편LXX 68:10, 시편LXX 118:139; 참고 요 2:17; 행 21:20). 필로는 '율법의 열심당'*zēlōtai nomōn*을, 조상들의

제도를 엄격히 수호하며 그 제도들을 파괴하는데 조금이라도 일조하는 사람들에게 무자비한 사람들이라고 정의한다(Spec. II,253). 바울도 자신의 과거를 이 단어로 표현한 바 있다(갈 1:14, 빌 3:6). '열심'이라는 단어 자체에는 부정적인 의미가 내포되어 있지 않다. 문제는 그 '열심'이 맹목적이라는데 있다("올바른 지식을 따른 것이 아니니라").261) 이스라엘은 하나님을 알고 있다(19절). 그러나 그분이 진정으로 어떤 분이고, 무엇을 원하시는 지에 관해, 즉 하나님의 핵심적인 부분에 대한 이해에 문제가 있었다.

[3] 유대인들이 어떤 관점에서 바른 지식을 따르지 않았는지, 설명한다. 이스라엘은 하나님의 의가 아니라 자신의 의를 세우는 길을 택했다("힘써", 원어의 의미는 '추구·시도하다'임). 그들은 예수 그리스도의 대속적인 죽음을 통해 계시된 하나님의 의를 받아들이고 이를 구원의 방편으로 삼기를 거부했다. 대신 율법의 행위를 통해 스스로 의롭게 되고자 노력했다. 이는 예수 그리스도가 세상에 오시기 전에 통용됐던 방법이다. 사람들은 행위를 온전히 이루지 못함으로(3:9ff), 결과적으로 율법의 행위를 통해 구원에 다다르지 못했다. 인간에게 긍휼을(11:30ff) 베푸시는 하나님은 궁극적이고 보편적인 방편을("하나님의 의") 제시하셨다. 이제는 율법의 행위가 아니라, 그리스도를 믿는 믿음에 근거하여, 죄를 용서해 주시고 무조건적으로 인간을 의롭다하시는 하나님의 의에 구원 여부가 달려있다. 이스라엘은 율법 행위를 통해 하나님의 의에 도달하려 했지만, 하나님은 더 이상 율법을 통해 만날 수 없다. 그는 이제 예수 그리스도의 십자가를 통해서만, 믿음을 통해서만 계시

---

261) Michel, KEK 4, 325 주4; U. Luz, *Geschichteverständnis*, 31

되는 분이기 때문이다. 율법을 지키려고 노력한 이스라엘은 결국, 하나님의 의가 아니라 자신의 의를 세울 따름이었다. 이스라엘은 율법을 준수하지 못한 자들과 자신을 구별하고, 그들을 정죄하고 차별하는 한편, 자신들이 쌓은 공덕과 업적을 과시함으로써(우월주의) 폐쇄적이고 독선적인 선민의식 속에 매몰되었다.

[4] 바울은 그리스도를 "율법의 마침"*telos nomou*이라고 설명한다. 단어 텔로스*telos*는 "완성", "목표", "마침" 등으로 해석될 수 있다.262) '하나님의 의'가 아니라 행위에 근거한 '자기의 의'를 세우려는 이스라엘에 대해(3절) 그리스도를 통한 하나님의 구원 조치가 취해지는데, 그것이 바로 '그리스도의 율법에 대한 텔로스 되심'이다. 4절은 접속사 가르*gar*를("증거", "이유") 통해 앞 절과 연결된다. 이스라엘의 자기 의義 그리고 그들의 무지에 대한 근거로 그리스도에 의한 '율법의 텔로스'가 언급되는 것이다.263)

이곳의 "율법"은 5절을 고려해 볼 때 부정적인 의미를 함축하고 있

---

262) 바우어(W. Bauer, *Wb*)는 *telos*를 "마침"이자 "목표"로 보고 있다. 델링은 "종결", "마침"의 의미로 이해한다(G. Delling, Art. *telos* etc., *ThWNT VIII*, 55ff). 한편 대부분의 성경은 "마침"으로 번역한다. 예를 들면 독일권의 Luther, Zürcher, Elberfelder 성경 그리고 NJB는 "Ende"로("마침"), 영어권의 KJV, NKJ, RSV, NRS, Good News Bible, REB는 명사 "end"로 (NEB은 동사 "end") 번역하고 있다. 이러한 맥락에서 한글성경도 개역은 "마침"으로, (표준)새번역은 "끝마침"으로 공동번역은 "끝"으로 번역하고 있다.

263) 단어 *telos*는 바울 서신에서 총 13회 등장한다. 그 중 전치사와 함께 사용되는 경우와(살전 2:16, 고전 1:8, 고후 1:13), 세금과 관련된 부분을(롬 13:7) 제외하면, 바울의 *telos* 용례는 시간적인 의미로서 마침, 끝, 종결의 뜻으로 사용된다. 따라서 로마서 10:4의 *telos*도 이런 의미로 쓰였다고 봐야 할 것이다.

다. 이스라엘의 잘못된 의의 문제는 5ff절에 비추어 볼 때("율법의 의" ↔ "믿음의 의"), 그들이 '믿음이 의'가 아닌 '율법의 의'를 추구했기 때문에 발생했다. 그런 맥락에서 바울은 그리스도는 이를 위해 '율법의 텔로스'가 되셨다고(4절) 말한다.

이스라엘의 문제는 무엇보다도 그들의 불신앙에 있다. 그들은 자기의 의를(행위) 추구했다. 이들이 구원사에 편입되는 방법은 그리스도에 대한 믿음을 갖는 것이다. 바울이 4절에서 해결책으로 제시한 내용인 '그리스도께서 율법의 텔로스가 되심으로써 믿는 모든 이들에게 의를 이루게 하시는 것'은 이러한 맥락에서 이해되어져야 한다. 빌 3:9에서 바울은 자신의 의가 율법에서 난 것이 아니라 그리스도를 믿음으로 말미암은 것이라고 한다. 이에 따르면 '의'에는 두 종류가 있고, 이 둘은 서로 대립된다. 이런 사고는 현재 본문 다음에서도 나온다("율법의 의" ↔ "믿음의 의" 5f절)[264]. 여기서 "의"는 율법이 아닌 믿음의 의여야 함을 바울은 분명히 한다. 바로 이점이 3절의 '의'와 4절의 '율법'의 관계를 올바르게 해명하는 열쇠이다. 두 가지 종류의 '의'라는 관점에 따르면, 이스라엘은 행위에 의한(9:32) 율법의 의를(10:5) 추구했는데, 이는 명백한 잘못이다. 그들은 '믿음의 의'를 좇았어야 했다. 그러기 위해서 '율법의 의'는 거부되어져야 했는데, 이를 바로 그리스도께서 하신 것이다. 그리스도는 율법에 종지부를 찍으심으로써 '율법의 의'라고 하는 옳지 못한 방식을 추구한 이스라엘로 하여금 올바른 의를 따르게 하셨다. 그리하여 이제는 그들도 구원을 얻을 수 있게 하신 것이다. 이와 같은 이해는 율법이 그리스도와 배타적인 관계로 설정되어 있는 3:21f, 갈 2:21b 등의 내용과 잘 부합된다.

264) 참고 Sanday/ Headlam, ICC, 283, 285; Wilckens, EKK 6/2, 222; U. Luz, *Geschichteverständnis*, 31

그리스도께서 '율법의 마침'이 되심으로 잘못된 의를 추구하던 이스라엘에게도 믿음의 의가 이루어지게 된다. 이러한 의미에서 전치사 에이스*eis*는(into, toward, to) "목적"이나 "결과"의 의미로서 앞의 전체 진술에 걸린다고 하겠다. 즉 에이스 이하의 부분은 '자기 의'를 추구함으로 하나님의 구속사에서 제외된 이스라엘까지도 그리스도의 구속 행위로(율법의 폐기) 말미암아 구원의 경륜에 포함되며, 그 결과 모든 사람들에게 하나님의 의가 이루어진다는 의미로 이해되어야 한다.

b) 성서와 신앙고백에 있어서의 의 (10:5-13)

5 모세가 기록하되 율법으로 말미암는 의를 행하는 사람은 그 의로 살리라 하였거니와 6 믿음으로 말미암는 의는 이같이 말하되 네 마음에 누가 하늘에 올라가겠느냐 하지 말라 하니 올라가겠느냐 함은 그리스도를 모셔 내리려는 것이요 7 혹은 누가 무저갱에 내려가겠느냐 하지 말라 하니 내려가겠느냐 함은 그리스도를 죽은 자 가운데서 모셔 올리려는 것이라 8 그러면 무엇을 말하느냐 말씀이 네게 가까워 네 입에 있으며 네 마음에 있다 하였으니 곧 우리가 전파하는 믿음의 말씀이라 9 네가 만일 네 입으로 예수를 주로 시인하며 또 하나님께서 그를 죽은 자 가운데서 살리신 것을 네 마음에 믿으면 구원을 받으리라 10 사람이 마음으로 믿어 의에 이르고 입으로 시인하여 구원에 이르느니라 11 성경에 이르되 누구든지 그를 믿는 자는 부끄러움을 당하지 아니하리라 하니 12 유대인이나 헬라인이나 차별이 없음이라 한 분이신 주께서 모든 사람의 주가 되사 그를 부르는 모든 사람에게 부요하시도다 13 누구든지 주의 이름을 부르는 자는 구원을 받으리라

[5] 바울은 4절의 내용을 좀 더 자세히 설명한다(5ff절). 우선 구약 인용

을 통해(레 18:5) 앞에서 말한 내용을 확증하고 있다(접속사 가르gar). 모세
의 입을 빌어 바울은 '율법의 의'에 대한 기본 성격에 대해 다음과 같이
정의한다. "율법이란, 행할 때 구원을 가져다주는 것이다"(참고 갈 3:10 [신
27:26 인용]). 즉, 율법을 행하는 자라야 의롭다 여겨진다는 것이다.

[6-8] 반면에(헬라어 de) '믿음의 의'는 이와 다르다. 신 9:4의 일부를
사용하여 서두를 장식한 후("네 마음에 말하지 말라"), 율법서 한 구절을
인용하여(신 30:12f) '믿음의 의'가 무엇인지 설명한다. 그곳에서 모세는
말하기를, 하나님의 말씀은 우리 가까이에 있으며(하늘로 올라가서, 바다
로 내려가서 가지고 와야 하는 것이 아님), 쉽게 준행할 수 있는 것이라고 한
다. 율법은 하나님께서 선물로 주신 것이다. 따라서 우리가 하늘로 올
라가서 이를 가지고 올 필요가 없다. 바울은 이 논지를 그리스도에 적
용한다. 하나님께서 아들 예수 그리스도를 우리에게 보내셨다. 이 땅
에 오신 예수님은 십자가 처형으로 공생애를 마치고, 부활 승천하셨다.
그는 비록 우리 곁에 없지만(8:34) 그의 영은 우리와 함께 한다(갈 4:6).
그렇기 때문에 우리가 하늘로 가서 그 분을 모시고 내려올 필요가 없
다.265) "올라가겠느냐 함은" 원어로 '이는'tout' estin이다. 쿰란 종파가
성경을 해석할 때 이 표현을 즐겨 쓴다(1QS 8:14; 1QpH 7:4f). 즉 6c절은
("올라가겠느냐 함은 … 내리려는 것이요") 6b절에("네 마음에 … 하지 말라") 대한
바울의 주석이라 할 수 있다.

같은 맥락으로, 우리 가까이에 율법이 주어졌으므로, 이 율법을 갖
기 위해 무저갱에(abyssos 죽은 자의 세계) 내려갈 필요가 없듯이(신 30:13),

265) 또는 다음과 같은 논지도 가능하다. '그가 마지막 심판 때에 이 땅에 심
판주로서 오시기 때문에(참고 살전 4:16), 우리가 하늘로 올라가 그를 모시고
올 필요가 없다'.

그리스도를 그곳에서 모셔올 까닭도 없다(7절). 그리스도는 이미 부활하셨기 때문이다. 8a절("그러면 ... 하였으니")은 신LXX 30:14를 많은 부분 그대로 인용했다. 다만 "네가 이를 행할 수 있느니라"가 빠졌는데, 그 이유는 바울이 선포하는 말씀이 행위가 아니라 믿음의 말씀이기 때문이다. "믿음의 말씀"은 믿음에 대한 말씀이 아니라, 믿음이 말씀으로 선포된다는 뜻이다.

[9] 선포되는 믿음의 말씀 앞에서 구원의 필요충분조건으로 무엇이 필요한 지에 대해(호티hoti 절) 언급한다. 입으로 시인하고("네 입에" 신 30:14), 마음으로("네 마음에" 신 30:14) 믿는 바로 그것이다. '예수는 주님이시다'라고 신자들이 입으로 외치는 환호는 세례 의식 때 드리는 고백과 관련이 깊다(빌 2:11; 고전 12:3). '예수 = 주님'이라는 고백 외에, 그리스도가 부활하셨다는 선포를 믿는 마음이 있어야 구원을 받는다.

[10] 9절에서 나온 "입으로 - 시인"(A), "마음으로 - 믿음"(B)이란 표현을 10절에서는 교차대구법으로(chiasmus) 배치한다(B-A).266) 믿음의 결과는 의이다(8:30; 4절). 따라서 앞에서 나오는(9절) "구원 받는다"와 연관된 "구원에 이른다" 외에 "의에 이른다"는 표현이 추가된다.

[11] 구약을 인용함으로써(사 28:16) 앞의 내용을 증명한다. 이 구절은(사 28:16) 이미 9:33에서 한 차례 사용되었다. 눈여겨 볼 점은, 바울이 "누구든지"를 추가했다는 것이다. 이 "누구든지"는 다음 절의 "유대인이나 헬라인이나"와 연결된다.

---

266) 영어 X와 유사한 헬라어 철자 χ(chi)에서 유래한 단어. 항목이 a-b-b'-a'의 형식으로 배열된 문학적 장치를 말한다.

[12] 하나님은 모든 인간이 구원되기를 원하신다(1:16; 3:22). 그는 이스라엘 뿐 아니라 이방인들도 택하시고(9:24) 그들에게 긍휼을 베푸시는 분이시다(11:32). 하나님께서는 '믿음'이라는 보편적 가치에 근거하여 누구를 막론하고("차별이 없음이라") 의롭다 여기신다(3:22). 이와 유사한 내용은 이미 4절에서 언급된 바 있다("그리스도는 모든 믿는 자에게 의를 이루기 위하여"). '같은 주님'이(원문 호 아우토스 퀴리오스*ho autos kyrios*를 "한 분이신 주께서"로[개정개역] 번역한 것은 미진하다. 참고 고전 12:5) 바로 모든 자들의 주님이시다(3:29; 참고 행 10:36 "만유의 주"). 기도드리고 주께 고백하는 행위를 유대인들은 주님께 '간구한다'고 표현했다(개역개정 "부르는"). 고전 1:2는 기독교인을 일컬어 승귀昇貴한 주님께 '간구하는 자'로 정의한다. 그의 이름을 부르는 자, 즉 주께 간구하는 자를(시LXX 4:2; 참고 행 7:59) 부유케 할 것이라는 내용은 유대인의 기도 중에 많이 등장한다.267) 바울은 11:33, 빌 4:19에서 하나님의 부요함, 풍성함에 대해 언급한 바 있다. 그리스도는 자기의 이름을 부르는 자에게 자신이 가지고 계신 영적인 풍성함을(선함, 온유함, 사랑, 영광 등) 나누어 주시는 분이다.

[13] 구약 성경 인용을 통해(욜 3:5) 앞에서 말한 내용을 다시 한 번 논리적으로 강화한다. 결과적으로 9f절의 내용이 다시 거론되는 셈이다.

c) 선교와 이스라엘 (10:14-21)

14 그런즉 그들이 믿지 아니하는 이를 어찌 부르리요 듣지도 못한 이를 어찌 믿으리요 전파하는 자가 없이 어찌 들으리요 15 보내심

---

267) Michel, KEK IV, 332

을 받지 아니하였으면 어찌 전파하리요 기록된 바 아름답도다 좋
은 소식을 전하는 자들의 발이여 함과 같으니라 16 그러나 그들이
다 복음을 순종하지 아니하였도다 이사야가 이르되 주여 우리가
전한 것을 누가 믿었나이까 하였으니 17 그러므로 믿음은 들음에
서 나며 들음은 그리스도의 말씀으로 말미암았느니라 18 그러나
내가 말하노니 그들이 듣지 아니하였느냐 그렇지 아니하니 그 소
리가 온 땅에 퍼졌고 그 말씀이 땅 끝까지 이르렀도다 하였느니라
19 그러나 내가 말하노니 이스라엘이 알지 못하였느냐 먼저 모세
가 이르되 내 백성 아닌 자로써 너희를 시기하게 하며 미련한 백성
으로써 너희를 노엽게 하리라 하였고 20 이사야는 매우 담대하여
내가 나를 찾지 아니한 자들에게 찾은 바 되고 내게 묻지 아니한
자들에게 나타났노라 말하였고 21 이스라엘에 대하여 이르되 순
종하지 아니하고 거슬러 말하는 백성에게 내가 종일 내 손을 벌렸
노라 하였느니라

[14-15] 14f절에서 바울은 8절에 나오는 '선포'("전파")에 대해 다룬
다. '선포'에서 시작하여(15a절) 연쇄적으로 '부름'까지(14a절) 거꾸로
올라간다. 예수께 간구하기("부르리요") 위해서는(12f절) 우선 '믿음'이
필요하고(참고 9-11절), 믿기 위해서는 먼저 '들어야' 한다. 말씀을 듣기
위해서는 '선포자'가 있어야 하고 선포자가 존재하기 위해서는 '보냄'
이 선행되어야 한다. 마지막에(15b절) '복음을 전하는 자가 얼마나 복된
지'에 대한 성경 구절을 인용함으로써(사 52:7) 복음 전파의 전체 과정에
대한 묘사를 마무리 한다. "아름답도다"(호라이오이ōraioi)는 '때'(호라 ōra)
에서 파생된 단어이다. 종말론적인 복음이 시기적절한 때에(호라 ōra) 선
포되었기에, 성서기자는 기쁨으로 "아름답다"(호라이오이 ōraioi)고 환호
한다.

[16] 그러나 전도자가 선포한 복음을 들었다고 해서, 모두가 복음에 순종한 것은 아니다. 3절을 참고할 때, 누가 불순종했는지 명백하다. 바로 이스라엘이다(참고 19절). 이사야 선지자도 사람들의 불순종에 대해 안타까운 마음으로 하나님께 탄식한다(사LXX 53:1).

[17] 17절은 이 단락의(14-21절) 중간 결산에("그러므로" 아라ara) 해당된다. 믿기 위해서는 말씀을 들어야 하고, 말씀을 듣는 다는 것은 다름 아닌 그리스도의 말씀을 통해서라는 내용은, 8절과("우리가 전파하는 믿음의 말씀이라") 14절을("듣지도 못한 이를 어찌 믿으리요") 섞어놓은 듯한 느낌을 준다. 복음 전파자가 선포한 것은(참고 16절 "우리가 전한 것") "그리스도의 말씀"이다. 8절의 "믿음의 말씀"과 상응하는 이 말씀은 다름 아닌 그리스도 자신이다(고전 1:23 "우리는 ... 그리스도를 전하니").

[18] 이스라엘 모두가 복음에 순종한 것은 아니었는데(16절), 여기에 무슨 이유가 있는 것은 아닐까? 만약 이스라엘이 선포된 하나님 말씀을 듣지 못했다면, 불순종에 대한 책임을 모면할 수 있다. 바울은 18절에서 이스라엘이 말씀을 듣지 못했을 가능성은 혹시 없는지, 수사학적인 질문을 통해("그들이 듣지 아니하였느냐") 점검해 본다. 바울이 내린 결론은 '결코 그렇지 않다'이다. 이어서 말씀이 세상 끝까지 전파되었다는 구약 인용이 나온다(시LXX 18:5). 실제 복음은 그러나 아직 스페인에(15:24) 도달하지 못했다. 시 18편의 인용 목적은 그러므로 복음이 실제로 땅 끝까지 전파되었다는 사실을 말하려는 데 있는 것이 아니라, 복음이 종말의 때에 만방에 선포되는 현실에 대한 묘사에 있다. 종말론적인 복음으로의 초대장은 믿지 않는 이스라엘 뿐만 아니라 온 세계에 발송되었다("말씀이 땅 끝까지eis ta perata tēs oikoumenēs 이르렀도다"). 오

이쿠메네*oikoumenē*가 '거주하는 땅'이란 의미로 쓰인 경우는 바울 서신 중에서 이곳이 유일하다.

[19-21] 바울은 다시 질문을 던진다. "이스라엘이 알지 못하였느냐?"('아니요, 알았습니다' 라는 대답을 기대하는 부정어 메*mē*로 물어 봄). 여기서 "알다"는 '이해하다'는 의미이다. 생략되어 있지만, 바울은 18절에서처럼 "그렇지 아니하니"라고 속으로 외쳤을 것이다. '과연 이스라엘은 복음을 이해하지 못했을까?' 라는 질문에 바울은 세 개의 구약인용으로 답한다(19b절-신 32:21, 20절- 사 65:1, 21절-사 65:2). 첫 번째로("먼저") 모세의 발언을 인용한다(신 32:21). 하나님께서는 타 민족을 통해, 광야 생활에서 불순종하고 우상을 숭배하는 이스라엘을 시기케 만들고 노엽게 하셨다. 바울은 과거의 사실을 현재 복음을 믿지 않는 이스라엘에 적용시킨다. "내 백성이 아닌 자"는 호 1:9의 '내 백성이 아니요'를 떠올리게 한다. 그들은 이방인이다(9:25f). 그들은 하나님의 뜻인 율법을 알지 못했기에 "미련한 백성"이었다(9:30f). 그런 이민족들도 깨달아 알았는데, 하물며 이스라엘은 말할 것도 없다는 논리가 신 32:21 인용에 숨어있다. 하지만 겉으로는 '시기 유발'이라는 주제가 부각되어 있다. 하나님께서는 이방인을 택하심으로서 복음에 냉담한 이스라엘을 자극하신다. 여기서는 더 이상 나오지 않지만, 11:11에는 이스라엘이 시기함으로써 어떤 긍정적인 결과가 초래되는지, 언급된다.

두 번째 인용은(20절) 이사야의 글이다(65:1). 인용 본문의 두 개의 동사 선후를 바꾸어(*heurethēn*["찾은바 되고"], *emphanēs egenomēn*["나타났노라"]), 사 65:1를 그대로 가져왔다. 동사의 순서를 바꾼 바울의 조합이 더 잘 어울려 보인다('찾는 자에게' - '찾은바 되고', '묻지 아니한 자들에게' - '나타났노라'). 엠파네스(*emphanēs* "나타난 바")는 신 현현顯現과 관련 있는 단어이다(일반 헬라문헌에서). 하나님은 찾지 아니한 자들에게(이방인) 스스로를 나타내셨고, 묻지 않는 자들에게 자신을 보이신다. 이 내용은, 이방인을 택함과 그로 인한 이스라엘의 시기심 촉발이라는 19절의 외적인 주제를 더욱 탄탄한 논리 기반위에 올려놓는다.

세 번째도(21절) 이사야서 인용이다(65:2). 이방인에게 자신을 계시한 하나님은(20절) 순종치 않고(16절) 거슬러 말하는(3절) 이스라엘까지도 외면하지 않으시고, 그들이 돌아오기를 계속("종일", 참고 8:36) 기다리신다. "손을 벌렸노라"는 인간이 하나님께 간구나 탄원할 때 취하는 행동이다(출 9:29, 33; 스 9:5). 하나님께서 이 제스처를 이스라엘에게 한다는 것은 이스라엘이 돌아오기를 바라는 그의 마음이 얼마나 간절한지에 대한 반증이다. 하나님은 이스라엘을 버리지 않으셨다. 이스라엘이 구원받지 못한 책임은, 하나님이 아니라 이스라엘에 있다.

3. 이스라엘에 대한 약속의 성취 (11:1-36)

a) 남은 자 (11:1-10)

1 그러므로 내가 말하노니 하나님이 자기 백성을 버리셨느냐 그럴 수 없느니라 나도 이스라엘인이요 아브라함의 씨에서 난 자요 베냐민 지파라 2 하나님이 그 미리 아신 자기 백성을 버리지 아니 하셨나니 너희가 성경이 엘리야를 가리켜 말한 것을 알지 못하느냐 그가 이스라엘을 하나님께 고발하되 3 주여 그들이 주의 선지자들을 죽였으며 주의 제단들을 헐어버렸고 나만 남았는데 내 목숨도 찾나이다 하니 4 그에게 하신 대답이 무엇이냐 내가 나를 위하여 바알에게 무릎을 꿇지 아니한 사람 칠천 명을 남겨 두었다 하셨으니 5 그런즉 이와 같이 지금도 은혜로 택하심을 따라 남은 자가 있느니라 6 만일 은혜로 된 것이면 행위로 말미암지 않음이니 그렇지 않으면 은혜가 은혜되지 못하느니라 7 그런즉 어떠하냐 이스라엘이 구하는 그것을 얻지 못하고 오직 택하심을 입은 자가 얻었고 그 남은 자들은 우둔하여졌느니라 8 기록된 바 하나님이 오늘까지 그들에게 혼미한 심령과 보지 못할 눈과 듣지 못할 귀를 주셨다 함과 같으니라 9 또 다윗이 이르되 그들의 밥상이 올무와 덫과 거치는 것과 보응이 되게 하시옵고 10 그들의 눈은 흐려 보지 못하고 그들의 등은 항상 굽게 하옵소서 하였느니라

이스라엘의 구원 문제를 다루는 바울의 논지는 점차 클라이막스를 향해 달려간다. 9-11장의 전체 문제(9:6)를 다시 거론하면서("하나님께서 자기 백성을 버린 것인가?") 새 장을 시작한다. 이 장은 세 부분으로 나눌 수 있다. 1-10절까지 '남은 자'에 대해 말한다. 이 단락은 다시 둘로 구분되는데, 행위가 아닌 은혜에 의해 선택된 남은 자들이 있다는 내용과(1-6절), 그러나 이스라엘의 대다수는 우둔, 혼미 가운데 믿지 않는

상태로 있다는 내용이 바로 그것이다(7-10절). 그 다음 11-24절은 이스
라엘의 불신앙이 구원사에서 가지는 의미와, 그들의 불신앙 상태가 계
속되지는 않을 것이라는 사실을 다룬다. 마지막 25-36절에서 바울은,
하나님은 신실하시며 모두에게 긍휼을 베푸시는 분이심을 상기시킨
다. 그리고 이 긍휼에 의해 이방인들이 구원받았듯이, 결국 이스라엘
도 그렇게 될 것이라고 말한다. 9-11장은 온 인류를 구원하신 주님께
영광과 찬양을 돌리는 내용(33-36절)으로 끝을 맺는다.

[1] 앞의(19ff) 언급대로라면, 하나님은 이스라엘을 버린 것이 아니다
(참고 시LXX 93:14). 반어적인 질문으로 시작되는 첫 절은 9장, 10장의 처
음 내용과 대동소이하다. "하나님이 자기 백성을 버리셨느냐"는 질문
은 곧 "그렇지 않다"는 답변을 이끌어낸다.268) 상대방이 묻고 싶은 내
용을 스스로 질문하고, 이어서 '아니요'라고 대답하는 형식은 바울의
글에서 곧잘 나온다(3:6; 고전 6:15; 갈 2:17; 3:21). 바울은, 유대인을 위한
종으로 쓰임 받고 있으며, 이방인을 위해 복음을 증거한 자신을 예로
든다. 비록 과거에는 교회를 핍박했지만, 다메섹 도상에서 예수 그리스
도를 만나 변화를 받고 그리스도인이 된 자신이 바로 이스라엘 사람임
을(참고 9:4) 상기시킨다("아브라함의 씨" 고후 11:22, "베냐민 지파" 빌 3:5).

[2-4] 하나님이 자신의 백성을 버리지 않는다는 두 번째 논증으로
엘리야를 예로 든다(2b절; 왕상 19장). "미리 아신 자기 백성"이란 표현은
하나님께서 이스라엘을 선택하신 사건이 구속사에서 필연적이며, 그
무엇에 의해서도 백지화될 수 없는 확고부동한 사건임을 암시한다. 엘
리야는 여호와 신앙을 수호하는 대표자로서 갈멜산에서 바알 선지자

268) Schlier, HThK VI, 321f

들과 대결하여 승리한 예언자였다(왕상 18장). 하지만 이세벨과 그 추종자들의 기세는 꺾이지 않았다. 그들은 하나님의 선지자들을 죽이고 제단을 파괴하고 홀로 남은 엘리야까지 해하려고 혈안이 되었다. 이런 상황에서 엘리야는 하나님께 원망 섞인 한탄을 늘어놓는다. 여기서 엘리야는 일종의 탄원자 역할을 담당하고 있다. 구약과 비교할 때(왕상 19:10, 14), 바울은 제단 파괴와 선지자들의 죽음 순서를 바꾸어 인용한다. 이스라엘 자손이 언약을 버렸다는 이야기를 생략했다(왕상LXX 19:14). 엘리야의 탄원에 하나님께서는 바알에게 무릎을 꿇지 않은, 남은 자 칠천 명을 예비해 놓으셨다고 답변하신다. '칠천'은 완전수이다 (7의 천 배). 칠천은 실제적인 사람의 수라기 보다는 성경과 유대교에서 숫자에 부여하는 특별한 의미라는 관점에서 상징적으로 이해해야 한다(일곱 인[계 5:1], 12지파, 12제자, 24보좌와 24장로[계 4:4], 40일, 일곱 번을 일흔 번까지[마 18:22], 666[계 13:18], 144,000[계 7:4] 등). '남은 자' 사상은 이미 앞에서(9:27ff) 언급된 바 있다.

[5-6] 이스라엘 남북조 시대에서 현재로 시점을 전환한다. 그때 남은 자가 있었듯이, 지금도 그렇다. 남은 자는 다름 아닌, 하나님의 은혜로 택함을 받은 자들이다. 이어서 은혜에 대한 설명이 나온다(6절). 이스라엘의 '남은 자'들은 하나님의 주권에 기초한 자유로운 선택에 의해 남겨졌다. 하나님은 (율법의) 행위를 보고 그들을 택하시지 않으셨다. 받을 자격이 없는 자에게 무엇을 줄 때, 그것이 진정한 은혜가 된다. 응분의 대가를 치루고 무엇을 얻었다면, 그것은 당연한 것이지, 은혜로 여겨질 수 없다(4:4ff). 은혜는 일종의 거저 받는 선물이다(5:15). 은혜는 무엇보다도 예수 그리스도께서 겪으신 속죄의 죽음과 밀접한 관련이 있다(3:24; 갈 3:21).

[7] "그런즉 어떠하냐"*Ti oun* 라는 표현을 통해, 바울은 다루고자 하는 대상을 '택함을 받은 남은 자'에서 '그렇지 못한 나머지 자들'(믿지 않는 이스라엘)로 바꾸고 있다. 율법의 행위를 통해 구원을 얻고자 했던("구하는 그것") 대다수의 이스라엘 사람들은 실패를 맛보았다("얻지 못하고" 참고 9:30f). 이스라엘 중, 하나님의 택함을 받은 소수만이 구원된 반면(9:24), 나머지 다수는 마음이 우둔하여졌다. "우둔하여졌느니라"*epōrōthēsan*의 기본 뜻은 '석화石化하다' 이다. 즉, 마음이 굳어졌다는 의미이다(11:25; 고후 3:14; 요 12:40; 막 6:52). '우매', '둔감'이라는 개념은 예언자들의 심판 선언에서 곧잘 등장한다(사 6:10).[269]

[8] 이스라엘의 완고에 대한 근거를, 한번은 율법서에서, 다른 한번은 예언서에서 각각 찾는다(신LXX 29:3; 사 29:10). 하나님께서는 그들의 영을 마비시키고, 눈은 보지 못하게 하고, 귀는 듣지 못하게 하셨다. 그 결과, 그들은 지금 일어나고 있는 구원 사건의 의미를 간파하지 못하고 있다.

[9-10] 또한 완고와 관련하여 시LXX 68:23f을(성문서) 인용한다. 친교와 사귐의 현장인 식사 자리가 이스라엘을 포획하는 장소가 된다. 유대교에서 "밥상"*hē trapeza*은 속죄의 기능을 수행하는 제단을 상징한다.[270] 따라서 바울은 시편 인용을 통해 제 기능을 못하고 있는 성전에 대한 비판을 하고 있다고 볼 수도 있다. 성전은 사죄가 선포되는 장소가 아니라 오히려 이스라엘을 구속하고 걸려 넘어지게 하는 실체로 변하였다("거치는 것").[271] 잘못된 제의 때문에 이스라엘은 징벌 받는다

---

269) Michel, KEK IV, 341
270) Str-B. III, 289

IV. 하나님 의와 이스라엘 (9:1-11:36)   257

(12:19; 참고 2:6). 하나님께서는 그들의 눈은 어둡게 하고(참고 고후 3:13ff)
종으로 살게 하심으로 등을 굽게 하신다("율법 아래 매인바 되고" 갈 3:23f;
"종 노릇 하고" 4:25).

b) 이스라엘의 넘어짐과 이방인의 의 (11:11-24)

11 그러므로 내가 말하노니 그들이 넘어지기까지 실족하였느냐
그럴 수 없느니라 그들이 넘어짐으로 구원이 이방인에게 이르러
이스라엘로 시기나게 함이니라 12 그들의 넘어짐이 세상의 풍성
함이 되며 그들의 실패가 이방인의 풍성함이 되거든 하물며 그들
의 충만함이리요 13 내가 이방인인 너희에게 말하노라 내가 이방
인의 사도인 만큼 내 직분을 영광스럽게 여기노니 14 이는 혹 내
골육을 아무쪼록 시기하게 하여 그들 중에서 얼마를 구원하려 함
이라 15 그들을 버리는 것이 세상의 화목이 되거든 그 받아들이는
것이 죽은 자 가운데서 살아나는 것이 아니면 무엇이리요 16 제사
하는 처음 익은 곡식 가루가 거룩한즉 떡덩이도 그러하고 뿌리가
거룩한즉 가지도 그러하니라 17 또한 가지 얼마가 꺾이었는데 돌
감람나무인 네가 그들 중에 접붙임이 되어 참감람나무 뿌리의 진
액을 함께 받는 자가 되었은즉 18 그 가지들을 향하여 자랑하지 말
라 자랑할지라도 네가 뿌리를 보전하는 것이 아니요 뿌리가 너를
보전하는 것이니라 19 그러면 네 말이 가지들이 꺾인 것은 나로 접
붙임을 받게 하려 함이라 하리니 20 옳도다 그들은 믿지 아니하므
로 꺾이고 너는 믿으므로 섰느니라 높은 마음을 품지 말고 도리어
두려워하라 21 하나님이 원 가지들도 아끼지 아니하셨은즉 너도
아끼지 아니하시리라 22 그러므로 하나님의 인자하심과 준엄하심
을 보라 넘어지는 자들에게는 준엄하심이 있으니 너희가 만일 하
나님의 인자하심에 머물러 있으면 그 인자가 너희에게 있으리라

271) W. Bauer, *Wb*는 *skandalon*을 "함정"으로 해석한다. 참고 14:13; 16:17

그렇지 않으면 너도 찍히는 바 되리라 23 그들도 믿지 아니하는 데 머무르지 아니하면 접붙임을 받으리니 이는 그들을 접붙이실 능력이 하나님께 있음이라 24 네가 원 돌감람나무에서 찍힘을 받고 본성을 거슬러 좋은 감람나무에 접붙임을 받았으니 원 가지인 이 사람들이야 얼마나 더 자기 감람나무에 접붙이심을 받으랴

[11] 이제부터 바울은 묻고 답하는 대화 형식을(디아트리베) 사용한다. 앞에서 바울은, 이스라엘이 구원의 기회를 거부하여 일부는 남은 자로, 일부는 완악한 채 있다고 설명했다. 그렇다면 이스라엘은 구원에 도달하지 못하고 중도에서 넘어져, 결과적으로(결과의 히나hina) 완전히 고꾸라진 것일까? 바울은 곧바로 이를 부인한다. 이스라엘이 복음을 거부한 것은 구원사적으로 볼 때, 일종의 섭리이다. 그들이 예수 그리스도를 통해 계시된 하나님의 의를 인정하지 않음으로써 구원의 기회가 이방인에게 넘어갔다. 그리고 이방인의 구원은 이스라엘을 시기케 하는 부메랑 효과를 낳는다.[272] "그들이 넘어짐으로"를 직역하면 "범죄함으로"*tō paraptōmati*다. 여기서 '범죄'는 복음을 받아들이지 않은 것, 그 자체를 말한다(10:16).

[12] 이스라엘의 넘어짐(*paraptōma* '범죄') 즉, 이스라엘의 대다수가 믿지 않음으로 인해(7절) 세상이 구원되었다(참고 8:19ff "피조물"). 또한 그들의 실패는(*hēttēma*, 고전 6:7에선 "허물"로 번역 됨) 이방인들이 구원받는 결실을("풍성함") 가져다주었다. 이스라엘의 불신앙이 세상에 큰 유익을 끼쳤던 것이다. 바꿔 말해, 이스라엘이 앞으로 복음을 수용하게 되면 (그들의 충만함, 참고 25절 "이방인의 충만한 수") 세상은 하나님의 큰 은혜를

---

272) Nygren, *Der Römerbrief*, 282f

얼마나 경험하게 될 것인지 상상할 수 없다.

[13-14] 여기서 바울은 편지 수신인의 대부분이 이방인임을 분명히 밝히고 있다. 자신을 이방인의 사도라고 소개한 바울은, 이 직분에 대해 얼마나 자부심을 느끼는지, 그래서 이를 허락한 하나님께 감사하며 그분께 영광을 돌린다고 말한다.

이방인들이 믿게 된 것을 이스라엘이 시기하듯이, 이방인의 사도라는 자신의 직분도 같은 목적을('이스라엘로 하여금 시기케 함') 위해 사용되고 있다고 바울은 밝힌다. 그의 활동을 통하여 많은 이방인들이 주님께 돌아왔다. 이로 말미암아 이스라엘의 시기심을 유발시켜, 몇몇이라도 더 하나님께 돌아오기를 그는 기대하고 있다. "골육"*sarks*은 '혈육', '친척'의 의미를 가진 히브리어 바사르*baśar*의 번역이다. "구원하려 함이라"는 표현은 선교라는 차원에서 이해되어야 한다(참고 고전 9:22). 유대인이 믿게 되는 것, 즉 그들의 '구원'은 죽은 자의 부활처럼 종말에 발생하는 사건이다(15절). 바울의 시야는 전 세계를 향해 있다. 그는 땅 끝까지 복음을 전파하려 했다(15:23f). 종국에는 온 이스라엘이 구원을 받을 것이라 여기면서(26절), 겸손하게 자신은 "그들 중에서 얼마를 구원하려 함이라"고 말한다. 그는 스스로 모든 것을 다 감당할 수 있다는 소영웅주의에 빠지지 않았다. 오랜 기간 동안의 선교 사역을 통해(고후 11:23-28), 인간은 도모하지만, 종국에 이루시는 분은 하나님이라는 사실을 바울은 깊이 깨닫고 있었다.

[15] 12절과 유사한 내용이 나온다(이스라엘의 넘어짐: 세상의 풍성 = 그들의 회복: 말로 다할 수 없는 충만함). 이스라엘이 복음을 거부함으로써, 역설적으로 기회의 공이 이방인을 포함한 세상으로 넘어갔다. 그들은 예수

그리스도를 주님으로 받아들여 사죄와 은총의 현실 가운데 살게 되었다(화목 5:10). 하나님의 입장에서 볼 때, 이스라엘을 버리는 것은 다른 인류와 세상과의 화목을 뜻한다. 그리고 버려진 이스라엘을 다시 세우셔서 받아들이는 것은 마치 죽은 자를 살리시는 부활 사건에 비견될 수 있다. 종말론적인 구속사의 관점에서 바울이 본 인류 역사 마지막은 다음과 같다. 땅 끝까지 복음이 전파되면 하나님께서 완악한 이스라엘의 마음을 부드럽게 만드셔서, 그들로 하여금 주님께 돌아오게 한다. 즉, 이스라엘 때문에 이방이 믿게 되었고, 이스라엘이 믿어야 구원이 완성된다는 점에서 전 역사의 열쇠는 이스라엘이 쥐고 있는 셈이다. 이방인에게 복음을 전함으로써, 이스라엘을 시기케 만들고, 이를 통해 한 사람의 유대인이라도 더 복음을 받아들이게 만드는 노력은 종말을 조금이라도 더 앞당기는 데 기여한다. 바울의 임박한 종말 의식과 복음 증거는 서로 선순환적으로 영향을 끼치고 있다(임박한 종말의식 → 복음증거에 힘씀 → 유대인의 복음 수용 → 종말을 앞당김).

[16] 15절처럼 조건절로 시작하지만, 내용상 새로운 주제가 나온다. 지금까지는 구속사의 관점에서, 이스라엘이 복음을 거부했을 때 이방인들에게 어떤 유익이 있었는지에 대해 다루었다. 이제부터는 구속사에서 이스라엘이 갖고 있는 '우선권'에 대한 것이다. 처음 익은 곡식 가루를(aparchē, 뜻은 '첫 열매', '첫 수확') 빚어 떡을 만들어 여호와께 바치면(거제擧祭) 그 해 모든 떡 반죽이phyrama 거룩해진다(민 15:17-21). 마찬가지로 조상들이 하나님으로부터 선택되었기에(마치 첫 소출한 곡식으로 거제를 드리듯) 그 후손인 이스라엘은 거룩한 존재이다. 하나님에 의해 심겨진 이스라엘이라고 하는 나무의 뿌리가(참고 렘 11:16) 거룩하므로, 그 가지도 거룩하다. 앞에서와 유사하게, '뿌리'는 조상들이고, '가지'

는 후손들이다. 조상들에게 하신 하나님의 약속은 그 후손들에게도 유효하다. 신실하신 하나님은 이 사실을 인정하고 계신다.

[17] '이스라엘의 우선권'에 대한 테마는 17f절과 19-21절 둘로 나뉜다. 먼저, 감람(= 올리브)나무가 소재로 등장한다. 감람나무는 지중해 일대에서 사람들이 가장 보편적으로 재배했던 과실수였고, 나무끼리의 접붙임도 일상적으로 이루어졌다. 이스라엘이라는 참감람나무의 가지 몇몇이("우둔하여 진 자들" 7절) 전지剪枝되었고("꺾이다" *ekseklasthēsan*), 그 자리에 돌감람나무 가지인 이방인들이 대신 이식되어 뿌리로부터 양분을 섭취한다.

[18] 그 상황에서 돌감람나무 가지들은 자랑할 것이 없다(참고 "유대인의 자랑" 2:17). 왜냐하면 이스라엘 일부가 쫓겨나 생긴 빈자리를 이방인이 어부지리 격으로 차지했기 때문이다. 그리고 생명의 원천은 뿌리에(= 이스라엘) 있지, 가지에 있지 않기 때문이다. 뿌리에서 올라오는 양분을 공급받아야 접붙여진 가지는 살 수 있다. 가지는 수혜자이지 수여자가 아니다. 여기서 우리는 바울의 강조하는 바를 간파할 수 있다. 즉, 이방 기독교인들은 구약 전체를 관통하여 면면히 흐르는 유대적인 영적 유산에 힘입어 성장·발전 했다는 점이다(15:27).

[19-21] 이제부터는 다른 논지가 등장한다(참고 17절). 지금까지 '진술'의 형식을 빌려 기술했다면, 여기서는 이방 기독교인의 발언을 직접 인용하고("그러면 네 말이 ... 하리니") 답하는 형식으로(20절) 전개해 나간다. 이방 기독교인의 입을 빌어 기존의 명제를 반복한다(19절) -'구원사에서 이스라엘이 배제된 것은 이방인에게 기회를 주기 위한 것이다'.

이 명제에 대해 동의하면서(20절, "옳도다"), 그 원인이(한쪽은 배제되고, 한쪽은 받아들여진) 무엇인지 설명한다. 관건은 믿음 유무이다(9:30ff). 이스라엘은 믿지 않았기 때문에 제외되었고, 이방인들은 믿었기에 생명의 수액을 공급받게 되었다. 그러므로 이방인들은 우쭐거리는 것이 아니라(12:3; 참고 15:5; 벧전 3:8), 오히려 두려워해야 한다(빌 2:12; 참고 13:3f).

왜냐하면(21절, 불변사 gar) 원가지도 문제가 있으면 하나님께서 가차없이 잘라 버리시는데, 접붙여진 가지는 말할 것도 없기 때문이다. 자신이 서있다고 생각되는 사람들은 항상 넘어질까 조심해야 한다(고전 10:12). 구원의 기준인 믿음을 통해서 볼 때, 과연 우리는 올바르게 사는지, 항상 자신을 돌아보고 점검해야 한다(고후 13:5).

[22] 22-24절은 이 단락의 결론으로 이방 기독교인들에게 주는 경고이다("그러므로 ... 보라").273) 하나님께서는 인자를 베풀기를 원하시는 사람들에게는 인자하심으로(2:4), 심판을 베풀기를 원하는 사람들에게는 준엄하심으로(apotomia, 참고 고후 13:10 apotomōs) 대한다(9:18). 누구를 인자롭게 대할지 또는 준엄하게 대할 지는 그분의 주권적 선택의 영역이다(9:19ff). '넘어진다'는 '섰다'의(20절) 반대말이다. 여기서 넘어지는 자들은 이스라엘이다. 그들은 믿음을 구원의 수단으로 인정하지 않았기 때문에 실족할 수밖에 없었다(9:32). 반면에 이방인들은 믿음으로써 하나님의 인자하심chrēstotēs 안에 머물러 있었기에, '인자'라는 성품을 소유할 수 있었다. '믿음'과 '인자'는 밀접한 관련이 있다. 하나님의 인자하심 안에서 사는 것이 바로 믿음이다. 이방 기독교인들도 하나님의 인자안에 머물러 있지 않고, 인자가 그들의 것이 되지 않는다면, 이스라엘이

---

273) Schlier, HThK VI, 335f

그랬던 것처럼 그들도 구속사에서 제외된다("너도 찍히는 바 되리라").

[23] 하나님은 전지전능하신 분이시다(4:21). 그는 죽은 자를 살리시며, 무에서 유를 창조하시는 분이시다(4:17). 그렇기 때문에 만일 이스라엘이 구원의 관건인 믿음을 갖게 된다면, 그들도 뿌리로부터 올라오는 수액이라는 양분을 공급받을(구속사에 편입) 권리를 갖게 된다("접붙임을 받으리니").

[24] 하나님께서는 이스라엘을 구속사에서 배제시키고, 이방인을 편입시키는 주권적인 자유를 갖고 계시는 분이다. 비록 돌감람나무 가지였지만, 좋은 감람나무에 접붙임을 받은 이방인에게 바울은 다름과 같이 반문한다. 계획이나 예정이 없었음에도 불구하고("본성을 거슬러") 너희들이 구속사에 편입되었다면, 원래부터 구원받기로 약속된 이스라엘은 -만약 그들이 믿음으로 돌아온다면- 더 쉽게 받아들여지지 않겠는가?

c) 약속의 종말적 성취 (11:25-36)

25 형제들아 너희가 스스로 지혜 있다 하면서 이 신비를 너희가 모르기를 내가 원하지 아니하노니 이 신비는 이방인의 충만한 수가 들어오기까지 이스라엘의 더러는 우둔하게 된 것이라 26 그리하여 온 이스라엘이 구원을 받으리라 기록된 바 구원자가 시온에서 오사 야곱에게서 경건하지 않은 것을 돌이키시겠고 27 내가 그들의 죄를 없이 할 때에 그들에게 이루어질 내 언약이 이것이라 함과 같으니라 28 복음으로 하면 그들이 너희로 말미암아 원수 된 자요 택하심으로 하면 조상들로 말미암아 사랑을 입은 자라 29 하나님의 은사와 부르심에는 후회하심이 없느니라 30 너희가 전에는 하

나님께 순종하지 아니하더니 이스라엘이 순종하지 아니함으로 이
제 긍휼을 입었는지라 31 이와 같이 이 사람들이 순종하지 아니하
니 이는 너희에게 베푸시는 긍휼로 이제 그들도 긍휼을 얻게 하려
하심이라 32 하나님이 모든 사람을 순종하지 아니하는 가운데 가
두어 두심은 모든 사람에게 긍휼을 베풀려 하심이로다 33 깊도다
하나님의 지혜와 지식의 풍성함이여, 그의 판단은 헤아리지 못할
것이며 그의 길은 찾지 못할 것이로다 34 누가 주의 마음을 알았느
냐 누가 그의 모사가 되었느냐 35 누가 주께 먼저 드려서 갚으심을
받겠느냐 36 이는 만물이 주에게서 나오고 주로 말미암아 주에게
로 돌아감이라 그에게 영광이 세세에 있을지어다 아멘

[25] 이유를 뜻하는 불변사 가르gar가 문두에 있다는 점에서, 25절
은 앞에서 말한 내용에(24절 '이스라엘이 다시 원래 감람나무에 접붙여진다') 대
한 근거로 볼 수 있다. 하지만 새 단락이 시작될 때 사용되는 표현이
("너희가 모르기를 내가 원하지 아니하노니" 1:13; 고전 10:1 등) 등장하므로, 25
절 이하는 앞의 내용과 독립된 단락이라고 봐야 한다. 이방 기독교인
들을 향해 친근감 있게 "형제들아"라고(이전에 10:1에서 사용) 부르면서,
스스로 지혜 있다 자랑하는 것에 대해 경계하라고 권면한다(참고 12:16,
잠LXX 3:7). 이스라엘이 믿지 않은 덕분에, 이방인들은 복음을 수용할
수 있는 기회를 제공받았다. 하나님의 온 인류를 향하신 사랑이 없었
다면, 이방인들은 구원사에서 제외되었을 것이다. 이방인들은 믿음으
로 구원받았기 때문에(9:30), 그들에게는 유대인들과 달리 내세울 만한
업적이나 실적도 없다.

　'약속의 종말론적 성취'를 다루고 있는 이 단락은 둘로 나뉜다(25-27
절, 28-32절). 앞부분에서(25ff절) 바울은 특별한 신적인 계시로서의 '신
비'mystērion에 대해 운을 뗀다. 유대 묵시문학에 따르면 '신비'는 하나

님에 의해 미리 정해진, 종말의 미래에 관한 비밀을 뜻한다. 하나님께서는 이 '비밀'을 특별히 선택된 자에게 알려 주신다(고전 15:51). 신약시대의 예언자들에게도, 묵시문학적인 선견자들처럼 감추어진 미래의 현실이 계시되었다(16:25; 엡 3:9f; 골 1:26f; 참고 막 4:11).274) 이 '신비'에 따르면 충분한 수의 이방인들이 믿기까지 이스라엘은 복음에 대해 무감각해져 있다(pōrōsis, 참고 7절, 개역개정 "우둔"). 이스라엘의 '굳어짐'은 하나님께서 미리 정하신 뜻으로서, 무반응 기간도 이미 확정되어 있다("이방인의 충만한 수가 들어오기까지", 참고: 종말의 때에 이방인들의 시온 순례: 사 2:2f; 56:7; 60:3; 미 4:2).

[26-27] '비밀'은 계속된다. 앞에서 언급된 순서에 의거해서('이스라엘의 우둔'[9f절] → '많은 이방인들의 복음 수용'[11절] → '이스라엘의 시기'[11절]) 전체 이스라엘이 구원될 것이다(26a절).

이러한 내용은 구약의 예언을 통해서도 확인할 수 있다(26b절). 26-27a절은 사LXX 59:20f의 인용이고, 27b절은 사LXX 27:9에서 왔다. 여기서 '구원자'는 종말의 때에 강림하시는 예수 그리스도를 뜻한다(살전 1:10). 주님은 이방인들에게 하셨듯이 이스라엘에게도, 불경건한 그들을 의롭다하심으로 죄를 용서하시고 파기된 계약을 다시 세우신다(참고 렘 31:33). 구약에(사 59:20) "시온을 위해서"heneken Siōn로 되어 있는 것을 바울은 "시온에서"ek Siōn로 변형하여 인용한다. 여기서 보듯, 바울에게 시온(예루살렘)은 복음의 발상지요(15:19), 예수 그리스도 재림의 장소이다.

[28] 구속사의 관점에서 살펴 본 이방인과 이스라엘의 구원에 대한

---

274) Michel, KEK IV, 354

논의가 이중으로(28f, 30-32절) 등장한다. 먼저(28f절) 이스라엘은 이율배반적인 존재이다. '복음'이라는 기준에서 보면, 그들은 믿는 이방인과 원수 관계이다. 이스라엘은 복음을 믿지 않았을 뿐만 아니라, 이방인들이 믿지 못하도록 훼방하기까지 했다(살전 2:15f). 하지만 선택이라는 관점에 따르면, 이스라엘인들은 조상들로 인해 택함을 받고 은혜와 은총을 입은 자들이다("사랑을 입은 자라").

[29] 이스라엘이 구속사에서 이처럼 역설적인 위치를 점하게 된 이유는(불변사 가르gar, 근거), 그들이 복음을 믿지 않았음에도 불구하고 하나님의 은사와 부르심은 계속 유효하기 때문이다.

[30-31] 여기서 바울은 28절에서 말한 내용을 논리적으로 뒷받침하고 있다(불변사 gar로 시작). '하나님의 긍휼'이라는 관점에서 볼 때, 이방인과 이스라엘은 같다는 것이 이곳의 주된 논지이다. 이방인과 이스라엘은 시차를 달리할 뿐, 각각 순종하지 않았다는 점에서 마찬가지이다. 또한 이방인뿐 아니라 이스라엘도 하나님의 긍휼을 필요로 한다는 점에서, 둘은 같다. 먼저, 이방인이 구속사에서 어떤 위치에 있는지 바울은 진단한다(30절). 복음이 오기 전, 그들은 하나님의 선택에서 제외되어 있었다. 하지만 이스라엘이 믿음을 거부한 덕분에, 이방인들은 하나님의 긍휼을 체험할 기회를 얻었다.

이방인의 이 같은 상황과 비교할 때("이와 같이" 31절), 현재 이스라엘은 어떤가? 그들은 믿지 않고 있다. 그 이유는 하나님을 모르는 이방인들에게 그의 긍휼을 맛보도록 하기 위해서다(참고 30b절). 이스라엘의 불신앙의 결과로 하나님께서는 이방인에게 긍휼을 베푸셨는데, 이 사건은 연쇄반응을 일으켜 종국에 이스라엘도 하나님의 긍휼을 얻을 수

있게 한다. 즉, 이스라엘의 불순종으로 인해, 하나님의 긍휼을 경험할
수 있는 물꼬가 이방인들에게 트였다. 이 긍휼의 물줄기는 결국 이스
라엘에게도 흘러들어갈 것이라고 바울은 보았다.

[32] 앞의 내용을 논리적으로 정당화하는 것이 바로 32절이다(불변
사 가르gar). 여기서 바울은 무시간적인 관점에서 이방인과 이스라엘을
비교한다. 이방인도('복음 이전에'), 이스라엘도('복음 이후에') 모두 불순
종했다. 마치 바로를 강퍅케 하심으로 하나님의 능력을 드러내 보이셨
듯이(9:17f), 양쪽의 불순종은 하나님의 뜻이었다. 이 불순종의 목적은
하나님께서 모두에게 긍휼을 베풀기 위해서였다. 하나님께서는 이방
인들에게(과거 불순종, 현재 순종) 긍휼을 베풀었듯이, 유대인들에게도(과
거 순종, 현재 불순종) 긍휼을 베푸실 것이다.

[33] 구속사적으로 볼 때, 하나님은 자신의 강권적인 역사役事로 이
방인이나(과거) 이스라엘(현재) 모두를 불순종토록 하셨다. 이를 통해
하나님은 모두에게 긍휼을 베푸시려는 목표를 가지고 계셨다. 온 인류
의 죄에도 불구하고, 용서하시고 의롭다하시는 그분의 놀라운 구원의
경륜에 대해 바울은 찬가를 부른다.[275] 찬가의 내용은 세 부분으로 나
눌 수 있다(33, 34f, 36절). "깊도다"는 계시된 비밀에 대한 인간의 반응
이다. 감격과 놀람 가운데 하나님의 크신 경륜을 고백한다. 하나님은
세 가지 차원에서 깊으신 분이다(참고 고전 2:17) -'풍성함', '지혜'[276],
'지식'. 하나님께서는 믿는 이방인뿐 아니라 불신의 이스라엘까지도
종국에 품으시는 분이다. 따라서 구원의 관점에서 볼 때, 그는 '풍성'한

---

275) U. Luz, *Das Geschichtsverständnisdes Paulus*, 26
276) 이 단어(*sophia*)는 로마서에서 이곳에만 나타난다.

분이시다(9:23 "영광의 풍성함"). 약한 것으로 강한 것을 부끄럽게 하시고, 미련한 것으로 지혜 있는 자들을 부끄럽게 하시고, 세상의 지혜를 미련케 하시는 하나님께서는(고전 1:18ff) '지혜'의 측면에서 볼 때도, 깊이가 있으신 분이다. 하나님은 또한 '지식'이란 면에서도 깊이가 있다. 여기서 '지식'은 인간이 하나님으로부터 받은 지식을 뜻하지 않는다(1:19). 그리스도를 영접했을 때 받는 지식도 아니다(갈 4:9). 이 지식은 하나님 자신의 인식으로서, 하나님께서는 그것으로 자기 사람들을 선택한다(8:29; 11:2).

이어서 구약 지혜문학에서 나타나는 주요 모티프 중의 하나인, 인간은 하나님의 의중을 알 수 없다는 사고가 등장한다(욥 28; 잠 30:1-6; 시락서 24:28f; 솔로몬의 지혜서 9:10-18). 하나님은 이스라엘을 포함하여, 모든 사람들을 불순종케 함으로써, 그들에게 긍휼을 베푸시는 분이다(32절). 이러한 하나님의 역발상적인 생각을 인간은 헤아릴 수 없다. 그분께서 만드신 구원의 길을 인간은 찾을 수 없다.

[34-35] 바울은 33f절의 내용을 구약 성경 인용을 통해(34절 -사 40:13/ 35절 -욥 41:3a) 다시 한 번 설명한다. 롬 11:35은 인용 출처인 70인 역(LXX) 욥 41:3a이 아니라, 맛소라 텍스트(MT) 41:3a와 일치한다. MT와 LXX의 하반절이(41:3b) 서로 일치한다는 점에서, 바울의 LXX 인용에 착오가 있었거나, 다른 히브리어 번역본에서 가져왔을 수도 있다.

비록 순서는 바뀌었지만, 34f절의 세 질문은 33a절에 속격으로(원문) 나오는 세 단어와("풍성함"-35절, "지식"-34a절, "지혜"-34b절) 밀접하게 관련되어 있다. 인간은 하나님의 생각을 측량할 수 없다. 그의 뜻을 알지 못한다. 주님의 마음을 아는 사람은 아무도 없다("누가 주의 마음을 알았느냐"). 하나님의 지혜는 종종 의인화되어 사용된다(시락서 1:1-8; 24:1-5; 솔로몬의 지혜서 6:22; 7:15-21, 26-30; 8:4, 9; 9:9-13, 16f). 인간은 하나님의 마음을 알지 못함으로(고전 2:11) 그분께 뭐라고 조언할 수 없다. 하나님 자신의 지혜 외에는 누구도 하나님의 '책사'counselor가 될 수 없다("누가 그의 모사가 되었느냐").

하나님은 받은 것에 대해서만 보답하는 분이 아니다. 하나님께서는 먼저, 아무 조건 없이 사랑과 은혜를 베푸신다. 그 분의 풍성하심은 한이 없다.

[36] 하나님은 '받는 대로 갚으시는'(give & take) 원칙을 가지고 창조세계나 인간사에 관여하시는 분이 아니다. 왜냐하면(이유: "이는" 호티hoti) 하나님께서는 세상을 창조한 분이시고, 모든 것이 그에게서("주") 유래했기 때문이다. 만물은 창조주 하나님을 지향한다. 이 같은 신-중심적인theocentric 정식定式의 내용에 이어, 송영으로 11장을 끝맺는다(36b절). 바울은 환호 속에("그에게 영광이 세세에 있을지어다") 하나님의 영광을 기리고 있다. 구속의 역사는 하나님 영광이 실현되고 완성되는 것을 목표로 진행된다(참고 9:23; 빌 2:11). 따라서 영광이 영원무궁토록 차고 넘치기를 바라는 기도는 어쩌면 당연한 것이라고 할 수 있다. "아멘"은 하나님께 대해 기쁨과 신뢰에서 나오는 고백이다. 상반절의 "주에게서"(전치사 ek), "주로 말미암아"(dia), "주에게로"(eis)는 고전 8:6에도 나오는 표현들이다. 33ff절을 참고할 때 "만물"에 인간이 포함된다. "만물"은 중성 복수라는 점에서, 전체 피조세계를 지칭 한다. 인간을 포함한 모든 피조물은(8:19, 22) 하나님으로부터 유래되었고, 그를 통해 삶과 존재의 의미를 확보하게 되며, 궁극에는 그 분께로 다시 수렴한다. "그에게 영광이 세세에 있을지어다 아멘"은 로마서 맨 마지막에 다시 나타난다(16:27).

V. 삶 가운데 구현되는 하나님의 의 (12:1-15:13)

1. 헌신과 사랑 (12:1-21)

믿음으로 의롭게 된 신앙인은 죄와 죽음의 지배에서 해방되었다. 그리스도로 말미암아, 죄의 몸이 죽었다. 따라서 더 이상 죄에 종노릇하지 않고, 하나님을 위해 오직 그분만을 섬기는 삶을 살아야 한다. 우리는 의의 종이다. 의에 대해 순종함으로써 성화의 길, 영생이라는 종착지를 향해 가야한다. 다시는 죄의 노예가 되어서는 안 된다. 육신이 아니라 영을 따라야 한다. 이상이 신앙인에 대한 바울의 존재 규정이다. 하나님의 자녀라면 누구나 여기에 부합되는 삶을 살아야 한다. 이 같은 삶의 모습에 대한 강조는 자연스럽게 '윤리' 문제와 연결된다.

12장부터 로마 교인들을 향한 바울의 윤리적인 권면이 본격적으로 시작된다. 1f절은 12-15장 전체의 표제어에 해당되는 부분으로, 여기서 바울은 두 가지를 주문하고 있다. 하나는 하나님께서 기뻐하시는 대로 살라는 것이고, 다른 하나는 세상과 '비동시적'으로 살면서(참고 키에르케고르) 하나님의 뜻이 무엇인지 깨달으라는 것이다. 바울의 윤리적인 충고는 6장 이하에서 설명한 내용을(새로운 피조물로 변화된 기독교인들이 해야 할 도리), 교회 공동체와 관련해서 풀어 쓴 것이라 할 수 있다.

a) 헌신 (12:1-2)

1 그러므로 형제들아 내가 하나님의 모든 자비하심으로 너희를 권하노니 너희 몸을 하나님이 기뻐하시는 거룩한 산 제물로 드리라 이는 너희가 드릴 영적 예배니라 2 너희는 이 세대를 본받지 말고

오직 마음을 새롭게 함으로 변화를 받아 하나님의 선하시고 기뻐
하시고 온전하신 뜻이 무엇인지 분별하도록 하라

[1] "형제들아 너희를 권하노니"로(살전 4:1; 고후 10:1) 권면을 시작한
다. 권면은 인간 바울의 권위나 영향력에서 나온 것이 아니라 그리스
도 안에서 죄인들에게 베풀어주신 하나님의 긍휼하심에 근거한다
(11:30-32). 이 '긍휼하심'이 1절에서는 '자비하심'로 표현되어 있다.277)
교인들은 자신들의 몸을 산 제사로 "드려야" 한다. '드리다'는 6:13에
서와 마찬가지로, 세례 받은 신자가 그리스도와 운명을 같이 함으로써
자신의 몸을 의의 종으로 바치듯이 주님께 내 놓는 것을 뜻한다. 예수
그리스도께서 인류의 죄를 위하여 자신을 "단번에"(6:10) 희생 제물로
드렸다. 이제, 예수를 주님으로 고백하는 자들에게 더 이상 구약적인
의미의 제사는 필요 없게 되었다. 하지만 바울은 상징적으로 구약의
제사 용어를("제물" thusia) 계속 사용한다.278) 우리는 하나님이 기뻐 받
으시는 제물이 되어야 한다. 이를 위해서는 흠이 없어야 한다("거룩한").
신약 시대의 사람들에게 구약의 희생 제물은 더 이상 필요치 않다. 이
제는 죽은 짐승의 살코기와 피가 아니라, 살아있는 우리 자신을 드려
야 한다("산 제물"). 바울은 이렇게 드리는 제사를 "영적인 예배"라고 설
명한다. "영적"logikos이란 스토아 철학이나 그리스의 철학적 신비주의
에서 잘못된 우상 숭배를 비판할 때 사용되는 단어였다.279) 세네카는
"제사나 많은 피를 흘리는 것으로 신을 숭배하는 것이 아니라, 참된 이

---

277) 자비oiktirmos라는 단어는 로마서에서 이곳이 유일하다(그 외, 고후 1:3;
빌 2:1; 골 3:12; 히 10:28).

278) 참고 본인의 졸저, Vorstellung, 26f

279) G. Kittel, Art. logikos, ThWNT IV, 145,29f

성과 도덕적인 선함, 진실된 뜻으로 한다"고 말한 바 있다(Frag. 123). 스토아 철학에 따르면, 신이 기뻐 받으시는 것은 세상의 기초이자 더 나아가 신 자체인 로고스에 의해 중재되는 이성적인, 영적인 제사이 다. '영적인 예배를 드려야 한다'는 바울의 권면에서 우리는 구약의 제 사법에 대한 그의 비판적인 태도를 엿볼 수 있다. 하지만 바울이 제사 용어를 계속 쓰고 있다는 점에서 우리는, 그가 제사 자체가 아니라, 구 약의 예언자들이 그랬던 것처럼 윤리적인 차원의 성찰 없이 맹목적으 로 제사행위에 몰두하는 이스라엘을 비판하고 있음을 알 수 있다.

바울은 기본적으로 인간을 제사 드리는 존재로 본다(1:21, 25; 12:1). 제사의 목적이 '제의적인 의식에 참여한 자들로 하여금 하나님을 만 날 수 있게 하는 것'이라고 볼 때,280) 이 목적은 어린 양 예수의 희생으 로(고전 5:7b) 이미 이루어졌다. 바울은 로마 교인들에게 이 같은 예수 그리스도의 은혜의 행위에 상응하는 삶을 영위하라고 권면한다("하나 님이 기뻐하시는 거룩한 산 제물"). 바울은 제사의 개념을 새롭게 해석한다. 하나님 관심의 대상은, 흠 없는 살코기가 아니라 현재 살고 있는 신앙 인 그 자체이다. 그들은 하나님께서 기뻐 받으시는 거룩한 존재가 되 어야 한다. 이로써 자연히 신자들의 몸가짐이(윤리) 관심의 초점으로 부각된다.

[2] 앞 절에서 권면한 내용을 두 개의 명령법 동사를 가지고("본받지 말고", "변화를 받아") 바울은 다시 부연 설명을 한다. '새로운 피조물'인 신자들은, 현 시대가 아닌 장차 올 시대를 바라보고 사는 존재들이다 (참고 고후 4:18). 따라서 현재 보이는 이 시대를 궁극적인 것으로 여겨서

---

280) H. Gese, Sühne, 99

도, 잠깐 스쳐지나가는 현상적인 것들에 마음을 빼앗겨서도 안 된다. 구원의 현실을(6:3-14) 인식하고 분별할 수 있는 주체는 마음*nous*이다. 세례를 통해 그리스도와 한 몸이 되고 그리스도가 나를 지배할 때(갈 2:20), 마음이 새롭게 된다. 더 이상 과거의 '나'가 아닌 전적으로 새로운 존재가 된다(고후 5:17). 바울에 따르면, 새로운 '나'가 되기 위한 목적은 하나님의 뜻이 무엇인지 구별하고 판단하는데 있다(참고 살전 5:21). 그의 선하신 뜻, 기뻐 받으시는 뜻 그리고 온전한 뜻이 무엇인지 분별해야 한다. '선'은 기독교인이 추구해야 할 첫 번째 가치이며(12:3; 갈 6:10; 살전 5:15), 사랑의 행위와도 연관이 깊다(9절).

b) 공동체와 섬김 (12:3-8)

3 내게 주신 은혜로 말미암아 너희 각 사람에게 말하노니 마땅히 생각할 그 이상의 생각을 품지 말고 오직 하나님께서 각 사람에게 나누어 주신 믿음의 분량대로 지혜롭게 생각하라 4 우리가 한 몸에 많은 지체를 가졌으나 모든 지체가 같은 기능을 가진 것이 아니니 5 이와 같이 우리 많은 사람이 그리스도 안에서 한 몸이 되어 서로 지체가 되었느니라 6 우리에게 주신 은혜대로 받은 은사가 각각 다르니 혹 예언이면 믿음의 분수대로, 7 혹 섬기는 일이면 섬기는 일로, 혹 가르치는 자면 가르치는 일로, 8 혹 위로하는 자면 위로하는 일로, 구제하는 자는 성실함으로, 다스리는 자는 부지런함으로, 긍휼을 베푸는 자는 즐거움으로 할 것이니라

[3] 주제 강연에 해당하는 1f절에 이어 3절부터는 구체적인 권고가 나온다. 테마는 '다양한 은사를 가진 구성원들이 공동체 내에서 어떻게 행동해야 할 것인가'이다. 우선 3절에서 바울은 이와 관련한 일반적인 원칙을 언급하고 있다.

"말하노니"에는 사도적인 권위로(고전 7:8, 10; 갈 1:9; 5:2; 참고 2:22) 권면한다는 어감이 담겨져 있다. 그 권위는 바울이 이방인의 사도로 부름을 받았을 때 주어지는(1:5) 은혜에, 즉 자신이 사도임을 인식했을 때 이를 확증해 주는(15:15f) 은혜에 힘입고 있다. 권고하는 대상은 로마 교인 전체이다. 헬라시대의 일반 윤리 가운데, 적정선을 지키고*mesotēs* 자신을 과도하게 평가하지 않아야 바르게 사는 것이라는 사고가 있다. 본문 중 '지혜롭게 생각하다'는*sōphronein* 중용의 길을 찾고 이를 유지하는 데 필요한 가장 중요한 덕이다. 유대교에도 이러한 사고가 존재했다(솔로몬의 지혜서 9:11; 막하비4서 2: 16, 18; 3:17).[281] 바울은 자만에 빠지지 말고, 분수에 맞게 행동하라고("마땅히 생각할 그 이상의 생각을 품지 말고") 권면한다. 이것이 지혜로운 것인데, 이를 위해서는 받은 "믿음의 분량대로" 사는 것이 중요하다. "분량"이란 표현은 은혜로 받은 은사의 종류가 다양하며, 양적·질적으로 서로 차이가 있음을 암시한다(고후 10:13).[282] '나누어준 분량대로'는 따라서 자신을 돌이켜 보고, 절제하여 도를 넘지 않게 행동하라는 뜻이 담겨져 있다. '믿음'은 일종의 하나님을 신뢰하는 태도이다. 어떤 사람에게는 믿음이 부족할 수도 있다(살전 3:10; 마 6:30 "믿음이 작은 자들" ↔ 마 8:10 "이만한 믿음을 보지 못하였노라"). 믿음은 또한 자란다(고후 10:15). 공동체 내에는 믿음이 약한 자와 강한 자가 공존한다(롬 14:1ff). "믿음의 분량대로"는 따라서 각각 신자들이 하나님을 신뢰하는 정도에 따라 은사를 선물로 받았는데, 그 은사의 분량에 합당하게 지혜롭게 처신하라는 의미이다(참고 6절 "믿음의 분수대로"; 엡 4:7 "우리 각 사람에게 그리스도의 선물의 분량대로 은혜를 주셨나니").

281) U. Luck, Art. *sōphrōn* etc., *ThWNT VII*, 1097f.
282) K. Diessner, Art. *metron* etc., *ThWNT IV*, 637.

[4-5] 앞에서 언급한 내용을 -'다양한 은사를 가진 자들이 공동체 내에서 어떻게 행동해야 하는가'- 몸과 지체라는 비유를 가지고 설명한다. '몸은 하나이지만 지체는 많다'는 사고는 바울뿐 아니라(고전 12:12ff) 메네니우스 아그립파의 우화에서도 발견된다.283) '몸'은 여기서 통일성을 담보해 주며("한 몸"), '지체'는 다양성과("많은") 상이성을("같은 기능을 가진 것이 아니니") 뜻한다. 몸과 지체라는 비유를 통해 통일성과 다양성이 동시에 확보된다.

서로 다른 기능을 감당하는 지체는 그리스도 안에서*en Christō* 하나가("한 몸") 된다. 여기서 엔 크리스토는 공간적인 개념으로 사용되고 있다.284) 다양한 지체들을 하나로 묶어주는 유기체로서의 교회 공동체는 예수 그리스도의 구속사적인 사역에 의해 조성된 거룩한 영역에("그리스도 안에서") 기반을 두고 있다(갈 3:28). 4f절의 강조점은 '많은 지체'에 있다. 우리는 비록 한 몸에서 유래되긴 했지만, 각각 서로 다른 지체로서 상이한 기능을 담당한다(4절). 이처럼("이와 같이") 그리스도에 의해 하나가 되지만, 우리는 기본적으로 다양하고 서로 상이한 지체들이다.

[6-8] 지체들의 다양성에 대한 강조는(4f절) 새로운 절에서 각각의 은사들에 대한 구체적인 열거로 이어진다. 다양한 은사의285) 예를 들면서, 그것을 어떤 자세로 활용할 지에 대해 설명한다(6-8절). 7절과("섬기는 일이면 섬기는 일로, 혹 가르치는 자면 가르치는 일로") 그리고 8a절에는("위로하는 자면 위로하는 일로") 은사와 그 섬김의 방법이 동의同意 반복적으

---

283) W. Nestle, *Die Fabel des Menenius Agrippa*, 350-360
284) 6:11; 8:1; 참고 6:3
285) 은사에 대해선 1:10f 주석 참고.

로 나열되고 있다. 그리스도인이 될 때 신자들은 은혜를 받는다(3:24). 이 은혜는 또한 각 사람에게 특정 은사가 주어지도록 매개 역할을 한다. 은혜대로 은사를 받았다는 점에서 은사 간의 우열은 존재하지 않는다(↔ 고전 12:28ff).

여러 지체가 있듯이, 하나님께서 주신 은사도 다양하다. '예언', '섬김', '가르침', '위로', '구제', '다스림', '긍휼을 베풂'. 여기에 거론된 은사는 황홀경 속에서 이루어지는 행위들과 거리가 멀다(참고 고전 12:8-11). 먼저 '예언'이 언급된다. 예언은 영적인 감동으로 행해지는 일종의 설교이다. 예언은, 계시를 통해 미래의 혹은 베일에 쌓여있는 일을 간파하고 이를 교인들에게 알림으로써, 공동체를 지도하는 역할을 감당한다. 예언의 기능은 덕을 세우며, 권면하며 위로하는 데에 있다(고전 14:3). 예언은 무엇보다도 교회의 덕을 세운다(고전 14:4). 초대교회에는 예언을 담당하는 직임이 따로 있었다(고전 12:28). "믿음의 분수대로" 예언을 하라고 바울은 주문한다. "믿음의 분수대로"*kata tēn analogian tēs pisteōs* 3절의 "믿음의 분량대로"와 같은 의미이다. 예수 그리스도를 주님으로 고백하는 믿음은, 예언을 할 때 다림줄 역할을 하는 규범으로 기능한다. '섬김'은*diakonia* 사도로서의 봉사라고 볼 수 있다(11:13; 15:31). 예루살렘 교회를 위한 모금을 지칭할 때도 이 단어가 사용된다(15:31; 고후 8:4 등). 하지만 일반적으로 '섬김'은 교회 내에서 봉사하는 직분과 관련된 단어이다("집사" *diakonos*[영어 deacon] 16:1; 고전 12:1; 빌 1:1; 참고 행 6:1ff).

'예언'과 '섬김'에 이어서, 분사로 시작되는 직분 또는 은사의 종류들이 언급된다. 먼저는 '가르치는 자'와 '위로하는 자'이다. '가르치는 일'은 교회가 감당해야 할 사역 중의 하나로 일찍부터 인식되어 왔다(고전 12:28f; 14:6, 26). 이 역할은 아마도 회당의 서기관에 상응하는 것이라 생각된다(참고 롬 2:20). '위로'는(*paraklēsis* -권고. 권면이 더 정확한 뜻) 의미상, 살전 5:12의 '권함'*nouthetēsis*과 같은 뜻이다. 여기서 '위로'(권면)는 복음에 순종하며 살도록 교인들을 지도하고 돕는 사역을 말한다. 살전 5:12에 근거하여, '위로'(권면)는 다스리는 자에*proistamenoi* 의해서 수행되는 기능이라고 주장하는 학자도 있지만[286] 불분명하다. 고전 14:3에 따르면, '위로'는 예언자가 수행하는 기능 중의 하나이기도 했다. 더 나아가, 가르침도 예언자의 일 중 하나라고 볼 수도 있다(고전 14:31). 한편, 엡 4:11에서는 '가르치는 자'*didaskaloi*와 '목사'*poimenes*가 한 관사冠詞 아래에 함께 언급되고 있다. 이에 따르면 가르치는 일은 교역자가 담당해야 했던 직무라고 볼 수도 있다. 딤전 5:17에서도 말씀 전하고 가르치는 것을 동일한 교역자가 하고 있다. 이런 점에서, '가르침'과 '위로'는 확립된 직분이라기보다는 은사자들이 감당하고 있는 사역의 기능을 제시한 것이라고도 볼 수 있다.

　마지막으로 세 가지 은사를 열거한다. '구제', '다스림', '긍휼 베풂'. '구제'는 개인적으로 돕거나 교회 공동체 차원에서 가난한 자를 지원하는 일을 뜻한다. 남을 도울 때는 사심이 없어야 한다. 자기 희생과 헌신이 필요하다("성실함으로", 고후 8:2; 9:13). '다스리는 자'*ho proistamenos*는 교회 공동체나 가정 교회의 지도자일 가능성이 있다(살전 5:12; 딤전 5:17). 한편 후원자patron를 염두에 둔 단어라고도 할 수 있다. 후원자는 공동체 내의 가난한 자들을 배려하고 돌보는 역할을 감당했다. 뵈뵈는 여러 사람들과 특히 바울을 위해 이 역할*prostatis*을 맡은 적이 있다(16:2). '구제'와 '긍휼'과 함께 '다스림'이 거론된다는 점에서, '다스림'에 자혜慈惠적인 성격이 내포되어 있다고 보는 것이 좋겠다. 후원할 때 필

---

286) Michell, KEK IV, 378

요한 것은 부지런함이다("다스리는 자는 부지런함으로"). 끝으로 '긍휼을
베푸는 자'란 *ho eleōn* 자선하는 자란 뜻이다(*poiein eleēmosynē* 마 6:3). 병
자를 돌보거나 죽은 자를 장사지내 주는 일 등이 여기에 속한다. '기쁨
으로*hilarotēs* 긍휼을 베풀라'는 내용은(참고 고후 9:7) 이스라엘의 지혜문
학에서 종종 접할 수 있다(잠LXX 22:8a; 참고 고후 9:7; 시락서 35:9(11); 필로
Spec. IV,74).

c) 사랑의 교제와 승리의 생활 (12:9-21)

9 사랑에는 거짓이 없나니 악을 미워하고 선에 속하라 10 형제를
사랑하며 서로 우애하고 존경하기를 서로 먼저 하며 11 부지런하
여 게으르지 말고 열심을 품고 주를 섬기라 12 소망 중에 즐거워하
며 환난 중에 참으며 기도에 항상 힘쓰며 13 성도들의 쓸 것을 공
급하며 손 대접하기를 힘쓰라 14 너희를 박해하는 자를 축복하라
축복하고 저주하지 말라 15 즐거워하는 자들과 함께 즐거워하고
우는 자들과 함께 울라 16 서로 마음을 같이하며 높은 데 마음을
두지 말고 도리어 낮은 데 처하며 스스로 지혜 있는 체 하지 말라
17 아무에게도 악을 악으로 갚지 말고 모든 사람 앞에서 선한 일을
도모하라 18 할 수 있거든 너희로서는 모든 사람과 더불어 화목하
라 19 내 사랑하는 자들아 너희가 친히 원수를 갚지 말고 하나님의
진노하심에 맡기라 기록되었으되 원수 갚는 것이 내게 있으니 내
가 갚으리라고 주께서 말씀하시니라 12:20 네 원수가 주리거든 먹
이고 목마르거든 마시게 하라 그리함으로 네가 숯불을 그 머리에
쌓아 놓으리라 21 악에게 지지 말고 선으로 악을 이기라

각각의 은사와 관련하여 구체적으로 어떤 섬김의 삶을 살아야 하나
님께서 기뻐하시는지에 대해 설명한 후, 바울은 화제를 돌려 일반적인

권면의 말씀을 전한다. 단문으로 연결된287) 내용들을 연쇄적으로 배열함으로써 독자들로 하여금 간결함과 속도감을 느끼게 한다. 내용에 따라 분류하면, 9-13절은 공동체 내에서의 생활 태도를, 14ff절은 외부와 관련된 문제를(15-16절 제외) 다룬다.288)

[9] 공동체 안팎에서 교인들이 생활할 때, 가장 중요한 것은 '사랑'이다. 은사들 가운데서도(고전 12:31; 고전 13:13) 으뜸은 '사랑'이다. 사랑은 하나님으로부터 온 것이고 성령의 선물로 주어진 것이기에(15:30) 거짓이 없다(고후 6:6; 벧전 1:22). 여기에는, 하나님께서 원하시는 뜻으로서의(율법의 완성 = 사랑, 13:10) 사랑을 추구하는 것이 아니라, 사랑을 내세워 자기 의를 정당화하고 영적인 우월감을 과시하려는, 그래서 결과적으로 사랑을 회화(戲畵)하고 구경거리로 만들려는("거짓" anypokritos) 경향이나 위험에 대한 경고가 내재되어 있다. 2절에서 말한 "하나님의 뜻"이란 다름 아닌 선을 추구하는 것이다. 윤리적인 행동 지침의 기본이라고 할 수 있는 명제, '악이 아니라 선을'은 "(악을) 미워하고"289) "(선에) 속하라"는 강한 뜻의 동사를 통해 표현되고 있다. 거짓이 없는 사랑은 선과 악을 분변하고 판단할 수 있는 기준 역할을 한다.

[10] 하나님의 뜻으로서(2절) 선을 행하는 것이 무엇인지, 사랑한다는 것이 무엇인지, 바울은 10절 이하에서 구체적으로 설명한다. 사랑과 관련하여 공동체 내에서 관심을 가져야 하는 것은 '형제 사랑'philadelphia

---

287) 9-13절까지는 동사가 없다
288) Wilckens, EKK VI/3, 18은 이 부분이(9-21절) 초대교회의 교리문답에 나오는 권면에 기초하고 있다고 본다.
289) apostygein 신약에서는 유일하게 이곳에 나온다.

이다(살전 4:9; 벧전 1:22). 주님 되신 그리스도께서 대속적인 죽음으로 나뿐만 아니라, 형제·자매를 위해서도 십자가에 달려 돌아가셨다. 내가 귀하듯이, 형제·자매 또한 귀한 존재이다. 따라서 신자들은 형제·자매를 사랑해야할 의무가 있다(14:3, 10, 15). "우애하고"*philostorgoi*는 신약에서 이곳에서만 나온다. 가족들 간에 서로 아껴주고 보살펴주는 진심어린 마음 씀씀이를 뜻한다. 사도는 또한 존경하는 마음으로 서로서로를 자신보다 낮게 여기라고(*proēgeomai*, 참고 빌 2:3) 권면한다.

[11] "부지런함"은 8절에 이미 사용된 단어로서, 11b절 "열심을 품고"*tō pneumati zeontes*와 연결된다. '부지런함'은 그리스도인들의 공동생활에서, 누구에게나 필요한 덕목이다. 게을러서는 안 된다. 즉, 성령의 강한 능력에 사로잡혀 살아야 한다(*tō pneumati zeontes*, 직역 "성령으로 불붙어"). 이 표현은 행 18:25에서 성령의 능력이 충만한 아볼로를 묘사할 때도 사용되고 있다. 성령으로 뜨거워진 마음으로 주님을 섬길 것을 바울은 요구한다(6:17f; 7:6, 25).[290]

[12] '소망'은 로마서가 특히 강조하는 개념 중의 하나이다. 예수 그리스도로 말미암아 하나님과 화해한 기독교인들은 은혜의 현실 안에서 살고 있으며, 장차 나타날 영광에 대한 소망을 품고 살아간다(5:2). 아직 실현되지 않은 것을 바라는 이 '소망'이야 말로 구원의 근거가 된다(8:24). 그러므로 소망 가운데 즐거워해야 한다.

---

290) D*·c F G 등은 *tō kyriō douleuontes*(τῷ κυρίῳ δουλεύοντες)를 *tō kairō douleuontes*(τῷ καιρῷ δουλεύοντες)로 읽고 있다. 종말론적인 때와 관련된 구절들을(13:11; 고전 7:29ff; 골 4:5; 엡 5:16) 참고할 때, "시간에 봉사하라"는 표현은 어불성설이다.

우리가 지향하는 바는 궁극적인 구원이다. 우리의 시선과 마음은 온통 여기에 쏠려있고, 사로잡혀 있다. 그러나 우리가 발 딛고 있는 현실은 녹록치 않다. 어둠으로 가득 찬 세상이 빛의 자녀들을 환영할 리 없다. 신자들은 세상에서 고난과 곤궁에 처하게 된다. 그 가운데서 인내하며 견뎌야 한다(참고 5:3f). 환난은 우리를 단련시킨다. 우리가 연단받는 가운데 구원의 근거인 소망은 점점 구체화되고 현실로 이루어진다. 소망은 결코 우리를 실망시키지 않는다(5:5). 따라서 환난을 당하더라도 인내로 소망을 바라며 기다려야 한다(참고 8:25). 우리에게 또한 필요한 것은 쉼 없는 기도이다. 기도 가운데 성령을 통해, 환난으로 정의되는 '현실'과 구원이 실현될 '미래' 사이의 넘지 못할 간격이 메워지고 극복된다(8:26f). 기도하는 주체는 우리가 아니라 성령이시다. 그러므로 우리에게 필요한 것은 단지 기도의 능력에 대한 믿음이다. 로마교회에 "기도에 항상 힘쓰며"라고 권면한 바울 자신도 쉼 없이(살전 5:17; 엡 6:18; 골 4:2) 교인들을 위해 기도했다(1:9f).

[13] 끝으로 바울은 어려움에 처한 교인들과 여행하는 신앙인들을 위해 교회가 관심을 갖고 무엇인가를 도와주라고 권면한다. '쓸 것'이란 필요한 것을 뜻한다(행 2:45; 행 20:34; 빌 2:25; 빌 4:16). 타지에서 온 사람들에게 먹을 것과 잠자리를 제공하는 것도 초대교회가 했던 자혜慈惠 행위 중의 하나이다. 이 섬김의 활동은 13a절 "성도들의 쓸 것을 공급하며"와, '손 대접 하는 것'은 *philoksenia* 형제 사랑과(히 13:1f) 각각 밀접한 관련이 있다. 기독교인들은 나그네를 융숭히 대접함으로써 서로 간에 믿음의 한 식구임을 나타내 보였다(참고 16:23).

[14] 14절에서는 분사가 아니라 명령법 동사가 나온다. 13절까지에

서 공동체 내부와 관련한 권면이었다면, 14절부터는 외부와 관련된 것이다. 각각 "축복하라"로 시작되는 14절 상반절과 하반절의 내용은 17-21절에서 계속 다루어진다. 초기 기독교 시대에, 교인들은 박해의 위험에 노출되어 있었다(유대인이 바울을 15:31; 고후 11:26, 이방인이 바울을 고후 11:26, 동족이 데살로니가인을 살전 2:14, 믿기 전의 바울이 교회를 갈 1:13, 유대인이 교회를 살전 2:14). 9절에서 언급된 사랑은 공동체의 울타리를 넘어 외부의 적들에게까지 확대 적용된다. 박해하는 자를 축복하라는 권고는(참고 고전 4:12f) 예수님의 말씀을 생각나게 한다(눅 6:28; 마 5:44; 참고 디다케 1:3). '눈에는 눈', '이에는 이'라는 함무라비 법전의 원리대로 살아갈 때, 이 땅엔 폭력이 계속될 수밖에 없다. 보복과 응징도 일종의 폭력이며, 당한 쪽에서는 다시 복수의 날을 세우려 하기 때문이다. 박해자, 저주하는 자를 축복하라는 바울의 권고는 동태 복수법을(同態復讐法, lex talionis, 탈리온 법) 배제하고 폭력의 악순환의 고리를 끊으려는 예수님의 정신과 맞닿아 있다. 13절 마지막에 사용한 단어 "힘쓰다"*diōkontes*가 14절 앞부분에서("박해하는 자" *tous diōkontas*) 다시 등장함으로써 두 절의 연결 고리 역할을 한다.

[15-16] 15절에서는 부정사不定詞가, 16절에서는 분사가 동사 역할을 수행한다.[291] 이 두절에서 다시 바울은 공동체 내부에서(9-13절) 통용되어야 할 윤리적인 지침을 다룬다. 명령법적인 부정사를(예 -빌 3:16) 사용하여, 바울은 다음과 같이 말한다. '사랑의(9f절) 구체적인 발현은 주위 사람들과 동고동락하는 것으로 나타난다'(시락서 7:34; 참고 고전 12:26). 초기 기독교가 가난한 자(마 5:3 par.), 사회적인 약자, 곤궁 가운데 처해 있는 자를 향하여 보인 관심과 배려는 특별했다(마 25:31ff). 신앙인

291) 19a절까지 분사가 등장한다.

으로 살아갈 때, 심지어 믿지 않는 자의 입장까지 고려하며 세심하게
행동하라고 바울은 권면한다(고전 10:27). 역지사지易地思之의 마음, 공
감, 소통을 강조하는 이러한 태도는, 헬라인들이 아타락시아(*ataraksia*
냉담, 초연)를 본받아야 할 덕목 중의 하나로 설정하고 강조한 데 비해
큰 차이가 있다.

16절의 세 부분은 동사 프로네인(*phronein* 생각하다, 배려하다, 여기다, 참
고 3절)을 통해 서로 연결되어 있다. '같은 마음을 품으라'는 권면은 바
울이 종종 언급하는 내용이다(15:5; 고후 13:11; 빌 2:2; 4:2). "높은 데 마음
을 두지 말고"(11:20) 겸손하라는 충고는 3절의 내용을 좀 더 자세히 풀
어 쓴 것이다. 하나님과 동등한 그리스도께서도 자신을 낮추고 죽기까
지 복종하셨다(빌 2:5ff). 믿음의 사람들도 겸손해야 한다(빌 2:3). 지혜의
원천은 하나님께 있다. 하나님의 지혜는 세상의 그것과 다르며(11:33;
고전 1:21), 심지어 세상의 지혜를 어리석게 만드신다(고전 1:19f). 지혜
있다고 생각하는 자들은 하나님의 관점에서 볼 때, 오히려 참된 지혜
를 소유한 자들이 아니다(고전 3:19). 지혜를 자랑하는 자는 지혜로운 자
가 아니다("스스로 지혜 있는 체 하지 말라"). 우리는 세상의 관점에서 볼 때,
미련한 자가 되어야 한다(고전 3:18). "스스로 지혜 있는 체 하지 말라"는
잠언 3:7의 인용이다.

[17-18] 17절 이하는292) 14절의 내용과 연결되어 있다. 적대감을
가지고 있는(14절) 외부 사람들에 대해 조심스럽게 처신 하라는 충고를
준다. 이런 행동지침은, 사회 전체가 믿는 자들에 대해 질서를 위협하
는 이질적인 집단으로 여기며 의심의 눈길을 노골적으로 보내고 있을

---

292) 17f절, 19f절 그리고 21절은 모두 부정사(*mēdeni, mē*)로 시작한다.

때, 그래서 박해의 징후가 엿보이는 시점에서 신자들이 어떻게 처신할
지에 대해 설명하는 베드로전서의 상황과293) 유사하다(벧전 2:12, 19, 21;
3:13ff, 17). 원수 사랑이라는 그리스도 정신에 근거하여(마 5:38f, 43ff; 눅
6:27, 35) 악을 악으로 갚지 말고, 선을 행하라고 권면한다(살전 5:15; 벧전
3:9). 17b절("모든 사람 앞에서 ...")은 잠언 3:4의 인용으로써, 고후 8:21에
서도 문자적으로 거의 일치한 형태로 등장한다. "선한 일을 도모하라"
는 무슨 일에서나 어떻게 하면 모든 사람에게 선이 될 수 있는지 항상
생각하고 그 방도를 찾으라는 권면이다.

18절에서도 17b절과 마찬가지로 "모든 사람"이라는 표현이 나온
다. 모든 사람과의 관계에서 매사에 선을 이루려고 노력한다는 것은
곧, 화해와 평화를 추구하는 삶을 산다는 뜻이다. "할 수 있거든 모든
사람과 화목하라"는(18절)은 따라서 17b절의 내용과 긴밀히 연결되어
있다고 볼 수 있다. "화목하라"*eirēneuō*는 예수께서 말씀하신 요청이다
(마 5:9; 참고 막 9:50c). 바울도 이를 여러 번 언급한다(살전 5:13; 고후 13:11;
참고 히 12:14). 이 권면은 믿지 않는 외부의 사람들과 어떻게 관계를 맺
고 살아야 할지에 대해 로마 교인들에 주는 지침이라고 할 수 있다. 고
후 13:11 그리고 살전 5:13에는 각각 "마음을 같이 하여", "너희끼리"
라는 수식어가 붙는 데 비해, 여기서는 '가능하면'("할 수 있거든"), '너희
에게 달려 있는 한'("너희로서는") 이라는 이중의 전제가 제시된다. 믿지
않는 외부인과 평화롭게 지내는 문제는 신자들의 노력만으로는 한계
가 있음을 인정하는 것이다. 공동체 내에서는 무조건 서로 사랑해야
하지만, 외부 이웃과의 관계에서는 상황과 조건이 허락하는 한에서 평
화를 추구하라고 권면하고 있다(14:19는 공동체 내부에 주는 권면). 바울은

293) 물론 벧전의 상황이 더 악화되어 있다.

자신이 세운 원칙을 고수하고 이를 남에게 강요하는 교조주의자가 아니다. 신자들이 처한 현실을 깊이 고려하는 그의 세심함이 이 구절에서 엿보인다.

[19-20] 부정否定으로 새로운 소 단락이 시작된다. 요지는 복수를 하나님께 맡기라는 것이다. 이 권고는 구약 인용문에(19b절-신 32:35, 20절-잠 25:21f) 의해 논리적인 정당성과 설득력을 확보한다.

　"사랑하는 자들아"라는 친밀한 호칭으로 말을 건 다음(이 표현을 써서 로마 교인을 부른 예는 여기가 유일, 참고 11:28), 직접 원수를 갚지 말라고 요청한다(참고 히 10:30). 이 사고는 예수 전승에까지 소급될 수 있다(눅 6:35). 더 올라가면 구약과 유대교에 뿌리를 두고 있다(잠 20:22; 시락서 28:1; 요셉과 아세넷 29:3). 여호와 하나님은 이스라엘과 언약을 맺으시고 그들의 하나님이 되셨다. 이스라엘에 해를 끼치는 적들을 하나님께서는 내버려 두지 않고, 원수를 갚으신다고 사람들은 믿었다. 이런 사고에 기반하여, 복수는 하나님의 몫이라고 이스라엘은 여겼다. 하나님의 '진노'는 종말의 때에 불신과 죄악에 빠져 있는 세상에 내리시는 총체적이고 전 우주적인 하나님의 심판을 의미한다(5:9). 복수는 임박한 이 심판에 (1:18ff) 맡기라는 것이다.

　전형적인 인용 도입구와 함께("기록되었으되") 복수를 하나님께 맡겨야 하는 전거로 신 32:35가 제시된다(19b절). 신명기의 내용은 로마서 19a절의 동어반복이라 할 만큼 유사하다. 이어서(20절) 원수를 선하게 대함으로써 악에 적극적으로 대처하라는 내용의 구약이(잠 25:21f) 등장한다. 이를 통해 원수 갚음과 관련한 권위 있는 주님의 말씀은("주께서 말씀하시니라") 지혜문학적인 내용으로(잠 25:21f) 조미調味되어 독자들의 미각을 더욱 즐겁게 한다. "원수"는 외부에 있는 적대적인 사람들을 뜻한다. "숯불을 그 머리에 쌓아 놓으리라"는 사실, 적대적인 행위이다(시 140:10). 하지만 이집트의 문서들에서 불붙은 숯불을 담은 용기를 자기 머리에 놓는다는 것은 후회와 회심의 뜻을 나타낸다.294) 그래서, 원수가 주리고 목마를 때, 먹고 마실 것을 주면, 그 머리에 숯불을 쌓는 것이라는 구절은 다음과 같이 이해되어야 한다. 우리가 원수의 악행에 대해 선행으로 대응할 때, 그는 부끄럽게 느끼고 후회하여 회개함으로써 구원받게 된다.

[21] 이 단락 전체(9-21절), 특히 17ff절의 결론이다. 사랑이란(9절) 선으로 악을 이기는 것이다. 신자들은 현재 악과 대결 중이다. 악과 싸울 때 악을 수단으로 사용하면(17절), 우리는 결국 악의 노예가 된다. 무조건 악을 멀리해야 한다(9절). 그리스도에 의해 모든 사탄적인 세력이 굴복되듯이(고전 15:24ff), 악은 선으로 이겨야 한다.

---

294) S. Morenz, Feurige Kohlen auf dem Haupte, Sp. 187-192; W. Klassen, Coals of fire, 337-350

2. 이교 세계에 있어서의 신자 (13:1-13)

a) 정치권력에 대하여 (13:1-7)

13:1 각 사람은 위에 있는 권세들에게 복종하라 권세는 하나님으로부터 나지 않음이 없나니 모든 권세는 다 하나님께서 정하신 바라 2 그러므로 권세를 거스르는 자는 하나님의 명을 거스름이니 거스르는 자들은 심판을 자취하리라 3 다스리는 자들은 선한 일에 대하여 두려움이 되지 않고 악한 일에 대하여 되나니 네가 권세를 두려워하지 아니하려느냐 선을 행하라 그리하면 그에게 칭찬을 받으리라 4 그는 하나님의 사역자가 되어 네게 선을 베푸는 자니라 그러나 네가 악을 행하거든 두려워하라 그가 공연히 칼을 가지지 아니하였으니 곧 하나님의 사역자가 되어 악을 행하는 자에게 진노하심을 따라 보응하는 자니라 5 그러므로 복종하지 아니할 수 없으니 진노 때문에 할 것이 아니라 양심을 따라 할 것이라 6 너희가 조세를 바치는 것도 이로 말미암음이라 그들이 하나님의 일꾼이 되어 바로 이 일에 항상 힘쓰느니라 7 모든 자에게 줄 것을 주되 조세를 받을 자에게 조세를 바치고 관세를 받을 자에게 관세를 바치고 두려워할 자를 두려워하며 존경할 자를 존경하라

2인칭 복수에서 3인칭 단수로 화자話者의 시점을 바꾸고, 문장도 단문식의 개별 권면이 아니라 논증적인 문체를 사용하여 바울은 새로운 장을(13장) 써내려 간다. 8절부터는 12:21의 내용이('사랑') 다시 나온다 (12:17; 13:8는 모두 mēdeni["아무에게도"]로 시작). 그래서 13:1-7을 독립된 구절로 볼 수도 있다. 하지만 이에 대해 다음과 같은 강력한 반론을 제기할 수 있다. 3f절의 선과 악은 12:17ff의 내용과 관련이 있다. 선과 악이라는 주제는 이미 12:9부터 언급된 것으로 13:3f에서는 권세들에게 순종해야하는 이유로서 재차 거론된다. 12:9에 따르면, 선은 사랑

과 뗄 수 없는 관계에 있다. 따라서 사랑에 대해 언급하는 13:8ff이 선을 위해 존재하는 국가에 대한 내용과(13:1-7) 상관 없이 12:9ff과 연결된다고 보기 힘들다. 12:9ff와 13:1-7는 나름대로 연관이 있다. 예로서, 13:4의 "진노하심을 따라 보응하는 자"*ekdikos eis orgēn*는 12:19의 "너희가 친히 원수를 갚지 말고 하나님의 진노하심에 맡기라" (*ekdikountes, tē orgē*)와 내용이 서로 통한다.

바울은 12:9ff에서 사랑과 선에 대해 말한다. 내부 생활지침에(12:9-13) 이어, 외부 세계 그리고 바깥의 적들과 함께 살아갈 때 어떻게 대처해야 하는 지에 대한 방안을 제시한다(12:14-21). 이 방안은 근본적으로 선을 이루기 위함이 그 목적이다. 한편, 국가권력도 선을 위해 하나님으로부터 쓰임을 받고 있는 도구이다(13:4). 그렇기에 12:9ff에 이어 13:1-7에서 신자들은 선을 위한 도구인 국가권력에 어떻게 처신해야 하는지에 대해 다룬다. 그리고 13:8-10에서 (율법의 완성으로서) 사랑에 대해 논한다.

[1] 바울이 주장하는 명제가 맨 처음 나온다(1a절) -"권세들에게 복종하라". '권세'*eksousia*는 제국의 최고 권력기관을 일컫는 말로서, 로마라고 하는 국가권력을 통칭하는 용어이다(라틴어로 potestas). "복종하라"는 명령권이나 지배력을 확보한 세력이나(율법 8:7, 하나님의 의 10:3) 조직 또는 그럴 자격이 있는 사람에게 순종하고 그들의 지배를 받으라는 뜻이다. '국가 권력에 복종하라'는 권면에는 국가 권위를 인정하는 태도가 전제되어 있다. 복종하는 주체는 "각 사람"*pasa psychē* 이다. 프쉬케("사람")는 히브리어 네페쉬*nepeš*에 해당하는 말이다. 표현 "각 사람"에서 "사람"은 총체적인 인간을 나타낸다(환유법).295)

국가 권력에 복종해야 하는 이유가 1b절 그리고 3절에서(둘 다 불변

사, 이유의 가르*gar*) 제시된다. 국가의 권위는 국가 자체에서 유발되는 것
이 아니다. 하나님께서 정해 주셨기 때문에 권위가 있는 것이다. 이 때
문에 우리는 국가에 복종해야 한다. 구약에 따르면 하나님께서 부르시
고 선택한 자만이 왕으로 즉위할 수 있다(삼상 16). 하나님은 왕을 세우
기도 하고 폐하기도 한다(단 2:21). 그렇기에 백성들은 왕(국가)을 공경
하고, 두려워해야 한다(잠 24:21). 지상의 권력자는 하나님의 도구요 일
군이다(사 45:1ff).

[2] 앞 절에서 이끌어 낸 결과가 2절이다(접속사 호스테 *ōste*). 모든 권
세는 하나님으로부터 유래되었기 때문에 이 권세에 반하는 자는 하나
님의 명령에 반대하는 자가 된다. 그런 자들은 심판을 자청하는 셈이
된다(참고 고전 11:29).

[3] 권세에 복종해야 하는 다른 이유가 제시된다. 선을 행하는 자가
아니라 악을 행하는 자에게 당국은 두려움의 대상이 된다. 우리가 선
을 행한다면 관헌을*archontes* 두려워 할 아무런 이유가 없다. 하나님께
서는 자신의 권세를 세상 당국자에게 위임해 주었기에, 우리는 관헌의
명령과 지도에 따라 살아야 한다. 그들은 하나님의 도구로서, 악한 일
을 하는 자들을 징벌한다. 그들의 권위와 통치권을 인정한다는 것은,
우리가 선을 행하도록 노력해야 함을 뜻한다. 즉, 선을 행하기 위해서
라도 우리는 관헌에게 복종해야 한다. 선을 행하는 자는, 일반 사회에
서도 그렇듯이 당국자에 의해 칭찬을 받게 된다.

[4] 로마 당국자는 선을 행하는 자들과 악을 행하는 자들에 대해 각

---

295) 換喩法 metonymy, 예를 들면 '왕'을 '왕관'으로 나타내는 것

각 다르게 반응한다. 앞 절에서는 관헌이 선을 행하는 자를 어떻게 하는지(칭찬), 여기서는(4절) 악행하는 자를 어떻게 대하는 지에 대해 설명한다. 이에 앞서 순기능의 역할과 관련한 관헌의 정의가 나온다(4a절). 그는 우리를 선으로 이끄는 하나님의 도구("사역자" *diakonos*)이다. 하지만("그러나" *de*) 같은 도구로서, 악행한 자를 벌하는 존재이기도 하다(참고 2:9). 그는 하나님의 진노를 집행한다. 여기서 진노는 1:18과 달리 종말론적인 심판을 의미하지 않는다. 로마 당국이 공연히 징벌권과 경찰력을 갖고 있는 것이 아니다. 그렇기 때문에 악을 행하는 자는 세상의 관헌을 두려워할 수밖에 없다(3a절).

[5] 5절은 1b-2절, 3f절의 논증을 종합한 것이다. 선을 행하는 자를 칭찬하고 악을 행하는 자에게 벌을 내리는 국가권력에 대해 사람들은 두려워할 수밖에 없다. 강압적이라 할지라도 복종하지 않을 수 없다(참고 1절). 바울은 여기서 한 걸음 더 나아가 다른 모티프를 제시하면서 국가 권력에 순종할 것을 제안 한다. '양심 따라하기'가 바로 그것이다. 국가가 가지고 있는 물리적인 힘에 눌려 마지못해 선을 행하는 차원을 넘어서라고 촉구 한다. 선과 악을 구분케 할 뿐만 아니라, 선을 행해야 한다는 사실까지도 알게 하는 '내적인 인식이요 앎'인(2:15) 양심 때문에라도 우리는 국가 권력에 순종해야 한다는 것이다. 위정자의 권력은 하나님께로부터 온 것이고, 그 권력은 사람들로 하여금 선을 행하도록 하기 때문에, 매가 무서워 벌벌 떨며 억지로 하는 것이 아니라, 내적인 확신 속에 자발적으로 권세에 복종해야 한다. '국가 권력에 복종'이라는 시민의 의무는 '양심'이라는 함수에 의해 도덕적인 의무가 된다. 그리고 그 권세는 하나님으로부터 위임된 것이라는 점에서, 권력에 복종은 신앙적인 의무이기도 하다.

[6] 새로운 논증이 나온다. 문장의 첫 단어, '그러므로'*dia touto*는 5절 "복종하지 아니할 수 없으니"와 연결되는 것이다. 위정자들에게 복종해야 한다는 의미에는 납세의 의무까지도 포함되어 있다. "하나님의 사역자"인(4절) 그들은 "하나님의 일꾼"으로서 세금 징수에도 종사하고 있다. 헌신적으로 열심히 일하고 있다. 세금 납부는 일종의, 하나님께서 관헌에게 권세를 주셨음을 인정하는 행위이다. 세금은 하나님께서 허락한 권위에 근거하여 세운 국가 조직을 유지케 한다는 점에서 (국가 권력을 통해 선은 장려되고 악은 징벌된다) 신앙인이라면 반드시 수행해야 할 의무이다.

[7] 세상의 권세 그리고 세금 납부와 관련한 단락은(1ff절) 7절을 결론으로 끝맺는다. 7절은 일반화된 명제와 이에 대한 네 가지 예로 구성되어 있다. 대상이 누구든, 그에게 할 바를 마땅히 하라고 권면한다. 처음 거론되는 두 종류의 예는 조세 받는 자와 관세 받는 자이다. 조세 받는 자는 앞서(6절) 거론되었다. 관세는 조세와 더불어 로마의 대표적인 세금이었기 때문에296) 함께 언급되는 것이다. 다음으로, 두려워 할 자를 두려워하고, 존경할 자를 존경하라고 말한다. 즉, 악행을 범하는 자를 처벌하는 권한을 가지고 있는 자에게는 두려움으로 대하고(참고 3절) 국가 권력자들에 대해서는 존경을 표하라고 말한다(시락서 10:23f; 벧전 2:17; 참고 12:10). "두려워 하라"의 목적어는 일반적으로 하나님이다 -"하나님을 두려워하라"(잠 24:21). 벧전 2:17은 이와 맥을 같이 하여 누

---

296) 조세(*phoros*, tributum, 눅 20:22; 23:2)는 속주민들에게 부과하는(로마 시민은 면제됨) 직접세를 말하고, 관세(*telos*, vectigal)는 무역, 노예 판매 및 해방, 유산 상속 시 부과되는 세금 -간접세- 이다. 참고 Schlier, HThK VI, 391.

구를 두려워할 지, 분명히 밝히고 있다("하나님을 두려워하며 왕을 존대하라"). 이런 관점에서 볼 때, 로마서의 "두려워할 자"는 하나님이고 "존경할 자"는 국가 권력의 수행자인 로마 관리일 것이다. 하나님께 대해서는 신앙인으로서 의무를 다하고, 국가에 대해서는 국민의 의무를 다하라는 바울의 권고는 "가이사의 것은 가이사에게 하나님의 것은 하나님께"(눅 20:25) 라는 예수님의 말씀을 연상케 한다.

13:1-7은 기독교인이 가져야 할 국가관에 대한 모범답안처럼 이해되었다. '두 왕국 사상'에 따르면 국가는 영과 육의 왕국 중, 후자를(속권) 담당하는 하나님의 도구이다. 이 사상의 신봉자인 루터는 마 26:52와 롬 13장을 연결시켜, 독일 농민전쟁에 반대했다. 역사적으로 세속권력은 이 구절을 내세워 자신의 통치 정당성을 확보하기도 했다. 나치는 지도자 히틀러를 '위에 있는 권세'의 화신化身으로 설정하고, 그에게 복종할 것을 국민들에게 요구했다. 박해를 경험하면서 교회는 롬 13장을, 행 5:29의 내용을("사람보다 하나님께 순종하는 것이 마땅하니라") 전제로 이해해야 한다는 사실을 깨닫게 된다. 권력에 복종하라는 요구는 신앙을 부인하거나 계명을 거역하면서까지 국가가 원하는 대로 행하라는 뜻은 아니다. 토마스 아퀴나스도 롬 13장을 주석하면서, 국가권력은 공동의 선과 의에 봉사할 의무가 있다고 보았다. 따라서 이 의무를 준행하지 않는 비합법적인 권력에 대해서는 저항해야 한다고 가르쳤다.

로마서를 쓸 당시의 국가권력인 로마가 기독교 전파와 발전에 어떤 역할을 했는지 살펴볼 필요가 있다. '로마의 평화'Pax Romana란 표현이 말해 주듯, 당시 로마는 전성기였다. 전 제국에 걸쳐 구축해 놓은 확고한 통치체계(행정망, 도로, 역참, 해상 무역로), 정치적인 안정과 경제적인 부

흥, 도시들의 발전 그리고 도적과 해적의 소탕 등에 힘입어 사람들은
어느 시대보다도 안전하고 신속한 여행을 할 수 있게 되었다. 피정복
민족에게 관대한 정책, 타종교에 대한 관용(로마는 다종교 문화임), 유대인
들에 대한 특별 대우는(집단거주 허용, 병역 면제, 디아스포라 유대인들의 성전세
납부 허락 등), 당시 유대교의 한 분파로 있었던 기독교의 성장과 발전에
절대적으로 유리한 환경을 제공해 주었다. 로마 시민권자 바울은 로마
가 닦아 놓은 도로와 운송 시스템을 이용하여 많은 도시를 방문했다.
거기서 사람들에게 헬라어로 복음을 증거했다. 바울에게 로마는 문자
그대로 하나님의 도구였다. 따라서 로마의 관리들도 하나님이 세운 자
들로 여겨졌던 것이다. 물론 알렉산드리아에서의 학살 사건(주후 38년),
유대인들의 로마 추방(49년) 등 몇몇 불미스러운 일들 바울은 알고 있
었다. 그렇기에 국가 권력에 충성하라는 바울의 권면은 어쩌면 또 다
른 화를 입지 않으려는 고심의 결과일 수도 있다.297) 롬 13:11ff의("또
한 너희가 이 시기를 알거니와 자다가 깰 때가 벌써 되었으니 ...") 관점에서 1절 이
하를 이해할 때, 종말이 임박했으므로 현 체제를 비판하기 보다는 처
한 상황과 현재의 신분을 유지하면서(고전 7:17ff, 26, 29), 몇 사람이라도
더 구원하는 것이 바울에게 중요했다고(11:14; 고전 9:22) 볼 수도 있다.
한편 13장과 관련해서, 바울은 임박한 종말론 사상에 사로잡혀있지
않다는 해석도 가능하다. 국가 권력에 복종하라는 바울의 권면은 역설
적으로 신자들이 세상에서 상당 기간 오래 살아야 됨을 뜻할 수도 있
기 때문이다.298)

---

297) 참고 W. Marxsen, *Introduction*, 100

298) 참고 Wilckens, EKK VI/3, 63

b) 사랑, 곧 율법의 완성 (13:8-10)

8 피차 사랑의 빚 외에는 아무에게든지 아무 빚도 지지 말라 남을 사랑하는 자는 율법을 다 이루었느니라 9 간음하지 말라, 살인하지 말라, 도둑질하지 말라, 탐내지 말라 한 것과 그 외에 다른 계명이 있을지라도 네 이웃을 네 자신과 같이 사랑하라 하신 그 말씀 가운데 다 들었느니라 10 사랑은 이웃에게 악을 행하지 아니하나니 그러므로 사랑은 율법의 완성이니라

[8] "줄 것을 주라"(7a절)는 권면은 8절에서 "아무 빚도 지지 말라"는 내용으로 연결된다. 단어군 오페일*opheil*-이 두 절에서 공통으로 나타난다. "줄 것"*hē opheilē*, "빚지지 말라"*mē ... opheilō*. "아무 빚도 지지 말라"는 당시 헬라권에서 흔히 사용되던 속담이다. 바울은 여기에 '사랑'이라는 주제어를 첨가시킨다("사랑의 빚 외에는"). 그 결과, 전체 권면의 내용이 적극적인 성격을 띠면서('시민으로서 국가에 할 도리를 다하라' → '사랑하라'), 기독교 윤리의 근간인 사랑이 구약의 계명 전체가 말하고자 했던 핵심으로서 제시된다. 여기서 사랑은 이웃에("남을", 참고 9f절) 대한 사랑이다(레 19:18). '이웃 사랑 = 율법의 완성'이라는(참고 갈 5:14) 사고는 바울 시대의 유대교에도 있었다.299) "이루다"는 행위를 통해 완성하다는 의미를 가지고 있다(8:4). "다 이루었느니라"가 완료형으로(*peplērōken*) 쓰인 이유는 그 내용이 보편적이라는 뜻이다.300)

[9] '사랑은 율법의 완성'이라는 명제를 논증하기 위해 개개의 율법을 나열한다. 인용된 계명들은 나오는 순서로 볼 때(신LXX 5:17ff), 십계

---

299) R. Hillel in Schab 31a, R. Akiba in S Lev 19:18
300) Bl-D. § 344

명 두 번째 판중에서 여섯, 일곱, 여덟 번째 계명과 간략하게 요약한 열 번째 계명이다(MT에는 살인, 간음, 도둑질 금지 순이다). 이 네 개의 계명뿐 아니라 다른 계명들도("그 외에 다른 계명이 있을지라도") 결국은 이웃 사랑으로 요약될 수 있다고 말한다. 바울은 여기서, 여러 율법 조항을 나열하고 그것을 '이웃을 사랑하라'는 계명으로 귀결시키는 귀납적인 방법을 사용한다.

하나님께서는 예수 그리스도의 속죄의 죽음을 통해 심판받을 수밖에 없는 인간들을 구원하셨고, 이로써 자신의 사랑을 나타내 보이셨다. 하나님의 구원 행위로 말미암아 인간을 정죄하던 율법은 사람을 살리는 그 원래의 기능을 회복하였다(참고 7:10). 하나님의 사랑을 받은 사람은, 하나님께서 그러셨듯이 모든 사람을 사랑해야 한다. 바로 여기서 복음으로 새롭게 조명된 율법이 중요한 역할을 수행한다. 즉, 믿음으로 의롭게 된 자들에게 이웃을 사랑토록 촉구함으로써(이웃 사랑 = 율법의 완성) 율법은 하나님의 도구로 사용된다.

[10] 바울은 3절에서 나온 "악한 일"을 다시 거론한다. 사랑하는 자는 고전 13장에서 보듯이 남을 해롭게 하거나 피해를 주지 않는다. 율법은 간음, 살인, 도둑질, 탐심 등 이웃에 해악과 폐해 끼치는 것을 금하고 있다. 그런 점에서 사랑은 율법의 완성이라고(*plērōma*, 참고 8절 *plēroō*) 할 수 있다.

c) 임박한 종말 인식과 성화의 책임 (13:11-13)

11 또한 너희가 이 시기를 알거니와 자다가 깰 때가 벌써 되었으니 이는 이제 우리의 구원이 처음 믿을 때보다 가까웠음이라 12 밤이 깊고 낮이 가까웠으니 그러므로 우리가 어둠의 일을 벗고 빛의 갑

옷을 입자 13 낮에와 같이 단정히 행하고 방탕하거나 술 취하지 말
며 음란하거나 호색하지 말며 다투거나 시기하지 말고 14 오직 주
예수 그리스도로 옷 입고 정욕을 위하여 육신의 일을 도모하지 말
라

[11] 종말을 염두에 둔(참고 히 10:25) 윤리적인 권면들이 등장한다. 헬
라어 카이 투토*kai touto*로 시작하는데, 이것은 이미 언급한 것을 강조하
면서 다음 내용으로 넘어가는 역할을 한다("In all this" NEB, "Besides this"
RSV). 내용상 이 부분은 12:1ff를 마무리하는 결론이라고 보아야 한다.
서로 대비되는 개념들이 등장한다(11-13절). 자다/깨다, 밤/낮, 벗다/입
다, 어둠/빛, 단정/단정치 못함(방탕, 술 취함, 음란, 호색, 다툼, 시기).

로마 교인들에게 깨어있으라고 경고한다. 구원의 결정적인 때*kairos*
가 점점 다가오고 있다는 사실을 그들도 알고 있었다. 11f절은 엡 5:8ff
를 연상시킨다. 사용된 단어나 내용으로 미루어 볼 때, 세례의식과 밀
접하게 관련되어 있음이 분명하다(어둠/빛, '입다'/'벗다' 갈 3:27). 세례를
받고 신앙인이 된 로마 교인들은 지금 '현재'가 어떤 때인지 잘 알고
있었다. 그들은 부활한 예수 그리스도에 힘입어 죄와 죽음의 권세에서
해방되어 새로운 피조물이 되었다. 성령의 역사와 인도하심 가운데,
교인들은 미래 궁극적인 구원의 현실을 미리 경험하고 있다. 그들은
종말론적인 새로운 시대, 하나님께서 궁극적인 구원을 막 실현시키려
는 때에 살고 있는 것이다(단 8:17, 19; 11:35). 비유적으로 표현하면 지금
은 동트기 직전이며, 따라서 깨어야 할 때이다(카이로스의 때, 엡 5:14; 살전
5:6-8; 참고 시리아 바룩서 82:2). 세례를 받고 처음 믿었던 때로부터 계산하
면, 많은 시간이 지났다. 구원의 결정적인 때는 지금 더욱 가까이 다가
와 있다. 그렇기 때문에 정신 차려야 한다(종말론적인 각성). 그리스도를

믿음으로써 교인들은 의롭게 되었고 이미 구원의 현실 가운데 살고 있지만(3:24ff), 궁극적인 구원은 아직 앞에 있다(고전 15:22ff). 바울은 이 구원의 현실을 곧 경험하게 될 것이라고 외친다.

　　[12] 경각심을 북돋는 호소, '깨어 있으라'에 이어 '낮이 가까웠다'는 경고의 발언을 한다. 밤이 깊으면 깊을수록, 곧 동 트는 아침이 온다. "밤이 깊고"에서 깊고*proekopsen*의 기본 뜻은 '나아간다'이다. 이곳 문맥에서는 '거의 지나간', '거의 끝난'으로 이해할 수 있다. 밝아오는 새날은 사람들에게 구원과 희망을 준다(고전 1:8; 고후 1:14; 엡 4:30). 낮에는 잠옷을 입지 않듯이, 이제는 어둠의 일을 벗고 빛의 갑옷을 입어야 한다. 낮과 밤의 대비는 종말론적인 텍스트에서 종종 나온다(살전 5:5-7; 요 3:19). '입는다'는 세례와 관련된 표현이다(갈 3:27). 세례를 받은 자는 이제, 불의의 무기가 아니라 의의 무기로서 살아가야 한다(6:13). 12b절에 나오는, 어둠과 빛의 이원론적인 대조는(고후 6:14; 살전 5:4f; 엡 5:8; 6:12) 유대 문헌에서도 종종 나타난다(1QS 3:21-26; 4:7f, 12-14; 1 QH 18:26-29; 1QM 1:1, 8). (어둠의) '일'과 (빛의) '갑옷'*hopla*의 대비는 의외인 것처럼 보인다. 하지만 6:13에서 이미 호프라*hopla*가("무기"로 번역) 사용되었다는 점에서 특별할 것이 없다. 호프라에 초점을 맞춘다면, 빛의 갑옷은(13:12) 다름 아닌 의의 무기이다(6:13). "어둠의 일"이란 13절에 나오는 여섯 가지 악행을 말한다. "빛의 갑옷"이란 '입는다'는 측면에서 볼 때, 상징적으로 그리스도를 의미할 수도 있다("그리스도로 옷 입고" 14절). 낮에 속한 자는 믿음과 사랑의 호심경을 붙이고, 구원의 소망의 투구를 쓴다고 말한다(살전 5:8). 여기서 호심경과 투구는 호신용 장비이다. 이 구절을 밤/낮, 어둠/빛의 구문에 대입하면, "낮이 가까웠으니 빛의 갑옷을 입자"는 말이 성립된다(참고 엡 6:11).

[13] 여기서 주요 개념은 '낮'이다. 지금이 어느 때인지 분간하고('낮') 여기에 걸맞게 살아야 한다는 권면이다(참고 살전 4:3ff; 고전 6:9ff; 골 3:5ff; 엡 4:20-5:20). 빛의 자녀들은 '낮에 속한' 자들답게 행동해야 한다(살전 5:5ff). 어둠에 속한 것들을 벗어버리고 빛에 속한 것들을 입어야 한다(12절). 피조물로서 그리고 이웃과 함께 사는 기독교인으로서 바람직한 모습들과("단정히 행하고") 피해야 할 윤리 목록들을 제시한다. "단정히 행하고"는 살전 4:12에서도 나온다. 이 행동은 사회 구성원으로서의 자질과 관련이 깊다. 존경받을 만하고, 성실하고, 예의 바른 태도를 뜻한다. 방탕, 술 취함, 음란, 호색, 다툼, 시기는 주로 당시 로마의 선술집에서 또는 축제나 향연 때 흔히 발생하던 죄악들이다. 바울은 이러한 사회상을 반영하여 피해야 할 언행들을 열거한다.

"방탕"*kōmos*은 원래 바카스 신을 기리는 축제 행렬을 가리키는 말이었다. 흥청망청 술 마시고 소란스럽게 노는 주연酒宴을 일컫는다. 이런 연회에는 항상 "술 취함"*methē*이 동반된다. 그래서 "술 취함"은 곧 잘 "방탕"과 함께 사용된다(갈 5:21; 참고 벧전 4:3은 *methē* 대신 *oinophlygia*를 사용. 개역개정은 이 단어를 '술 취함'이라고 번역했는데 정확한 뜻은 음주벽飲酒癖이다). 두 단어를 함께 묶어(중언법)301) 술 취하여 떠들썩하게 놀기로 이해할 수도 있다. "음란"*koitē*은 원뜻이 침대이고 여기서 동침, 부부 잠자리(히 13:4), 사정射精(참고 9:10) 등의 뜻이 파생되었다. "음란"은 방탕한 성생활을 뜻한다. "호색"*aselgeia*은 악덕 목록 중 하나로, 여러 곳에서 언급된다(막 7:22 "음탕"으로 번역; 고후 12:21 "호색"; 갈 5:19 "호색"; 벧전 4:3 "음란"; 솔로몬의 지혜서 14:26 "방탕"[공동번역, 1977]). "호색"은 이성을 탐하는 과도한 욕망이다. "음란"과 "호색"을 하나의 합성 개념으로 이해할 수도 있다 -'방탕한 호색'. 마지막 악덕 목록 한 쌍으로 "다툼"*eris*과

---

301) 1:5 주석 참고

"시기"*zēlos*가 나온다. "다툼"을 1:29에서는 분쟁으로 번역했다. 젤로스*zēlos*는 좋은 의미로 '열심'이고 나쁜 의미로는 '시기'이다(참고 10:2). "시기"는 이곳 외에 고전 3:3; 고후 12:20; 갈 5:20; 클레멘1서 5:5 등에도 "다툼"이라는 말과 함께 쓰이고 있다. "시기"는 남이 잘되는 것에 대해 샘내고, 배 아파하고 미워하는 태도이다.

[14] 주어가 '우리'에서 '너희'로 바뀐다(한글성경에서는 안 드러난다). 세례를 받을 때 교인들은 그리스도와 같은 운명 공동체가 된다(6:3ff). 그들은 그리스도에 의해 새롭게 규정된 존재로(고후 5:17), 그리스도를 주인으로 모시고 산다(갈 2:20). 이제는 그리스도를 떠나서 살 수 없다(갈 3:27). 그렇기에 하나님 또는 그리스도와 반대인, "정욕"*epithymia*을 위한 육신의 일을 해서는 안 된다(8:7ff). '정욕'은 욕정欲情, 육욕肉慾을 일컫는 말이다(1:24). 아들의 영靈인(갈 4:6) 성령과 육신은 서로 대적관계에 있다(갈 5:17). 성령의 인도하심에 우리를 내맡길 때(갈 5:25), '육신의 욕심'으로부터(갈 5:16 *epithymia* = '정욕') 자유로울 수 있다. 그리스도에 속한 사람들은 그들의 육신 뿐만 아니라 정욕까지도 함께 십자가에 못 박았다(갈 5:24 "탐심"으로 번역). 따라서 정욕을 위한 '육신의 일'*tēs sarkos pronoia*을 추구해서는 안 된다. 프로노이아(*pronoia*, [육신의] 일)는 신의 섭리, 배려의 뜻으로 헬라세계에선 긍정적인 의미로 사용되었다. 신약에서는 이곳에서 한 번 등장한다. 헬라어 원문에서처럼, (프로노이아의) 대격 + '하다'do(헬라어 *poieō*) 동사의 중간태 + 명사 속격(여기서는 '육신')은302) '어떤 것을(속격 명사 = "육신") 염려하다', '어떤 것을 돌보다'의 뜻이다. 즉, 정욕을 위해서 육을 배려하거나 돌보지 말라는 의미이

---

302) *pronoian poiesthai tinos*(πρόνοιαν ποιεῖσθαί τινός)

다(갈 6:8a). 이 내용은 '육신을 따르지 말라'(8:5), '육신의 생각은 하나님과 원수이다'(8:7), '육신에 있는 자들은 하나님을 기쁘시게 할 수 없다'는(8:8) 바울의 호소와 일맥상통한다.

3. 강한 자와 약한 자 (14:1-15:13)

14장 이하에서 바울은 '이웃 사랑'이라는 주제를 다양한 교인들로 구성되어 있는 로마 교회에 구체적으로 적용한다. 공동체 내부에는 믿음이 '강한 자'와 '약한 자'들이 있었다. 이들은 서로 다른 신앙 때문에 갈등을 겪고 있었다. 유사한 문제로 고린도 교회도 큰 홍역을 치른 적이 있었다(고전 8-10). 두 곳 다, '그리스도를 믿은 이후에, 율법준수 의무는 어떻게 되는지'가 쟁론의 핵심이었다. 세부적으로 고린도에서는 '우상 제물로 바쳐진 고기를 먹어도 되는가'가 논쟁의 핵심인 반면, 로마서에서는 '고기와 포도주 먹는 문제'와 '유대교의 특정 절기 준수' 여부가 논란의 핵심이다.

a) 동일한 주 (14:1-12)

1 믿음이 연약한 자를 너희가 받되 그의 의견을 비판하지 말라 2 어떤 사람은 모든 것을 먹을 만한 믿음이 있고 믿음이 연약한 자는 채소만 먹느니라 3 먹는 자는 먹지 않는 자를 업신여기지 말고 먹지 않는 자는 먹는 자를 비판하지 말라 이는 하나님이 그를 받으셨음이라 4 남의 하인을 비판하는 너는 누구냐 그가 서 있는 것이나 넘어지는 것이 자기 주인에게 있으매 그가 세움을 받으리니 이는 그를 세우시는 권능이 주께 있음이라 5 어떤 사람은 이 날을 저 날보다 낫게 여기고 어떤 사람은 모든 날을 같게 여기나니 각각 자기 마음으로 확정할지니라 6 날을 중히 여기는 자도 주를 위하여 중히 여기고 먹는 자도 주를 위하여 먹으니 이는 하나님께 감사함이요 먹지 않는 자도 주를 위하여 먹지 아니하며 하나님께 감사하느니라 7 우리 중에 누구든지 자기를 위하여 사는 자가 없고 자기를 위하여 죽는 자도 없도다 8 우리가 살아도 주를 위하여 살고 죽어도 주를 위하여 죽나니 그러므로 사나 죽으나 우리가 주의 것이로

다 9 이를 위하여 그리스도께서 죽었다가 다시 살아나셨으니 곧 죽은 자와 산 자의 주가 되려 하심이라 10 네가 어찌하여 네 형제를 비판하느냐 어찌하여 네 형제를 업신여기느냐 우리가 다 하나님의 심판대 앞에 서리라 11 기록되었으되 주께서 이르시되 내가 살았노니 모든 무릎이 내게 꿇을 것이요 모든 혀가 하나님께 자백하리라 하였느니라 12 이러므로 우리 각 사람이 자기 일을 하나님께 직고하리라

[1] 불변사 데de로 새로운 주제가 -'연약한 자를 수용하라'- 시작된다. 믿음이 '강한 자', '약한 자'는 절대적인 기준에 따라 분류된 명칭이 아니다. 믿음이 '약한 자'란 명칭은 소위 '강한' 측에서 붙인 이름으로서, 거기에는 조롱과 냉소의 의미가 내포되어 있다. 믿음이 약한 자를 수용하라는 로마 교인들을 향한 바울의 권면에서 우리는, 믿음이 강한 자들이(참고 15:1 "믿음이 강한 우리는") 공동체 내의 다수 세력임을 알게 된다.303) 바울의 요구는, 소수의 믿음 약한 자들을 포용하고, 그들을 공동체의 한 일원으로 인정하고 (공적, 사적으로) 서로 교제하라는 것이다("받되"). 그리고 그들의 주저함304) 또는 숙고하는 태도에305) 대해 비난을 하거나306) 비판적인 판단을 내리지 말라고307) 권고한다.

---

303) 로마 교회의 역사적, 정치적 상황은 책 맨 앞의 I. 서론, A. 로마 교회 를 보라.

304) 크랜필드, 『ICC 3』, 183; Wilckens, EKK VI/3, 81

305) W. Bauer, *Wb, dialogismos*, s.v. 1

306) Stuhlmacher, NTD 6, 198

307) *diakrisis*(개역개정 "비판하지 말라")를 Wilckens, EKK VI/3, 81, Cranfield, 『ICC 3』, 183(ICC vol. II, 701)은 각각 verurteilen, judge로 해석한다. 한편 W. Bauer(*Wb, diakrisis*, s.v. 2)는 "다툼"으로 해석한다.

[2] 2-4절에서 바울은 믿음이 '강한 자', '약한 자'가 외향적으로 어떻게 구별될 수 있는지 구체적인 예를 들고 있다. 그 기준은 모든 것을 먹을 수 있느냐('강한 자'), 채식만 하느냐('약한 자') 이다. 믿음이 강한 자와 약한 자 사이의 차이는 그리스도를 믿는 믿음의 질적인 차이 또는 은혜의 현실 체험 정도와 상관이 없다. 이 두 그룹은 오로지 믿음과 관련한 신념체계가 서로 다른 데에서 기인한 것이다. 그러므로 어떤 사람은 모든 것을 먹을 수 있다고 믿는다. "모든 것을 먹을 만한 믿음이 있고"에서 '믿는다'는 '확신한다'의 뜻이다. 그들은 '만물은 다 정결하다'는(20절) 확고한 생각을 가지고 있었다. 한편, 다른 신념체계를 가진 사람들은(일명 "연약한 자") 금욕적인 삶의 자세를 고수하면서 채식만 했다(참고 21절). "채소만 먹는다"는 표현에 이들을 어느 정도 폄하하는 어감이 들어있다.[308] 한글 성경은 "믿음이 연약한 자"라고 번역했지만, 원문에는 "연약한 자"로 되어 있다. '믿음'이라는 단어가 빠졌다는 점에서(반면 '강한 자'에 대해서는 "어떤 사람은 모든 것을 먹을 만한 믿음이 있고"라고 표현), 채소만 먹는 것은 믿음의 행위가 아니라는 사고가 은연중에 반영되어 있다. "채소"lachanon는 야생이 아닌 정원에서 기른 야채를 뜻한다. 고대 금욕주의 계열의 철학 학파 중에 고기와 포도주를(21절) 먹지 않는 이들이 적지 않았다(오르페우스주의자들, 트라키아 지역의 디오니소스주의자들, 피타고라스 학파).

유대교는 기본적으로 고기를 금하지 않았다.[309] 물론 예외도 있었다(나실인[삿 13:4f]; 다니엘[단 10:3], 세례 요한[눅 1:15], 참고 필로, Contempl. 37;

---

308) Wilckens, EKK VI/3, 81. 그는 크랜필드, 『ICC 3』, 184, 주 32의 펠라기우스, Röm 107 인용을 제시한다.
309) W.G. Kümmel, *Einleitung*, 271f; Käsemann, HNT 8a, 355; 참고 졸고, "로마서의 저술 목적", 86f.

Jos. Vita 13f). 로마 교회의 '연약한 자'들은 어떤 주의 때문이 아니라, 이방신에 제물祭物로 드려진 고기와 신전에 헌주獻酒된 포도주를 먹지 않음으로써 유대 정결법을 지키겠다는 마음으로 금주禁酒·금육禁肉을 했던 것이다(참고 21절).

[3] '먹는다'와 '먹지 않는다'의 목적어는 '육류'이다(참고 2절). 하나님께서는 예수 그리스도를 통해 모든 차별을 극복하셨다(갈 3:28). 뿐만 아니라 믿음의 결과로 수반되는 각각의 다양한 신앙적 삶의 형태까지도 수용하셨다. 바울의 지적과 같이, 사람을 얻기 위해서라면 유대인같이 될 수도 있다. 또한 율법 없는 자와 같이 될 수도 있다. 그리고 약한 자와 같이 될 수도 있다(고전 9:19ff. 중요한 것은 믿음이다. 특정 형식으로 나타난 다양한 신앙의 현상 자체는 부차적인 것이다. 이에 대해 왈가불가할 필요가 없다. 하나님께서는 '믿음'이라는 기준 하나만으로 모든 이들을 포용하여 주셨다("이는 하나님이 그를 받으셨음이라", 3:22, 29; 참고 마 11:28). 그렇기 때문에 고기 먹는 자들은 자신의 신앙이 채식하는 자들의 그것보다 우월하다고 여겨서는 안 된다.

또한 금욕적인 삶을 사는 사람들은 그렇지 못한 자들을 -구체적으로 육식 하는 자들- 비난해서도 안 된다. 금욕주의자들은 고기 먹는 자들에 대해서, 음식과 관련한 규례를 지키지 않는 자들이라고 판단했을 것이다. 하지만 예수 그리스도의 속죄의 죽음으로 인해 모든 사람이 구원을 얻었기 때문에(5:8), 율법의 행위가 아니라 믿음으로 구원되기에(3:20ff; 갈 2:16), 고기를 먹는다는 이유로 그들을 비판하는 것은 잘못이다.

[4] 음식을 가려 먹는 사람을 비판해서는 안 된다고 선언하면서, 그

이유를 설명한다. 먼저, 수사학적인 질문을 던진다("너는 누구냐?"). 본
문 "서 있는 것이나 넘어지는 것이 자기 주인에게 있으매"를 칼빈은
다음과 같이 주해했다. "이것은 주님이 그의 종의 행위를 인정하거나
인정하지 아니할 권세를 가졌음을 뜻한다. 이러한 권세를 탈취하려는
자들은 그분을 거스리는 것이다".310) 즉, 노예의 운명은 주인 손에 달
려 있듯이, 창조주 하나님은 자신이 지은 피조물에 대해 전권을 행사
할 수 있다는 의미라는 것이다(참고 9:20). 하지만 이럴 때 여격 "자기
주인에게"*tō idiō kyriō*가 제대로 해석되지 못하는 단점이 발생한다. 그
래서 이를 관심·이득·이해의 여격으로 보고, 아래와 같이 해석하는 것이
낫다 -'하인이 서거나 넘어지는 것은 주인의 이득과 관련된 문제이지
다른 사람이 왈가불가할 권한이 없다'. 하인*oiketēs*은 집안 일을 거드
는, 특별히 주인과의 친분 관계가 돈독한 노예를 지칭한다(참고 행 10:7).
"남의 하인"에서 "남"은 문맥상 하나님을 가리킨다("하나님이 그를 받으
셨음이라" 3절). 단어의 뜻에만 국한할 때, "남"*allotrios*은 '우리'에 속하
지 않은 다른 부류의 무리를 뜻한다. 이 단어의 사용은, 로마 교회 내
에서 편 가름의 양상이 심각함을 반증하는 것이다. 바울은 교인들에게
반문한다. "너는 누구냐", 즉 '도대체 너는 누구길래 어떤 자격으로 남
의 하인을 비판하는가? 이 질문으로 바울은, 다른 신앙의 모습을 보이
는 공동체 일원에 대한 비판 및 판단 중지를 로마 교인들에게 요청하
고 있다. 토기장이와 진흙의 관계처럼(9:19ff), 하나님께서는 자신의 주
권으로("권능이 주께 있음이라"), 로마인들이 교회 내에서 서로 비판하고
있는 모든 신자들을 도구로 -귀히 쓸 그릇, 천히 쓸 그릇- 사용하신다
(참고 3c절). 하나님는 우리를 죄 가운데 내버려 두시지 않고 예수 그리

310) Calvin, *The Epistle of Paul The Apostle to the Romans and to the Thessalonians*, 291

스도를 통하여 자신과 화해토록 하고(5:10f) 올바른 관계를 회복하여, 자신의 도구로 사용하신다("세움을 받으리니", 참고 8:31ff).

[5] 5f절은 절기 준수에 대해 논한다. 절기 준수 여부도 공동체 내 서로 다른 그룹간의 갈등 유발 요인 중 하나이다. "어떤 사람"*hos men* 과 "(다른) 어떤 사람"*hos de*이란 표현으로 두 부류를 소개한다. 한 쪽 은*hos men* 유대력에 따른 종교적인 절기를 계속 중요하게 여겼다.311) 그들은 특정한 날에 특별한 제사와 의식을 거행함으로써(갈 4:10; 골 2:16; 참고 디다케 8 -월요일과 목요일에 금식), 율법의 규정과 규례 그리고 계명을 계속 지켜야 한다고 생각했다.

반면에 다른 한쪽은*hos de* 예수 그리스도께서 자신의 몸을 희생 제물 로 드림으로(3:25) 단 한 번에(6:10; 히 7:27) 미래의 것까지 포함한, 모든 제사를 드렸다고 보았다. 십자가 사건을 통해 제사의 목적이(하나님과의 화해) 완성되었음으로 앞으로는 더 이상 제사를 드릴 필요가 없다고 믿 었다. 그리스도는 율법의 마침이다(10:4). 예수께서는 사랑을 강조하셨 는데, 이것이야 말로 율법의 완성이다(13:10; 갈 5:14; 갈 6:2). 그리스도께 서 이 땅에 오신 이후, 구원의 수단으로서 율법은 그 기능을 상실하였 다(갈 3:23-25). '그들'은*hos de* 예수 그리스도의 십자가 사건 이후, 율법 조항이나 규정들은 '영'이 아닌 '문자'로서(고후 3:3ff) 더 이상 구속력 이나 의미가 없다고 보았다. 이런 생각은 유대 종교 절기에 대한 평가 절하나 무관심이라는 현상으로 나타났다. 디아스포라 유대인들에게 안식일 문제는 정체성과 관련하여 매우 중요했다. 막하비 시대에 부정 한 음식을 먹는 것과 안식일을 어기는 것은 율법에 불충한 단적인 예

---

311) 박수암, 『로마서』, 326

로, 지탄의 대상이 되었다(Jos. Ant. XI,346). 기독교의 세력이 점차 확대됨에 따라, 교인들은 주님께서 부활한 주일을 성일로 지키기 시작했다. 하지만 유대주의적인 분위기에 영향을 받고 있던 로마 교회의 소위 '연약한 자'들은 안식일(금요일 일몰 후부터, 토요일 일몰 전까지)을 쉽게 포기하지 못했으리라.

이러한 양측의 태도에 대해 바울은 "각각 자기 마음에 확신을 가져야 합니다"고(새번역) 말한다. 즉, 일방적으로 어느 한 쪽을 옹호하지도(흑백논리), 둘 다 옳다고(상대주의, 절충주의) 말하지 않고, 각자 옳다고 여기는 신앙의 태도를 계속 유지하라고 권면한다(참고 시락서 5:10 "너의 신념을 굳게 지키고 말을 한결같이 하여라"[공동번역]). 이것이 바로, 자칫하면 자중지란에 빠질 위험으로부터 로마 교회를 구할 조치로, 바울이 제시한 처방이었다. "확정할지니라"*plērophoreisthai*는(롬 4:21) 종교적인 신념에 근거하여 마음에 갖고 있는 주관적인 확신을 뜻한다.

[6] 율법에서 말하는 규례나 규정이 -특별히 유대 절기에 관한- 그리스도를 믿은 이후에도 유효하다고 확신하는 자들은(소위 '연약한 자'), 계속 유대력에 따라 신앙생활을 영위해 갔다. 한편 모든 음식은 주님께서 주신 것이라고 생각하는 자들은(소위 '강한 자') 무엇이나 먹어도 된다고 여겼다(유대 정결법 또는 음식과 관련한 규례 폐지; 참고 고전 8:6; 참고 고전 8:4). 두 부류는 비록 다른 신앙의 신념에 따라 상이한 신앙의 행태를 보였지만, '주를 위함'이라는 공통의 동기動機에서 출발했다는 점에서 서로 닮았다. 고기를 먹든지(6b절) 안 먹든지(6c절) 간에, 식사 때 하나님께 드려지는 감사의 기도는(참고 고전 11:24) 공통이다. "먹는 자도 주를 위하여 ... 먹지 않는 자도 주를 위하여 ... 하나님께 감사하느니라"는 표현은 아마도 두 그룹이 동시에 모여 식사했음을 시사한다. 함께

드려진 이 기도는 상이한 신앙 체계를 가졌지만, '누구나 주님을 위한다'는 공통분모를 가진 이들을 하나로 묶는 역할을 한다.

[7] 7-9절에서 바울은 고기를 먹어야 하는지 여부, 절기를 지킬 필요가 있는지에 대한 문제와 관련해서 그리스도론에 기초한 답변을 내놓는다(특별히 9절). 앞에서(6절) 이미 밝혔듯이, 그리스도 사건 이후에도 계명과 유대적인 규례를 계속 지켜야한다는 입장을 고수하는 측이나, 그렇지 않은 측 모두, "주를 위하여"라는 원칙에 기초하여 신앙 생활을 한다. 신자가 된다는 것은, 내가 내 삶의 주인 되는 것을 포기함을 뜻한다. '나'라고 하는 자아는 죽고, 그리스도가 나의 주인이 되는 사건이 일어날 때, 참된 의미의 신자가 된다(갈 2:20). 그리스도의 은혜를 힘입어 새로운 존재로 거듭난(고후 4:16; 고후 5:17) 신앙인이라면 누구를 막론하고, 자신을 위해 살지 않는다. 즉, 행동의("죽거나 살거나") 동기動機가 자신의 이익이나 욕망에 있지 않다.[312] 7f절에서(그 외에도 10절, 12절) 주어로 사용되는 "우리"는 외형상 서로 다른 신앙적인 태도를 보일 지라도, 모두가 그리스도 안에서 한 형제요 자매인 공동체 일원임을(각각 다양한 지체로 살아가지만 그리스도라는 한 몸에 속한 존재) 강조하는 역할을 한다.

[8] 부정문否定文인 7절의 내용을 긍정의 조건문으로 표현한 것이 8절이다. 신앙인은 '그리스도를 위해서' 사는 존재이다(고후 5:15; 참고 갈 5:13; 갈 6:2). 그리스도께서 자신을 희생하심으로 우리를 죄와 죽음의 권세로부터 해방시켜 주셨다. 그는 십자가의 죽음이라고 하는 값비싼

---

312) 참고 크랜필드, 『ICC 3』, 190f 주 58 여기서 유사한 구절로 Plutarch Cleom 31을 제시한다(αἰσχρὸν γὰρ ζῆν μόνοις ἑαυτοῖς καὶ ἀποθνῄσκειν).

대가를 치루고 우리를 사셨다(고전 6:20; 고전 7:23). 이제 우리는 주님의 것이다(참고 고전 6:19b). "우리가 살아도 ... 죽어도 ..."는 세례와 관련된 고백을 연상시킨다(딤후 2:11-13; 6:3-5, 8, 10f). 세례를 통하여 신자는 그리스도와 운명과 함께 하는 존재가 되었다(그의 죽음과 부활에 동참). 따라서 신앙인들은 생사에 관계없이 '그리스도를 위해서' 살아야 한다. '그리스도를 위해서'가 우리 삶의 존재 이유와 목적이 되어야 한다.

[9] 바울은 지금까지 논의한 것을 기독론에 기초해서 결론을 이끌어 낸다. 그리스도를 위해 사는 것이 신자들의 존재 목적이 되도록 하기 위해, 그리고 그들을 주님께 속한 존재로 만들기 위해, 그리스도께서 죽으셨고, 부활하셨다. 그리스도의 죽음과 부활은, 자신의 주님 되심을 모든 인류에게 선포하고 인정받기 위한 종말론적인 사건이다. 주님은 죽음의 권세까지도 제어하고 굴복시키셨다. 죽은 자와 산자의 주님 되시는 그리스도는, 로마 교회 내 상이한 신앙의 삶을 사는 두 그룹에 동일한 주님이시다. 그리스도의 이 같은 '주님 되심' 앞에서 로마 교회는, 비록 상이한 신념 체제를 가졌다 하더라도 서로 반목하거나 다퉈서는 안 된다.

[10] 기독론에 기초한(9절) 권고를 -형제를 비판하지 말고 업신여기지 말라- 질문의 형태로, 믿음이 '강한 자'와 '약한 자' 두 측에 전한다. 여기서 바울은 4절에서 했던 수사학적인 질문을 다시 던지고 있다("네가 어찌하여 ... ?"). 비록 신앙의 행태가 서로 다르다 하더라도 양쪽 모두 주를 위해 살고 있다(6ff절). 그리스도께서 당하신 십자가의 고통과 부활 체험은 모두를 위한 것이었다(9절). 따라서 믿음과 관련한 신념체계가 다르다는 이유 하나만으로 공동체의 일원인 형제·자매를 비판하거

나 업신여기는 것은 잘못이다. "비판한다"와 "업신여긴다"는 이미 3절에서 함께 사용된 적이 있다. 타인을 정죄하거나 멸시하지 말아야 하는 이유가, 기독론에 근거해서 제시될 뿐 아니라(9절) 종말론적인 측면에서도 설명된다(10b절). 우리는 마지막에 하나님의 심판대 앞에 서게 된다(2:6 "행한 대로 보응"). 심판대bēma는 원래 연설을 위해 올라가는 자리, 단상을 가리켰는데, 판사나 행정관의 좌석이나(마 27:19; 행 18:12) 최후의 심판이라는 의미로 사용되었다(고후 5:10 "그리스도의 심판대").

　[11] 바울은 한편으로 종말론적인 내용("모든 무릎이 … 꿇을 것이요"), 다른 한편으로는 법정에서 사용되는 표현이 나오는("모든 혀가 … 자백하리라") 구약을 인용함으로써 지금까지 피력한 내용이 옳다고 논증한다. 11절은 사 49:18의 도입부와("주께서 이르시되 내가 살았노니" -예언서에서 잘 나오는 정형구임. 렘 22:24; 겔 5:11; 습 2:9 등) 사 45:23b의 내용을 함께 묶은 것이다. 이사야의 내용을 제시함으로써 인간은 하나님께 복종할 수밖에 없는('다른 신앙체계를 가졌다는 이유로 비판해서는 안 된다') 존재임을 상기시키고 있다. "내가 살았노니"는 하나님의 맹세로서, 그 내용은 호티 hoti 절을 통해("하나님은 지배자이시며 심판자시다") 소개된다.

　[12] 종말에 만물의 주가 되시는 하나님(9절), 재판에서 승소하시는 하나님이라는(10f절) 사고로부터 추론된 내용이 12절이다. 하나님은 인간의 복종을 원하시는 전능하신 분이라는 사실을 모두에게("각 사람이") 분명히 인식시킨다. 신앙의 행태가 다르다는 이유 하나만으로 같은 믿음의 식구를 -그들은 모두 그리스도를 위해 사는 자들이며(14:8), 그들을 위하여 그리스도께서 죽으셨다(고전 8:11)- 비방하거나 심판하는 일은 없어야 한다. 믿음이 '강한 사람'이나 '약한 사람'을 막론하고

모두는, 형제·자매에 대해서가 아니라 바로 자기 자신에 대해 하나님께 설명을 해야 한다(공식적인 보고 차원에서!). "직고하리라"*logon (apo)dounai* 는 '아뢰다'는 뜻으로 성서 여러 곳에 나온다(마 12:36; 행 19:40; 벧전 4:5). 12절의 내용은 10b절과("우리가 다 하나님의 심판대 앞에 서리라") 긴밀하게 관련되어 있다.

b) 형제를 넘어지게 말라, 사랑 안에서 행하라 (14:13-23)

13 그런즉 우리가 다시는 서로 비판하지 말고 도리어 부딪칠 것이나 거칠 것을 형제 앞에 두지 아니하도록 주의하라 14 내가 주 예수 안에서 알고 확신하노니 무엇이든지 스스로 속된 것이 없으되 다만 속되게 여기는 그 사람에게는 속되니라 15 만일 음식으로 말미암아 네 형제가 근심하게 되면 이는 네가 사랑으로 행하지 아니함이라 그리스도께서 대신하여 죽으신 형제를 네 음식으로 망하게 하지 말라 16 그러므로 너희의 선한 것이 비방을 받지 않게 하라 17 하나님의 나라는 먹는 것과 마시는 것이 아니요 오직 성령 안에 있는 의와 평강과 희락이라 18 이로써 그리스도를 섬기는 자는 하나님을 기쁘시게 하며 사람에게도 칭찬을 받느니라 19 그러므로 우리가 화평의 일과 서로 덕을 세우는 일을 힘쓰나니 20 음식으로 말미암아 하나님의 사업을 무너지게 하지 말라 만물이 다 깨끗하되 거리낌으로 먹는 사람에게는 악한 것이라 21 고기도 먹지 아니하고 포도주도 마시지 아니하고 무엇이든지 네 형제로 거리끼게 하는 일을 아니함이 아름다우니라 22 네게 있는 믿음을 하나님 앞에서 스스로 가지고 있으라 자기가 옳다 하는 바로 자기를 정죄하지 아니하는 자는 복이 있도다 23 의심하고 먹는 자는 정죄되었나니 이는 믿음을 따라 하지 아니하였기 때문이라 믿음을 따라 하지 아니하는 것은 다 죄니라

[13] "그런즉"*oun*이라는 표현을 통해, 앞 단락에(1-12절) 나오는 권면의 내용을 -비판하지 말라- 보다 긍정적인 것으로 -형제가 실족치 않도록 하라- 바꾼다. 바울은 '권유'의 의미를 가진 가정법 동사를 사용하고 있다(크리노멘*krinōmen* "비판하지 맙시다"). 따지고, 판단하고, 정죄하려는 태도를 버리고, 동료에게 걸려 넘어질 소지가 되는 것들을 예방과 배려의 차원에서 제거하라고 권한다. "부딪칠 것"*proskomma*과 "거칠 것" *skandalon*, 이 두 단어는 이미 9:33에서(사 28:16 인용) 함께 나왔다. 동사 "두다"*tithēmi*도 마찬가지다. 유대인들은 예수 그리스도를 거리끼는 것으로(*skandalon*, 영어 scandal의 어원, 고전 1:23) 그리고 저주를 받은 자로 봄으로써 -십자가에 달리셨기 때문에(참고 갈 3:13; 신 21:23)- 걸려 넘어졌다(9:33). 이와 유사하게 교회 내 신앙이 '강한 자'들이 거리낌 없이 아무 음식이나 먹고 유대력에 따른 절기를 지키지 않을 때, 이를 지켜보는 친유대적인 성향의 사람들은('연약한 자'들) 실족하거나 시험에 들 수 있다.

[14] 바울은 14-18절에서 왜 강한 자가 약한 자를 비판해서는 안 되는지에 대한 이유를 밝힌다. 우리 사도는 그리스도의 전승을 통해 분명하게 알고 있는 내용을 언급한다.313) 무엇이든 그 자체로("스스로") 부정한 것은 없다. '부정한'*koinon*이란 히브리어 *ṭame*'를 번역한 것으로, 반대말은 '정결한'*katharos*(히브리어 *ṭahor*)이다. '정결'과 '부정결'의 대비는 이스라엘이 주위 종교 의식이나 생활 풍습으로부터 자신을 구별하고 신앙 정체성을 보존하고 유지하기 위한 이원적인 사고틀이다.

---

313) "알고(15:29; 고후 9:2 등) 확신하노니(8:38; 15:14 등)"라는 표현을 함께 사용함으로써 강조의 의미를 부각시킨다. "주 예수 안에서 확신하노니"는 갈 5:10; 빌 2:24; 살후 3:4에서 나온다.

이스라엘인들은 삶의 매 순간 정결과 부정결이라는 두 범주 가운데, '정결'을 택해야 한다. 왜냐하면 거룩한 하나님은 자신의 백성들이 거룩하기를 원하시기 때문이다(레 19:2; 참고 살전 4:3 *hagiasmos*) -약속의 땅과 이방인의 땅, 율법을 따라 사는 삶과 그렇지 못한 인생, 율법이 정한 바에 따른 먹을 수 있는 음식과(동물, 식물) 그렇지 못한 것들, 여러 가지 제의 법적인 규정에 부합하는 제사 제물과 그렇지 않는 것 등. '정결'과 '부정결'의 구분은 특히 제의와 밀접하게 관련되어 있다. 이러한 이분법은 그러나 초대교회 내에서 유대적인 성향을 가진 신앙인들과 그렇지 않은 자들 사이에서 논란거리로 등장한다. 율법의 계속적인 유효성을 믿는 전자의 사람들은 유대적인 여러 가지 규례와 규정에 근거한 정결과 부정결의 이분법에 따라 살려고 노력했다. 그러나 후자에 속한 자들은 예수 그리스도의 십자가 사건에서 율법의 종결을 보았고, 제의는 이제 더 이상 구원을 위해 필요치 않다는 확신을 갖게 되었다. 고전 8장에서는 창조주의 관점으로 부정결의 문제에(우상에 바쳐진 제물) 접근한다. 하나님만이 참되고 유일한 신이요(고전 8:4ff), 그분을 통해 온 세상이 창조되었으며, 온 피조물은 그의 작품이므로 더러운 것이 없다(고전 8:6, 8). 반면에 로마서에서 바울은 예수의 가르침에("내가 주 예수 안에서 알고 확신하노니") 근거하여 "속된 것이 없다"고 단언한다. 먹거리는 모두 하나님께 속한 것으로 더러운 것이 없다는(고전 8:8; 고전 10:25f) 사고가 부활 전의 예수께 소급되는지(참고 막 7:15 par.) 혹은 후의 말씀인지는(참고 살전 4:1ff) 불분명하다. 그러나 '모든 음식이 가可하다'는 사고는 분명히 초대교회에 널리 받아들여지고 있었다(행 10:9ff; 딤전 4:3f). 중요한 것은 '이를 신앙의 관점으로 얼마나 이해하고("여기는") 받아들이느냐'이다(고전 8:7; 딤전 4:3). 마음의 자세가 문제인 것이다(참고 딛 1:15).

[15] 로마 교회 내에는 믿음이 '강한 자'도 있고 '연약한 자'도 있다. 한 편은 육식을 해도 된다고 보았고, 다른 한 편은 안 된다고 생각했다. 강한 자의 입장에서 보면, 모든 피조물은 하나님께서 만드신 것이므로 부정한 것은 없다. 하지만 부정하다고 생각하는 사람에게는 그것이 실제 부정한 것이 된다. 믿음의 공동체 생활에서 가장 중요한 것은 다른 구성원들에 대한 배려, 즉 사랑이다. 음식 문제 때문에(육식을 먹는 것) 다른 신념을 가진 형제·자매가(채식주의자) 부담을 느끼거나 마음에 고통을 겪는다면("근심하게 되면" 고후 2:2ff; 고후 7:8ff; 롬 9:2) 비록 먹는 행위가 믿음이나 양심의 차원에서 아무런 문제나 거리낌이 없었다 할지라도, 공동체 윤리의 근간인 사랑에(13:8ff) 기초한 행동이 아닌 셈이다(12:10). 우리가 연약할 때, 그리스도께서는 우리를 위하여 죽으심으로 우리에 대한 사랑을 나타내 보이셨다(5:6, 8). 그렇기 때문에 그리스도에게 빚진 우리는 연약한 자들을 사랑으로 대할 의무가 있다. 구성원들에게 관심을 갖고, 다름을 인정하며 배려하는 가운데 조심스럽게 신앙생활 하지 않는 자는 그리스도께서 자신을 희생하여 살리신 형제·자매를 죽이는("망하게") 큰 죄를 범하게 된다(참고 막 9:42 par. "누구든지 나를 믿은 이 작은 자들 중 하나라도 실족하게 하면 차라리 연자매돌이 그 목에 매여 바다에 던져지는 것이 나으리라").

[16] 문맥 상, 계속 로마 교회 내의 믿음이 '강한 자'들에게 권면하는 내용이다. 모든 피조물은 하나님께서 만드신 것이라고 생각하고 감사함으로 고기를 먹었기에, 그들은 음식과 관련해서 아무런 문제가 없었다(참고 고전 10:30). 하지만 믿음이 약한 자들의 입장에서는, '강한 자'들의 먹는 모습이 심적인 부담이나 고통으로 다가왔을 것이다. 만일 그렇다면, 믿음이 강한 자들의 행동은 결코 사랑에서 나온 것이라고

볼 수 없다(15절). 왜냐하면 사랑은 형제 또는 이웃에게 악을 행하지 아니하는 것(13:10), 즉, 선을 행하는 것이기 때문이다(참고 12:9). 본문에서 "너희의 선한 것"이란 '믿음 안에서 누리는 자유'이다. 주님의 피로 비싸게 산 자유가 비난거리가 되어서는 안 된다는 뜻이다("너희의 선한 것이 비방을 받지 않게 하라"). 그러므로 믿음 '강한 자'들이 아무런 죄책감이나 거리낌 없이 고기를 먹는 행동이("너희의 선한 것이"), 남의 눈에 비방 또는 불경거리로 비쳐지는 것은 아닐까 경계해야 하는 것이다. 자신의 신앙체계에 따라 행동하는 것 조차도, 다른 방식으로 믿음 생활하는 교인들과 함께 있을 때에는 배려하는 마음으로 조심하고 필요하면 자제까지 해야 한다. 공동체에 속한 자라면 누구나, 다른 교인들이 갖고 있는 신앙체계를 존중하고 그들과 공존하는 법을 배워야 한다.

[17] 복음서의 핵심주제 "하나님 나라"와 이어 나오는 부정적인 표현("~이 아니요")으로(참고 고전 4:20; 6:9; 갈 5:21; 엡 5:5), 바울은 먹고 마시는 행위가 신앙의 문제에서 부차적인 것이라는 사실을 분명히 밝히고 있다.314) 이로써 17절은 앞에서 권고한 내용에(16절) 대한 논증의 역할을 한다. 바울의 글에서 "하나님 나라"는 주로 세례와 관련되어 등장한다 (세례 때의 선포 -살전 2:12; 살후 1:5; 골 1:13; 세례 시, 금지의 권면 -고전 6:9; 갈 5:21; 엡 5:5).315) 신앙인들의 입장에서 볼 때, 하나님 나라는 특정 음식을 '먹느냐', '안 먹느냐' 와 상관이 없다. 관건은 구원이 가져다주는 선물들이다('성령 안에서 주어지는 의와 평화와 기쁨'). '평화'(="평강")와 '기쁨'(="희락")은 성령의 열매 중의 하나이기도 하다(갈 5:22, 참고 딤후 2:22 "의와 믿음과 사랑과 화평"). "의"는 그리스도를 통해 선사되는 것으로(3:21ff), 사랑을

---

314) 박수암, 『로마서』, 331

315) U. Wilckens, EKK VI/2, 93, 주 457

통해 효력을 발생한다. 그런데 로마 교회의 '강한 자'들이 먹는 것을 문제 삼는 바람에 공동체의 '사랑'이 공중분해 될 위기에 봉착했다. '평화'는(= '샬롬'), 그리스도의 대속적인 죽음으로 하나님에 대한, 그리고 우리 스스로에 대한(7:20ff) 적대관계가 해소됨으로써(5:8), 종말론적인 구원이 실현되었을 때 우리가 누리게 되는 현실을 일컫는다(5:1). 평화는 이를 구현하기 위해 애쓰는 신앙인의 수고와 노력으로 공동체 내·외부에서 실현된다(12:18). '기쁨'은 종말론적인 구원의 확신을 경험한 자들이 외치는 환호와 관련이 깊다(8:35ff). 예수 그리스도로 말미암아 하나님의 의가 이 땅에 도래했고, 사람들과 하나님 사이의 잘못된 관계가 회복되었다. 여기서 이루어진 궁극적인 구원의 현실에 대해 사람들은 기뻐할 수밖에 없다. 이 기쁨은 또한 성령을 통해 주어진다. 바울은 기쁨속에 늘 거할 것을 권면한다(살전 5:16). '의', '평화' 그리고 '기쁨'이라는 세 개념을 가지고 바울은 하나님께서 다스리시는 종말론적인 현실을 묘사한다. 하나님 나라는 '의'와 평화와 '기쁨'이 구현되는 곳에 나타난다.316) "먹는 것", "마시는 것"이란 단어를 통해 20f 절의 내용이 자연스럽게 준비된다.

[18] 앞 절의 내용에서 바울은 결론을 이끌어 낸다(18f절). '이것으로'(*en toutō* "이로써")가 무엇을 가리키는 것인지에 대해 의견이 분분하다. 가능성은 여러 가지이다. (1) 성령, (2) 의 - 평화 - 기쁨, (3) 17절 전체, (4) "이런 방식으로", (5) 평화(참고 19절). 주석가 중에서 오리겐, 빌켄스는 (1)을, 케제만, 슐리어, 크랜필드는 (2)를, 미켈은 (3)을 택한다. 17절 마지막에(원어 상) "성령 안에"라는 표현에 이어, 18절 초두에

---

316) U. Wilckens, EKK VI/2, 93f 참고

'이것으로'가 나왔다는 점에서 "이로써"는 성령을 받는다고 보는 것
이 좋겠다. 성령으로 그리스도에게 봉사하고 섬기는 자는 하나님 보시
기에 기뻐하는 자요, 사람이 볼 때는 인정받는 자로(dokimos "칭찬을 받느
니라")317) 평가된다. '인정받는'은 16절의 '비방 받는다'와 의미상 대
구를 이룬다. '하나님의 통치하심'과("하나님의 나라" 17절) '그리스도의
주님 되심'은("그리스도를 섬기는" 결과로 이루어진 현실 18절) 일맥상통하는
개념이다. 하지만 권세의 측면에서 볼 때, 당연히 아버지가 아들보다
강하다(고전 15:24, 28).

[19] 그리스도께 봉사하는 자는 수직적인 관계(하나님) 뿐만 아니라
수평적인 관계(인간)에서도 사랑과 인정받는다(18절). '하나님 나라'와
'그리스도의 주님 되심'(주권 Lordship)은 등가의 개념으로, 전자에서 평
화가 중요한 것처럼(17절) 후자에서도 -그리스도를 섬김에 있어서도-
마찬가지이다. "그러므로"ara oun는 이하의 내용이, 결론으로 주는 권
면임을 시사한다. 우리, 즉 그리스도에 봉사하는 자들은 평화의 일을
추구하는데 힘써야 한다. 바울은 공동체 내에서 서로 다른 신앙적 신
념체계 때문에 발생한 문제를 염두에 두고 말한다. 따라서 19절에서
언급된 "평화의 일"은 공동체와 관련된 사역을 뜻한다(12:18과 다름). 아
울러 교회 내적인 관점에서 보면, 형제·자매들과의 교제를 통해 공동
체를 위한 덕을 세우는 일oikodomē도318) 중요하다. 지금까지(18절) 강한
자들과 직접 대화하던 방식을 사용했다면("네" 15절, "너희" 16절), 여기
서는(19절) "우리"를 주어로, 바울과 동역자들이 현재 관심을 갖고 추

---

317) 이 단어는 로마서에서 이곳 외에 16:10에서만 나온다. 그 외에 신약에서
고전 11:19; 고후 10:18; 13:7; 딤후 2:15; 약 1:12에서 만날 수 있다.
318) 참고 15:20; 고전 8:1; 10:23; 14:3-5, 12, 26; 고후 10:8; 12:19; 13:10

구하는 사역의 내용과 성격을 밝힘으로써, 로마 교인들이 음식과 관련해서 어떤 태도를 취해야 하는지 간접적으로 가르치고 있다.

[20] 음식은 부차적인 것이다(17a절). "하나님의 사업"(직역 '하나님의 일')이 중요하다. 바울은 앞에서 이를 "주를 위하여"(6, 8절)라고 표현한 바 있다. 음식 때문에 하나님의 일을 그르치는 불상사가 일어나서는 안 된다. 모든 것은 하나님께서 만드신 것이므로, 제의적인 관점에서 볼 때 정결하다(참고 14절). 다만 부정하다고 여기는 사람에게는 그것이 실제 부정한 것이 된다. 먹을 때 거리끼는(= "부딪칠" 13절) 마음이 드는[319] 사람이라면, 먹는 것이 그에게 해악이 된다. 여기서 거리낌의 빌미를 제공하는 자는 '강한 자'요, 거리낌으로 먹는 자는 '약한 자'이다.[320]

[21] 앞 절에서는 악하다kakon는 표현이, 여기서는 아름답다kalon는 말이 나온다. 앞에서 "거리낌으로 먹는 것은 나쁘다"고 설명한 반면, 21절에서는 "(고기를) 먹지 않는 것이 좋다"고 말한다. 20절에서 먹는

---

319) *dia proskommatos*(διὰ προσκόμματος) 여기서 전치사 *dia*는 동반하여 발생하는 상황을 언급하는 의미로 쓰이고 있다. Bl-D. § 223 주 8

320) 20절의 "먹는 사람"을 강한 자로 해석하는 전통이 고대 교회부터 있었다. 예를 들면 Origen, Th.v. Aquin, Calvin(*The Epistle of Paul The Apostle to the Romans and to the Thessalonians*, 300), Sanday-Headlam(*ICC*, 392f), 크랜필드(『ICC 3』, 210f), Käsemann(HNT 8a, 366). 이들 주장에 따르면, 모든 것을 먹음으로써 믿음이 약한 자를 걸려 넘어지게 한다는 점에서 "먹는 사람"은 강한 자이다. 하지만 20절에 분명히 "먹는 사람"은 타인에게 거리낌을 유발하는 존재가 아니라, 스스로 먹기를 꺼려하는 자로 묘사된다. 만물이 모두 정결하기에 가리지 않고 먹어도 되나, "거리낌으로 먹는 사람"에게는 음식이 해가 될 수 있다는 관점에서 볼 때, 먹는 사람이(그는 거리낌으로 먹는다!) 신앙이 약한 자다.

주체는 '믿음이 약한 자'이고 21절에서는 '강한 자'이다. 믿음이 약한 자들은 육식이나 포도주를 부정한 것으로 여겼다. 먹어야하는 불가항력적인 상황에 처했을 때, 그들은 거리끼는 마음으로 참여했다. 이때 '강한 자'들이 '약한 자'들을 위해 먹고 마시는 것을 포기한다면, 더할 나위 없이 아름다운 일이 된다. 형제·자매가 실족하지 않도록 배려하는 마음에서 나온 행동은 신앙 공동체의 삶에서 귀하고 아름다운 것이다. 구약은 부정한 짐승의 고기를 먹지 말라고 권하고 있지(레 11장, 민 14장), 모든 육식을 금하고 있지는 않다. 아마도 로마에서는 유대식으로 도살함으로써(레 17:10ff) 정결법에 저촉이 되지 않는 짐승의 고기를 구할 수 없기 때문에, 일부 사람들은(참고 3절) 육식을 삼갔으리라 추정할 수 있다.

나실인과 같은(민 6:3f; 삿 13:4) 특수한 경우를 제외하곤, 유대인들을 포함해서 당시 거의 모든 사람들은 포도주를 즐겨 마셨다. 그렇기 때문에 포도주를 금지하는 것은 매우 이례적이다. 로마 기독교인의 입장에서 보면, 시장에서 팔리는 포도주가 제주(祭酒 libation)로 쓰였던 것인지 아니면 저장고에서 곧바로 나온 것인지 구별하기 어려웠다. 그래서 로마 교회의 일부 교인들은 포도주 마시기를 포기했던 것이다(참고 2절).

[22] 계속 강한 자들을 향해("네게") 권면한다 -'특정한 신념체계에서 유래된 생각이나 또는 신앙인이라면 이렇게 행동해야 한다는 정형화된 사고틀을 공동체 내 다른 이들에게서 강요하지 말라'. 각자 신앙생활에 준거가 되는 믿음을, 이웃을 평가하고 판단하는데 사용해서는 안 된다. 믿음은 이웃이 아니라 나와 하나님과의 관계에서 필요한 것이다("하나님 앞에서 스스로[직역 '너 자신에 대해'] 가지고 있으라"). 단독자로 하나님 앞에 설 때("하나님 앞에서"), 하나님께서는 우리의 믿음을 보신다. 우

리의 믿음을 근거로 해서 -그것이 유대적, 비유대적이든 상관없이- 하나님은 우리를 당신의 동역자로 인정해 주신다. 22b절에서 바울은 신앙의 자기모순에 빠지지 않는 자는 복되다고 말한다. 믿음이 '강한 자'에게는 자신의 신앙 행태에 따라 살라고 타인('약한 자')을 강요하는 경향이 있다. 그 과정에서 약한 자가 실족하게 되고, 결과적으로 죄를 짓게("자기가 옳다 하는 바로 자기를 정죄 ... 하는") 된다. '약한 자'의 믿음 상태를 고려하고, 자유한 마음으로 상대방의 눈높이에 맞추어 그를 이끌어 주는 것이 바로 사랑에 의거한 행동이다(15절). 그때 그는 참된 행복을 맛볼 것이다("복이 있도다").

　　[23] 신앙인은 각자의 신념체계에 따라 살아야 한다. '부정한 것인데...', '먹으면 안 되는데...' 하는 거림직한 마음으로 먹는다면(원문 '의심하는 자가 만일 먹는다면', 개정개역 "의심하고 먹는 자는") 그는 유죄 선고를 받게 된다. 왜냐하면 신앙의 내적인 자유를 확보하지 못하고, 죄의식 가운데 먹었기 때문이다. '믿음'은 전능하신 창조주 하나님께 대한 전적인 의존, 신뢰를 뜻한다. 따라서 "믿음을 따라 하지 아니하다"란 어떤 행동이 조물주와 피조물, 하나님과 그의 사랑하는 자녀라는 관계에 합당하지 않다는 의미이다. 그리스도를 믿는 신앙인에게는 '자유'가 선물로 주어진다(고전 9:19; 참고 고후 3:17). 그 '자유'의 범위는 '믿음'의 분량에 따라 각각 다르다(고전 8:9). 허락된 자유의 한도 내에서 신앙인은 살아가야 한다. 믿음이 허용하는 범위를 넘은 행동, 자의적인 행동은 죄이다.

c) 그리스도를 본받아 (15:1-13)

1 믿음이 강한 우리는 마땅히 믿음이 약한 자의 약점을 담당하고 자기를 기쁘게 하지 아니할 것이라 2 우리 각 사람이 이웃을 기쁘게 하되 선을 이루고 덕을 세우도록 할지니라 3 그리스도께서도 자기를 기쁘게 하지 아니하셨나니 기록된 바 주를 비방하는 자들의 비방이 내게 미쳤나이다 함과 같으니라 4 무엇이든지 전에 기록된 바는 우리의 교훈을 위하여 기록된 것이니 우리로 하여금 인내로 또는 성경의 위로로 소망을 가지게 함이니라 5 이제 인내와 위로의 하나님이 너희로 그리스도 예수를 본받아 서로 뜻이 같게 하여 주사 6 한마음과 한 입으로 하나님 곧 우리 주 예수 그리스도의 아버지께 영광을 돌리게 하려 하노라 7 그러므로 그리스도께서 우리를 받아 하나님께 영광을 돌리심과 같이 너희도 서로 받으라 8 내가 말하노니 그리스도께서 하나님의 진실하심을 위하여 할례의 추종자가 되셨으니 이는 조상들에게 주신 약속을 견고하게 하시고 9a 이방인들도 그 긍휼하심으로 말미암아 하나님께 영광을 돌리게 하려 하심이라 9b 기록된바 그러므로 내가 열방 중에서 주께 감사하고 주의 이름을 찬송하리로다 함과 같으니라 10 또 이르되 열방들아 주의 백성과 함께 즐거워하라 하였으며 11 또 모든 열방들아 주를 찬양하며 모든 백성들아 그를 찬송하라 하였으며 12 또 이사야가 이르되 이새의 뿌리 곧 열방을 다스리기 위하여 일어나시는 이가 있으리니 열방이 그에게 소망을 두리라 하였느니라 13 소망의 하나님이 모든 기쁨과 평강을 믿음 안에서 너희에게 충만하게 하사 성령의 능력으로 소망이 넘치게 하시기를 원하노라

[1] 1-6절에서 바울은 지금까지의 논의를 요약한다. 이 단락은 기원문으로 끝맺고 있다(5f절). 먼저 믿음이 강한 자는("강한 우리는") 약한 자를 배려해야 한다. 로마 교회 내 믿음이 '강한 자'들은 믿음이 주는 자

유를 만끽하며 살았다. 경향 상, 바울도 이 부류에 포함될 수 있다.321)
강한 자들은 '약한 자'들이 신앙적으로 감당할 수 없는 것들을(고기·포도
주 먹기, 절기 준수 포기) 마땅히 해야 한다고 주장하며, '약한 자'들을 압박
했다. 바울은 이를 경계하면서, '약한 자'들의 연약함("약점" *asthenēma*)
을 '강한 자'들이 의무적으로 감당하라고(원어 *bastazein* "지라" RSV "bear",
REB "accept" 참고 갈 6:2a) 적극 권면한다. "약점"은 무능이나 무력함을
뜻한다. '강한 자'의 '강함'은 스스로에게서 나온 것이 아니다. 죄와 죽
음의 권세로부터 우리를 자유케 하신 성령의 능력에서 기인했다. 우리
를 대신해서 죽으신 그리스도의 희생으로(14:15) 믿음을 얻게 되었고,
믿음의 결과 자유를 누리게 되었다. 따라서 믿음이 강한 자들은 이 자
유를 자신을 위해 써서는 안 된다("자기를 기쁘게 하니 아니할 것이라" 참고
고전 9:19; 갈 5;13).

　　[2] 신앙인은 더 이상 자기중심적으로 살아서는 안 된다(14:7f; 갈 2:20).
자신이 아니라 하나님을(8:8; 갈 1:10; 살전 2:4; 4:1) 그리고 이웃을(참고 레
19:18) 기쁘게 해야 한다. 즉, 이웃에게 유익을 끼쳐야 한다(고전 10:33).
"각 사람"은 믿음 생활에서 개인의 책임이 얼마나 중요한 지를 강조하
는 표현이다. 이어서 이웃을 기쁘게 하는 것이 무엇인지 구체적으로
설명한다. 신자라면 누구나 믿음이 약한 이웃의 약점을 관용으로 감싸
주며(14:1) 그들을 공동체의 일원으로 인정하면서(12:5), 모두 함께 교회
의 건덕을 목표로(*pros oikodomēn*, 참고 14:19) 선을 추구해야(12:9, 21) 한다
(14:1, 19; 15:1).

---

321) U. Wilckens, EKK VI/3, 100는 클라우디우스 황제의 추방령으로 로마
에서 쫓겨나왔다가 동방에서 바울과 만나 교분을 나눈 자들이 바로 "우리"로,
이들은 칙령이 취소되자 다시 로마로 돌아왔다.

[3] 자신이 아니라 남을 기쁘게 해야 하는 이유를 바울은 예수 그리스도의 삶에서 찾고 있다. 그는 자신을 위해 살지 않으셨다(참고 그리스도의 겸비謙卑 kenosis 빌 2:6ff; 롬 3:25). "기록된 바"로 인용되는 구절은 그리스도와 관련된 신약이 아니라 시LXX 68:10(MT 69:9)이다. 구약의 예언과 약속이 예수 그리스도에서 성취되었다는 점에서(1:2) 그리스도께서 남을 위해 대속물로 자신을 내어 놓은 희생은("자기를 기쁘게 하지 아니하셨나니"), 구약 이래 일관된 하나님의 구원 경륜 중 하나이다. 그리스도의 이타적인 삶은 구약의 전거에 따른 것이거나(이사야의 고난의 종의 노래[53장]), 또는 구약에서 예를 찾아볼 수 있으므로, 구약이 제시된 것이다. 시편 기자는 대적자들의 비방으로 인한 수치심와 능멸감에 사로잡혀 깊이 탄식한다. 한탄은 하나님께 대한 탄원과 호소로 이어지는데, 이 부르짖음이 마치 예수 그리스도께서 하신 말씀인 것처럼 로마 교인들에게 들려진다. 시LXX 68(MT 69)은 여러 신약성서 기자들이 참고한 본문이다.322)

[4] 구약에 기록된 내용은 무엇을 막론하고(1:2) 교인들을 가르치기 위한 것이라고 말함으로써, '그리스도께서 고난을 대신 받음으로 손수 모범을 보였듯이(참고 벧전 2:21) 너희들도 이웃을 기쁘게하는 삶을 살라'는 앞의 내용이(1-3절) 틀림없음을 다시 확언한다. 이로써(두 번째 나오는 히나hina) 성경은 우리로 하여금 인내와 위로를 통해 소망을 갖도록 한다(인내 → 소망 5:4; 8:25). "소망"은 예수 그리스도를 주님으로 고백하는 믿음의 공동체가 갖고 있는, 종말론적인 구원의 약속이 실현되리라는 기대이다. 구약은 이미 예수 그리스도께서 자신이 아니라, 남을

---

322) 막 15:23, 36 par.[N-A²⁷ 난외 주]; 요 2:17; 행 1:20; 롬 11:9 f; 계 3:5 [N-A²⁷ 난외 주] 등.

위한 삶을 살 것이라고 예언하고 있다. 우리도 예수님을 본받아 인내하고 구약의 가르침으로 위로*paraklēsis*를 삼아(= '구약을 통해 믿음을 더욱 굳건히 하고, 복음에 순종하며 살겠다는 힘과 용기를 얻어', 참고 12:8), 다른 신앙의 신념체계로 인해 상이한 믿음의 행태를 보이는 이웃을 용납하고 함께 공동체 일원으로 살아갈 때 궁극적인 구원을 바랄 수 있게 된다. "소망"은 다음 단락의(7-13절) 맨 마지막 부분에서(12f절) 다시 언급되고 있다.

[5-6] 바울은 마지막으로 로마 교인들을 위해서 간구의 기도를 드린다. 앞 절에서 언급된 "인내"와 "위로"는 여기서 하나님을 수식하는 수식어로 등장한다. 하나님께서 로마 교회에 인내와 위로를 선물로 주셔서, 교인들이 그리스도를 본받아(참고 빌 2:5-11; 히 12:2) 서로 같은 생각과 마음을 품기를 바라고 있다. 그 결과, 그들이 합심하여(RSV "together", 개역개정 "한마음과") 한 목소리로(직역 "한 입으로") 우리 주 예수 그리스도의 아버지인 하나님께 기쁨으로 영광 돌리기를 바울은 간구한다.

[7] '그리스도를 본받아, 이웃의 다름을 용납하고 서로를 믿음의 식구로 여기고 한 마음 한 뜻으로 살라'는 구체적인 권면을 14장 이하의 전체 내용과 연결시키고 있다. 여기서 바울은 유대인, 이방인 할 것 없이 누구나 교회 공동체의 일원으로 받아들일 것을 강권하고 있다. 이어서 교회 건덕健德을 위해 서로를 용납해야 되는 이유를 구원사적으로(8-9a절) 그리고 구약 인용을 통해(9b-12절) 논증한다. 마지막은 축복을 기원하는 기도로 끝난다(13절).

"그러므로"*dio*라는 표현으로 14:1-15:6에서 언급했던 권면의 결론을 ("서로를 받으라") 이끌어 낸다. 여기서 바울은 로마 교회 전체를 대상으

로 말하고 있다("너희도"). 그리스도께서는 자신을 기쁘게 하는 길을 택
하지 않으셨다. 그는 로마 교인들까지도 받으셨고, 결국엔 하나님께
영광을 돌리셨다(참고 9a절). 따라서 너희들도, 그리스도에 의해 용납되
고 받아들여진 실체로 서로를 인정하라고("서로 받으라") 간곡히 당부한
다. 개역개정판에는 "그리스도께서 우리를 받아"로 옮겨져 있다. 이는
N-A^{25}(네슬-알란드 25판 신약성경), B(바티칸 사본), D*(원原 베자 사본) 등의 읽
기이다. 이 부분은 결론으로써 전체 로마 교인들을 대상으로 말하고
있다는 점에서, 그리고 내용으로 볼 때도 '그리스도가 우리를 받음과
같이 너희도 서로를 받으라' 보다는 '그리스도가 너희를 받음과 같이
너희도 서로를 받으라'가 뜻이나 논리적으로 좀더 합당하다는 점에서
N-A^{27}의 제안처럼 "그리스도께서 너희를 받아"로 읽어야 한다.

[8-9a] 하나님의 참되심을 위해 그리스도께서 종diakonos이 되셨음을
바울은 분명히 짚고 넘어간다("내가 말하노니"). 디카이오노스(diakonos
RSV "servant", 그러나 갈 2:17에선 "agent"로[RSV])는 "종"doulos과 달리 복음
을 증거하고 말씀을 전파하는 일에 전문적으로 종사하는 자를 일컫는
다(11:13; 고전 3:5; 고후 3;6f; 6:4). 그리스도에 이 단어가 적용된 예는 매우
드물다(15:8; 갈 2:17). 종이, 그것도 할례의 종diakonos peritomēs이 된 까닭
은 "하나님의 진리"를 위해서이다. 이처럼 그리스도께서 섬기고 봉사
하는 목적과 이유는(전치사 에이스eis) 첫째로, 하나님께서 조상들에게
하신 약속이(참고 4:16) 진실 된 것임을 확증하는 데 있다(참고 3:4). 그러
므로 '할례의 종이 되셨다'란 다름 아닌 그리스도께서는 '이스라엘의
선택'을 염두에 두고, 할례자 즉 이스라엘 사람들을 섬기는 사역을
감당하셨다는 의미이다(참고 마 10:6; 15:24). 여기서 섬기는 사역이란 예
수의 말씀 증거의 사역일 수도,[323] 성육신하여 이 땅에 오심을 뜻할

326 복음에 나타난 하나님의 의—로마서 강해

수도(1:3; 9:5),[324] 혹은 하나님께서 자신의 언약에 대해 신실함을 드러내 보이신 사건의 정수精髓인 예수의 죽음과 부활을(3:25) 의미할 수도 있다.[325]

둘째로, 그리스도께서 섬기는 역할을 감당하신 이유는 이방인으로 하여금 하나님께 영광을 돌리게 하는 데에 있다(9a절). 앞에서의 모티프가 하나님의 신실함을(개역개정 "진실하심") 위해서라면, 여기서는 '하나님의 긍휼하심으로 말미암아'이다. 8b절 부정사不定詞 구문의 주어가 '그리스도'인데 반해, 9a절에서는 '이방인'들이다. 두 구문을 비대칭으로 여길 수 있고, "그리스도께서 무할례자들의 종이 되셨다"는 표현이 9a절에 생략되어 있다고 여길 수도 있다.

'그리스도께서 할례의 추종자가 되셨다'(A)	⇒	'조상들에게 주신 약속을 견고하게 하시려고'(B)
(그리스도께서 무할례자들의 종이 되셨다'[A'])	⇒	'이방인들도 그 긍휼하심으로 말미암아 하나님께 영광을 돌리게 하려 하시려고'(B')

하나님께서는 십자가의 죽음과 부활의 사건을 통해 긍휼을 베푸심으로써(12:32) 로마 교인들을 포함한 모든 이방인들에게 구원이라는 선물을 주셨다. 그러므로 이방인들은 하나님께 경배하고 영광을 돌린다.

바울은 로마 교회 내의 '강한 자'와 '약한 자' 간의 문제를 구원사 차원에서 이스라엘과 이방인이라는 관점에서 풀어가고 있다. 강한 자와 약한 자 사이의 갈등은 다름 아닌 교회 내 유대 기독교인과 헬라 기독

323) Käsemann, HNT 8a, 369
324) Wilckens, EKK VI/1, 105
325) Michel, KEK IV, 359

교인 간의 신앙 관점 차이에 의해 일어난 것이다. 두 그룹 간의 의견 불일치는 구원사에서 이스라엘과 이방인 사이에 발생했던 문제가('한 쪽만 구원됨', 이에 대한 하나님의 해결책 -'유대인에게는 신실함을, 이방인에게는 긍휼을 베품') 교회 공동체 내부로 전이된 것이라고 바울은 보았다. 그러나 이 두 그룹 간에 생긴 반목은 하나님께서 예수 그리스도를 통해 이미 해결하셨다('예수께서 모두를 받으심').

[9b] 9b-12절은 구약을 연속적으로 인용한 부분으로서, 이스라엘과 이방 민족 간의 밀접한 관련성 및 이방인이 전적으로 주께 돌아올 것이라는 사실을 주제로 다루고 있다. 9b절은 시LXX 17:50[MT 18:49]을 그대로 인용한 것이다. "주여"만 빠져있다는 점에서, 우리는 이곳의 화자가 그리스도라고 추정할 수 있다. 예수 그리스도께서 (이방인에 대해) 베푸신 긍휼로 말미암아 그들은 주님께 영광을 돌린다(9a절). 그 결과 ("그러므로") 주님께서는 하나님께 감사하고 하나님의 이름을 찬양한다.

[10] 병치並置 정식定式을 통해("또 이르되", 히브리어 wayyo' mer) 다른 구약 구절이 인용된다(신 32:43). 이방인들은("열방") 이스라엘과 함께 하나님께 기쁨의 찬송을 부르게 된다. 이 '즐거워하다'euphrainō는 바울 서신에서 이곳과 고후 2:2; 갈 4:27에만 나온다. 하나님의 보호하심과 도우심, 제의祭儀에서의 고양된 기쁨을 나타낼 때, 그리고 종말론적인 성취의 기쁨을 표현할 때 사용되는 동사이다.

[11] 이어서 시LXX 116:1(MT 117)의 인용이 나온다. 모든 이방인들은 주를 찬양한다. '모든 백성', 즉 이스라엘과 이방인들 모두는(= 전 인류) 주님을 찬송한다.

[12] 제시된 네 가지 구약 구절 중에서 마지막 것만(12절) 인용 출처를 밝힌다(사 11:10). 모든 이방인을 다스릴 자가 다윗의 후손에서 태어날 것이라는("일어나시는") 예언은 예수 그리스도를 통해 이루어졌다. 그는 다윗의 아들로서 죽은 자들 가운데서 부활하셔서 능력으로 하나님의 아들로 인정되셨으며(1:3f), 전 우주적인 영역에서 지배력을 행사하신다(고전 15:24f). 그는 유대인이나 이방인을 구별치 않으시고(갈 3:28), 믿은 자 모두를 장차 임박한 하나님의 진노의 심판으로부터 건져 낼 분이다(살전 1:10; 5:9; 참고 롬 1:18). 그렇기에 예수 그리스도는 이방인을 포함한 전 인류의 소망이다. 앞의 구약 인용에서 보듯이, 이방인에게 주어진 구약의 약속은 -모든 열방이 주를 찬양- 바울의 때에 모두 실현되었다. 이방인들이 이새의 후손을(= 예수 그리스도) 통해 가졌던 소망과 바램이 이루어 졌다. 이방 교인들의 소망의 근거가 유대인 예수 그리스도라는 점에서, 교회 공동체 내 소수의 구성원인 유대 기독교인들은('연약한 자'들) 존중되어져야 한다. 특히 하나님의 약속은 이방인들이 주의 백성과 함께(10절; 참고 11절 "모든 백성들") 즐거워하고 찬송하는 것이기에 더욱 그렇다.

[13] 바울은 14:1에서부터 시작된 공동체 내부의 분란과 갈등문제를 -이는 신앙의 신념체제의 차이에서 유래된 것임- 간구의 기도로 끝맺고 있다. 앞 절에서 언급된 "소망"이 간구의 핵심이다. 소망의 근원이 되시는 하나님께서 성령의 은사인 기쁨과 평화를(갈 5:22; 참고 14:17) 로마 교인들에게 풍족히 채우시기를, 바울은 원하고 있다. 하나님께서는 믿은 자들로 하여금 기쁨과 평화 속에 영적인 성장을 거듭하도록 하신다. 이때 믿음은("믿음 안에서") 그 성장을 가능케 하는 터전이다. 믿음에 근거하지 않은 (공동체 내의) 기쁨과 평화는 거짓이다. 기쁨과 평

화로 충일한, 믿음을 가진 한 존재가 추구하는 목표는(전치사 에이스*eis*)
소망이 넘치는 것이다. 소망은 비 기독교인과 기독교인을 구분하는 가
장 핵심적인 개념 중의 하나이다(살전 4:13). 우리 안에 있는 소망은 하
나님께서 성령의 능력으로 우리에게 주신 것이다.

VI. 서신을 맺으면서 (15:14-16:27)

1. 소원과 계획 (15:14-33)

14 내 형제들아 너희가 스스로 선함이 가득하고 모든 지식이 차서 능히 서로 권하는 자임을 나도 확신하노라 15 그러나 내가 너희로 다시 생각나게 하려고 하나님께서 내게 주신 은혜로 말미암아 더욱 담대히 대략 너희에게 썼노니 16 이 은혜는 곧 나로 이방인을 위하여 그리스도 예수의 일꾼이 되어 하나님의 복음의 제사장 직분을 하게 하사 이방인을 제물로 드리는 것이 성령 안에서 거룩하게 되어 받으실 만하게 하려 하심이라 17 그러므로 내가 그리스도 예수 안에서 하나님의 일에 대하여 자랑하는 것이 있거니와 18 그리스도께서 이방인들을 순종하게 하기 위하여 나를 통하여 역사하신 것 외에는 내가 감히 말하지 아니하노라 그 일은 말과 행위로 19a 표적과 기사의 능력으로 성령의 능력으로 이루어졌으며 19b 그리하여 내가 예루살렘으로부터 두루 행하여 일루리곤까지 그리스도의 복음을 편만하게 전하였노라 20 또 내가 그리스도의 이름을 부르는 곳에는 복음을 전하지 않기를 힘썼노니 이는 남의 터 위에 건축하지 아니하려 함이라 21 기록된 바 주의 소식을 받지 못한 자들이 볼 것이요 듣지 못한 자들이 깨달으리라 함과 같으니라 22 그러므로 또한 내가 너희에게 가려 하던 것이 여러 번 막혔더니 23-24a 이제는 이 지방에 일할 곳이 없고 또 여러 해 전부터 언제든지 서바나로 갈 때에 너희에게 가기를 바라고 있었으니 24b 이는 지나가는 길에 너희를 보고 먼저 너희와 사귐으로 기쁨을 가진 후에 너희가 그리로 보내주기를 바람이라 25 그러나 이제는 내가 성도를 섬기는 일로 예루살렘에 가노니 26 이는 마게도냐와 아가야 사람들이 예루살렘 성도 중 가난한 자들을 위하여 기쁘게 얼마

를 연보 하였음이라 27 저희가 기뻐서 하였거니와 또한 저희는 그
들에게 빚진 자니 만일 이방인들이 그들의 영적인 것을 나눠 가졌
으면 육적인 것으로 그들을 섬기는 것이 마땅하니라 28 그러므로
내가 이 일을 마치고 이 열매를 그들에게 확증한 후에 너희에게 들
렀다가 서바나로 가리라 29 내가 너희에게 나아갈 때에 그리스도
의 충만한 복을 가지고 갈 줄을 아노라 30 형제들아 내가 우리 주
예수 그리스도와 성령의 사랑으로 말미암아 너희를 권하노니 너
희 기도에 나와 힘을 같이하여 나를 위하여 하나님께 빌어 31 나로
유대에서 순종하지 아니하는 자들로부터 건짐을 받게 하고 또 예
루살렘에 대하여 내가 섬기는 일을 성도들이 받을 만하게 하고 32
나로 하나님의 뜻을 따라 기쁨으로 너희에게 나아가 너희와 함께
편히 쉬게 하라 33 평강의 하나님께서 너희 모든 사람과 함께 계실
지어다 아멘

로마서의 마지막 부분에서 바울은, 이미 앞에서 언급한(1:8-15) 주제
인 로마 방문과 더 나아가 스페인까지 가려는 자신의 계획을 밝힌다.
바울은 이방인의 사도로서 예루살렘으로부터 로마 쪽으로 서진하고
있는 복음 전파에 기여했다(14-21절). 따라서 로마인들도 바울을 위해
(복음이 잘 전파되도록, 모금 사역이 성공적으로 종결되도록) 기도해야 한다(22-32
절). 이 단락은 간구의 기도로 끝난다(33절).

[14] 친근한 표현인 "내 형제들아"로 시작된다. 바울은 로마 교회가
선함과 지식, 그리고 서로를 바르게 이끌 수 있는 능력을 소유하고 있
다고 확신한다. "선함"*agathōsynē*은 이곳 외에 바울 서신에서 갈 5:22에
만("양선"으로 번역) 나온다. 단순히 '선함'(RSV "goodness") 보다는 '좋은
마음씨'로("gute Gesinnung" Zürcher Bibel, "마음이 너그럽고" 공동번역, "선의로
가득하고" 공용번역, "마음에 선함이 가득하고" [표준]새번역) 번역되어야 한

다.326) "지식"은 다름 아닌, 복음과 관련한 지식이다. '권하다'는 고전
4:14; 살전 5:12, 14 등의 용례에서 알 수 있듯이, 옳은 것은 감행하고,
잘못된 것은 고치고, 악은 거부하도록 용기를 북돋는 행위를 뜻한다.
'나 자신이'(개역개정 "나도")는 "너희가 스스로"와 상응한다. 이 표현을
통해 우리는, 자신이 설명하는 내용에 대한 바울의 강한 확신을 감지
할 수 있다.

[15] 로마의 교인들은 신앙인으로서 충분한 자질을 갖춘 자들이었
다. 단지 기억을 상기시킬 목적으로 그들에게 편지를 썼다고 바울은
겸손히 말한다. "담대히 대략"(문자적 '부분적으로') 썼다고 할 때, 바울이
염두에 두고 있는 부분은 14:1-15:13이다.327) 이곳에서 바울은 강한
어조로 권면을 했기 때문이다. 편지 집필은 하나님께서 바울에게 주신
은혜에 기인한다("내게 주신 은혜로 말미암아", 전치사 디아dia -'근거'의 뜻).

[16] 1:5에서 이미 밝혔듯이, 바울은 '은혜'에 힘입어 이방인을 위한
("모든 이방인 중에서 믿어 순종케 하나니") 사도의 직분을 받았다. 본문에서
바울은 자신을 그리스도 예수의 일꾼, 하나님의 복음을 위한 제사장
직분을 감당하는 자로 소개한다. '일꾼'leitourgos은 일반적(히 1:7), 종교
적 의미로(히 8:2; 롬 13:6) 모두 사용 가능하다. 뒤에 나오는 단어들을("제
사장 직분을 수행하다", "제물", "거룩") 고려할 때, "일꾼"은 종교적인 어감을
띠고 있다고 봐야 한다. 동사 "제사장 직분을 하게 하다"hierourgeō는 신
약과 70인 역 성경 전체를 통틀어서 여기에만 나온다. 요세푸스와(Ant.

326) W. Grundmann, Art. *agathos* etc., *ThWNT I*, 17
327) 크랜필드, 『ICC 3』, 247f, Wilckens, EKK VI/3, 117, Schmithals, *Der Römerbrief*, 528

VII,333 등) 필로에서(Cher. 96 등) 사용되며("제물을 바치다"), 특히 막하비4
서 7:8에서 로마서와 유사하게 목적어를 가진 분사로 쓰이고 있다. 그
에 따르면 이 구절은(*hierourgounta to euaggelion*) "제사장으로서 복음을 위
해 봉사하다"로 번역될 수 있다. 바울은 구약의 제사 용어를 사용하여,
스스로를 이방인을 위한 제사장으로 여겼다. 이방인이라고 하는 제물
*hē prosphora tōn ethnōn*이 하나님께서 보시기에 받음직하게*euprosdektos*
되고 성령 안에서 거룩하게 되도록 하는 것이 바울에 맡겨진 사명이
다. 신약에서 단 한 번 나오는 단어 "제물"*prosphora*은 70인 역의 사용
용례를 참고할 때, 일반적인 의미의 제물로 이해되어야 한다.328) 바울
은 상징적으로 이방인을 하나님께 바치는 제물로 표현한다. 이런 예는
12:1에서 이미 나타난 바 있다.

[17] 바울은 이방인을 하나님께서 기뻐 받으시는 제물로 드리도록
모든 노력을 기울였다. 수고와 애씀의 동기는 일방적인 하나님의 은혜
에 있다. 바울은 스스로 행한 모든 일을 자신의 자랑으로 돌리지 않는
다. 다만 예수 그리스도로부터 임무를 부여받아 하나님과 관련된 일을
행한다는 사실에 자부심을 느낀다.

[18-19a] 우리의 사도는 그리스도께서 주신 능력으로(고후 12:9; 참고
빌 4:13; 엡 3:7) 이방인들을 믿음의 세계로 인도한 일 이외에는("나를 통하
여 역사하신 것") 아무 것도 말하지 않겠다고 선언한다. 이방인이 믿음을
갖게 된 것은("이방인들을 순종하게 하기 위하여", 참고 6:16; 16:19) 말씀과 행
위, 표적과 기적의 능력 그리고 성령의 능력 덕분이다. "말씀"은 성령
에, "행위"는 표적과 기적에 해당된다는(교차대구법 chiasmus) 의견도 있

---

328) G.-H. Cho, *Vorstellung*, 26ff

다.329) 하지만 "행위"가 바울 서신 어디서도 기적과 관련되어 사용되지 않는다는 점에서,330) "말씀"과 "행위"는 바울 사역 전체를 나타내는 표현이라고 보는 것이 낫다. 그의 사역은(참고 4:11) 표적을 통해 확증되었고 동반된 기적에 의해 증명되었다. 그리고 무엇보다도 성령의 능력으로 수행된 것이다.

[19b] 바울의 이방인을 위한 사역(18절) 결과("그리하여" ōste), 그리스도의 복음이 예루살렘에서 일루리곤까지 전파되었다. 바울이 예루살렘에서 복음을 전했다는 내용은, 사도행전과는 달리(9:26-30) 서신에서는 나오지 않는다. '일루리곤'이 로마 속주를 지칭하는 이름인지, 아니면 마게도냐 속주 가운데 일루리곤 사람들이 사는 곳을 뜻하는지 분명치 않다. 바울은 로마의 속주 이름을 즐겨 사용하는 경향이 있다(갈 1:21, 예외 갈 3:1). 따라서 일루리곤을 속주 이름으로 보는 것이 좋겠다(현재 보스니아-헤르체고비나, 알바니아 지역). 사도행전의 내용을 연관시켜, 언제 바울이 이곳에 갔는지 추정한다면 행 20:1f의 때가 가장 개연성이 있다. 하지만 그곳 기사에서 일루리곤이라는 이름은 등장하지 않는다. 바울은 예루살렘에서 시작된 복음이 반시계 방향으로 서진하여("두루 행하여" kyklō 문자적으로 '원圓으로'331)) 점차 이탈리아 반도 쪽으로 증거되고 있다고 보았다. 모든 지역을 다 전도한 것은 아니지만, 전체적으로 조망한 선교 역사의 관점에서 볼 때, 바울도 이러한 복음 전파의 여정에 나름대로("내가") 기여했다는 확신을 가지고 있었다.

---

329) Michel, KEK IV, 459; K.H. Rengstorf, Art. *sēmeion* etc., *ThWNT VII*, 259
330) 크랜필드,『ICC 3』, 254
331) W. Bauer, *Wb*, s.v.

[20] 바울의 선교 원칙은 복음이 전해지지 않은 곳에 가서 예수 그리스도의 이름을 전하는 것이다(고후 10:15f). 이로써, 남이 닦은 터 위에 자기 건물을 세우는 폐해, 즉 남의 공功을 가로채는 얌체 짓을 지양하고자 했다(목적의 *hina*). 전도자의 역할은 다양하다. 누구는 심고 누구는 물을 준다(고전 3:6). 하지만 모두 하나님의 사역자들이다(고전 3:5). 불필요한 경쟁을 하거나 중복된 사역을 함으로써 복음 전파를 지연시키거나, 심지어 타인의 선교 사역에 누를 끼쳐서는 안 된다. 고전 3:10에서 바울은 자신은 터를 닦고, 다른 이는 그 위에 세운다고 말한다. 이 구절을 롬 15:20와 비교하면, 남의 터 위에 건축하지 않겠다고 말을 해놓고(롬 15:20), 다른데서는(고린도전서) 마치 이를 용인하고 있는 것처럼 보인다. 하지만 전자는 바울 선교의 대원칙을 천명한 것이고, 후자는 고린도 교회 내에서 여러 동역자가 함께 사역하는 상황 가운데 나온 설명이기 때문에, 둘이 서로 모순된다고 볼 수 없다. 로마에 가는 근본 이유는 복음 선포가 아니라 로마 교인들의 지원을 받아 스페인으로 선교 여행을 가기 위해서였다. 따라서 로마 방문의 동기도 롬 15:20의 내용과 모순되지 않는다. "그리스도의 이름이 불려지는 곳(직역)"이란 '예배 때 이름이 불려지는 곳', '이름이 알려지고 고백되는 곳' 또는 '그리스도께서 주님으로 선포되는 곳'이라는 의미이다.

[21] 바울은 사 52:15b를 인용함으로써, 주님의 이름이 선포되지 않은 곳에 복음을 전하는 자신의 사역이 구약의 약속과 부합하며, 예언이 성취되는 것임을 밝히고 있다.

[22] 남의 터 위에 건물을 세우지 않겠다는(20절) 바울이 왜 이미 복음이 전파된 로마에는 가려하는지, 여기에 대한 설명이 필요하다. 그

에게 제일 중요한 것은 복음을 편만하게 전파하는 것이다(19b절). 20절
에서 밝힌 내용은 바울의 남다른 각오와 자세 그리고 기본적인 선교
원칙의 천명이다. 21절은 이와 관련한 구약 인용이다. 따라서 22절의
"그러므로"*dio*는 19b절을 받는다고 보아야 한다. 22절 이하에서 바울
은 비록 지금까지 실패로 끝나긴 했으나("막혔더니") 여러 차례 로마에
가려고 했던(참고 1:13) 구체적인 이유가 무엇인지 다룬다.

　[23-24a] 로마로 가려는 이유는 예루살렘에서부터 시작해서 일루리
곤에 이르는 지역에 복음이 충분히 전해졌기 때문이며("편만하게 전하였
노라" *peplērōkenai* 19b절), 당시로서는 땅 끝인 스페인으로 가는 길에 로
마에 들러 지원을 받으려는 바램이 여러 해 전부터(1:13) 있었기 때문
이다.332) 스페인은 일찍이 페니키아인들에 의해 식민지로 개발되었
다. 바울 시대에 북서쪽을 제외한 스페인의 대부분 지역이 이미 로마
화 되어 있었다. 이곳에 유대인들도 이주하여 정착해 살았던 것으로
추정된다.333)

　[24b] 바울은 스페인으로 가는 도중에 로마에 들러("너희를 보고" = 방
문하다) 교인들과 교제를 나누고, 그들로부터 선교를 위한 도움 받기를
원했다. 스페인에 관한 지식과 경험을 가진 자들의 안내를 받아 그곳
에 가서 선교하기를 바랬을 수도 있다.334)

　[25] 바울에게는 로마를 방문하기 전에 해야 할 일이 있었다. 그것

---

332) 클레멘 1서 5:7에 따르면 바울은 결국 스페인에 갔다.
333) P. Lampe, *Die stadtrömischen Christen*, 1; Michel, KEK IV, 463, 주 2
334) Käsemann, HNT 8a, 380

은 예루살렘을 방문하는 일이다. 방문 목적은 그곳 교회의 가난한 교인들을 돕기 위해서이다. 예루살렘 교회 교인 중에는 타지에서 온(예를 들면 갈릴리) 사람들이 많았다(행 1:11). 그들은 박해 때문에 활동이 자유롭지 못하여(행 4:1ff; 5:17ff; 8:1ff; 12:1ff) 경제적으로 어려운 형편에 처해 있었다. 예루살렘 사도회의 때에 바울을 대표로 하는 이방 교회는 예루살렘 교회 교인들을 돕기로 결의하였다(갈 2:10). 바울은 어디를 가나 이 모금 활동에 관심과 노력을 아끼지 아니 하였다(고전 16:1ff; 고후 8:9). 동사 "섬기다"*diakoneō*는 일반적인 의미의 '봉사', 특정한 어려움이나 곤궁에 처한 자를 돕는 '봉사', 두 가지 의미로 쓰이는데(마 25:44; 행 6:2), 바울은 예루살렘 교회를 돕기 위한 모금과 전달의 맥락에서 이 단어를 사용했다.335)

[26] 바울의 권고에 따라(고전 16:1ff; 고후 8-9장) 마게도냐와 아가야에 있는 교인들은 "기쁘게" 즉, 자발적으로 예루살렘 성도 중, 가난한 자들을 위해('부분의 속격') 모금을 하였다. 성도를 도와주는 일에 대해 코이노니아(*koinōnia*, 영어 contribution336), 개역개정판은 "연보"라 했는데 오해 소지가 있음)라는 단어를 사용했다는(고후 8:4; 9:13) 점에서, 이 활동은 서로를 위하는 동료애에 기초한 것으로 봐야 한다. "예루살렘 성도 중 가난한 자"는*ptōchos* 실제 경제적으로 가난한 자이다. 바울은 이 단어를 영적인 가난이라는 의미로 사용하지 않는다.337)

[27] 앞에서 언급한 바와 같이, 마게도냐와 아가야의 이방 기독교인

---

335) 참고 책 말미의 부록 B. 예루살렘 교회를 위한 모금;

336) W. Bauer, *Wb*, s.v. 3.

337) 졸저, *Vorstellung*, 154-156

들은 기쁨으로 예루살렘 교인들을 도왔다. 그들은 예루살렘 교회로부터 세상에서 가장 값진 것을 받았기 때문이다. 이방인들은 예루살렘 교회에서 유래된("그들의") 영적인 것 즉, 복음과 예수 그리스도의 사역과 말씀에 관한 전승 등을(19절) 나누어 받았다*ekoinōnēsan*. 예루살렘 교회가 보존하고 지켜온 신앙의 유산이, 바울과 같은 사도들의 활약을 통해 이방인들에게 전해짐으로써, 둘 사이에는 같은 믿음을 공유하고 있다는 형제 의식이 형성되었다. 아우 격인 이방 기독교인들은 마땅히, 영적인 것을 나누어 준 예루살렘 교회에게 육적인 것으로 갚아야 *leitourgein* 한다(참고 *leitourgia* 고후 9:12 "봉사"; 빌 2:30 "섬기는 일"). "섬긴다"는 뜻의 동사 레이투르게오*leitourgeō*는 이곳 외에 행 13:2; 히 10:11에 나온다.

[28] 예루살렘 교회에 영적인 것을 빚진 이방인들은 그 은혜에 보답해야 한다. 바울은 스페인으로(참고 15:23) 가기 전에 반드시 완수해야 할 사명으로 알고("이 일을 마치고") 이 과제를 수행한다(갈 2:10). 받은 은혜에 감사하는 이방인들이 복음의 원조元祖요 맏형 격인 예루살렘 교회를 돕겠다는 마음이 바로 '모금'이라는 형태로 구체화되었다. 모금은 신앙 안에서 같은 형제·자매라는 동료의식, 연대감의 발로이다. 그리고 이방 기독교인들이 가진 사랑과 믿음의 결과이다. 그렇기에 모금을 '열매'라고 표현하기도 한다. 바울은 이방인들의 사랑과 감사의 결정체인 열매를 예루살렘에 분명히 전한*sphragisamenos* 후에, 로마에 들렀다가 선교의 최종 목적지인 스페인으로 갈 것이라고 밝힌다. 스프라기사메노스*sphragisamenos*는 '곡물자루를 인봉한다'는 의미가 있다. 따라서 "확증한 후에"라고 번역할 수 있다([개정]개역). 하지만 문맥의 의미상, 인봉 뿐만 아니라 '보낸다'는 뜻을 포함시키는 것이 더 자연스럽

다. 바우어는338) 그래서 "확실히 전하다"로 번역한다("확실하게 전해 준 뒤에" [표준새번역]).

[29] 바울은 로마로 갈 때, 그리스도가 주는 축복의 충만함 가운데 갈 것이라고 확언한다("아노라"). 이 축복은 그리스도가 바울은 통해 지금까지('예루살렘에서부터 일루리곤까지') 복음이 전파되는 동안 믿는 자들에게 내려 주신 것이다. 신자들은 신적인 선한 능력에 사로잡혀, 하나님과 그리스도께서 성령의 역사를 통해 자신들의 삶을 인도하시고 보호하신다는 믿음과 확신 속에서 평안을 누리며 산다(참고 "신령한 은사" 1:11).

[30] 마지막으로 바울은 자신을 위해 기도해달라고 로마 교인들에게 간구한다. "형제들아"(로마서 전체 1:13; 7:1, 4; 8:12; 10:1; 11:25; 12:1; 15:14; 16:17), "너희를 권한다"(12:1) 등의 표현에서 우리는, 당시 바울의 마음이 얼마나 간절한지 짐작할 수 있다. 더 나아가 "우리 주 예수 그리스도"와 "성령의 사랑"을 거론하면서, 기도해 주기를 당부한다. 바울이 부탁한 기도 제목은 다음과 같다 -'자기를 위해 하나님께 기도하는 가운데 힘을 함께 하자'(문자적 "함께 싸워나가자").

[31-32] 바울이 로마인의 기도를 통해 도움을 받고자 하는 내용은 세 가지이다. (1) 예루살렘에 온다는 소식을 듣고, 바울을 해칠 생각을 갖고 있는 사람들(참고 행 23:12-14), 즉 복음에 순종치 않는 유대인들로부터 자신의 생명이 보호되기를 바란다. (2) 예루살렘 교회가 모금을 기꺼이 받기를euprosdektos 바란다. 바울은, 천신만고의 노력 끝에 걷은 모금을 예루살렘 교회가 받지 않을 가능성도 있다는 사실을 어느 정도

---

338) W. Bauer, *Wb*, s.v. 2.d

감지하고 있었다. 예루살렘 교회는 각계각층의 사람들로 구성되어 있어, 다양한 입장이 혼재되어 있는 신앙의 복합체이다(참고 행 15:4ff). 사도회의에서 예루살렘 교회는 자기들에게와 같은 예수 그리스도의 역사役事와 은혜가 바울에게도 있다는 것을(갈 2:7f) 인정할 수밖에 없었다. 따라서 바울과 예루살렘 교회 사이에는 서로 전도의 대상을 달리할 뿐(갈 2:9) 같은 동역자라는 의식이 싹트게 되었다(갈 2:9). 예루살렘 교회 구성원 중 다수는 당시, 바울을 대표로하는 이방 교회로부터 도움 받기를 원했다. 하지만 50년 대 이후에는 유대 땅에 국수주의적인 경향이 강해지면서, 무력을 통해서라도 로마로부터 정치적으로 독립해야 한다는 여론이 득세하였다. 이런 분위기는 예루살렘 교회에도 영향을 끼쳐, 이번에는 율법을 도외시하는 바울의 모금을 받을 수 없다는 공감대가 교회 내에 형성된 것으로 추정된다. (3) 마지막 기도 제목으로, 바울은 모금 전달이라는 과제를 잘 완수한 결과(hina), 하나님의 뜻에 따라(참고 1:10) 기쁜 마음으로 로마에 가서 로마 교인들과 함께 쉴 수 있게 되기를 바라고 있다.

[33] 궁극적인 평화("평강")는 하나님에 의해서 이룩된다. 그런 점에서 하나님은 평화의 하나님이시다(1:7). 이런 하나님께서 로마 교인 모두와 함께 하시기를 바울은 간구하고 있다. 이 표현은 고후 13:11; 빌 4:9에서도 발견된다(참고 "평화의 하나님" 16:20; 살전 5:23; 히 13:20). 15장에 따르면 하나님은 인내와 위로의(5절), 소망의(13절) 그리고 평화의(33절) 하나님이시다.339)

---

339) "아멘"에 대해서는 1:25을 참고.

2. 소개, 문안, 송영 (16:1-27)

겐그레아 교회의 일꾼인 자매 뵈뵈를 추천하는 내용에(1-2절) 이어, 로마 교인들이 문안해야할 사람들의 명단(3-16절, 26명), 그리고 거짓 교사들에 대한 경고가 나온다(17-20절). 동역자들의 인사에 이어(21-23절), 하나님께 영광을 돌리는 것으로(25-27절) 바울은 로마서를 끝맺는다.

눈여겨 볼 것은 16절에 거룩한 입맞춤으로 서로 문안하라는 특이한 요구가 나온다는 점, 20b절에서(축도) 로마서가 끝나는 듯 보인다는 점, 이후 25-27절의(24절은 없음) 위치가 사본에 따라 상이하다는 점 등이다. 25-27절은 생략되거나(사본 F G 629 등), 14:23 뒤에(Y 0209vid 𝔐 등) 또는 15:33 뒤에(𝔓46) 나오기도 한다. 그리고 14:23과 15:33 뒤에(1506[그러나 16:1-24 생략]), 현 위치와 14:23 뒤에(A P 33. 104 등) 각각 나타나는 등 다양하다. 사본 𝔓61 ℵ B C D 등이 우리가 읽는 로마서와 같은 순서, 즉 23절 뒤에 25-27절을 놓는다.[340]

(1) 편지의 마지막에 나와야 할 축도(20b절 "우리 주 예수의 은혜가 너희에게 있을지어다")가 사본에 따라 여러 곳에서 등장한다는 점, (2) 1:7, 15에 '로마'라는 언급이 없는 사본이(G) 존재한다는 점, (3) 오리겐을 포함한 몇몇 교부들의 로마서 주석에 '로마'라는 표현이 없다는 점, (4) 최초로 바울 서신을 수집한 인물로 알려진 마르시온의 아포스톨리콘에 15-16장이 없다는 점, (5) 방문하지 않았는데 많은 사람을(16장의 명단) 이미 알고 있다는 점, (6) 미지의 교회에 보내는 편지에 꾸짖고 훈계하는 내용이(17-20절) 있다는 점, (7) 아시아의 첫 열매라 일컬어지는 에배네도는 에베소에 있는 것이 자연스럽다는 점 등을 이유로, 학자들 중에는 16장이 로마서에 속한 내용이 아니라 에베소에 보내는 편지의

---

340) 많은 학자들은 이 세 절을 후대에 추가된 송영으로 본다.

일부라고 주장하는 이들도 있다. 최초로(1829년) 이런 주장을 한 사람
은 다비드 슐츠이다.341)

슈미탈스도 이 견해에 동의한다.342) 그는 16:1-20을 뵈뵈를 위한 추
천의 편지로 본다. 16장은 원래 에베소 교회에 보내는 서신이라는 주
장을 편다. 그때, 3-15절에 나오는 긴 명단은 에베소 밖에 있는 성도들
의 이름이 된다. 17-20절에 나오는 거짓 교사들에 대한 경고가 에베소
교회에 필요했고, 적당한 기회가 왔을 때 바울은 뵈뵈를 보내어 "조심
하라"고 경종을 울렸다는 것이다. 하지만 이 이론의 가장 큰 맹점은,
1-20절이 (롬 1-15장과 독립된) 에베소의 교회에 보내진 것이라는 주
장을 뒷받침할 설득력 있는 근거가 없다는 것이다(사본학적 근거와 초대
교회사의 지식을 총 망라해도). 16:1-20을 에베소에 보내는 편지라고 보기
에는, 16b의 "그리스도의 모든 교회가 너희에게 다 문안한다"는 내용
이 적합하지 않다. 이는, 바울의 지도하에 있는 교회들이 미지의 교회
에 인사하고 있다는 점에서, 로마서의 상황과 저술 목적에 부합하는
표현이다. 또한, 3절에 나오는, 브리스가와 아굴라가 목숨을 걸고 바
울을 구했다는 내용도 에베소에 보내는 내용으로 부적당하다. 로마서
말미에 많은 사람들을 거론하지 않을 수 없었던 이유는, 저술 당시 그
들이 이미 로마로 건너와 있었기 때문이리라. 방문하지 않은 교회에
보내는 편지에 질책하는 내용이 들어 있다는(17-20절) 사실은 16장을
로마서의 일부로 평가하는데, 큰 장애가 된다. 하지만 바울서신 마지
막 부분에 거짓 선지자나 교사에 대한 경고가 흔히 등장한다는 사실을
(고전 16:22; 고후 10-13장; 갈 6:11-15; 빌 3:2ff) 상기한다면, 16:17-20에 등장
하는 경고를 자연스럽게 받아들일 수 있는 여지가 있다.343) 더 나아가,

---

341) D. Schulz, *Theologische Studien und Kritiken*, 1829 609ff
342) Schmithals, *Der Römerbrief*, 147-151

저자의 주요 관심사항을 표현하기 위해 사용된, "권하노니"*parakalō* 구
문은344) 책망과 훈계가 아니라 간곡한 권면의 내용을 담고 있다고 봐
야 한다. 바울은 미지의 교회에 "권하노니"라는 표현을 사용하여 설득
하며 타이르고 있다.345) 더불어, 19절과 20절은 질책과 관련이 없는
내용들로 채워져 있다는 사실도 간과하지 말아야 한다.

a) 뵈뵈를 추천 (16:1-2)

1 내가 겐그레아 교회의 일꾼으로 있는 우리 자매 뵈뵈를 너희에
게 추천하노니 2 너희는 주 안에서 성도들의 합당한 예절로 그를
영접하고 무엇이든지 그에게 소용되는 바를 도와줄지니 이는 그
가 여러 사람과 나의 보호자가 되었음이라

[1] 문장 첫 머리에 불변사 데*de*가 있다는 점에서, 16장은 독립된 별
개의 장이 아니라 15:14-16:27에 속한 소단락으로 봐야 한다.346) 16
장을 에베소에 보내는 편지의 말미라고 보는 견해도 있으나, 문장 구
조로 볼 때, 1f절이 15:14에서부터 시작하는 부분의 일부이며, 3-23절
(인사)은 1f절과 분리될 수 없다. 따라서 16장 전체는 로마서의 원래 종
결부로 봐야 한다. 바울은 고린도 시의 동쪽 항구인(7km 떨어짐) 겐그레
아의 뵈뵈를 로마인들에게 천거한다. 뵈뵈는 그리스 신화에 종종 등장
하는 이름이다.347) 그녀는 아마도 이방인이었을 것이다. 유대인들은

---

343) 일반 서신의 마지막 부분에서도 엄중한 경고의 내용이 나온다(벧후
3:2ff; 유 17ff; 히 13:9ff; 계 22:9-19). 참고 G. Bornkamm, Vorgeschichte,
180f; 던, 『WBC 38하』, 627; K.P. Donfried, A Short Note on Romans 16, 52
344) J. Jervell, Brief, 65f
345) 참고 차정식, 『100주년 기념주석 37/I』, 91
346) 참고 Wilckens, EKK VI/1, 24-27

이방 신화에 나오는 이름을 본 따 작명하지 않는다. 편지 마지막 부분에서 바울은 사람들의 이목을 집중시키며 그녀의 이름을 맨 처음에 거론한다. 이점에서 뵈뵈는 아마도 로마서를 전달하는 임무를 맡은 자라고 볼 수도 있다(에바브로디도-빌 2:25ff, 두기고-골 4:7ff, 참고 스데바나, 브드나도, 아가이고-고전 16:15ff).348) "우리 자매"라 칭하는데, 이는 공동체 의식의 산물이다. 그녀는 겐그레아 교회의349) 일군*diakonos*이다. "일군"은 집사deacon란 뜻으로(참고 빌 1:1; 딤전 3:8, 12), 사도나 교사와 달리, 그리스도의 몸 된 교회를 섬기는 일을 주로 감당했다(12:7). 일군은 엄밀한 의미에서 사도의 동역자는(*synergos* 16:3; 살전 3:2 -여기서는 "일군"으로 번역) 아니다. 하지만 바울은 복음을 증거하는 자에 대해 넓은 의미로 "일군"이라는 단어를 사용하기도 했다(고전 3:5).

　[2] 뵈뵈는 로마에서 가서 해야 할 일이 있었고, 이를 위해 로마 교인들의 도움을 필요로 했다. 바울은 그녀를 잘 맞이하고 필요한 것을 도와주라고, 로마 교회에 권한다. "성도들의 합당한 예절로"는 '그리스도에 속한 자라고 하는 신앙인의 자기 존엄성에 기초하여, 남도 귀히 여기는 믿음의 태도와 예의범절로'라는 뜻이다. 뵈뵈에게 이와 같은 호의를 베풀어야 하는 이유는 그녀가 지금까지 했던 선행 때문이다. 그녀는 바울과 많은 사람들을 도와주는 후원자(*prostatis*, patron) 역할을 했다. 그녀는 아마도 겐그레아에 집을 가지고 있었고 재산도 넉넉하여, 오가는 사도들이나 기독교인들을 도왔으리라 추측된다.

---

347) W. Bauer, *Wb*, s.v.
348) 크랜필드, 『ICC 3』, 59; 박수암, 『로마서』, 351
349) "교회"라는 말이 로마서에서 처음으로 나온다.

b) 문안 인사 (16:3-16)

3 너희는 그리스도 예수 안에서 나의 동역자들인 브리스가와 아굴라에게 문안하라 4 그들은 내 목숨을 위하여 자기들의 목까지도 내놓았나니 나뿐 아니라 이방인의 모든 교회도 그들에게 감사하느니라 5a 또 저의 집에 있는 교회에도 문안하라 5b 내가 사랑하는 에배네도에게 문안하라 그는 아시아에서 그리스도께 처음 맺은 열매니라 6 너희를 위하여 많이 수고한 마리아에게 문안하라 7 내 친척이요 나와 함께 갇혔던 안드로니고와 유니아에게 문안하라 그들은 사도들에게 존중히 여겨지고 또한 나보다 먼저 그리스도 안에 있는 자라 8 또 주안에서 내 사랑하는 암블리아에게 문안하라 9 그리스도 안에서 우리의 동역자인 우르바노와 나의 사랑하는 스다구에게 문안하라 10 그리스도 안에서 인정함을 받은 아벨레에게 문안하라 아리스도불로의 권속에게 문안하라 11 내 친척 헤로디온에게 문안하라 나깃수의 가족 중 주 안에 있는 자들에게 문안하라 12 주 안에서 수고한 드루배나와 드루보사에게 문안하라 주 안에서 많이 수고하고 사랑하는 버시에게 문안하라 13 주 안에서 택하심을 입은 루포와 그의 어머니에게 문안하라 그의 어머니는 곧 내 어머니니라 14 아순그리도와 블레곤과 허메와 바드로바와 허마와 및 그들과 함께 있는 형제들에게 문안하라 15 빌롤로고와 율리아와 또 네레오와 그의 자매와 올름바와 그들과 함께 있는 모든 성도에게 문안하라 16 너희가 거룩하게 입맞춤으로 서로 문안하라 그리스도의 모든 교회가 다 너희에게 문안하느니라

[3-5a] 바울은 자신의 사역을 도운 자들 중에, 로마에 있는 주요 인물들을 거론하면서(3-7절) 그들에게 인사할 것을 당부한다. 문안을 위한 긴 명단을 제시하는 것은 이례적이다. 짧긴 하지만, 유사한 예를 골 4:15에서 찾을 수 있다. 구체적 이름을 거론하지 않고 문안할 것을 요

청하는 경우는 빌 4:21a에 있다. 로마서는 미지의 로마 교인들에게 보내는 편지이다. 하지만 교마 교회 내에는 바울이 지금까지 활동하면서 교우하고 친분을 쌓았던 동역자들이나 믿음의 식구들도 꽤 있었다. 바울은 로마 교인들에게 그들과 인사하고 신앙적으로 교류할 것을 권한다. 맨 먼저 브리스가와 아굴라가 언급된다. 바울은 2차 전도 여행 중에 고린도에 도착했을 때, 이 부부를 만났다. 장막을 만드는 동업에 종사한다는 인연 때문에 곧 서로 알게 되었다. 두 부부는 로마의 황제 클라우디우스(41-54년)가 수도에 거주하는 유대인들을 추방하라는 명령에 따라 쫓겨나 고린도에 왔다. 아굴라는 소아시아 본도 출신의 유대인이었으므로 아내 브리스가(행 18:2)도 유대인일 가능성이 크다. 사도행전에 이 부부의 개종 이야기가 없다는 점에서, 이들은 로마에서부터 이미 신앙이 있었던 것으로 추측된다. 둘은 바울이 에베소로 갔을 때 동행해서, 그곳에서 복음전도를 하였다(참고 행 18). 거기서 부부는 집을 소유했다(고전 16:19; 딤후 4:19). 16:3f에 이름이 거론되는 것을 보면, 클라우디우스 황제가 죽고, 추방령이 해제되자 부부는 로마로 되돌아간 것 같다. 브리스가와 아굴라는 바울을 위해 목숨까지도 내 놓을 정도로 헌신했다. 이 두 부부의 희생적인 봉사는 이방의 모든 교회에 알려졌다. 바울은 이 두 사람뿐 아니라, 그들의 가정 교회에도 문안할 것을 로마 교인들에게 요청한다.

아내 브리스가의 이름이 앞에 나오는 이유는(예외적으로 행 18:2; 고전 16:19에서는 아굴라가 먼저), 그녀가 먼저 믿은 후에 남편을 전도했던가, 아니면 교회 내에서 그녀의 역할이 남편보다 더 컸기 때문일 것이다. 바울이나 바울 서신은(딤후 4:19) 브리스가로, 사도행전은 애칭(축소형)인 브리스길라로 표기한다(18:2, 18, 26).

[5b] 브리스가, 아굴라에 이어 에배네도가 언급되는 이유는, 아마도 그가 부부 두 사람의 가정 교회에 속해 있었기 때문일 것이다. 에배네도라는 인물은 신약성서에서 오직 여기에만 등장한다. 그는 아시아(에베소)에서 처음으로 복음을 받아들였다("처음 맺은 열매" 참고 8:23; 고전 16: 15). 그는 암블리아(8절), 스다구(9절), 버시(12절)처럼 바울의 사랑을 받은 자이다.

[6] 마리아는 히브리 이름 '미리암'을(출 15:20) 헬라식으로 번역한 것이다. 또한 로마 이름 마리우스Marius를 헬라어로 표기한 것일 수도 있다. 따라서 이름만으로 마리아가 유대인이지, 헬라인인지 구별하기 어렵다. 그녀는 로마 교인들을 위해서 많은 수고를 했다.

[7] 중세 이전의 주석가들은 유니아를 안드로니고의 아내로 여겼다. 하지만 13세기 이후 많은 사람들이, 특히 루터의 영향 하에서 유니아 Junia를 남자 이름인 유니아스Junias로 본다. 하지만 성서 및 관련 문헌에서 남자이름 유니아스가 사용된 예를 찾을 수 없다. 유니아스는 당시 흔히 사용된 남자 이름 유니아누스Junianus의 축약형이라는 주장도 있으나, 설득력이 없다. 일부 사본은 유니아Iounia를 율리아Ioulia로 읽음으로써(𝔓46 6 606 1718 등) 유니아가 여성임을 간접적으로 지지하고 있다. 현재로서는 안드로니고와 유니아는 브리스가와 아굴라처럼 부부라고 추정하는 견해가 가장 개연성이 있다.350) 그 둘은 바울과 같은 유대인으로("내 친척이요", syggenēs 11, 21절) 함께 옥고를 치뤘다(참고 고후 6:5; 11:23). 그들은 사도 중에 뛰어난 자로서, 바울보다 앞서 기독교에

---

350) 참고 Wilckens, EKK VI/3, 135; 크랜필드, 『ICC 3』, 288f

귀의한 자들이다(참고 갈 1:17 "나보다 먼저 사도된 자들"). 즉, 초대 교회사에서, 바울보다 먼저 사도가 된 몇 안 되는 자들 중의 하나이다(고전 15:7-9). 당시에는 종종 부부가 함께 복음 전파자로 동역하였다(고전 9:5).

[8] 8-13절에서 거론되는 인물들은 바울과 개인적으로 친분을 맺고 있던 자들이다. 먼저 암블리아라는 이름이 나온다. 로마에서 노예의 이름으로 흔하게 사용된 이름이다. 황제 도미티안의 조카딸인 도미틸리아의 카타콤에도 암블리아티AMPLIATI라고 기록된 비명이 발견된다(주후 1-2세기 것).

[9] 우르바노도 당시에 흔했던 노예 이름 중 하나이다. 스다구는 상대적으로 드물게 사용되기는 했지만, 역시 같은 노예 이름이다. 우르바노는 바울과 함께 복음 사역에 힘쓴 동역자였다. 스다구를 일컬어 바울은 '사랑하는 자'라고 한다(참고 5b, 12절).

[10] 아벨레는 그 당시 흔한 그리스인 이름이었다. 라틴어식 발음은 아펠라Apella, 또는 아펠레스Apelles이다. 그는 아마도 바울이 어려움에 처했을 때, 사도를 도움으로써 신실한 기독교인이라고 인정 받았던 것 같다(dokimos "인정함을 받은", 참고 14:18). 바울은 또한 아리스도불로 집안에 속한 자들에게 인사하라고 권한다. 아리스도불로는 하스모니아 왕가 그리고 헤롯 대왕의 가계에서 흔히 사용되던 이름(왕명)이다. 헤롯 대왕과 미리암네 사이에서 태어난 아들의 이름도 아리스도불로였다. 그러나 여기서 거론된 인물은 아마도 헤롯 대왕의 손자이자 아그립바 I세(주후 41-44년)의 형제였던 아리스도불로일 것이다(Jos. Bell. II,221). 아그립바 I세가 로마에 가서 오래 살면서, 황제 클라우디우스와 교분을

쌓았다는 사실에(Jos. Ant. XX,10ff) 비추어 볼 때, 아리스도불로도 볼모 형식으로 로마에 가 있었고 결국 거기서 죽었으리라 추정된다(주후 45-48년 사이). 사후 그의 가구家口는 황제 집안으로 합병되었지만, 그 집안에 속했던 사람이나 노예들은 후에도 계속 '아이스도불로에 속한 자들'("권속")이라고 불리워졌다. 본문("아리스도불로의 권속에게 문안하라")의 문맥 상, 로마 교인들이 인사할 대상은 아리스도불로가 아니라(그는 로마서를 쓰기 대략 20년 전에 사망), 과거 그의 문중에 속했던 사람들이다. 아리스도불로는 비기독교인이라고 추정된다. 신자들의 이름이 거론되지 않고 있다는 점으로 미루어 볼 때, 아리스도불로 집안 내에서 믿는 사람들이 구체적으로 누구인지, 바울은 몰랐던 것 같다.

[11] 바울과 같은 동족(syggenēs 참고 7절) 헤로디온에게 문안할 것을 권한다. 헤로디온이라는 이름은, 이 사람이 헤롯 집안과 연관되어 있음을(자유인이건 노예건 간에) 암시한다. 헤로디온이 아리스도불로 다음에 바로 거명된다는 점에서, 둘 다 헤롯 대왕 가계와 관련된 이름이라는 가설에 좀 더 힘이 실린다. 나깃수의 경우에도, 아리스도불로와 유사하게 본인이 아니라 그에 속한 권속들에게 문안할 것을 권하고 있다. 나깃수는 해방된 노예로서, 엄청난 부를 소유하였고, 클라우디우스 시대에 막강한 정치적인 영향력을 행사한 인물이다. 그는, 네로 즉위 이후(주후 54년) 태후 아그리피나의 강압하에 자살로 생을 마감했다. 이자가 우리 본문에 등장하는 나깃수와 동일인인지에 대해서는 확인할 수 없다. 그의 권속 중에서 인사할 대상자는 분명 그리스도인이다("주안에 있는 자들").

[12] 두루배나와 두루보사는 쌍둥이 자매일 가능성이 있다. 물론 이

름이 비슷하기에 둘을 함께 거론했을 수도 있다. 헬라어 단어 트뤼페 *tryphē*, 트뤼파오*tryphaō*는 '화려하고 사치스러운 삶을 영위함'을 뜻한 다. 어근語根 트뤼프*tryph*이 들어간 이름의 두 여인이 거론된 이유는, 낱 말의 의미와 상관없이 복음을 위해 둘 다 열심히 일했기 때문이다. 세 번째 인물로 버시가 등장한다. 버시는 '페르시아 여인'이라는 뜻으로, 대표적인 헬라 노예 이름이다. 그녀도 두루배나와 두루보사처럼 주님 을 위해 많은 수고를 아끼지 아니했다. 그렇기 때문에 그녀는 바울로 부터 많은 사랑을 받았던 것 같다(참고 5b, 9절).

[13] 루포라는 이름은 막 15:21에서 형제인 알렉산더와 함께 등장 한다. 마가복음에 따르면 그들의 아버지는 예수의 십자가를 형장까지 대신 지고 간 구레네 시몬이다. 루포는 하나님에 의해 선택된 자이다. 복음서에서는 루포의 어머니가 언급되지 않는데 반해, 바울은 로마서 에서 그의 어머니에 대해 다룬다. 바울은 그녀를 자신의 어머니처럼 호의와 애정을 가지고 대한다.

[14] 마지막으로 14f절에서 인사해야할 두 가정 교회 구성원들을 거명한다. 먼저 다섯 명의 형제들 이름이 나온다. 형용사 아성크리토 스*asygkritos*의 뜻은 "비교할 수 없이 뛰어난"이다. 블레곤은 철학자 크 세노폰Xenophon의 개 이름인데(Cyn. 7.5), 나중에 노예의 이름으로 사용 되었다. 헤메는 노예이름으로 흔히 사용되었다. 파드로바*Patrobas*는 파 드로비오스*Patrobios*를 줄인 말이다. 허마는 "헤메"의 방언이거나, 어 간 헤름*Herm*에서 파생된 (헤마와는 별개의) 이름이다. 다섯 명 외에도 함께 있는 형제들이 있었다. 그들도 가정 교회의 일원이었다.

[15] 빌롤로고도 흔히 사용되던 노예 이름이다. 율리아란 이름이 빌롤로고와 함께 나오는 것을 볼 때, 아마도 그의 아내이거나 여동생일 것이다. 네레오와 그의 자매는 빌롤로고와 율리아의 자식일 가능성이 많다. 5-6세기 『네레오와 아킬레우스의 행전』에는 네레오가 플라비아 도미틸라의 시종으로 묘사되어 있다. 올름바(올름피오)도 14절의 파드로바처럼, 일종의 줄임말(약칭)이다.

[16] 구체적인 이름을 들면서 이들에게 문안하라는 권면을 마친 바울은, 로마 교인들에게 서로 거룩한 입맞춤으로 인사하라고 권한다. "거룩한 입맞춤"이라는 표현은 주로 바울의 글에서 발견된다(고전 16:20; 고후 13:12; 살전 5:25; 참고 벧전 5:14). "입맞춤"은 일종의 예전으로서 초대 교회 예배 중 선포에서 성례전으로 넘어갈 때 시행되었다.[351] 편지는 예배드리기 위해 성도가 모인 장소에서 낭송되었기에, 일종의 선포로 간주되었다. 이어서 성도들 간에 거룩한 입맞춤을 나눈 뒤, 성만찬이 시작되었다. 거룩한 입맞춤으로 서로 문안할 것을 당부한 다음에 바울은 16b절에서 이 안부와 문안의 나눔을 전체 교회에 확대시킨다. 예수를 주님으로 고백하는 교회 공동체는 모두 사랑의 띠로 서로 연결되어 있다(공동체 의식). 그러기에 총체적 의미의 '하나님의 교회'라는 표현이 가능한 것이다(갈 1:13; 고전 15:9; 참고 갈 1:22 "그리스도 안에 있는 유대의 교회들"). 브리스가와 아굴라가 바울을 위해 모든 것을 다 희생하며 충성할 때, 교회 일치의 관점에서 이방의 모든 교회는 이 부부에게 감사한다(4절). 예루살렘 교회를 위한 이방 교회의 모금도 결국은 이 연대정신의 발로이다(15:27; 갈 2:10). 우리 존재의 목적이신 하나님 그리고 근거이

---

351) 교부 저스틴의 글에 따르면(I Apol. 65) 이 입맞춤은 중보 기도에서 봉헌으로 넘어갈 때 거행되었다.

신 예수 그리스도는 한 분이시다(고전 8:6). 모든 신앙인은 같은 하나님, 동일한 주님과 성령을 믿는다(고전 12:4-6). 또한 우리는 성령으로(고전 12:13), 그리고 세례를 통해 모두 하나가 되었다(갈 3:27f). 이 일치와 하나됨에 근거하여, 모든 교회는 로마 교회에 안부를 묻고 있다.

c) 거짓 교사에 대한 경고 (16:17-20)

17 형제들아 내가 너희를 권하노니 너희가 배운 교훈을 거슬러 분쟁을 일으키거나 거치게 하는 자들을 살피고 그들에게서 떠나라 18 이같은 자들은 우리 주 그리스도를 섬기지 아니하고 다만 자기들의 배만 섬기나니 교활한 말과 아첨하는 말로 순진한 자들의 마음을 미혹하느니라 19 너희의 순종함이 모든 사람에게 들리는지라 그러므로 내가 너희로 말미암아 기뻐하노니 너희가 선한 데 지혜롭고 악한 데 미련하기를 원하노라 20 평강의 하나님께서 속히 사탄을 너희 발 아래에서 상하게 하시리라 우리 주 예수의 은혜가 너희에게 있을지어다

"내가 너희를 권하노니"라는 표현을 시작으로, 돌연 논쟁적인 내용이 등장한다. 21절에 다시 문안 인사가 나오기 때문에, 이 부분을(17-20a절) 의외의 구절로 여길 수 있다. 하지만 바울 편지 마지막 부분에는 종종 공격적인 논조가 등장한다(갈 6:11ff; 빌 3:18f; 고전 16:22). 17-20a절에 근거해서 16장이 원래 로마가 아닌 에베소에 보낸 서신이라고 주장하는 것은 여러 가지 측면에서 무리가 있다. 에베소에서 바울은 교회 내 대적자들과 대립한 것이 아니라 오히려 박해를 받았다(고후 1:8f; 참고 7:5). 18절은 내용상 빌 3:19과, 19절은 롬 1:8과 연관된다. 따라서 이 부분을 비-바울적인 것이라고 보는 것은 잘못이다.

[17] 15:30에서처럼 권면을 시작할 때 사용되는 의례적인 어구를 가지고, 바울은 로마 교인들에게 특정 부류의 사람들에 대한 경각심을 촉구한다. 그들은 분열을(갈 5:20) 꾀하고 로마 교인들이 배운 가르침에 반反하는 잘못된 길로 사람들을 이끄는(skandalon, 오도誤導) 자들이다.[352] 그들은 교회의 일치를 깨뜨리는 자들로서, 교인들이 세례 받을 때 배우고, 예배 때 반복하여 익혀온 기본적인 교리와 신앙 전승들과("교훈의 본" 6:17) 다른 입장을 견지했다. 이들은 단순히 바울과 상이한 신학적인 견해를 가진 자들이 아니라, 허용되는 신앙의 울타리 밖에 서있는 자들이다(갈 1:8f; 참고 고후 11:4). 그러므로 그들에 대한 경계의 눈길을 소홀히 해서도("살피고" skopein), 그들과 접촉해서도 안 된다(고전 5:9, 11).

[18] 그들은 예수 그리스도를 주님으로 섬기지 않는다(12:11; 14:18). 그들이 살아가고 추구해 가는 목표와 기준은 그리스도가 아니다. 그들은 썩어 없어질 세상의 것을 추구한다("배"腹 koilia, 참고 빌 3:19), "배"는 "육체"와 등가의 개념으로(고전 6:13f), "배를 섬김"은 스스로를 절대화하고 우선시하는 자기 중심적인 태도 및 스스로를 육적인 존재에 불과하다고 비하하는 한계 의식과 관련이 깊다. 그들은 주님의 종인 것처럼 행세하지만(고후 11:5 "지극히 크다는 사도들"), 실상은 속이는 일꾼이다(고후 11:13). 그들은 그리스도의 사도로 가장하고 잘 지칭한chrēstologia 미사여구를eulogia[353] 사용하여 '악하지 않은 자들'akakoi을[354] 유혹한다. 여기

---

352) W. Bauer, Wb, s.v. 에서 이곳의 skandalon(σκάνδαλον)을 "오도誤導"로 이해한다. 9:33에서도 같은 맥락으로 사용되었다고 본다. 그 외 바울 서신에서 skandalon이 나오는 곳은 11:9; 14:13; 고전 1:23; 갈 5:11이다.

353) chrēstologia와 eulogia는 중언법이다(1:5 주석 참고).

354) 이 단어를 통해-예를 들면 영어단어 innocent가 "순진한", "때 묻지 않은"라는 의미 외에도 "단순한"이라는 뜻이 있듯이- 바울은 거짓 사도의 감언

서 사용되는 동사(*eksapataō* "속이다")는 에덴 동산에서 뱀이 선악과를 먹
도록 하와를 꾀었을 때 사용된 것과 같은 종류이다(*apataō*, 참고 고후 11:3).

[19] 바울의 사명은 이방인으로 하여금 복음을 믿어 순종케 하는데
있다(1:5). '순종'이란 하나님과 그리스도를 각각 창조주로, 주님으로
고백하고 그분의 뜻에 따라 사는 것을 뜻한다. 사람은 둘 중에 하나를
택해야 한다 -죄에 순종하던가, 또는 복음(하나님)에 순종하던가(6:16f;
10:16; 11:30). '순종'은 그러므로 복음을 받아들인다는 의미로도 사용된
다(1:5; 6:17; 15:18) -특히 구속사의 관점에서(10:16; 11:30ff). 로마 교인들
의 믿음이(= "순종") 모든 사람들에게 알려졌기에(1:8) 바울은 기뻐한다.
이어서 바울은 선한 것에는 지혜롭고*sophos* 악한 것에는 순진무구하라
고*akeraios* 권면한다. 형용사 아케라이오스*akeraios*는 부정否定을 뜻하는
아*a* + 케라이오스*keraios* 로서, 어근의 뜻은 '섞다'*keraiō*이다. 즉, 아케라
이오스의 기본 뜻은 '섞이지 않는unmixed'이다. 따라서 개역개정 번역
보다는("미련하기를") 공동번역이나("물들지 않기를"), (표준) 새번역이("순
진하기를") 본문의 뜻을 더 잘 반영한다. 빌립보 교인들에게 당부할 때도
바울은 형용사 아케라이오스를 사용한다("순전하여" 빌 2:15). '선에는 지
혜롭고, 악에는 물들지 말라'는 로마서 16장의 권면에서 우리는 12제
자를 파송하면서 당부한 예수님의 말씀을 떠올리게 된다(마 10:16 "뱀 같
이 지혜롭고 비둘기 같이 순결하라"). 그러나 마태복음에서 "지혜롭고"는 헬
라어 소포스*sophos*가 아니라 프로니모스*phronimos*가 사용된다.

[20] 15장을 끝맺으면서 축복을 빌 때 사용했던 표현, "평강의 하나
님"이 다시 등장한다. 종국에 하나님께서, 믿는 자들을 위해 역사하시

이설에 넘어간 교인들을 고지식하다, 단순하다고 간접적으로 비난을 한다.

고 자신의 선한 뜻을 이루시리라는 기원 및 약속은 살전 5:13이나(여기
서도 "평강의 하나님"이란 표현이 나옴) 히 13:20f에도 등장한다. 바울은 하나
님께서 곧 사탄을 발아래 짓밟으심으로(참고 고전 15:24f) 궁극적인 평화
를 이룩하실 것이라고 말한다. "상하게 한다"*syntribō*는 창세기를(MT
3:15 *šup*; 참고 시 91:13; 눅 10:18-20) 염두에 둔 것이다. 종말에 하나
님께서 악의 세력을 멸절하실 것이라는 생각은 유대 묵시문학에 널리
퍼져 있었다. 이 사상의 영향권에 있었던 사람들은 궁극적인 사건이
'속히' 일어날 것이라고 기대하고 있었다(계 1:1; 22:6). 바울도 이러한
사고를 채용하여, 대적자들을 사탄으로 상징화한다(17절 "분쟁을 일으키
거나 거치게 하는 자들"; 참고 고후 11:14f). 예수 그리스도의 부활을 통해 이
룩된, 하나님의 종말론적인 승리의 현실을 경험하며 신앙 공동체는 살
아간다. 사탄의 지배와 권세는 극복된 것이다.

끝으로, 은혜가 로마 교인들에게 함께 하기를 간구하면서 20절을
마친다. 이런 종결형식은 바울 서신 여러 곳에서 발견된다(고전 16:23;
살전 5:28; 살후 3:18; 갈 3:18; 빌 4:23; 몬 25; 참고 고후 13:13). 따라서 로마서는
실제적으로 20절에서 끝난다고 볼 수도 있다.

d) 마침 인사 (16:21-23)

21 나의 동역자 디모데와 나의 친척 누기오와 야손과 소시바더가
너희에게 문안하느니라 22 이 편지를 기록하는 나 더디오도 주 안
에서 너희에게 문안하노라 23 나와 온 교회를 돌보아 주는 가이오
도 너희에게 문안하고 이 성의 재무관 에라스도와 형제 구아도도
너희에게 문안하느니라

[21] 로마 교회에 전하는 몇몇 사람의 인사가 부가적으로 수록되어 있다(21-23절). 먼저 동역자 디모데(참고 행 16:1ff), 다음으로 유대인 세 사람이 거론된다("친척" 참고 7절). 누기오Loukios는 라틴어 이름 루시우스Lucius(= 누가Loukas, 골 4:14; 몬 24; 딤후 4:11)의 축약된 형태를 그리스 식으로 발음한 것이다. 하지만 안디옥 교회의 지도자로 구레네 출신인 루기오Loukios를(행 13:1) 가리킬 수도 있다. 야손은 데살로니가에서 바울을 영접했던 인물이다(행 17:5ff). 소시바더는 베뢰아 사람 부로의 아들 소바더를 일컫는다(행 20:4). 소바더는 소시바더의 축약된 형태이다. 그는 바울이 모금한 것을 전하러 예루살렘으로 갈 때 동행했다.

[22] 바울이 구술한 내용을 받아 적은 대필자 더디오의 인사를 빼놓을 수 없다. 더디오는 흔히 사용된 로마식 이름이다. 바울의 시력이 좋지 않았던 탓도 있겠지만(갈 6:11), 본인이 직접 쓰기보다는 비서나 노예를 통해 편지나 글을 받아 적도록 하는 것이 당시 일반적인 관례였다. 바울이 불러 주는 것을 더디오가 그대로 받아 적었거나, 아니면 속기 형태로 기록했다가 나중에, 혹은 바울이 다음 문장들을 생각하는 동안 풀어 썼으리라.[355]

[23] 바울은 고린도에 머무는 동안 가이오로부터 숙식을 제공받았다. 그는 재력이 있어, 고린도를 방문하는 교인들에게도 음식과 잠자리를 마련해 주었다("온 교회를 돌보아 주는"). 가이오는 행 19:29에 등장하는 마게도냐 사람이거나 혹은 행 20:4의 더베 출신 둘 중의 하나일 것이다. 이 외에도 요삼 1절에 가이오가 거론된다. 장로로 묘사되는 가이오가 우리의 가이오와 어떤 관계인지, 자료가 없어 뭐라고 말하기

---

355) 크랜필드, 『ICC 1』, 46ff

힘들다. 바울은, 고린도에 있을 때 그에게 세례를 주었다(고전 1:14). 에
라스도는 고린도시의 재정을 담당하는 관리oikonomos였다. 그러므로
행 19:21에 나오는 에라스도와 -그는 에베소에서 바울의 사역을 돕다가
모금을 위해 디모데와 함께 마게도냐로 파견됨- 동일인이 아니다.356)
마지막으로 언급된 구아도도 당시 로마인들 가운데 흔한 이름이었다.
"형제"로 불리워진다는 점에서 구아도는 돈독한 신앙의 소유자였을
것으로 짐작된다. "형제"라는 표현에 의거해 구아도가 에라스도의, 또
는 가이오의 친형제일 것이라고 추정하는 것은 잘못이다. 만일 그렇다
면 "그의"autou가 추가되어야 한다("그의 형제").

e) 송영 (16:25-27)

16:24 (없음) 25 나의 복음과 예수 그리스도를 전파함은 영세 전부
터 감추어졌다가 26 이제는 나타내신 바 되었으며 영원하신 하나
님의 명을 따라 선지자들의 글로 말미암아 모든 민족이 믿어 순종
하게 하시려고 알게 하신 바 그 신비의 계시를 따라 된 것이니 이
복음으로 너희를 능히 견고하게 하실 27 지혜로우신 하나님께 예
수 그리스도로 말미암아 영광이 세세무궁하도록 있을지어다 아멘

[25-27] 본문에 대한 다양한 읽기와357) 이해하기 힘든 읽기가 전해
내려오는데, 이는 25ff절이 후대 편집자에 의해 추가된 내용임을 반증
하는 것이다. 바울이 전한 복음에 따라서(첫번 째 kata), 다시 말해(설명의
kai) 예수 그리스도를 전파함에 따라, 로마 교인들을 견고케 하시는 분
이 바로 하나님이시다(1:11; 참고 살전 3:13). "나의 복음"이란, 바울에 의

---

356) 딤후 4:20에 따르면 에라스도는 고린도에 머물렀다.
357) 16:1 직전 설명을 보라.

해 복음이 전파되었다는 사실을 강조하는 것이지(참고 딤후 2:8), 그가
전한 복음만이 참되고 옳다고 주장하는 의미가 아니다. 하나님께서는
종말론적으로 결정적인 순간인 "지금"(골 1:26; 엡 3:5; 딤후 1:10) 자신의
비밀을 드러내셨다. '비밀'이란 복음을 통해 계시된 하나님의 원 계획
을 뜻한다. 역사가 처음 시작하던 때부터 지금까지, 즉 이전 세대에는
감추어져 있던 비밀이 예수 그리스도에 관한 복음이 선포되는 가운데
드러나게 되었다(참고 고전 2:7, 9). "계시"는 예언자들의 글을 통해 알려
지는데, 이는 순전히 하나님의 주도하심 가운데 이루어지는 사건이다
("하나님의 명을 따라"). 26절의 "영원하신 하나님"은 앞에서 언급된 "영
세"chronos aiōnios와 관련이 있다. 이 표현은 태초 뿐 아니라 마지막 때
에도 주님 되시는 하나님을 뜻한다. "선지자의 글"이란 구약의 예언서
만을 일컫는 것이 아니라(1:2; 3:21) 벧후 1:16-21에서 알 수 있듯이, 하
나님의 비밀과 관련된 성경 모두를 포함한다고 보아야 한다.358) 감추
어져 있던 비밀이 드러나게 된 목적은 모든 민족으로 하여금 믿어 순종
케 함으로써(1:5) 이 비밀의 계시를 알도록 하는 데 있다(고전 2:7; 골 1:26;
엡 3:4-5, 9; 딛 1:2f).

송영은, 마지막으로 지혜로우신 하나님께 헌사된다(27절). 하나님의
지혜로움에 대해서는 이미 11:33ff에서 언급된 바 있다. 영원하신 하
나님께 영광을 돌리고 있는 로마서의 마지막 절은 딤전 1:17; 유 25을
생각나게 한다. 송영은 예수 그리스도가 매개가 되어 하나님께 드려진
다. 즉, 그리스도의 성육신과 지상에서의 사역, 그리고 고난과 죽음,

---

358) 특별히 크랜필드, 『ICC 3』, 316f는 25 ... κατὰ ἀποκάλυψιν μυστηρίου
χρόνοις αἰωνίοις σεσιγημένου, 26 φανερωθέντος δὲ νῦν을 하나로 봐야할
것을 강조한다. 예수 그리스도에 대한 선포는 하나님의 구원과 관련한 일종
의 비밀로서 예전에는 감춰져 있다가 지금 드러났다.

부활을 통해 사람들은 하나님의 사랑과 은혜를 알게 되었고, 이로써 그분께 대해 "세세 무궁토록"(갈 1:5; 딤후 4:18; 히 13:21) 영광과 존귀를 드릴 수 있게 되었다. 송영은 일반적으로 "아멘"으로 끝나는데(시 41:13; 72:19; 롬 1:25; 9:5; 11:36; 갈 1:5; 엡 3:21; 빌 4:20 등), 여기서도 마찬가지이다('아멘'에 대해선 1:25 참고).

부 록

I. 바울의 율법 이해[359]

"율법으로는 바리새인이요 율법의 의로는 흠이 없는 자"(빌 3:6)였던 바울이 다메섹 도상에서 부활하신 그리스도를 만나 이방인의 사도로 부름을 받은 이후에, "율법의 행위로 의롭다 하심을 육체가 없다"(3:20)고 선언한다. 또한 "만일 의롭게 되는 것이 율법으로 말미암으면 그리스도께서 헛되이 죽으셨느니라"(갈 2:21)고 고백한다. 그리스도를 믿기 전과 믿은 후 바울의 차이는 무엇보다도 율법에 대한 그의 태도에서 극명하게 나타난다. 바울은 기본적으로 율법에 대해 부정적이다. 그리스도를 "율법의 마침"이라고 묘사한 로마서의 구절에서도(10:4) 이 사실이 확인이 된다. 하지만 다른 한편으로는 "그리스도의 (율)법"(갈 6:2)과 같은 표현을 쓰기도 했고, "믿음으로 ... 율법을 굳게 세운다"(3:31), "남을 사랑하는 자는 율법을 다 이루었느니라"(13:8; 참고 갈 5:14) 등과 같이, 율법에 대한 긍정적인 발언을 하기도 한다. 이러한 이중 진술 때문에 그의 서신을 읽는 사람은 혼란에 빠질 수밖에 없다.

갈라디아서에서의 내용은 '바울이 전한 율법으로부터 자유로운 복음에 반대하며, 율법도 지켜야 한다고 주장했던 유대주의적인 색채를 강하게 띤 경쟁자들과의 논증 또는 그들의 유혹에 넘어가고 있는 갈라디아인들을 설득하기 위한 간절한 호소'라고 할 수 있다. 바울은 여기

---

359) 이 부분은 졸고 "바울의 율법이해" 「신약논단」 12 (2005 봄호), 67-97 를 기초로 재기술한 것이다.

서 자신이 전하는 복음은 "사람에게서 받거나 배운 것이 아니라 오직 예수 그리스도의 계시로 말미암은 것이라"고 강조하며(1:11), 다른 복음을 전하는 자들은 저주를 받을 것이라고 경고하고(1:8) 있다. 갈라디아서에서는 기본적으로 율법에 대한 부정적인 묘사가 주된 색조를 이룬다. 이와 달리 로마서는 미지의 교회에 바울 자신의 복음을 소개하려는 목적으로 기술된 것이다. 로마 교회 내에는 바울의 직접적인 대적자들이 존재하지 않았다. 따라서 바울은 율법에 대해 보다 객관적이고도 종합적인 관점으로 접근할 수 있었다.

바울은 율법 자체에 문제가 있다고 보았기 때문에, 혹은 율법은 지킬 수 없는 것이기 때문에 율법을 부정한 것이 아니다. 바울 당시 유대인들은 율법을 구원에 이르게 하는 하나님의 은혜의 선물로 보았다. 바울은 과거 유대교에 있을 때, 자신의 모습을 "율법으로는 바리새인이요 율법의 의로는 흠이 없었다"고 묘사하고 있다(빌 3:5f). 바울이 율법에 대해 '아니오!' 라고 선언한 까닭은, 그리스도를 통해 궁극적인 구원의 길이 열렸다고 믿었기 때문이다. 율법은 그리스도에 대비된다는 점에서, 바울은 율법을 부정한다. 그는 갈라디아서에서 '예수 그리스도를 통해 나타난 하나님의 의'라는 관점에 비추어, 그 반대 개념인 '율법'에 대해 조망하고 있다. 이에 따르면 율법은 그리스도가 오시기 전에 사람들로 하여금 범법케 함으로써(갈 3:19), 궁극적으로 믿음에 이르도록 했다.

바울은 인간의 죄에 대해 심각하게 생각했다. 엄격한 잣대로 인간의 죄성을 다룬다(참고 제4에스라 7:46f). 온 인류는 죄에 빠져, 누구도 구원받을 수 없는 상태에 있었다(롬 1-2장). 이때 하나님께서는 마지막 구원의 수단으로 그리스도를 우리에게 보내 주셨다. 이후로, 인간 구원의 역할을 담당했던 율법은 더 이상 그 존재 의미를 상실했다는 것이 바울의 주된 논지이다. 이러한 주장은 특별히 율법이 계속적으로 유효하다고 주장하는 자들과 논쟁할 때 더욱 부각되고 있다(갈라디아서). 바울은 그러나 율법을 태생적으로 잘못된 것이라고 주장하지는 않는다. 만일 율법에 구원의 능력이 없다면, 조상들에게 이것을 주신 전지전능하신 하나님에게 그 책임이 돌아가게 된다. 하나님께서는 공평하시고 옳으시고 의로운 분이시라는 사실을 바울은 믿어 의심치 않았다. 하나님께서 이전에 주신 '율법'이라는 처방전은 나름대로 효과가 있었다. 율법은 생명에 이르게 하는 거룩하고 신령한 것이다(7:10, 12, 14). 사람들(특별히 유대인)은 율법을 통해 하나님의 뜻을 알게 되며, 남을 인도하고 지도할 수 있게 된다(2:17ff). 또한 율법은 무엇이 죄인지를 알도록 한다(7:7). "무엇을 하지 말라"는 규정이 없다면 위반도 생겨날 수 없다. 따라서 죄가 이미 이전부터 있어 왔지만, 율법이 주어진 후에야 비로소 죄가 죄로서 규정되게 된다.

이 같은 율법의 긍정적인 역할은 그리스도가 오시 전까지로 제한되어 있다는 것이 바울의 생각이다. 그 후에 구원 기능은 그리스도께서 감당하신다. 이러한 관점에서 바울은 이제 율법이 갖고 있는 한계성들을 열거한다. 율법은 하나님으로부터 직접 주어진 것이 아니다(갈 3:19). 율법은 초등학문에 불과하다(갈 4:9). 율법은 "그리스도가 오시기 전까지"만 유효하다(갈 3:19; 4:1ff). 그리스도는 "율법의 마침"이 되신다(10:4). 하지만 그러한 제한성에도 불구하고 율법은 나름대로 사람들을 믿음으로, 그리스도에게로 인도하는 순기능의 역할을 담당했다(갈 3:23f). 율법이 이러한 역할을 할 수 있었고, 또 필연적으로 그처럼 해야만 했던 까닭은, 사람들의 '미성숙' 때문이다. 발달 상태로 볼 때, 사람들은 아직 유아기나 청소년기에 해당하는 시기를 살고 있다. 따라서 '초등교사'의(갈 3:24f) 지도를 받을 필요가 있다. 달리 말하면, 신분상으로는 분명히 가업을 이을 적손임에도 불구하고, 아직 미성년이었기 때문에 후견인과 청지기의 지도를 받을 필요가 있는데(갈 4:1ff), 이 역을 율법이 담당한 것이다. 율법의 이와 같은 기능 수행으로 말미암아, 종국에("때가 차매" 갈 4:4) 그리스도가 오셨을 때, 사람들은 믿음으로 의롭게 될 수 있었다.

바울은 율법을 "범법하므로 더하여진 것"이라고 규정하며(갈 3:19), 율법이 주어진 이유에 대해 "범죄를 더하게 하려"라고(5:20) 설명한다. 이처럼 죄의 기운을 더욱 승하게 하는 기능이야 말로 율법이 수행하고 있는 역할 중에서 최고로 악한 것이라고 할 수 있다. 하지만 이러한 역할에는 단순히 악역이라고 치부해 버릴 수는 없는 차원이 있다. 밤이 깊어지면 질수록, 새벽이 가깝다. 구원의 빛이 온 누리에 비취기 위해서는, 역설적으로 칠흑과 같은 죄의 세력이 더욱 강성해져야 한다. 이런 점에서, 죄의 힘을 더욱 부추기는 율법은 결국 구원이 속히 오도록 기여를 한다("죄가 더한 곳에 은혜가 어둑 넘쳤나니" 롬 5:20b). 즉, 율법은 죄를 증폭하는 역할을 감당한다. 율법은 죄의 세력이 더욱 기승을 부리도록 한다. 그리하여 구원의 새벽이 속히 오도록 촉진하며, 죄의 역사役事에 종지부를 찍도록 한다. 이것이야말로 율법이 악역을 통해 궁극적으로 선에 봉사하는 방식이다.

그리스도가 오신 후에 율법은 어떻게 되는 것일까? 바울은 그리스도 사건 이후에도 계속 '율법'에 대해 이야기 하고 있다. "우리가 믿음으로 말미암아 도리어 율법을 굳게 세운다"(롬 3:31), "영을 따라 행하는 우리에게 율법의 요구가 이루어진다"(8:4), "그리스도의 법을 성취하라"(갈 6:2) 등. 바울은 율법 이외의 것, 즉 하나님의 의를 새로운 구원의 길이라고 제시한다. 하지만 이 새로운 처방에도 불구하고 율법이 완전히 부정되고 있지 않다. 그가 율법에 대해 '아니다' 라고 할 때, 율법이 우리를 살리는 능력을 잃었다는 뜻이지 율법이 절대적으로 무용 無用하다는 의미는 아니다. '율법은 아니다'라는 주장은 율법의 계속 적인 유효성을 주장하는 대적자들을 염두에 둔 논쟁적인 발언이다.

한편 로마서에서 바울은 비교적 여유로운 태도로 율법에 대해 설명 한다. 여기서 그는 율법에 대해 부정적이라는 기본적 입장을 견지하면 서도, 선한 율법이 왜 구원의 역할을 감당할 수 없게 되었는지에 대해 설명한다. 그는 이유를 인간의 분열된 자아에서 찾고 있다. 지금으로 부터 2천년 전에 이미 인간 내부에 선과 악의 이중성이 자리 잡고 있 다는 사실을 간파한 것은 매우 놀랍다. 율법은 원래 선한 것인데, 우리 내부에 있는 이중적인 모습, 즉 우리가 육적인 존재라는 사실로 인해, 죄가 율법을 이용하여 세력을 얻고 이로써 우리 인간을 지배하게 되었 다는 것이다. 인간은, 선을 행해야 한다는 것은 알지만 그렇게 하지 못 하기에 괴로워한다. 분열된 인간 내부에 '육신'과(7:18) '속사람'이(7:22) 있듯이, 이에 상응한 '죄의 법'과 '마음의 법'이 우리 안에 있다고 바울 은 보았다(7:23). 이 분열의 혼돈 속에서 벗어날 수 있는 방법은 선한 '법'이 우리 안에 역사하는 것이다(8:2). 또한 하나님과 그리스도의 영 이 우리 안에 거할 때 가능하다(8:9ff). 이때 우리는 육적인 존재가 아니 라 영적인 존재가 되며, 율법의 요구를 지킬 수 있게 된다(8:4).

바울은 이처럼 분열된 인간에 상응한 두개의 법 중에서 '선한 법', 즉 "그리스도 안에 있는 생명의 성령의 법"이 우리를 종국에 해방할 것이라고 믿고 있었다. 이러한 의미에서 율법은 그리스도 이후에도 계 속 구원의 역할을 감당한다. 우리를 살리는 이 '법'은 그리스도와 밀접 하게 관련되어 있다("그리스도 예수 안에 있는 ... 법" 8:2). 갈 6:2의 "그리스 도의 법"은 롬 8:2에서 말하고 있는 '우리를 생명으로 이끄는 율법'과 다름이 아니다. 바울은 또한 율법의 완성을 '사랑'이라고 말한다(롬

13:8-10; 갈 5:14). 모든 율법이 말하는 것은 결국 사랑으로 귀착된다고 여긴다. 이로써 '율법'이라는 개념은 '사랑'이라는 용어 속에 통합되어, 계속 존속된다. 전체 기독교 정신을 한 마디로 요약한 단어 '사랑'은 여기서 개개의 '율법'이 종국에 말하고자 하는 결정結晶, 즉 모든 율법을 통합하여 추출해 낸 핵심으로 설정되고 있다.

그리스도 사건 이후에도 계속 유효한 율법은 그러나 유대교에서 말하는 율법과 다른 의미를 지닌다. 이 '율법'은 죄를 짓게 하거나, 죄의 세력이 흥하도록, 필요악으로 이용되고 있는 율법이 아니다. 이 '율법'은 사람을 살리는 율법이고 따라서 더 이상 율법이라고도 할 수 없을 정도로 바울에 의해 재해석된, 달리 말해 그리스도의 세례를 흠씬 받고 주님에 의해 규정된 개념이 되었다. 바울은 율법에 대해 '지키면 된다' 혹은 '지킬 수 없다' 등의 단순한 차원으로 접근하지 않았다. 그는 당시 유대교에서 말하는 율법의 개념을 더욱 심화시켰다. (1) 바울에 따르면 율법은 선한 것이며, 사람은 능히 이를 지킬 수 있다. (2) 하지만 육신의 연약함 때문에 죄의 세력에 사로잡힌 인류는 율법의 요구대로 살지 못하고 있다. (3) 그리스도의 사건에 비춰볼 때, 율법은 구원의 길로서의 의미를 상실하게 되었다. 바울이 '율법으로는 아니다'라고 주장하는 이유는 바로 여기에 있다. (4) 그러나 사도는 율법의 긍정적인 면을 간과하지 않는다. 그리스도가 오시기 전까지의 율법은 나름대로의 의미를 갖고 있었다. 첫째로는, 초등교사 역할을 통해 미성숙한 인간들을 그리스도에게로 인도하는 역할을 감당했다. 둘째는, 죄를 깨닫게 하고 죄를 활성화시키는 악역을 통해, 결과적으로 은혜가 넘치도록 하는 데에 기여했다. (5) 그리스도 이후에도 율법은 계속 유효하다. 왜냐하면 율법이란 따지고 보면 이웃 사랑과 다름이 아니기 때문이다. 여기서 '율법'은 '사랑'이라는 용어로 재해석되고 있다. 그리고 두 개의 '율법'

중에 선한 법, 즉 그리스도의 율법이 주권적으로 인간을 사로잡을 때, 즉, 영에 의해 인도될 때, 우리는 율법의 요구를 이룰 수 있기 때문이다.

II. 예루살렘 교회를 위한 모금[360]

1. 모금 성격에 관한 다양한 견해들

칼 홀은 그의 글에서,[361] 예루살렘 교회는 자신을 '참 이스라엘', '하나님의 교회' 즉, '가난한 자'(갈 2:10, 경건의 훈련을 위해 자발적인 가난을 택한 자들) 또는 "거룩한 자"로 여겼다고 보았다. 또한 예루살렘 교회는 구속사적으로나 교회법적으로 당시 초대교회사에서 모母교회였다고 주장했다. 그렇기에 교회법 차원에서 이방 교회들에게 모금을 요구하였다는 것이다. 모금은 예루살렘 교회의 우선권을 나타내는 것이라고 보았다.

혹자는 모금을 이스라엘인들이 내는 성전세와 유사한 성격으로 본다(참고 출 30:11ff, 느 10:32 1/3세겔, 마 17:24ff; 필로 Spec. I,77f; Jos. Ant. III,193ff; Str-B. I,760f). 이스라엘인들은 20세 이상이 되면 일 년에 한 번 반 세겔의 성전세를 냈는데, 모금은 바로 이와 관련된다는 것이다. 즉 이방 기독교인들은 예루살렘 교회를 정신적인 성전으로 생각하고 헌금을 했다. 그러나 자발적이라는 점에서 모금은 유대교의 성전세와 차이가 있다.[362]

---

360) 이 부분은 졸고, "바울과 예루살렘 교회와의 관계 (예루살렘 교회를 위한 모금을 중심으로)", 「헤르메네이아 투데이」 20, 2002 및 졸저, Die Vorstellung und Bedeutung von 'Jerusalem' bei Paulus, 159ff를 다듬고, 요약 정리한 것이다.

361) K. Holl, Kirchenbegriff, 168

362) 대표적인 학자들 H.-J. Schoeps, Paulus, 63; E. Schweizer, pneuma, ThWNT VI, 412; K.F. Nickle, Collection, 74이하

한편 디터 게오르기는 모금을 역사적으로 재구성한 후, 결론으로 바울 모금 이해의 변화를 주장한다. 그에 의하면, 이방 교회들은 어려운 환경에도 불구하고 모든 기독교인들을 대신해서 임박한 재림을 기다리는 예루살렘 교회에 대한 종말론적인 우위를 인정했다. 이런 맥락에서 이방 교회들은 모금을 시작했다(즉, 모금의 법적인 요청적 성격을 인정). 시간이 지나면서 점점 이방 교회들의 독립성이 강해지자, 이제 모금은 믿지 않는 유대인들을 자극하는 하나의 도전적 성격을 갖는다고 본다. 즉, 종말에 이방인들이 예물을 가지고 예루살렘에 오는 사건을 통해 이스라엘의 불신앙이 폭로되고 그들을 돌이키는 계기가 된다는 것이다.363) 칼 홀도 앞의 글에서 바울 사상의 변화를 말한 바 있다. 바울은 자신의 이방 교회가 점점 세력이 커지자 예루살렘 교회의 수위권을 폄하하는 쪽으로 나갔고, 그래서 교회의 중심을 예루살렘에서 로마로 옮기는데 기여했다고 본다.364)

어떤 학자들은 예루살렘 교회와 이방 교회는 각각 서로 다른 모금 이해를 가지고 있었다고 본다. 예를 들면 슈미탈스는, 예루살렘 교회는 모금을 법적인 성격으로 이해한 데 반해 이방 교회는 이를 모교회에 윤리적으로 감사하는 성격의 것으로 받아들였다고 주장한다.365)

이외에도 모금을 두고, 경제적 지원의 성격, 박애주의적인 원조, 예루살렘 교회와 이방 교회간의 하나됨, 연대정신, 종말에 이방인에 의한 예루살렘 성전에 예물봉헌, 종말에 이방인에 의한 예루살렘 순례(예물 동반), 상호 인정, 다원주의의 상징 등 다양하게 이해한다. 모금을

363) D. Georgi, *Die Geschichte der Kollekte des Paulus für Jerusalem*, 21-30, 81-87
364) K. Holl, Kirchenbegriff, 174f
365) W. Schmithals, *Apostelamt*, 74

'동질성의 확보'나 '하나됨'으로 보는 견해는 일찍이 19세기 중엽, 페르디난드 크리스찬 바우어에366) 의해 주장되었다.

2. 모금의 발생과 전개 및 종결

a) 발생 (갈 2:10)

갈 1-2장에서 보듯이 바울은 예루살렘과 상관 없이 하나님으로부터 직접 사도로 부름을 받았으며, 독립적으로 이방인을 위한 복음을 증거했다. 바울은 사도회의 때, 예루살렘 교회를 돕기로 약속했다(갈 2:10). 바울의 '가난'*ptōchos*이라는 단어 용례로 볼 때 갈 2:10의 "가난한 자"는 예루살렘 교회 내 실제 가난한 자를 뜻한다. 따라서 롬 15:26의 "성도"와 "가난한 자"의 관계는 동격이 아니라 '부분의 관계'로("성도 중 가난한 자들을 위하여" 개역개정) 봐야한다. 바울 서신 어디서도 예루살렘을 일컬어 영적으로 가난한 자들이라고 말하지 않는다. 따라서 '가난'을 영적인 가난으로 이해하고, 예루살렘 교회를 영적인 상위의 기관으로 보는 입장은 근거가 빈약하다. 예루살렘 교인에 대해서 "거룩한"이라는 수식어를 사용해서 지칭하는 것은(15:26), 바울이 일반 기독교인들을 일컬어 '성도'라고 부르는 것과 별다른 차이가 없다.

모금의 발단은 갈 2:10에 구체적으로 기술되어 있다. 여기 표현에서 ("가난한 자를 생각한다" *mnēmoneuōmen*) 보듯이, 이방 교회와 예루살렘 교회 간에는 경제적 지원보다는 '염두에 두는' 행위 즉 '그들을 잊지 않고 늘 마음에 둔다'는 측면이 더 중요하다. 사도회의 때 두 교회 간에 관계가 형성되고 정립된다. 그들은 서로에게 하나님의 은혜가 작용하

---

366) F.Ch. Bauer, Beiträge zur Erklärung der Korintherbriefe, 81f

고 있음을 확인하고, 대상은 다르지만 같은 복음을 전하는 동역자임을
서로 인정한다(갈 2:7ff). 그러므로 모금은 두 교회 간의 관계성과 연대
감을 단적으로 나타내는 상징물이다.

b) 전개 (고전 16:1ff, 고후 8-9장)

안디옥 교회에서의 불미스러운 사건으로 인해(갈 2:1ff) 두 교회 사이
에 형성된 연대감에 균열이 생겼다. 둘은 신학적인 입장이 서로 다른
동역 교회였다. 바울은 혈통이나 업적에 관계없이 은혜로, 하나님의
사랑에 근거해 구원을 얻는다고 보았다. 반면, 예루살렘 교회는 믿음
이외에 계속 율법을 지켜야 된다고 생각했다. 예루살렘 교회에서 파견
된 형제들이 바울의 사역지인 안디옥 교회에 와서 영향력을 행사했다.
거기서는 이미 유대인 기독교인과 이방인 기독교인이 함께 식탁교제
를 하고 있었다. 유대 정결법에 의하면 유대인은 이방인과 같이 식사
를 할 수 없는데, 안디옥에서는 복음의 정신에 의거하여 정결법이 이
미 사문화死文化된 것이다. 하지만 야고보가 보낸 형제들의 간섭과 참
견 그리고 지도의 결과, 예루살렘 교회의 견해를 안디옥 교인들이 받
아들였다. 바울은 안디옥에서 자신의 신학적인 지지 기반을 잃고, 소
아시아 서북쪽 그리고 멀리 유럽으로 선교지를 옮겨야 했다. 둘 간의
불화에도 불구하고 바울은 이미 형성된 동역자 관계를 소중히 여긴다.
유럽에서 계속 모금을 위해 노력한 것이 바로 그 증거이다.

모금은 고전 16장에 의거해 볼 때 일주일에 한 차례, 각자 집에서,
특별한 조직을 통하지 않고 이루어 졌다. 마게도냐와 아가야에 있는
교회들에게 바울은 열심히 모금할 것을 권유한다(고후 8-9장). 여기서
바울은 예루살렘 교회의 신학적인 우위성에 근거해서 교인들을 설득

하지 않는다. 그는 다음과 같은 사항을 모금의 논거로 삼는다.

1) 원래 부유하셨으나 우리를 위해 가난해진 주님을 본받자(8:9).
2) 동등의 원칙 -지금 너희가 부유하니 가난한 예루살렘을 도와주라. 그러면 그들이 언젠가 너희를 도울 것이다(8:13ff; 비교 롬 15:27).
3) 자연법칙 -많이 뿌린 자는 많이 거둔다(9:6).
4) 넉넉하게 돕는 자를 하나님은 사랑하신다(9:7).
5) 헌금하는 자를 하나님께서는 풍성히 채워주신다(9:8-10).
6) 모금 받는 자들이 하나님께 감사할 것이다(9:11-13).

c) 종결 (롬 15:14-31)

롬 15:25에서 바울은 "성도를 섬기는 일로(즉, 모금을 전하러) 예루살렘으로 간다"고 설명한다. 모금사업은 이제 종반으로 치닫고 있다. 바울은, 예루살렘 교회가 이 모금을 기꺼이 받을 수 있도록 기도해 달라고 로마 교인들에게 당부하고 있다(15:31). 이는 바울과 예루살렘 교회의 관계가 악화되어, 상호 연대의 상징인 모금이 예루살렘 교회에 의해 거부될 수도 있다는 의미이다. 주후 50년대 이후 예루살렘 교회는 당시 사회 분위기와 맞물려 점차 강성화 되고 있었다(15:31 바울이 유대인으로부터 죽임을 당할 가능성). 이방 교회와의 관계 악화는, 예루살렘 교회가 국수주의적인 경향을 띠면서 내부에(갈 2:4; 참고 행 15:1, 5; 21:20ff) 바울의 '율법으로부터 자유로운 복음'을 인정하지 않으려는 여론이 광범위하게 유포된 데에 그 원인이 있다.

15:19, 27에는 예루살렘 교회가 신학적인 우위에 있음을 암시하는

내용들이 나온다 -예루살렘에서 발현한 복음이 온 세상으로 퍼진다(19
절), 이방인들이 예루살렘에 영적인 빚을 지고 있다(27절). 유독 로마서
에 그 같은 암시가 나오는 이유는, 예루살렘 여행을 앞둔 바울이 마지
막으로 모금을 격려하기 위해서, 사용 가능한 모든 논증을 사용했기
때문이다. 위 두 구절을 제외하곤, 로마서에 어디서도 모금과 관련해
서 예루살렘을 신학적으로, 교회법적으로 우위를 인정하는 내용이 등
장하지 않는다.

15:19에 따르면 복음은 예루살렘에서 그 주위로 그리고 일루리곤
(지금의 보스니아-헤르체고비나, 알바니아 지역)까지 퍼져나간다. 예루살렘은
종말에 복음이 퍼져나가는(참고 사 2:3; 49:4; 참고 66:19f) 출발지이다. 혹
자는 이 구절이 예루살렘의 우위를 단적으로 표현하는 것이라고 주장
한다. 그러나 여기서 말하는 내용의 강조점은 '예루살렘이 종말론적
인 복음의 출발지이므로 우월하다'가 아니라, 바울도("내가 예루살렘으로
부터 두루 행하여 ...") 복음이 퍼져나가는 데 나름대로 기여했다는데 있
다. 즉, 예루살렘 교회가 그랬던 것처럼, 바울도 초기부터 복음이 전파
되는 데 일조했기 때문에 예루살렘 교회와 대등하다는 사실을 증언하
는 구절이다.367)

15:27에서 바울은 이방인들이 예루살렘 교인들에게 영적인 빚을 지
고 있다고 말한다. 이를 가지고 몇몇 학자들은368) 예루살렘 교회의 구
속사적인 우위를 입증하는 전거로 삼는다. 이 구절은 그러나 19절의
빛에서 해석해야 한다. 앞에서 이미 밝혔듯이, 바울은 예루살렘 교회
와 동등한 존재이다. 바울과 예루살렘은 종말에 복음이 땅 끝까지 전
파되는 데에 공동으로 수고한 '한 몸'으로 볼 수 있다. 고전 9:11의 정

367) 참고 A.S. Geyser, Essai, 158f
368) K. Holl, K.F. Niclke 등

신에 따르면("우리가 너희에게 신령한 것을 뿌렸은즉 너희 육신의 것을 거두기로
과하다 하겠느냐" 참고 갈 6:6; 빌 4:15) 복음을 전해 받은 이방 교회는 바울
에게 영적으로 빚을 졌고 따라서 육신의 것으로 사도를 도울 의무가
있듯이, 바울과 하나인 예루살렘 교회에 대해서도 (직접 예루살렘으
로부터 복음을 받지는 않았지만) 지원해야 할 의무가 있다. 27절은, 이
방인들이 복음의 출발지인 예루살렘 교회에 영적인 빚을 직접적으로
졌기 때문에 모금으로 도와야 한다는 뜻이 아니다. 바울은 예루살렘에
대해 별 다른 관심을 피력하지 않는다. 그의 과거 행적을 되돌아 보자.
다메섹 도상에서 부활한 주님을 만난 후, 먼저 사도된 자들이 있는 예
루살렘으로 가지 않고 아라비아로 갔다. 3년이 지나서야 게바를 방문
하려고, 비로소 예루살렘에 왔다. 그러나 그곳에서 15일만 머물렀다.
게바와 주의 형제 야고보 외에는 아무도 안 만났다. 그 후 14년 만에
계시를 따라 예루살렘에 다시 올라왔다(갈 1-2장). 이처럼, 바울에게 중
요한 것은 복음이 퍼져나가는 것, 그 자체이다. 예루살렘이 바울에게
중요한 이유는 다만 그곳에 교회가 있고, 그 교회와 함께 땅 끝까지 복
음을 전했기 때문이다.

　바울의 주 임무는 이방에 복음을 전하는 것이다. 바울은 이를 위해
죽을 고비도 여러 번 겪었다(고전 4:9; 고후 1:8f; 4:11; 11:23; 빌 1:21f). 바울
이 예루살렘 교회를 위해 많은 수고와 노력을 기울였지만, 이는 바울
의 주된 임무인 복음 증거와 비교할 때 부차적인 것이다. 바울은 초기
에 예루살렘과 상관없이 십 수년 간(갈 2:1) 복음을 전했다. 예루살렘
교회의 모금 수용 여부와 관계없이, 체포되지 않았다면 사도는 계속
복음을 전했을 것이다. 모금은 촌각을 다투어야할 그런 사안도 아니었
다. 모금운동은 수년 간 지속되었고(고후 8:6), 중간에 중단되기도 했다.
갈 2:10의 동사 "힘써"espoudasa의 시제는 단순과거이다. 과거에 열심

히 일했으나 지금은 아니라는 의미의 시제로, 모금 운동이 지속되지
않았다는 뜻으로 볼 수 있다. 이제, 마게도냐와 아가야 지역의 교회의
모금사업이 종결되었다. 바울은 모은 것을 가지고 예루살렘으로 올라
가려 한다(롬 15:26f). 중대한 스페인 선교여행을 앞둔 이때에 죽음의 위
험을 무릅쓰고 (더 나아가 예루살렘 교회가 이를 받는다는 보장도 없
는데) 모금을 전하러 예루살렘으로 떠나야 할 필요가 있었을까?

　생명의 위협에도 불구하고 예루살렘으로 모금을 전하러 가는 바울
의 여행에는, 그곳 교회와의 관계 재정립 이외에도 다른 필연적인 목
적이 있어야 한다. 이를 파악하기 위해 먼저, 바울이 당시의 땅 끝인
스페인으로 가려는 이유를 알아보자. 바울은 롬 15:20에서 그리고 고
후 10:15f에서 복음이 전해지지 않은 곳으로 가서 증거하고 싶다고 말
한다(선교 원칙 천명). 복음이 전해지지 않는 곳으로 가고 싶다는 희망 사
항은(고후 10:15f) 일차적으로는 종말이 오기 전에 복음을 땅 끝까지 전
하겠다는 사명감의 발로이지만, 다른 한편으로는 고린도 교회의 대적
자와 어느 정도 관련이 있다고 봐야 한다.[369] 바울은 고린도전서에서
열광주의자들을 대적자로, 후서에서는 유대적인 경향의 대적자를 만
났다. 그들은 바울이 기초를 닦아 놓은 곳으로 들어와, 다른 복음을 가
지고 교인들을 자기편으로 끌어들이려고 했다(고후 3:7-18; 11:4, 13, 22)
이런 비슷한 부류의 대적자들을 바울은 갈라디아 지역에서도 만났다
(갈 2:3ff; 3-4장; 5:7-11; 6:12f). 사도는 이로 인해 어려움을 겪었고 결국 다
른 곳으로, 아직 복음이 전해지지 않은 지역으로 가고자했던 것이다.
로마서는 고린도후서 저술이 끝난 지 얼마 지나지 않아 기록되었다.
여기서도 '복음이 전해지지 않은 곳으로 가고 싶다'(롬 15:20f), '몇 년

---

369) Windisch, *KEK 6*, 312; Bultmann, *KEK Sonderband*, 198; Wolff, *ThHK 8*, 207

전부터 로마에 갔다가 스페인으로 가길 원했다'(15:23f) 등의 소망을 피력한다. 이는 로마서를 쓸 당시에도 고린도후서에서 품었던 생각을 버리지 않았음을 의미한다.

즉, 바울이 스페인 여행을 결심하게 된 데에는 대적자 문제와 부분적으로 관련이 있다. 바울은 새로운 지역에서도 대적자들을 만날 것을 염두에 두고 있었을 것이다. 이 점이 바로, '왜 바울이 목숨을 걸고 예루살렘 여행을 시도하는 지'에 대한 설명이 될 수 있다. 바울은 신학적으로, 교회법적으로 예루살렘 교회가 우위에 있다고 인정했기 때문이 아니라, 일차적으로는 모금이라는 약속을 지키면서 유명무실해진 둘 간의 관계를 재정립하기 위해서, 그리고 다음으로는 미지의 지역에서 만날 대적자들을 염두에 두었기 때문에 생명의 위협에도 불구하고 예루살렘으로 향한 것이다. 종말론적인, 구속사적인 입장에서 볼 때 당시 예루살렘 교회는 신학적·교회사적으로 상당한 권위를 갖고 있었다. 예를 들면, 안디옥 교회에서 바울의 가르침을 받은 교인들도 결국 예루살렘 교회가 보낸 사람들을 추종하였다(갈 2:11ff). 예루살렘 교회가 당시 초대교회사에서 차지하는 비중을 생각해 볼 때, 모금을 통해 확인된 바울과 예루살렘 교회 간의 동역자 관계라는 사실은 장차 만날 미지의 대적자들에게 바울 복음의 정당성 및 그의 사도성을 주장하는 데에 설득력 있는 논증이 될 것이다.

3. 결론

롬 15:25ff에는 모금에 관한 표현들이 집중적으로 등장한다. 25절 "섬기다"*diakoneō*, 26절 "연보[하다]"(*koinōnian poiēsasthai*), 27절 "섬기다"*leitourgeō(leitourgia)*, 28절 "열매"*karpos*. 이 외에도 모금을 표현하는

용어로 "은혜"(*charis* 고전 16:3; 고후 8:4,6,7,19), "연보"(*logeia* 고전 16:1f), "연보"(*eulogia* 고후 9:5f), 자발적으로 준비되어 있음(*prothymia*, 고후 8:11, 12, 19: 9:2),"사랑"(*agapē* 고후 8:8, 24), "풍성함"(*hadrotēs* 고후 8:20), "힘쓰다 (간절함/간절한)"(*spoudazō* 갈 2:10, 참고 *spoudē* 고후 7:11f; 8:7f,16, 참고 *spoudaios* 고후 8:17, 22) 등의 용어가 사용된다.[370] 이로 미루어 볼 때, 모금 은 자발적인, 연대정신에 의한 사랑의 봉사라고 말할 수 있다.

바울은 예루살렘 교회가 자신의 이방 교회 보다 우위에 있다고 생 각하지 않는다. 모금은 동등한 파트너 간에 주님의 사랑을 근거로 이 루어지는 상호 인정 정신에 근거한 자선 행위이다. 즉, 예루살렘 교회 의 신학적·교회사적 우위를 인정한 결과에 따른 이방 교회의 헌금이나 상납이 아니다. 모금 전달을 통해, 희미해진 상호 인정 및 존중의 정신 을 새롭게 환기시키기 위해 바울은 예루살렘으로 향한다. 그러나 (1) 스페인 여행을 바로 목전에 둔 상태에서, (2) 생명의 위협에도 불구하 고 예루살렘 행이 감행되었다는 점에서, (3) 그리고 스페인 여행 계획 은 어느 정도 고린도 등에서 대립했던 대적자들 때문이기도 하다는 점 에서, 예루살렘 여행은 스페인 선교를 염두에 둔 것이기도 하다. 모금 을 주고받음으로써 새롭게 정립되는, 예루살렘 교회와 바울은 신학적 으로 동등한 동역자라는 사실은 새 선교지에서 미지의 대적자들과 대 립할 때 바울의 사도성을 증명하는 아주 좋은 논거가 되기 때문이다.

---

370) 참고 졸저, *Vorstellung*, 160ff

참 고 문 헌

주석

박수암,『로마서』, 서울: 대한기독교서회, 2000

차정식,『로마서 I·II』(대한기독교서회 창립100주년기념 성서주석 37), 서울: 대한기독교서회, 1999

Barrett, C.K.: *A Commentary on the Epistle to the Romans*, New York: Harper & Brothers, 1957

Bultmann, R.: *Der zweite Brief an die Korinther*, KEK Sonderbd., Göttingen: Vandenhoeck & Ruprecht, ^{2}1987

Calvin, J.(tr. R. Mackenzie): *The Epistle of Paul The Apostle to the Romans and to the Thessalonians*, Calvin's Commentaries, Michigan: Grand Rapids, 1960

Chrysostom, J.: *Homilies on the Acts of the Apostle and the Epistle to the Romans*, Nicene and Post-Nicene Fathers (First Series) Vol. 11, A Select Library of the Christian Church(ed. Philip Schaff), Massachusetts: Hendrickson Publishers, 1995

Conzelmann, H.: *Der erste Brief an die Korinther*, KEK 5, Göttingen: Vandenhoeck & Ruprecht, ^{11}1969

Cranfield, C.E.B.(크랜필드/ 문전섭·이영재 역):『로마서 1-3』, ICC, 서울: 도서출판 로고스, 1994

Dunn, J.(던/ 김철·채천석 역):『로마서 1-8』, WBC 38상, 서울: 솔로몬, 2003

Dunn, J.(던/ 김철·채천석 역):『로마서 9-16』, WBC 38하, 서울: 솔로몬, 2005

Käsemann, E.: *An die Römer*, HNT 8a, Tübingen: J.C.B. Mohr,

[4]1980

Kuss, O.: *Der Römerbrief*, Bd. 1-2, Regensburg: Verlag Friedrich Pustet, [2]1963

Lietzmann, H.: *An die Römer*, HNT 8, Tübingen: J.C.B. Mohr, [3]1928

Lightfoot, J.B.: *Notes on the Epistles of St. Paul*, Grand Rapids, Michigan: Zondervan, 1957 (= 1895)

Luther, M.(루터/ 박문재 역): 『루터의 로마서 주석』 (세계기독교 고전 41), 고양: 크리스챤 다이제스트, 2001

Luz, U.: *Das Evangelium nach Matthäus*, EKK I/1,2, Zürich/ Neukirchen-Vluyn: Benzinger/Neukirchener Verlag [3]1992, 1990

Michel, O.: *Der Brief an die Römer*, KEK IV, Göttingen: Vandenhoeck & Ruprechtg, [14]1978

Nygren, A.: *Der Römerbrief*, Göttingen [4]1965 (orig.: Puli Brev till Romarna 1944)

Pesch, R.: Die Apostelgeschichte, EKK V/1,2, Zürich/Neukirchen-Vluyn: Benzinger/Neukirchener Verlag, 1986

Sanday, W./ Headlam, A.C.: *A Critical and Exegetical Commentary on the Epistle to the Romans*, International critical commentary of the Holy Scriptures of the Old and New Testaments, Edinburgh: T. & T. Clark, 1980 (= [5]1902)

Schlatter, A.: *Gottes Gerechtigkeit*. Ein Kommentar zum Römerbrief, Stuttgart: Calwer Verlag, [6]1991

Schlier, H.: *Der Römerbrief*, HThK VI, Freiburg im Breisgau: Verlag Herder, 1977

Schmithals, W.: *Der Römerbrief*. Ein Kommentar, Gütersloh: Gütersloher Verlagshaus, 1988

Stuhlmacher, P.: *Der Brief an die Römer*, NTD 6, Göttingen: Vandenhoeck & Ruprecht, [14]1989

Wilckens, U.: *Der Brief an die Römer*, EKK VI/1-3, Zürich/Neukirchen-Vluyn: Benzinger/Neukirchener Verlag, [2]1987, [2]1987, [2]1989

Windisch, H.: *Der zweite Korintherbrief*, KEK 6, Göttingen: Vandenhoeck & Ruprecht, 1970 (= [9]1924)

Wolff, Ch.: *Der zweite Brief des Paulus an die Korinther*, ThHK 8, Berlin; Evangelische Verlagsanstalt GmbH, 1989

Zahn, Th.: *Der Brief des Paulus an die Römer*, KNT VI, Leipzig: A. Deichertsche Verlagsbuchhandlung, [3]1925

단행본, 논문

나학진, 『기독교윤리학』, 용인: 강남대학교출판부, 2005

조광호, "갈라디아서에 나타난 할례 문제", 「서울장신논단」 12, 2004, 89-123

조광호, "로마서의 저술 목적", 「서울장신논단」 16, 2008, 79-106

조광호, "바울과 예루살렘 교회와의 관계 (예루살렘 교회를 위한 모금을 중심으로)", 「헤르메네이아 투데이」 20 (2002. 10)

조광호, "바울의 율법이해" 「신약논단」 12, 2005 봄호, 67-97

조광호, "바울의 율법이해"-롬 3:20a을 중심으로-, 「신학과 문화」 16집, 2007, 193-215

조광호, "율법의 행위에 속한 자들은 저주 아래 있나니" 갈 3:10(6-14)에 대한 한 고찰, 「신약논단」 9, 2002, 697-723

조광호, 『자신과 세상을 바꾼 사람, 바울』, 서울: 비블리카 아카데미아, 2006

Bachmann, M.: 4QMMT und Galaterbrief, התורה מעשי und ERGA NOMOU, ZNW 89, 1998 91-113

Badenas, R.: *Christ The End of the Law*. Romans 10:4 in Pauline Perspective (JSNT Suppl. Ser. 10) Sheffield: JSOT Press, 1985

Barth, G.: Art. *pistis*, EWNT^2 III, 216-231, Stuttgart: Verlag W. Kohlhammer, 1992

Bauer, F.Ch.: Beiträge zur Erklärung der Korintherbriefe, ThJb(L) 9, 1859 81-82

Bauer, W.: *Griechisch-deutsches Wörterbuch zu den Schriften des Neuen Testaments und der frühchristlichen Literatur*, Berlin/New York: Walter de Gruyter, ^{6}1988

Bechtler, S.R.: Christ, The telos of the Law: The Goal of Romans 10:4, CBQ 56, 1994 288-308

Berger, K.: Art. *charis*, EWNT^2 III, 1095-1102, Stuttgart: Verlag W. Kohlhammer, 1992

Berger, K.: Abraham in den paulinischen Hauptbriefen, MThZ 17, 1966 47-89

Bertram, G.: Art. *hyphos* etc., ThWNT VIII, 600-619, Stuttgart/Berlin/ Köln: Verlag W. Kohlhammer, 1990 (= 1933-1979)

Borse, U.: Art. *prosagōgē*, EWNT^2 III, 388-389, Stuttgart: Verlag W. Kohlhammer, 1992

Blass, F./Debrunner, A./Rehkopf, F.: *Grammatik des neutestamentlichen Griechisch*, Göttingen: Vandenhoeck & Ruprecht, ^{17}1990

Böcher, O.: Art. *haima*, EWNT^2 I, 1992, 88-93, Stuttgart: Verlag W. Kohlhammer, 1992

Bornkamm, G.: Sünde, Gesetz und Tod (Röm 7), in; idem, *Das Ende des Gesetzes*. Paulusstudien, Ges. Aufs. I, BEvTh 16, München: Chr. Kaiser Verlag, ^{2}1958 51-69

Bornkamm, G.: Die Vorgeschichte des sogenannten zweiten Korintherbriefes, in: ders., *Geschichte und Glaube*, 2.Teil, Ges. Aufs. Bd IV, BEvTh 53, 1971 162-194 (= SHAW PH Jg.1961 Abh. 2)

Bultmann, R.: Adam und Christus nach Römer 5, in; E. Dinkler (Hg.), *Exegetica*. Aufsätze zur Erforschung des Neuen Testament, Tübingen 1967 424-444 (= ZNW 50, 1959 145-165)

Bultmann, R.: *Theologie des Neuen Testaments*, UTB 630, Tübingen: J.C.B. Mohr, [9]1984

Büchsel, F.: Art. *allassō* etc., ThWNT I, 252-260, Stuttgart/Berlin/ Köln: Verlag W. Kohlhammer, 1990 (= 1933-1979)

Cho, G-H., *Die Vorstellung und Bedeutung von 'Jerusalem' bei Paulus*, NET 7, Tübingen and Basel: A Franke Verlag, 2004

Conzelmann, H.: Art. *charis* etc., ThWNT IX, 377-393, Stuttgart/Berlin/ Köln: Verlag W. Kohlhammer, 1990 (= 1933-1979)

Cranfield, C.E.B.: 'The Works of the Law' in the Epistle to the Romans, in; idem, *On Romans and Other New Testament Essays*, Edinburgh: T&T Clark 1998 1-14

Deissmann, A.: ILACTHRIOC und ILACTHRION - eine lexikalische Studie, ZNW 4, 1903 193-212

Delling, G.: Art. *telos* etc., ThWNT VIII, 50-88, Stuttgart/Berlin/ Köln: Verlag W. Kohlhammer, 1990 (= 1933-1979)

Diessner, K.: Art. *metron* etc., ThWNT IV, 635-638, Stuttgart/Berlin/ Köln: Verlag W. Kohlhammer, 1990 (= 1933-1979)

Dinkler, E.: Prädestination bei Paulus, in; W. Schneemelcher[Hg.], FS G. Dehn, 1957 81-102

Donfried, K.P.(ed.), The Romans Debate (Rev. a. Exp. Ed.), Massachusetts; Hendrickson Publishers, 1991

Donfried, K.P.: A Short Note on Romans 16, in; idem, The Romans Debate (Rev. a. Exp. Ed.), Massachusetts; Hendrickson Publishers, 1991, 44-52

Dunn, J.(제임스 던, 박문재역): 『바울 신학』, 고양: 크리스찬 다이제

스트, 2003

Dunn, J.D.G.: The New Perspective on Paul, in; idem, *Jesus, Paul and the Law*. Studies in Mark and Galatians, 1990, 183-214

Eichholz, G.: *Die Theologie des Paulus im Umriss*, Neukirchen-Vluyn: Neukirchener Verl., [7]1991

Elliger, W.: Art. *en*, EWNT[2] I, 1093-1096 Stuttgart: Verlag W. Kohlhammer, 1992

Elliger, W.: Art. *syn*, EWNT[2] III, Sp. 697-699 Stuttgart: Verlag W. Kohlhammer, 1992

Foerster, W.: Art. *eirēnē*, ThWNT II, 405-418, Stuttgart/Berlin/Köln: Verlag W. Kohlhammer, 1990 (= 1933-1979)

Foerster, W.(피르스터/ 문희석 역): 『신구약 중간사』, 서울: 컨콜디아사, 1986

Fuchs, E.: *Hermeneutik*, Bad Cannstatt 1954

Georgi, D.: *Die Geschichte der Kollekte des Paulus für Jerusalem*, ThF 38, Hamburg: Evangelischer Verlag GmbH, 1965

Gese, H.: Die Sühne, in; idem, *Zur biblischen Theologie*. Alttestamentliche Vorträge, BEvTh 78, [3]1989 55-84

Geyser, A.S.: Un Essai D'Explication de Rom. XV.19, NTS 6, 1959/60 156-59

Goppelt, L.: Art. *typos* etc., ThWNT VIII, 246-260, Stuttgart/Berlin/Köln: Verlag W. Kohlhammer, 1990 (= 1933-1979)

Grundmann, W., Art. *agathos* etc., ThWNT I, 10-18, Stuttgart/Berlin/Köln: Verlag W. Kohlhammer, 1990 (= 1933-1979)

Gutbrod, W.: Art. *Israēl* etc., ThWNT III, 370-394, Stuttgart/Berlin/Köln: Verlag W. Kohlhammer, 1990 (= 1933-1979)

Hauck, F.: Art. *menô* etc., ThWNT IV, 578-593, Stuttgart/Berlin/Köln: Verlag W. Kohlhammer, 1990 (= 1933-1979)

Holl, K.: Die Kirchenbegriff des Paulus in seinem Verhältnis zu dem der Urgemeinde, in; K.H. Rengstorf (Hg.), *Das Paulusbild in der neueren deutschen Forschung*, WdF 24, 1964 144-178 (= idem, *Der Osten*, Ges. Aufs. zur Kirchengeschichte II, 1928 44-67)

Jeremias, J.: Zwischen Karfreitag und Ostern, in; idem, *Abba*. Studien zur neutestamentlichen Theologie und Zeitgeschichte, Göttingen: Vandenhoeck & Ruprecht, 1966 323-331

Jeremias, J.: Das Lösegeld für viele (Mk 10,45), in; idem, *Abba*. Studien zur neutestamentlichen Theologie und Zeitgeschichte, Göttingen: Vandenhoeck & Ruprecht, 1966 216-229

Jervell, J.: Der Brief nach Jerusalem. Über Veranlassung und Adresse des Römerbriefes, StTh 25, 1971 61-73

Kittel, G.: Art. *dokeō* etc., ThWNT II, 235-240, Stuttgart/Berlin/Köln: Verlag W. Kohlhammer, 1990 (= 1933-1979)

Kittel, G.: Art. *logikos*, ThWNT IV, 145-147, Stuttgart/Berlin/Köln: Verlag W. Kohlhammer, 1990 (= 1933-1979)

Klassen, W.: Coals of fire, NTS 9, 1962/63 337-350

Klauck, H.-J.: Kultische Symbolsprache bei Paulus, in; idem, *Gemeinde. Amt. Sakrament*. Neutestamentliche Perspektiven, Wüzburg 1989, 348-358 (= *Freude am Gottesdienst*. Aspekte ursprünglicher Liturgie. FS J.G. Pläger, Stuttgart 1983 107-118)

Klein, G.: Art. Gesetz, III. Neues Testament, TRE 13, 1984 58-75

Kramer, W.: *Christos Kyrios Gottessohn*. Untersuchungen zu Gebrauch und Bedeutung der christologischen Bezeichnungen bei Paulus und den vorpaulinischen Gemeinden, AThANT 44, Zürich: Zwingli Verlag, 1963

Kremer, J.: Art. *thlipsis* etc., EWNT[2] II, 375-379, Stuttgart: Verlag W. Kohlhammer, 1992

Kuhn, K.G.: Art. *Israēl* etc., ThWNT III, 356-370, Stuttgart/Berlin/ Köln: Verlag W. Kohlhammer, 1990 (= 1933-1979)

Kümmel, W.G.: *Einleitung in das Neue Testament*, Heidelberg: Quelle & Meyer Verlag GmbH, [21]1983

Kümmel, W.G.: Römer 7 und die Bekehrung des Paulus, in; idem, *Römer 7 und das Bild des Menschen im Neuen Testament*. Zwei Studien, TB 53, München: Chr. Kaiser Verlag, 1974 1-160 (= Diss. Leipzig 1929)

Lampe, P.: Die stadtrömischen Christen in den ersten beiden Jahrhunderten, WUNT 2.R 18, J.C.B. Mohr: Tübingen, [2]1989

Lang, B.: Art. *kipper*, ThWAT IV, Sp. 303-318, Stuttgart: Verlag W. Kohlhammer, 1984

Limbeck, M.: Art. *entolē*, EWNT[2] I, Sp. 1121-1125 Stuttgart: Verlag W. Kohlhammer, 1992

Lohmeyer, E.: Gesetzeswerke, in; idem, *Probleme paulinischer Theologie*, Darmstadt: Wissenschaftliche Buchgemeinschaft, 1954 31-74

Lohse, E.: *Märtyrer und Gottesknecht*. Untersuchungen zur urchristlichen Verkündigung von Sühntod Jesu Christi, (FRLANT 64), Göttingen: Vandenhoeck & Ruprecht, [2]1963

Luck, U.: Art. *sōphrōn* etc., ThWNT VII, 1094-1102, Stuttgart/ Berlin/ Köln: Verlag W. Kohlhammer, 1990 (= 1933-1979)

Luz, U.: Zum Aufbau von Röm 1-8, ThZ 25, 1969 161-81

Luz, U.: *Das Geschichtsverständnisdes Paulus*, BEvTh 49, München: Chr. Kaiser Verlag, 1968

Marxsen, W.: *Introduction to the New Testament*, Philadelphia: Fortress Press, 1976 (= 1968)

Manson, T.W.: St. Paul's Letter to the Romans - and others, in; K.P. Donfried(ed.), *The Romans Debate* (Rev. a. Exp. Ed.), Massachusetts;

Hendrickson Publishers, 1991 3-15 (orig.: M. Black[ed.], *Studies in the Gospels and Epistles*, Manchester: Manchester University Press, 1962 225-241)

Moo, J. Douglas, (더글라스 J. 무/이경석 역), 『로마서의 신학적 강해』, 서울: 크리스챤출판사, 2007

Morenz, S.: Feurige Kohlen auf dem Haupte, ThLZ 78(1953), Sp. 187-192;

Nestle, W.: Die Fabel des Menenius Agrippa, Klio 21, 1927, 350-360

Nickle, K.F.: *The Collection*. A Study in the Strategy of Paul, SBT 48, London: SCM, 1966 (= Basler Diss. 1963)

Oepke, A.: Art. *en*, ThWNT II, 534-539, Stuttgart/Berlin/Köln: Verlag W. Kohlhammer, 1990 (= 1933-1979)

Paulsen, H.: *Überlieferung und Auslegung in Röm 8*, WMANT 43, Neukirchen-Vluyn: Neukirchener Verlag, 1974

Qimron, E./ Strugnell, J.: *Qumran Cave 4*, V Miqsat Maase Ha-Troah (Discoveries in the Judaen Desert X), Oxford: Oxford Press, 1994

Rad, G.v.: Art. *shalom*, ThWNT II, 400-405, Stuttgart/Berlin/Köln: Verlag W. Kohlhammer, 1990 (= 1933-1979)

Reinbold, W.: Gal 3,6-14 und das Problem der Erfüllbarkeit des Gesetzes bei Paulus, ZNW 91, 2000 91-106

Rengstorf, K.H.: Art. *sēmeion* etc., ThWNT VII, 199-268, Stuttgart/Berlin/Köln: Verlag W. Kohlhammer, 1990 (= 1933-1979)

Ridderbos, H.: *Paulus*. Ein Entwurf seiner Theologie, Wuppertal: Theologischer Verlag Rolf Brockhaus, 1970

Sand, A.: Art. *epaggelia* etc., EWNT[2] II, 34-40, Stuttgart: Verlag W. Kohlhammer, 1992

Sanders, E.P.: *Paul and Palestinian Judaism*. A Comparison of Patterns of Religion, London: SCM Press, 1977

Sanders, E.P.(샌더스/ 김진영 역), 『바울, 율법, 유대인』, 서울: 크리스 찬 다이제스트, 1998) (= 1994)

Schlier, H.: Art. *amēn*, ThWNT I, 339-342, Stuttgart/Berlin/Köln: Verlag W. Kohlhammer, 1990 (= 1933-1979)

Schmithals, W.: *Das kirchliche Apostelamt*. Eine historische Untersuchung, Göttingen: Vandenhoeck & Ruprecht, 1961

Schoeps, H.-J.: *Paulus*. Die Theologie des Apostels im Lichte der jüdischen Religionsgeschichte, Tübingen: J.C.B. Mohr, 1959

Schulz, D.: *Theologische Studien und Kritiken*, 1829

Schweizer, E.: Art. *pneuma* etc., ThWNT VI, 387-450, Stuttgart/Berlin/ Köln: Verlag W. Kohlhammer, 1990 (= 1933-1979)

Stendahl, K.: The Apostle Paul and the Introspective Conscience of the West, HThR 56, 1963 199-215

Strack, H.L/ Billerbeck, P.: *Kommentar zum Neuen Testament aus Talmud und Midrasch*, I-V, München: C.H.Beck'sche Verlagsbuchhandlung, (Bd. I, 1926, Bd. III, 1926)

Stuhlmacher, P.: Zur neueren Exegese von Röm 3,24-26, in; idem, *Versöhnung, Gesetz und Gerechtigkeit*. Aufsätze zur biblischen Theologie, Göttingen: Vandenhoeck & Ruprecht, 1981 117-135

Weiser, A.: Art. *douleuō*, EWNT² I, 844-852, Stuttgart: Verlag W. Kohlhammer, 1992

Wengst, K.: *Christologische Formeln und Lieder des Urchristentums*, StNT 7, Gütersloh: G. Mohn, 1972

Zeller, D.: Sühne und Langmut. Zur Traditionsgeschichte von Röm 3,24-26, ThPh 43, 1968 51-75

Zmijewski, J.: Art. *asthenēs* etc., EWNT² 1, 408-413, Stuttgart: Verlag W. Kohlhammer, 1992

원어 색인

abyssos	ἄβυσσος	무저갱
adikias	ἀδικίας	불의
adokimon	ἀδόκιμον	상실한
agapē	ἀγάπη	사랑
agathon	ἀγαθόν	선한 것
agathos	ἀγαθός	선한, 선한 자
agathōsynē	ἀγαθωσύνη	선함
aggel-	ἄγγελ-	천사의 헬라어 어간
aidios	ἀΐδιος	영원한
akakoi	ἄκακοι	악하지 않은 자들
akatharsia	ἀκαθαρσία	부정(不淨)
akeraios	ἀκέραιος	순진무구한
alalētos	ἀλάλητος	말할 수 없는
allassō	ἀλλάσσω	바꾸다
allotrios	ἀλλότριος	(형) 낯선, 다른 (명) 남
amēn	ἀμήν	아멘
anapologētos	ἀναπολόγητος	핑계거리가 없는
aneleēmōn	ἀνελεήμων	무자비한 자
anochē	ἀνοχή	용납하심, 관용
anoētos	ἀνόητος	어리석은 자
anomia	ἀνομία	불법
antapokrinesthai	ἀνταποκρίνεσθαι	반문하다
anypokritos	ἀνυπόκριτος	거짓이없는
aparchē	ἀπαρχή	첫 열매
apataō	ἀπατάω	현혹시키다
aphorizō	ἀφορίζω	택정함을 입다
aphrōn	ἄφρων	어리석은

aphtharsia	ἀφθαρσία	썩지 아니함
apistia	ἀπιστία	불신앙
apo	ἀπό	~로 부터
apokaradokia	ἀποκαραδοκία	고대, 기대
apolutrōsis	ἀπολύτρωσις	속량
apostolos	ἀπόστολος	사도
apostygein	ἀποστυγεῖν	미워하다
apotomia	ἀποτομία	준엄하심
apotomōs	ἀποτόμως	엄격(준엄)하게
ara	ἀρά	저주
ara	ἄρα	그러므로
ara	ἆρα	직접의문문을이끄는불변사
Ara oun	Ἄρα οὖν	그런즉, 그러므로
archontes	ἄρχοντες	관헌
asebeia	ἀσέβεια	경건하지 않음
aselgeia	ἀσέλγεια	호색
asthenēma	ἀσθένημα	약점, 약함
asthenēs	ἀσθενής	연약함
astorgous	ἄστοργους	무정한 자
asygkritos	ἀσύγκριτος	비교할수 없이 뛰어난
asynetous	ἀσύνετους	우매한자
asynthetous	ἀσύνθετους	배약하는자
ataraksia	ἀταραξία	냉담, 초연
autou	αὐτοῦ	그의
baptizō + eis	βαπτίζω + εἰς	세례를 주다
barbaroi	βάρβαροι	야만인
bastazein	βαστάζειν	감당하다
bēma	βῆμα	심판대
charis	χάρις	은혜
charisma	χάρισμα	은사
chrēstotēs	χρηστότης	인자하심

chrēstologia	χρηστολογία	지창한, 교활한 말
chrēstos	χρηστός	인자한
chriō	χρίω	기름 붓다
christos	χριστός	그리스도
chronos aiōnios	χρόνος αἰώνιος	영원
de	δέ	반면에, 그러나, 그리고
deos	δέος	두려움
di akrobustias	δι᾽ ἀκροβυστίας	무할례자로서
dia	διά	말미암아, 통해
dia dikaiosynēs	διὰ δικαιοσύνης	의로 말미암아
dia Iēsou Christou	διὰ Ἰησοῦ Χριστοῦ	예수 그리스도로 인해
dia pisteōs Iēsou Christou	διὰ πίστεως Ἰησοῦ Χριστοῦ	예수 그리스도를 믿음으로
dia proskommatos	διὰ προσκόμματος	거리낌으로
dia ta paraptōmata	διὰ τὰ παραπτώματα	범죄 때문에
dia tēn dikaiōsin	δια τὴν δικαίωσιν	의롭다 하기 위해
Dia touto	Διὰ τοῦτο	그러므로
diakoneō	διακονέω	섬기다
diakonia	διακονία	섬김
diakonos	διάκονος	집사, 사역자, 일군
diakonos peritomēs	διάκονος περιτομῆς	할례의 종
diakrisis	διάκρισις	비판, 다툼
dialogismos	διαλογισμός	숙고
didaskaloi	διδάσκαλοι	가르치는 자들
dik-	δικ-	의로운의 어근
dikaiokrisia	δικαιοκρισία	의의 심판
dikaiōma	δικαίωμα	의롭다 하심, 요구, 의로운 행위
dikaiōmata	δικαιώματα	율법의 규례, 요구들
dikaioō	δικαιόω	의롭게 만들다
dikaios	δίκαιος	의인

dikaiosynē theou	δικαιοσύνη θεοῦ	하나님의 의
Dikē	Δίκη	디케
dio	διό	그러므로
diōkontes	διώκοντες	힘쓰다
dioti	διότι	그러므로
dokimē	δοκιμή	연단
dokimos	δόκιμος	인정, 칭찬 받는
doksa	δόξα	영광
doksazō	δοξάζω	영화롭게 하다
dolioō	δολιόω	속이다
dolos	δόλος	사기
dōrea	δωρεά	선물
dōrēma	δώρημα	선물
douleia	δουλεία	종, 종 노릇, 종의 신분
douleia tēs phthoras	δουλεία τῆς φθορᾶς	썩어짐의 종 노릇
douleuein	δουλεύειν	섬기다
douleuō	δουλεύω	섬기다
doulos	δοῦλος	종
dynamis	δύναμις	능력
ē	ἤ	혹은
echomen	ἔχομεν	누리다, 갖다
edokimasan	ἐδοκίμασαν	마땅히 여겼다
edoksasen	ἐδόξασεν	영화롭게 하셨다
egkoptō	ἐγκόπτω	방해하다
einai bebaian	εἶναι βεβαίαν	굳게 한다
eirēneuō	εἰρηνεύω	화목하다
eirēnē	εἰρήνη	평화
eis	εἰς	~ 안으로, ~로
eis Christon Iesoun	εἰς Χριστὸν Ἰησοῦν	그리스도 예수에게로
eis katakrima	εἰς κατάκριμα	정죄에 이르렀으나
eis ta perata	εἰς τὰ πέρατα τῆς	말씀이 땅 끝까지

tēs oikoumenēs	οἰκουμένης	
eis to logisthēnai	εἰς τὸ λογισθῆναι	하려 하심이라
ek	ἐκ	~로 부터
ek physeōs	ἐκ φύσεως	본성으로
ek Siōn	ἐκ Σιὼν	시온에서
ekdikos eis orgēn	ἔκδικος εἰς ὀργὴν	진노하심을 따라 보응하는 자
ekdikountes	ἐκδικοῦντες	원수를 갚는
ekoinōnēsan	ἐκοινώνησαν	나누어 받았다
ekōlythēn	ἐκωλύθην	길이 막혔다
eks anastaseōs nekrōn	ἐξ ἀναστάσεως νεκρῶν	죽은 가운데서 부활하여
eks eritheias	ἐξ ἐριθείας	당을 지어
eksapataō	ἐξαπατάω	속이다
ekseklasthēsan	ἐξεκλάσθησαν	꺾이다
eksousia	ἐξουσία	권세
ekzēteō	ἐκζητέω	찾는다
eleos	ἔλεος	자비
eleutheria tēs doksēs	ἐλευθερίαν τῆς δόξης	영광의 자유
elpis	ἐλπίς	소망
emphanēs	ἐμφανής	나타난 바
emphanēs egenomēn	ἐμφανὴς ἐγενόμην	나타났노라
en	ἐν	안에
en Christō	ἐν Χριστῷ	그리스도 안에서
en Christō Iēsou	ἐν Χριστῷ Ἰησοῦ	그리스도 예수 안에서
en heautois	ἐν ἑαυτοῖς	속으로
en homoiōmati sarkos hamartias	ἐν ὁμοιώματι σαρκὸς ἁμαρτίας	죄 있는 육신의 모양으로
en nomō	ἐν νόμῳ	율법 안에
en tō nomō tēs	ἐν τῷ νόμῳ τῆς	죄의 법

hamartias	ἁμαρτίας	
en tō thanatō	ἐν τῷ θανάτῳ	사망 안에서
enantion	ἐναντίον	앞에서, 존전에서
endeiknumi	ἐνδείκνυμι	나타내려 하다
enōpion	ἐνώπιον	~의 앞에
entolē	ἐντολή	계명
entygchanei	ἐντυγχάνει	~를 위해 변호하다
epaggelia	ἐπαγγελία	언약
eperisseusen	ἐπερίσσευσεν	넘치다
eph hō	ἐφ' ᾧ	왜냐하면
epi	ἐπί	~에서, ~에게
ēpistēsan	ἠπίστησάν	믿지 않다
epithymia	ἐπιθυμία	사욕, 정욕, 탐심
epōrōthēsan	ἐπωρώθησαν	우둔하여지다
erga tēs sarkos	ἔργα τῆς σαρκός	육체의 일
eris	ἔρις	분쟁, 다툼
eritheia	ἐριθεία	다툼
eschēkamen	ἐσχήκαμεν	얻었다
esō anthrōpos	ἔσω ἄνθρωπος	속사람
espoudasa	ἐσπούδασα	힘써
euaggelion	εὐαγγέλιον	복음
eulogia	εὐλογία	아첨, 연보
euphrainō	εὐφραίνω	즐거워하다
euprosdektos	εὐπρόσδεκτος	받음직하게, 받기를
eurēkenai	εὑρηκέναι	발견하다
ēychomēn	ηὐχόμην	원하는 바이다
ezōn chōris nomou	ἔζων χωρὶς νόμου	율법이 없을 때에는 살았더니
gar	γάρ	왜냐하면
gramma	γράμμα	율법 조문
hadrotēs	ἁδρότης	풍성함

hagiasmos	ἁγιασμός	거룩함
hagiōsynē	ἁγιωσύνη	성결
hamartēma	ἁμάρτημα	인간이 범한 죄
hamartia	ἁμαρτία	죄
hē opheilē	ἡ ὀφειλή	줄 것
hē prosphora tōn ethnōn	ἡ προσφορὰ τῶν ἐθνῶν	이방인이라고 하는 제물
hē trapeza	ἡ τράπεζα	밥상
hen sōma	ἕν σῶμα	한 몸
heneken Siōn	ἕνεκεν Σιων	시온을 위해서
hēttēma	ἥττημα	실패
heurethēn	εὑρέθην	찾은바 되고
hierosyleō	ἱεροσυλέω	신전 물건을 도적질하다
hierourgeō	ἱερουργέω	제사장 직분을 수행하다
hierourgounta to euaggelion	ἱερουργοῦντα τὸ εὐαγγέλιον	제사장으로서 복음을 위해 봉사하다
hilarotēs	ἱλαρότης	기쁨
hilastērion	ἱλαστήριον	화목제물
hina	ἵνα	~하려 함이라(접속사)
hina pleonasē to paraptōma	ἵνα πλεονάσῃ τὸ παράπτωμα	범죄를 더하게 하려
ho autos kyrios	ὁ αὐτὸς κύριος	한 분이신 주님
ho eleōn	ὁ ἐλεῶν	긍휼을 베푸는 자
ho katakrinōn	ὁ κατακρινῶν	정죄하는 자
ho nomos	ὁ νομος	(그) 율법
ho proistamenos	ὁ προϊστάμενος	다스리는 자
hoi eks eritheias	οἱ ἐξ ἐριθείας	다툼으로(하는) 자들
homoiōmati	ὁμοιώματι	유사하게
hopla	ὅπλα	갑옷
horisthentos	ὁρισθέντος	선포되셨으니
hos de	ὃς δε	어떤 사람

hos men	ὃς μὲν	(다른) 어떤 사람
hoti	ὅτι	이는, 왜냐하면
houtōs [kai]	οὕτως καὶ	또한 그렇게
hyios	υἱός	아들
hyiothesia	υἱοθεσία	아들의 권리, 양자
hyos tou theou	υἱὸς τοῦ θεοῦ	하나님의 아들
hypakoē	ὑπακοή	순종
hypernikaō	ὑπερνικάω	넉넉히 이긴다
hypo	ὑπό	~ 아래
hypomonē	ὑπομονή	인내
kairos	καιρός	(결정적인) 때
kakoētheia	κακοήθεια	악독
kakon	κακον	악한
kalon	καλόν	아름다운
kardia hetera	καρδία ἑτερά	다른 마음
karpos	καρπός	열매
kata	κατά	~에 반反해, ~에 따라
kata charin	κατὰ χάριν	은혜로
kata kairon	κατὰ καιρόν	~한 때에
kata sarka	κατὰ σάρκα	육으로
kata tēn analogian tēs pisteōs	κατὰ τὴν ἀναλογίαντῆς πίστεως	믿음의 분수대로
katakrima	κατάκριμα	정죄
katallagē	καταλλαγή	화목
katallassō	καταλλάσσω	화목되다
katara	κατάρα	저주
katēchoumenos	κατηχούμενος	교훈을 받은(다)
katenati	κατέναντι	하나님의 존전에서
katērgēthēmen	κατηργήθημεν	벗어나다
kath hypomonēn	καθ' ὑπομονὴν	인내로
katharos	καθαρός	정결한

kathēkonta	καθηκόντα	합당한
kathoraō	καθοράω	알려지다
kauchaomai	καυχάομαι	즐거워하다
kauchēsis	καύχησις	자랑
kauchōmetha	καυχώμεθα	자랑하다
keraiō	κεραίω	섞다
koilia	κοιλία	배
koinon	κοινὸν	평범한, 부정한
koinōnia	κοινωνία	교제
koinōnian poiēsasthai	κοινωνίαν ποιήσασθαι	연보하다
koitē	κοίτη	음란
koitēn echousa	κοίτην ἔχουσα	임신하다
kōmos	κῶμος	방탕
kosmos	κόσμος	세상
krima	κρίμα	심판
krinōmen	κρίνωμεν	비판합시다
kyklō	κύκλῳ	두루 (행하여)
kyrios	κύριος	주님
lachanon	λάχανον	채소
leitourgein	λειτουργεῖν	갚다, 봉사하다.
leitourgeō	λειτουργέω	섬긴다
leitourgia	λειτουργία	봉사, 섬기는 일
leitourgos	λειτουργός	일꾼
logeia	λογεία	연보
logia	λόγια	말씀
logikos	λογικός	영적인
logizesthai	λογίζεσθαι	~라고 여겨지다
logizesthe	λογίζεσθε	~라고 여길지어다
logizetai	λογίζεται	~라 여기심을 받다
logizomai	λογίζομαι	~라 여기다

logon (apo)dounai	λόγον (ἀπο)δοῦναι	직고하다
Loukas	Λουκάς	누가
Loukios	Λούκιος	누기오
lytrōsis	λύτρωσις	해방
makarioi	μακάριοι	복되다
makrothumia	μακροθυμία	길이 참으심
makrothumos	μακρόθυμος	길이 참는
mataiō	ματαιόω	허망하여지다
mataiotēs	ματαιότης	허무한 데
mē	μή	아니(부정否定사)
mē ... opheilō.	μὴ ... ὀφείλω	빚지지 말라
mēdeni	μηδενὶ	아무에게도
melē	μέλη	지체
mesotēs	μεσότης	분수(중용)를 지키는
mestos	μεστός	가득
meta-	μετά	태도를 바꿈(접두어)
metanoia	μετάνοια	회개
methē	μέθη	술 취함
metron	μέτρον	분량
mnēmoneuōmen	μνημονεύωμεν	생각한다
monē	μονή	머묾, 기다림
morphē	μορφή	형체
morphōsis	μόρφωσις	모본
mystērion	μυστήριον	신비
nekron	νεκρον	죽은
nēpios	νήπιος	어린 아이
nikaō	νικάω	이기다
nomos	νόμος	율법
nomos physeōs	νόμος φύσεως	자연법
nomothesia	νομοθεσία	율법을 세우신 것
nous	νοῦς	마음, 영

nouthetēsis	νουθέτησις	권면, 권함
nun	νῦν	이제는
nuni de	νυνὶ δέ	이제는
ōste	ὥστε	그리하여, 그러므로
oiketēs	οἰκέτης	하인, 종
oikodomē	οἰκοδομή	덕을 세움(건덕)
oikonomos	οἰκονόμος	재무관
oikoumenē	οἰκουμένη	거주하는 땅
oiktirmos	οἰκτιρμός	자비
oinophlygia	οἰνοφλυγία	술취함
orgē	ὀργή	진노
ōraioi	ὡραῖοι	시기 적절한, 아름다운
ōs - houtōs	ὡς - οὕτως	~같지 - 곧
ōsper, kai houtōs	ὥσπερ, καὶ οὕτως	그리고[결과로서] 그렇게/[이런방식으로] 그래서 …(조건절)
ōsper/ōs	ὥσπερ/ὡς	… 같이
ōsper/ōs, houtōs (kai)	ὥσπερ/ὡς, οὕτως (και)	…같이(조건절), 또한 그렇게 … (귀결절)
ou ginōskō	οὐ γινώσκω	알지 못한다
ouk	οὐκ	~가 아닌 (영어 not)
ou kurieusei	οὐ κυριεύσει	주장하지 못할 것이다
ou monon alla kai	οὐ μόνον ἀλλὰ και	~뿐만 아니라 ~도
oun	οὖν	그런즉
paidagōgos	παιδαγωγός	초등교사
paideutēs	παιδευτής	교사
par elpida ep elpidi	παρ᾽ ἐλπίδα ἐπ᾽ ἐλπίδι	소망에 반(反)하지만, 소망에 근거해서
para physin	παρὰ φύσιν	역리(逆理)로
parabaseōn charin	παραβάσεων χάριν	죄를 지으라고
parabasis	παράβασις	범함,위반,그릇된행위

paradidōmi	παραδίδωμι	내주다
paradidonai	παραδιδοναι	내줌이 되다
paraklēsis	παράκλησις	권고, 권면, 위로
paraklētos	παράκλητος	보혜사
paraptōma	παράπτωμα	범죄
paredothē	παρεδόθη	내어줌이 되다
pasa psychē	πᾶσα ψυχὴ	각 사람
Patēr	Πατήρ	아버지
pathē atimias	πάθη ἀτιμίας	부끄러운 욕심
pathēma	πάθημα	정욕
pathos epithumias	πάθος ἐπιθυμίας	색욕
Patrobas	Πατροβᾶς	바드로바 (16:14)
Patrobios	Πατρόβιος	파드로비오스
paulos	παῦλος	바울
pephanerōtai	πεφανέρωται	나타났다
peplērōken	πεπλήρωκεν	다 이루었다
peplērōkenai	πεπληρωκέναι	편만하게 전하다
peri hamartias	περὶ ἁμαρτίας	죄를 위하여, 죄로 말미암아
phaulon	φαῦλον	악
philadelphia	φιλαδελφία	형제 사랑
philoksenia	φιλοξενία	손님 대접
philostorgoi	φιλόστοργοι	우애하고
phobos	φόβος	두려움
phonos	φόνος	살인
phoros	φόρος	조세
phronimos	φρόνιμος	지혜로운
phronein	φρονεῖν	생각하다, 여기다
phthonos	φθόνος	시기
phyrama	φύραμα	떡 반죽(떡 덩이)
physis	φύσις	본성

pisteuein	πιστεύειν	믿는다
pisteuomen hoti	πιστεύομεν ὅτι	...를 믿다
pistis	πίστις	믿음
plēroō	πληρόω	완성
plērōma	πλήρωμα	완성
plērophoreisthai	πληροφορεῖσθαι	확정되어지다
pneuma	πνεῦμα	심령, 영
poiein eleēmosynē	ποιεῖν ἐλεημοσύνη	자선하다, 구제하다
poiēma	ποίημα	피조물
poieō	ποιέω	행하다
poimenes	ποιμένες	목사들
poiōn chrēstotēs	ποιῶν χρηστότης	선을 행하는 자
pollō mallon	πολλῷ μᾶλλον	더욱
pōrōsis	πώρωσις	우둔
proēgeomai	προηγέομαι	낫게 여기다
proekopsen	προέκοψεν	깊어지다, 거의 끝나다
proistamenoi	προϊστάμενοι	다스리는 자들
porneia	πορνεία	죄
pronoian poiesthai tinos	πρόνοιαν ποιεῖσθαί τινος	육신의 일을 도모하다
pros	πρός	~에 대해서, ~을 향해
pros oikodomēn	πρὸς οἰκοδομήν	덕을 세우도록
pros (ton) theon	πρὸς (τὸν) θεόν	하나님 앞에서, ~께 대해
prosagōgē	προσαγωγή	들어감
proskomma	πρόσκομμα	걸림, 부딪칠 것
prosphora	προσφορά	제물
prostatis	προστάτις	후원자
prothesis	πρόθεσις	개인의 의도, 생각, 계획
prothymia	προθυμία	자발적으로 준비되어 있음
prōton	πρῶτον	첫째
psychē	ψυχή	영

psychē anthrōpou	ψυχὴ ἀνθρώπου	사람의 영
ptōchos	πτωχός	가난한, 가난한 자
sarks	σάρξ	육(육체, 육신)
sēmeion	σημεῖον	표징
sēmeion peritomēs	σημεῖον περιτομῆς	할례의 표
skandalon	σκάνδαλον	거치는 것, 거리끼는 것
skeuē eleous	σκεύη ἐλέους	자비의 그릇
skeuē orgēs	σκεύη ὀργῆς	진노의 그릇
sklēryneite	σκληρυνεῖτε	목이 곧다
sklērotēs	σκληρότης	완고함
sklērotēta	σκληρότητά	완악
sklērynei	σκληρύνει	완악하게 하다
skopein	σκοπεῖν	살피다
sōma	σῶμα	몸
sōphronein	σωφρονεῖν	지혜롭게 생각하다
sophia	σοφία	지혜
sophos	σοφός	지혜로운
sōphrōn	σώφρων	신중한, 사려깊은
sōtēr	σωτήρ	구주
sōteria	σωτηρία	구원
sphragisamenos	σφραγισάμενος	곡물자루를 인봉하다, 확실히 전하다
spoudaios	σπουδαῖος	간절한
spoudazō	σπουδάζω	힘쓰다
spoudē	σπουδή	간절함, 열심
stoichen tois ichnesin	στοιχοῦσιν τοῖς ἴχνεσιν	자취를 따르는 사람
sy[n]-stenazei	συστενάζει	탄식하다
syggenēs	συγγενής	친척, 동족
symmorphos	σύμμορφος	본받게 하기 위해
symphuō	συμφύω	연합하다

syn	σύν	함께
syn Christō	σὺν Χριστῷ	그리스도와 함께
syneidēsis	συνείδησις	양심
synergos	συνεργός	동역자
synistēmi	συνίστημι	확증하다
synōdinei	συνωδίνει	함께 고통받다
syntelōn	συντελῶν	완성하다, 성취하다
syntemnōn	συντέμνων	줄이다, 제안하다
syntribō	συντρίβω	상하게 하다
syntrimma	σύντριμμα	파멸
ta adiaphora	τὰ ἀδιάφορα	부차적인 것들
ta diapheronta	τὰ διαφέροντα	중요한 것들
ta dikaiōmata tou nomou	τὰ δικαιώματα τοῦ νόμου	율법의 규례들
ta thnēta sōmata	τὰ θνητὰ σώματα	죽을 몸
talaipōria	ταλαιπωρία	곤고
tas prakseis tou sōmatos	τὰς πράξεις τοῦ σώματος	몸의 행실
tē sarki	τῇ σαρκί	육신에
telos	τέλος	완성, 마침, 관세
telos nomou	τέλος νόμου	율법의 마침
tēs sarkos pronoia	τῆς σαρκὸς πρόνοια	육신의 일
thanatos	θάνατος	사망
theiotēs	θειότης	신성
theostygeis	θεοστυγεῖς	하나님을 미워는 자들
theou	θεοῦ	하나님의
thusia	θυσίαν	제물
Ti oun	Τί οὖν	그런즉 어떠냐
timē	τιμή	존귀
tithēmi	τίθημι	두다
to dikaiōma	τὸ δικαίωμα	율법의 요구

tou nomou	τοῦ νόμου	
to dikaion	τὸ δίκαιον	의로운 것
tō idiō kyriō	τῷ ἰδίῳ κυρίῳ	자기 주인에게
tō kyriō douleuontes	τῷ κυρίῳ δουλεύοντες	주를 섬기라
tō paraptōmati	τῷ παραπτώματι	범죄함으로
tō pneumati zeontes	τῷ πνεύματι ζέοντες	열심을 품고, 성령으로 불붙어
to thnēton sōma	το θνητόν σώμα	죽을 몸
tō kairō douleuontes	τῷ καιρῷ δουλεύοντες	시간에 봉사하라
tōn parabaseōn charin prosetethē	τῶν παραβάσεων χάριν προσετέθη	범법함으로 더하여 진 것이라
tosautē	τοσαύτη	이만한
tou mēketi douleuein	τοῦ μηκέτι δουλεύειν	더 이상 종이 되지 않도록
tous diōkontas	τοὺς διώκοντας	박해하는 자들을
tout' estin	τοῦτ' ἔστιν	곧, 즉
tryphaō	τρυφάω	사치하다
tryphē	τρυφή	사치
zēlos	ζῆλος	열심, 시기
zēlōtai nomōn	ζηλωταὶ νόμων	율법에 열심인 자들

bar-miṣwah	בַּר-מִצְוָה	율법의 아들
baśar	בָּשָׂר	전인, 육신, 혈육
ʿeṣah	עֵצָה	하나님의 뜻, 결정
kabod	כָּבוֹד	권능, 영광
kapporet	כַּפֹּרֶת	속죄소
kipper	כִּפֶּר	속죄하다
lipne	לִפְנֵי	하나님 앞에서
mašaḥ	מָשַׁח	기름붓다
mašiaḥ	מָשִׁיחַ	메시아
neelaḥ	נֶאֱלָח	부패한
nepeš	נֶפֶשׁ	혼, 영, 숨, 생명, 사람
qsṭʾ	קשטא	진리
ruaḥ qodeš	רוּחַ קֹדֶשׁ	거룩한 영
ṣaddiq	צַדִּיק	의로운
ṣarah	צָרָה	환란
ṣdq	צדק	의
šekinah	שְׁכִינָה	현존
šaʾul	שָׁאוּל	사울
šub	שׁוּב	돌아오다
šup	שׁוּף	상하게 하다
ṭahor	טָהוֹר	정결한
ṭameʾ	טָמֵא	부정한
tiqwah	תִּקְוָה	소망
wayyoʾmer	וַיֹּאמֶר	또 이르되
yadaʿ	יָדַע	알다

인명, 지명 및 주제 색인

성구 색인

호세아
1:9 - 251
LXX 2:25 - 235
6:7 - 138
11:1 - 226
13:5 - 217

요엘
2:1f - 63
3:1f - 127
3:5 - 148

아모스
3:2 - 217

요나
4:10f - 103

미가
5:2 - 25

하박국
2:4 - 45
3:16 - 125

스바냐
1:14ff - 63
1:15 - 125

학개
2:6ff - 239

스가랴
9:9 - 25, 239

말라기
1:2f - 231
4:1 - 63

마태복음
3:7 - 63
5:3ff - 108, 282
5:9 - 284
5:17ff - 16
5:38f - 284
5:44 - 282
6:3 - 278
6:30 - 274
7:1ff - 62
7:24ff - 69

8:10 - 43, 274
10:6 - 325
11:5 - 24
11:28 - 304
12:36 - 311
12:38ff - 44
13:58 - 44
15:14 - 73
15:24 - 325
16:27 - 65
17:24ff - 367
18:22 - 255
23:23 - 73
23:16, 24 - 73
25:31ff - 283
25:31ff - 65
27:17 - 23
27:19 - 310

마가복음
3:28f - 99
4:11 - 265
6:52 - 256
7:22 - 298

1:15 - 145

1:17 - 51, 56, 358

2:7 - 224

2:14 - 182

3:16 - 217, 219

5:17 - 277

6:4 - 58

디모데후서

1:10 - 358

2:8 - 27, 358

2:11ff - 309

2:15 - 317

2:22 - 315

3:2 - 59

3:3 - 60

4:18 - 56, 359

4:19 - 346

4:20 - 357

6:3ff - 309

디도서

1:2f - 358

1:9 - 60

3:6 - 127

빌레몬서

25 - 355

히브리서

1:7 - 332

5:8f - 144

7:27 - 306

8:5 - 138

9:5 - 95

9:11 - 210

9:15 -212

9:23f - 138

10:1 - 138

10:19ff - 124

10:25 - 296

10:28 - 271

10:30 - 284

11:27 - 51

12:1 - 125

12:2 - 324

12:9 - 74

12:14 - 284

12:28 - 86

13:1f - 281

13:9ff - 343

13:11 - 198

13:20 - 355

13:21 - 56, 359

야고보서

1:3f - 126

1:12 - 317

1:15 - 176

1:22ff - 69

2:1 - 68

2:8 - 77

2:23 - 106

3:6ff - 85

베드로전서

1:2 - 99, 218

1:4 - 207

1:7 - 65

1:8f - 213

1:17 - 65, 68

1:21 - 202

1:22 - 280

2:1 - 58

2:4ff - 239

2:8 - 239

복음에 나타난 하나님의 의
로마서 강해

2008. 10. 30. 초판 1쇄 발행

저   자 조 광 호
발행인 이 두 경
발행처 비블리카 아카데미아
        등록 1997년 8월 8일, 제10-1477호
        주소 서울시 광진구 광장동 114번지
              크레스코 빌딩 102호
        전화 (02) 456-3123
        팩스 (02) 456-3174
        홈페이지 www.biblica.net
        전자우편 biblica@biblica.net

값은 표지에 기재되어 있음
ISBN : 978-89-88015-17-9 93230